Sicher im

Abi

Oberstufen-Wissen

Biologie

Jürgen Christner / Stephanie Schrank

Klett Lerntraining

Dr. Stephanie Schrank, Gymnasiallehrerin für Biologie, Chemie und NWT (Naturwissenschaft und Technik) in Ulm; Fachberaterin Biologie am Regierungspräsidium Tübingen; Lehrbeauftragte für Biologie an der Universität Ulm und am Seminar für Didaktik und Lehrerbildung in Weingarten.
Sie hat die Kapitel 1–4 verfasst.

Dr. Jürgen Christner, Autor von Schul- und Fachbüchern; Gymnasiallehrer für Biologie, Chemie, Geologie und Geografie; als Fachleiter für Biologie am Seminar für Didaktik und Lehrerbildung in Tübingen war er in der Lehrerausbildung und Lehrerfortbildung tätig.
Er hat die Kapitel 5–9 verfasst.

Bibliografische Information der Deutschen Nationalbibliothek
Die Deutsche Nationalbibliothek verzeichnet diese Publikation in der Deutschen Nationalbibliografie; detaillierte bibliografische Daten sind im Internet über http://dnb.dnb.de abrufbar.

1. Auflage 2017

www.klett-lerntraining.de
Teamleitung Lernhilfen Sekundarstufe II: Christine Sämann
Redaktion: Dr. Robert Strobel, Bad Liebenzell
Innenlayout: Annette Siegel, Stuttgart
Umschlaggestaltung: Sabine Kaufmann, Stuttgart
Umschlagfoto: Thinkstock (sirawit99), München
Satz: DTP-studio Andrea Eckhardt, Göppingen
Druck: Gebr. Geiselberger GmbH, Altötting
Printed in Germany
ISBN 978-3-12-949469-1

Zellbiologie

Stoffwechsel

Genetik

Immunbiologie

Neurobiologie

Verhaltensbiologie

Evolutionsbiologie

Stammesgeschichte

Ökologie

Liebe Abiturientin, lieber Abiturient,

dieses Buch erklärt Ihnen **ausführlich** den **kompletten** Abiturstoff. Es ist der **ideale Begleiter** für die gesamte Oberstufenzeit und bestens geeignet für eine gründliche Wiederholung des Prüfungswissens. Schaffen Sie mit diesem Buch die Basis für eine **gute Note** und gehen Sie **sicher** durch jede Klausur und die Abiturprüfung!

Hilfreiche **Elemente** strukturieren den Lernstoff. Sie machen das Lernen mit diesem Buch komfortabel und sorgen für einen **optimalen**, **nachhaltigen Lernerfolg**.

AUF EINEN BLICK	Diese Doppelseiten vor jedem Kapitel dienen dem raschen Einstieg, indem sie die wesentlichen Lerninhalte des Kapitels optisch übersichtlich und in gegliederter Form präsentieren.
KURZINFO	Jedes Kapitel beginnt mit einer kurzen Zusammenfassung. Sie führt ins Thema ein und nennt das Wichtigste.
RANDSPALTENTEXTE	helfen, das Wissen zu strukturieren und den Überblick zu behalten.
ZUSAMMENFASSUNGEN	bringen am Kapitel-Ende das Grundwissen auf den Punkt.

Zusätzlich können Sie sich kostenlos passende Lernvideos ansehen. Sie stützen den nachhaltigen Lernerfolg durch die visuelle Aufbereitung. Zum Ansehen der Videos scannen Sie einfach mit einer QR-Code-App den Code. Sie gelangen dann zur Video-Übersicht.
Alternativ können Sie auch die Seite www.abitur.klett-lerntraining.de aufrufen und in der Reihe „Oberstufen-Wissen" Ihr Buch anklicken. Sie sehen die Video-Übersicht und können dann per Klick ein Video starten.

Viel Erfolg im Abitur wünscht Ihnen
Ihr Team von Klett Lerntraining!

Die **Eucyte** zeichnet sich durch **Kompartimentierung** und membranbegrenze **Organellen** aus (Zellkern, Ribosomen, endoplasmatisches Retikulum, Mitochondrien, Golgi-Apparat und Peroxisomen).

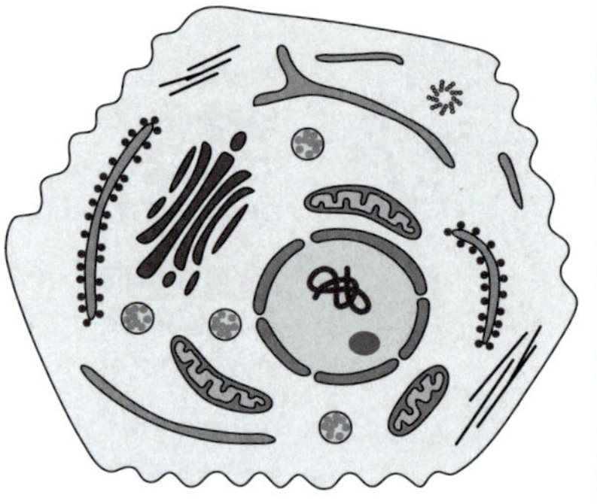

Die **Bakterienzelle** ist eine typische Procyte, die nicht kompartimentiert ist.

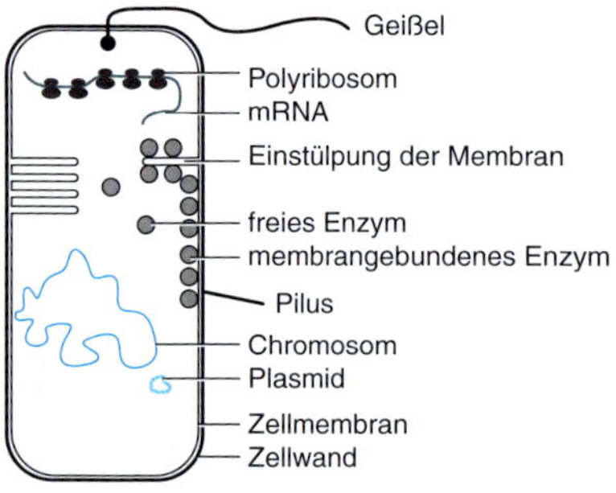

Procyte

Eucyte

Die **Endosymbiontentheorie** erklärt die Entstehung der Eucyte aus Procyten.

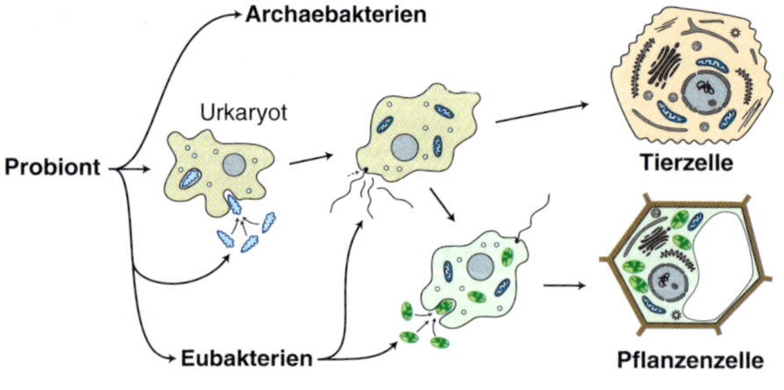

Die **Pflanzenzelle** enthält neben den typischen Zellorganellen eine Zellwand, Chloroplasten und eine Zentralvakuole.

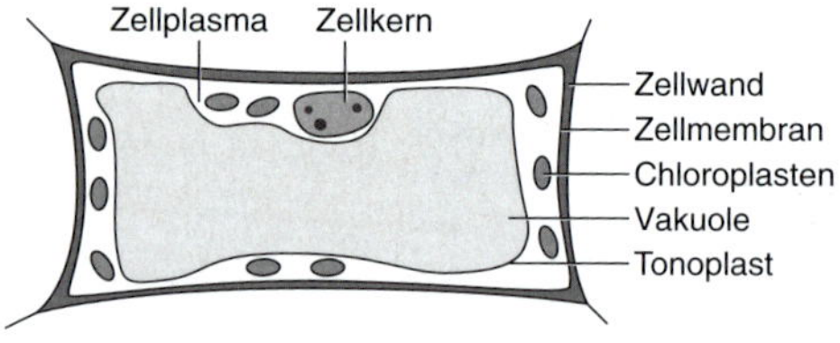

Bau der Biomembran

Biomembranen bestehen größtenteils aus **Phospholipiden**.

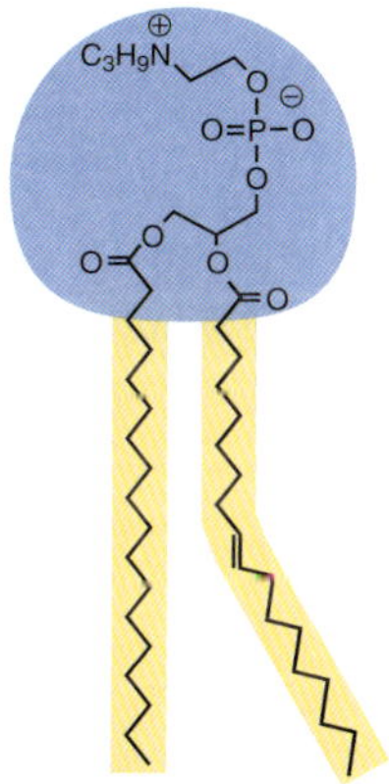

Das **Flüssig-Mosaik-Modell** beschreibt die Biomembran als dynamische Struktur.

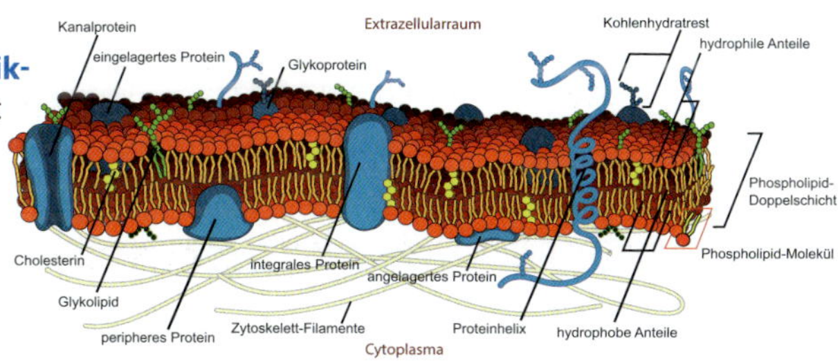

passiver Transport

Treibende Kraft für den passiven Transport ist der **Konzentrationsgradient** eines Teilchens auf beiden Seiten der Membran (freie Diffusion).

Osmose ist die einseitig gerichtete Diffusion des Lösungsmittels durch eine semipermeable Membran.

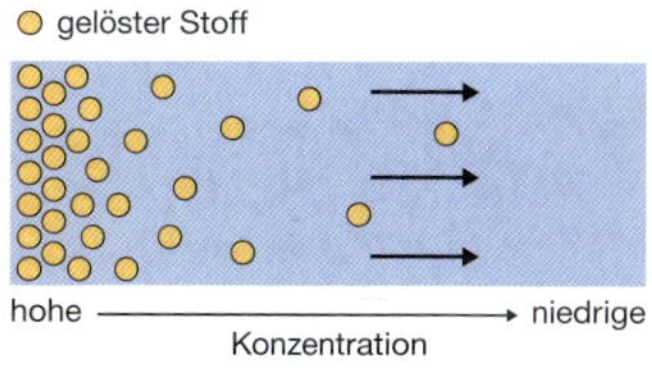

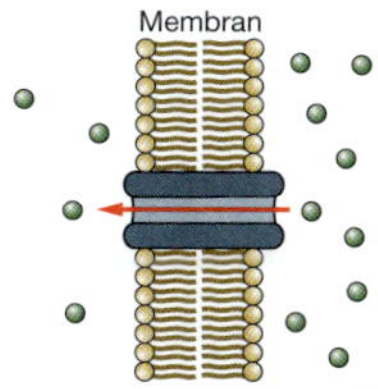

Stoffe wandern durch selektive Kanäle oder werden von Carriern über die Membran verfrachtet (**erleichterte Diffusion**).

aktiver Transport

Der aktive Transport benötigt **Energie** aus dem Stoffwechsel der Zelle.

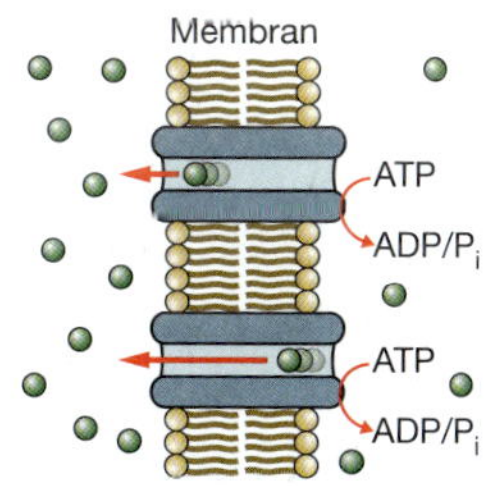

Endocytose ist die Aufnahme von Stoffen in eine Zelle, bei der **Exocytose** werden Stoffe abgegeben.

Endocytose

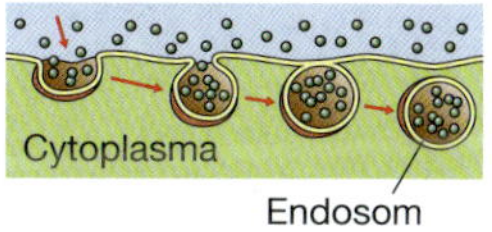

Exocytose

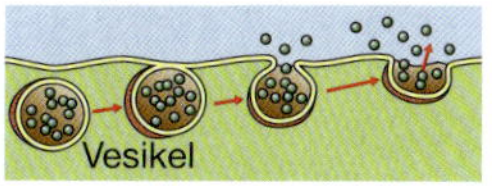

KURZINFO

1 Zellbiologie

- Alle Organismen bestehen aus einer oder mehreren Zellen, deren Grundbauplan immer gleich ist.
- Zellorganellen sind abgegrenzte Bereiche einer Zelle mit besonderen Funktionen.
- Eukaryontische Zellen haben folgende Organelle: Zellkern, Mitochondrien, endoplasmatisches Retikulum (ER), Golgi-Apparat, Lysosomen und Zellmembran.
- Pflanzenzellen haben zusätzlich Chloroplasten, eine Zentralvakuole und eine Zellwand.
- Prokaryonten sind von einer Zellwand umgebene Einzeller mit wenigen nicht-membranumschlossenen Organellen.
- Biomembranen bestehen hauptsächlich aus Lipiden und Proteinen. Sie regulieren den Austausch zwischen den Zellkompartimenten.
- Freie Diffusion, Osmose und erleichterte Diffusion sind passive Transportvorgänge; treibende Kraft ist der Konzentrationsgradient der Stoffe.
- Aktiver Transport erfolgt gegen das Konzentrationsgefälle unter Energieverbrauch. Man unterscheidet zwischen primärem und sekundärem aktivem Transport.
- Der Zellzyklus ist der Wechsel zwischen Arbeitsphase und Zellteilung.
- Bei der Mitose werden die Ein-Chromatid-Chromosomen exakt auf die Tochterzellen aufgeteilt.

1.1 Eigenschaften der Zelle

Die Zelle stellt die funktionell und strukturell kleinste lebens- und vermehrungsfähige Einheit von Organismen dar: Zellen können nur durch Teilung oder Verschmelzung aus ihresgleichen entstehen. **Alle Organismen bestehen aus Zellen, die sich in ihrem Aufbau und ihren Grundfunktionen ähneln**. Einige Organismen wie die Bakterien bestehen aus einer Einzelzelle. Andere Organismen sind mehrzellig. Hier sind gleichartige Zellen zu Zellverbänden, den **Geweben**, zusammengeschlossen, die bestimmte Funktionen erfüllen. Dabei haben die Zellen ihre Selbständigkeit durch **Arbeitsteilung** (Spezialisierung) aufgegeben und sind einzeln überwiegend nicht lebensfähig. Gewebe schließen sich zu Systemen höherer Ordnung zusammen, den **Organen**. Diese bilden wiederum mit anderen Organen **Organsysteme** aus, die zusammen den **Organismus** ausmachen.

Jede Zelle ist von einer **Zellmembran** umschlossen, die den regulierten Austausch von Substanzen mit der Umgebung ermöglicht. Alle Zellen sind in der Lage, mit Hilfe von Enzymen Stoffe auf- und abzubauen und Energie für ihre Lebensvorgänge umzuformen. Bei der Reproduktion wird die Erbinformation der Zellen an die Nachkommen weitergegeben.
Im Inneren der Zelle, dem **Cytoplasma**, befinden sich membranumgrenzte Strukturen, die in Anlehnung an die Organe im vielzelligen Organismus als **Zellorganelle** bezeichnet werden. Dadurch entstehen zahlreiche abgeschlossene Reaktionsräume, die als **Zellkompartimente** definiert werden. Die **Kompartimentierung** macht es möglich, dass verschiedene Stoffwechselwege in einer Zelle unabhängig und ortsnah ablaufen können.
Elektronenmikroskopische Untersuchungen belegen, dass es zwei Grundtypen von Zellen gibt: eukaryontische und prokaryontische Zellen. Prokaryonten (von griechisch *pro* = bevor und *karyon* = Kern) haben in ihrer Zelle, der **Procyte**, keinen von einer Membran umgebenen Zellkern (Karyon). **Prokaryoten** sind kleine einzellige Organismen. Zellen mit abgegrenztem Zellkern, wie tierische oder pflanzliche Zellen, nennt man **Eucyten** oder **Eukaryontenzellen**.
Die Größen von Zellen variieren stark. Die größte Zelle des Menschen ist die Eizelle mit einem Durchmesser von etwa 0,2 mm. Dagegen weisen die roten Blutzellen einen Durchmesser von nur etwa 0,01 mm auf. Die Ausläufer einer Nervenzelle können bis zu 1 m lang werden. Die kleinsten Zellen bilden die Bakterien mit 0,5 bis 20 µm (1 µm = 0,001 mm).

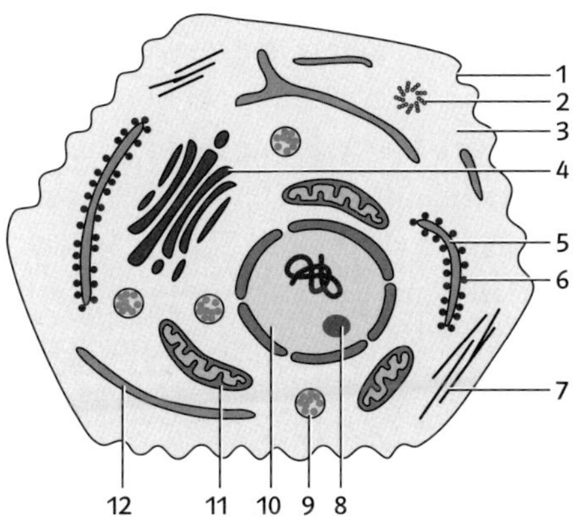

Abb. 1: Strichzeichnung nach dem elektronenmikroskopischen Bild einer Eukaryontenzelle (tierische Zelle)

1.2 Organellen der Eukaryontenzelle

Die **Zellmembran** umgibt das Cytoplasma. Sie kontrolliert den Stoffaustausch zwischen der Zelle und ihrer Umgebung. Ihr Aufbau und ihre Funktionen werden in einem gesonderten Kapitel 1.5 (➔ S. 19f.) beschrieben.

Der Zellkern als Steuerzentrale

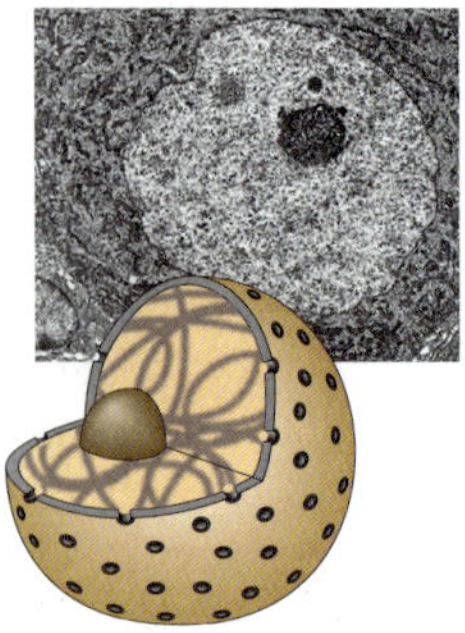

Abb. 2: Der Zellkern ist meist das größte Organell der Zelle, hier befindet sich die DNA, der Träger der Erbinformation.

Der **Zellkern** ist gewöhnlich das größte Zellorganell mit einem durchschnittlichen Durchmesser von 10–20 µm. Er ist von einer Doppelmembran, der **Kernmembran** umschlossen. Diese steht in direkter Verbindung mit dem endoplasmatischem Retikulum (ER). Die Kernmbembran enhält Kernporen, die einen Stoffaustausch zwischen Kern und Cytoplasma ermöglichen. Das **Kernplasma** enthält ein oder mehrere **Kernkörperchen** (*Nukleolus*, Plural *Nukleoli*), die ribosomale RNA und Proteine synthetisieren, aus denen die Ribosomen aufgebaut werden. Ebenso im Kernplasma befindet sich das **Chromatingerüst**, das die Erbinformation in Form von DNA (Desoxyribonukleinsäure) enthält. Die **DNA** reguliert die Struktur und die Funktion jeder Zelle. Kurz vor der Zellteilung wickelt sich das Chromatin zu den Chromosomen auf.

Mitochondrien „Kraftwerke der Zelle“

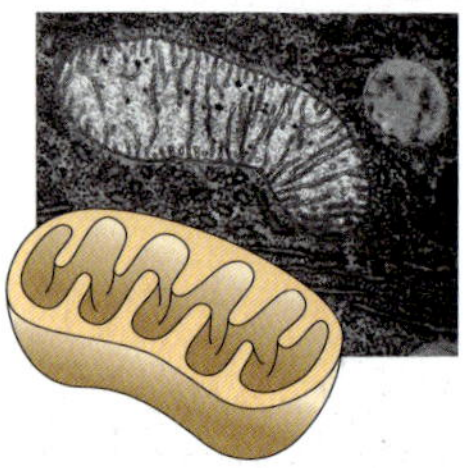

Abb. 3: Mitochondrien sind die Orte der Zellatmung.

Die **Mitochondrien** erscheinen als kleine Stäbchen im Cytoplasma. Sie variieren in der Länge von etwa 1,5–10 µm, während der Durchmesser meist bei 1 µm liegt. Ein Mitochondrium ist von einer Doppelmembran umgeben. Die innere Membran ist vielfach eingestülpt, was zu einer Vergrößerung der inneren Oberfläche führt. Die Einstülpungen werden als **Cristae** bezeichnet. Der Innenraum ist mit einer Grundsubstanz, der Matrix, ausgefüllt. In dieser Matrix liegen die Ribosomen und die Mitochondrien-DNA. Diese codiert einen Teil der Mitochondrienproteine. Innerhalb der Mitochondrien läuft die **Zellatmung** ab. Deshalb werden Mitochondrien als „Kraftwerke der Zelle“ bezeichnet. An der inneren Mitochondrienmembran findet die Bildung von ATP (Adenosintriphosphat ➔ S. 44) statt, der Speicherform für die Energie in der Zelle.

Mitochondrien sind die Kraftwerke der Zelle; in ihnen wird ATP gebildet.

Zahl und Lage der Mitochondrien hängen vom Zelltyp ab: So finden sich in stoffwechselaktiven Zellen der Leber bis zu 6000 Mitochondrien.

Der Zellkern sowie die Mitochondrien können auch mit dem Lichtmikroskop erkannt werden.

Endoplasmatisches Retikulum und Ribosomen

Das **endoplasmatische Retikulum** (ER) ist ein komplexes dreidimensionales Membransystem von flächigen Hohlräumen, Röhren und Bläschen. Die umschlossenen Arbeitsräume werden **Zisternen** genannt. Das ER steht mit der Kernhülle in Verbindung. Es kommt in zwei Zuständen vor: Die Grundsubstanz ist das glatte endoplasmatische Retikulum (**sER** = *smooth endoplasmatic reticulum*), das maßgeblich am Auf- und Abbau von Lipiden beteiligt ist. Durch Anlagerung von Ribosomen entsteht das raue ER (**rER** = *rough endoplasmatic reticulum*). Dieses transportiert die an den Ribosomen synthetisierten Proteine durch sein Kanalsystem. Auch an Stoffumwandlungen ist das raue ER beteiligt.
Hauptfunktion des ERs ist die Synthese von sekretorischen, lysosomalen und Membran-Proteinen. Vom Ort der Synthese werden sie in Form von Vesikeln zum Golgi-Apparat transportiert.
Ribosomen sind winzige Organellen mit einem Durchmesser von 5 bis 20 nm, die entweder am ER oder frei im Cytoplasma vorliegen (freie Ribosomen). Ribosomen bestehen aus unterschiedlich großen Untereinheiten, bei den Bakterien sind diese kleiner und leichter als bei den tierischen und pflanzlichen Zellen (50 S und 30 S bei Bakterien und Mitochondrien, 60 S und 40 S bei den übrigen Zellen). S bezeichnet den **Sedimentationskoeffizienten**, der durch die Sedimentationsgeschwindigkeit in einer Zentrifuge bestimmt wird. Die Dimension des Koeffizienten ist Zeit, seine Maßeinheit ist Svedberg, abgekürzt S (entspricht 10^{-13} Sekunden). Die Ribosomen sind Orte der **Proteinbiosynthese** (→ S. 88).

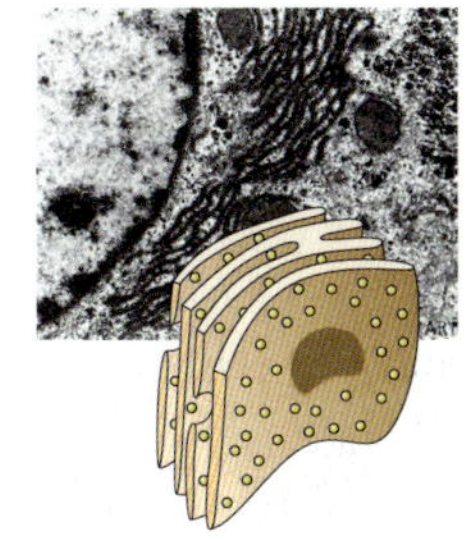

Abb. 4: An den Membranen des ER finden viele Stoffwechselvorgänge statt.

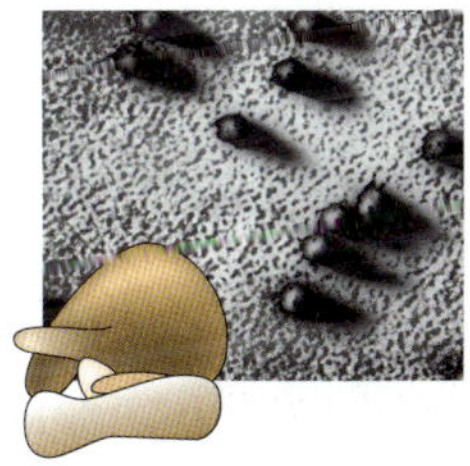

Abb. 5: Die Ribosomen sind Orte der Proteinbiosynthese. Sie liegen frei im Cytoplasma oder am ER anliegend vor.

Der Golgi-Apparat

→ Transport

Die **Dictyosomen**, in ihrer Gesamtheit nach ihrem Entdecker als **Golgi-Apparat** bezeichnet, bestehen aus einem Stapel flacher, membranumschlossener Zisternen. An den Rändern sind diese Zisternen durchbrochen und schnüren Bläschen, die Golgi-Vesikel, ab. In der Zelle hergestellte Produkte (Hormone, Enzyme) werden in den Dictyosomen für den Transport zu anderen Organellen oder aus der Zelle heraus in Vesikeln verpackt. Die Vesikel wandern zur Plasmamembran und scheiden die Produkte aus der Zelle aus.

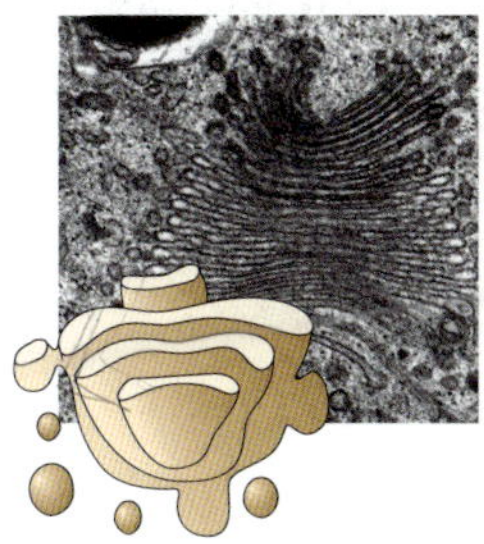

Abb. 6: Der Golgi-Apparat dient der Sekretion, der Modifikation und dem Transport von Proteinen.

Peroxisomen und Lysosomen

Peroxisomen sind kugelförmige Organellen, die in allen Zellen, v. a. aber in Leber und Niere, vorhanden sind. Sie sind von einer einfachen Membran umgeben und enthalten eine feingranulierte Matrix. Die Peroxisomen werden vom glatten ER hergestellt und enthalten Oxidasen und Katalasen zur Zerstörung aggressiver Verbindungen wie Alkohol und Fettsäuren. Dabei entsteht Wasserstoffperoxid (H_2O_2), das für Oxidationsreaktionen verwendet oder zu Sauerstoff

Die Peroxisomen sind Entgiftungsorganellen.

und Wasser abgebaut wird. Peroxisomen haben also eine wichtige Funktion in der Abwehr von Umweltgiften, was sich auch daran zeigt, dass zahlreiche Stoffe eine starke Vermehrung (Proliferation) dieser wichtigen Organelle auslösen.

Lysosomen enthalten Enzyme für den Abbau vieler Substanzen.

Lysosomen sind von einer einfachen Biomembran umhüllte Vesikel mit saurem pH-Wert, die hydrolisierende Enzyme enthalten und für den zellulären Stoffabbau zuständig sind. Sie entstehen, wenn mit lysosomalen Enzymen gefüllte Vesikel aus dem Golgi-Apparat zu Lysosomen verschmelzen.

Zytoskelett und Centriolen

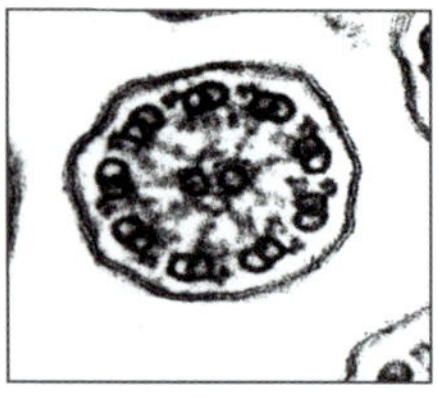

Abb. 7: Querschnitt durch Geißeln von Chlamydomonas; deutlich sind die in einem Ring angeordneten Mikrotubuli zu erkennen.

Das **Cytoskelett** bildet ein intrazelluläres Gerüst und ist damit essentiell für die Form und Organisation der Zelle. Es ist ein System aus Proteinen ohne feste Struktur, es wird vielmehr laufend verändert. Seine wichtigsten Bestandteile sind drei Arten von Proteinfasern: Mikrotubuli, Aktinfilamente und Intermediärfilamente. Die **Mikrotubuli** sind für Transportvorgänge und Bewegungen bzw. Befestigung der Organelle im **Cytosol**, der wässrigen Grundsubstanz des Cytoplasmas, in der die Zellorganellen eingebettet sind, zuständig. Sie bilden die **Mitosespindel** aus, mit deren Hilfe Chromosomen während der Zellteilung an die Kernpole gezogen werden. Die **Aktinfilamente** liegen unter der Plasmamembran und in Membranausbuchtungen und geben der Zelle ihre Form. Wie die Mikrotubuli werden sie immer wieder auf- und abgebaut. Die **Intermediärfilamente** dienen hauptsächlich der mechanischen Stabilisierung der Zellen. Bekannt ist das Keratin, die Hauptsubstanz menschlicher Haare.

Centriolen sind kurze Röhrchen aus Miktrotubuli-Einheiten, die paarig in der Zelle vorkommen. Sie spielen eine wichtige Rolle bei der Zellteilung und bilden die Basis für den Aufbau von Geißeln.

Viele Zellen besitzen auf ihrer Oberfläche **Cilien** (Wimpern) oder **Geißeln** (Flagellen), in deren Inneren ein Bündel aus Mikrotubuli regelmäßige Biegebewegungen ausführt. So schwimmen Spermazellen mit Hilfe von Geißeln. Auch die Epithelzellen, die im Wirbeltierorganismus den Darm und andere Hohlräume auskleiden, sind auf ihrer Oberfläche mit Cilien ausgestattet, die Flüssigkeiten und Feststoffteilchen in einer bestimmten Richtung vorantreiben.

1.3 Besonderheiten der Pflanzenzellen

Pflanzenzellen enthalten im Gegensatz zu den tierischen Zellen zusätzlich eine Zellwand, Plastiden und eine Zentralvakuole.

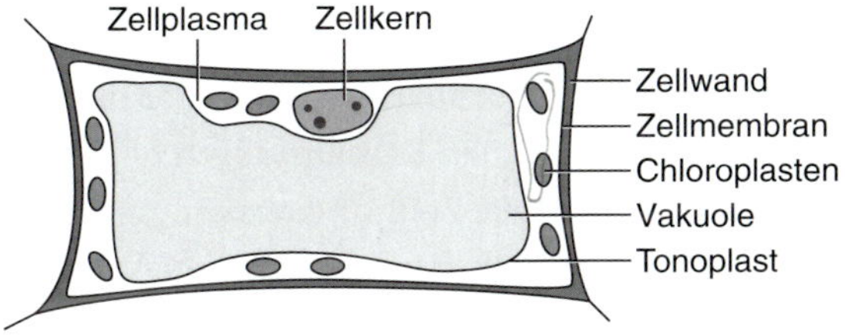

Abb. 8: Schematische Darstellung einer typischen Pflanzenzelle

Die Vakuole (Speicherung Reservestoffe)

Die Vakuolen sind flüssigkeitsgefüllte Räume, die der Speicherung und Lyse verschiedener Substanzen dienen.

Vakuolen sind flüssigkeitsgefüllte Räume, die durch eine besondere Membran, die Vakuolenmembran (Tonoplast), gegen das Cytoplasma abgegrenzt sind. In Pflanzenzellen dienen sie der Stabilisierung und der Lyse oder Speicherung von Reservestoffen, die vorübergehend aus dem Stoffwechsel der Zelle herausgenommen und bei Bedarf wieder zurückgeführt werden. In Früchten kommen besonders Glukose und Fruktose vor. Ebenso werden Stoffwechselendprodukte, die nicht benötigt werden, in der Vakuole gespeichert. Eine Zelle kann Vakuolen mit verschiedenen Funktionen enthalten. Auch tierische Zellen enthalten Vakuolen, die aber wesentlich kleiner sind als die Zentralvakuolen pflanzlicher Zellen.

Plastiden

Chloroplasten = Fotosynthese, grüne Farbe
Chromoplasten = Blütenfarbe
Leukoplasten = Speicherorgane

Plastiden sind länglich-ovale Organelle, die von einer Doppelmembran umschlossen sind. Man unterscheidet Chloroplasten, Chromoplasten und Leukoplasten. Alle enthalten eigene DNA und sind von einer Doppelmembran umgeben.

Chloroplasten sind fotosynthetisch aktive Plastiden. Die innere Membran umschließt das Stroma, in dem flächige, lamellenförmige Membransysteme, die **Thylakoide**, vorliegen. Diese sind zum Teil wie Geldrollen sehr dicht gestapelt. Die Thylakoidmembran enthält das **Chlorophyll**, das für die Fotosynthese wichtige grüne Pigment.

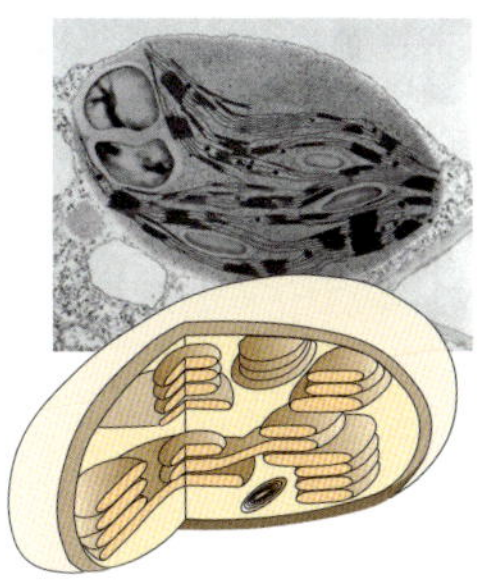

Abb. 9: Die Chloroplasten sind Orte der Fotosynthese.

Die **Chromoplasten** enthalten Carotinoide und sind für viele Blütenfarben sowie die Farbe mancher Früchte und Wurzeln verantwortlich.

Leukoplasten sind farblose Plastiden und kommen in Zellen von Speicherorganen (Samen, Knollen, Wurzelstöcken) vor. Dort dienen sie auch der Speicherung von Stärke. Einige Leukoplasten können sich durch Lichtreize in Chloroplasten oder Chromoplasten umwandeln.

(feste Form)

Die Zellwand

Die Zellwand verleiht der Zelle ihre feste Form, ermöglicht den Turgor und schützt sie vor mechanischer Beschädigung.

Die meisten Pflanzen- und Pilzzellen sowie einige Bakterien sind von einer widerstandsfähigen **Zellwand** umgeben, die Polysaccharidfasern enthält. Bei höheren Pflanzen bestehen diese Fasern vorwiegend aus Cellulose, bei den meisten Pilzen aus Chitin, bei Bakterien aus Murein. Die Zellwand liegt außen an der Plasmamembran an; sie verleiht der Zelle ihre feste Form, ermöglicht den **Turgor** und schützt sie vor mechanischer Beschädigung, schränkt aber ihre Beweglichkeit und teilweise auch den Stoffaustausch ein. Der Turgordruck ist der Druck, den der Zellinhalt auf die Zellwand ausübt, wenn eine Pflanzenzelle Wasser aufnimmt; der Turgordruck entspricht folglich dem Gegendruck der Wand.

1.4 Organisationsstufen und Evolution

Die Prokaryotenzelle

Prokaryoten (auch Prokaryonten genannt) werden in zwei Gruppen eingeteilt: Bakterien (Eubacteria, dazu gehören auch die **Cyanobakterien** oder „Blaualgen") und die bakterienähnlichen Archaea. Die Prokaryontenzelle oder Procyte ist nicht kompartimentiert. Ein Zellkern, Mitochondrien, Plastiden und der Golgi-Apparat fehlen. Ihre Ribosomen sind kleiner als die der Eucyte: 70 S-Ribosmen, bei der Eucyte 80 S-Ribosomen.

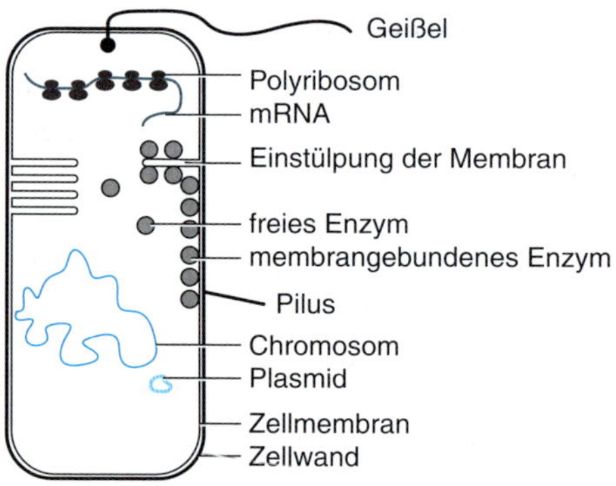

Abb. 10: Die Bakterienzelle ist eine Procyte; sie ist nicht in Kompartimente unterteilt.

Das Bakterienchromosom ist zirkulär und ist nicht mit Proteinen wie den Histonen verknüpft (nacktes Chromosom). Da es verfestigt im Nukleoplasma vorliegt, kann sich das Bakterienchromosom nicht frei im Zytoplasma bewegen. Zusätzlich zum Bakterienchromosom haben viele Prokaryonten Plasmide, kleine ringförmige Minichromosomen.

Wie bei der eukaryontischen Zelle, der Eucyte, ist das Cytoplasma der Procyte (auch als **Protocyte** bezeichnet) außen von einer semipermeablen Membran begrenzt. Zusätzlich stabiliert und schützt eine Zellwand den Protoplasten. Sie ist – im Gegensatz zur pflanzlichen Zellwand, die aus Cellulose besteht, – aus Murein aufgebaut.
Manche Bakterien besitzen Geißeln, die sich von denen der Eucyte wesentlich unterscheiden: Sie bestehen aus einfachen Proteinfibrillen, die durch einen membranständigen Rotationsmotor angetrieben werden. Tab. 1 fasst die Unterschiede zwischen Prokaryonten und Eukaryonten zusammen.

Struktur	Prokaryont	Eukaryont
Plasmamembran	+	+
Kernmembran	–	+
Mitochondrien	–	+
Endoplasmatisches Retikulum	–	+
Golgi-Apparat	–	+
Ribosomen	70 S	80 S
Zellwand	+ aus Aminozuckern, Muraminsäure, Aminosäuren u. a.	+ bei Pflanzen v. a. Cellulose + bei Pilzen Chitin – in Tierzellen
Kapsel	–/+ aus Mucopolysacchariden	–
Vakuolen	–	+ (besonders in Pflanzenzellen)
Lysosomen	–	+
Chromosomen	ein Ring aus DNA; Plasmide	mehrere Chromosomen, aus DNA und Proteinen
Fotosynthese-Apparat	auf Membranen Cyanobakterien; Chlorophyll a und Phycocyanin Bakterien: Bakteriochlorophyll	in Chloroplasten mit Chlorophyll a und b
Geißeln	–/+ Fibrillen, keine 9+2-Struktur	–/+ 9+2-Struktur der Fibrillen
Teilung	einfache Querteilung	Mitose
Größe	≈ 0,5–5 µm	≈ 10–100 µm (–10 cm)

Tab. 1: Zelluläre Merkmale von Prokaryonten und Eukaryonten

Evolution der Mitochondrien und Plastiden

Mitochondrien und Platiden enthalten eigene ringförmige DNA und sind beide von einer Doppelmembran umgeben. Die Deutung dieser beiden Eigenschaften führte zur **Endosymbiontentheorie**. Danach entstand die Eukaryontenzelle durch Zusammenschluss mehrerer Prokaryontenzellen. Mitochondrien und Chloroplasten sind Nachfahren ursprünglich freilebender Mikroorganismen. Die Mitochondrien leiten sich von aeroben Bakterien, die Chloroplasten von Cyanobakterien ab. Diese lebten zunächst als Symbionten innerhalb der größeren Zelle (= Endosymbionten), verloren aber ihre Selbständigkeit und wurden zu Organellen.

Durch die Endoymbiose mit den aeroben Bakterien (die zu Mitochondrien wurden) haben die Ur-Eukaryonten die Fähigkeit zum oxidativen Abbau von Kohlehydraten, Fetten und Proteinen erworben, durch die Symbiose mit den Cyanobakterien die Befähigung zur **Fotosynthese**.

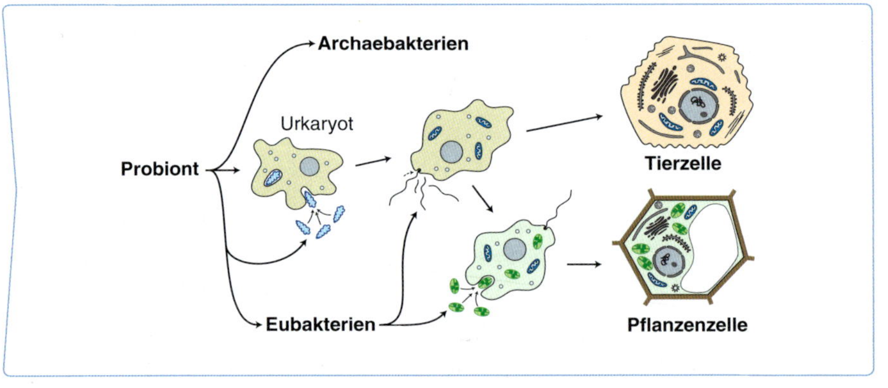

Abb. 11: Entstehung der Mitochondrien und Chloroplasten nach der Endosymbiontentheorie

Die Endosymbiontentheorie wird durch eine große Zahl von Befunden gestützt: Auch die Bakterein weisen ringförmige DNA auf. Sowohl die Mitochondrien als auch die Plastiden entstehen nur durch Teilung aus ihresgleichen. Dies legt nahe, dass sie auch ursprünglich nicht als Gebilde der Wirtszelle entstanden sind. Mitochondrien und Chloroplasten haben einen eigenen Proteinsyntheseapparat, ihre Ribosomen sind gebaut wie die der Prokaryonten (70 S- anstatt 80 S-Ribosomen). Beide sind von zwei Membranen umgeben, von denen die innere einer Prokaryontenmembran, die äußere der Zellmembran ähnelt. Nach der Endosymbiontentheorie wurde die äußere Mitochondrienmembran von der Wirtszelle beigesteuert, als sie die Bakterien aufnahm.

1.5 Die Biomembran

Membranaufbau

Biomembranen sind häutchenartige Strukturen des Cytoplasmas, die alle lebenden Zellen umgeben (Zellmembran), das Cytoplasma durchziehen (z. B. als ER) oder Zellorganellen umschließen (z. B. Zellkern, Mitochondrien). In bestimmten Zellorganellen (Zellkern, Mitochondrium, Plastide) treten Biomembranen als Doppelmembran auf.

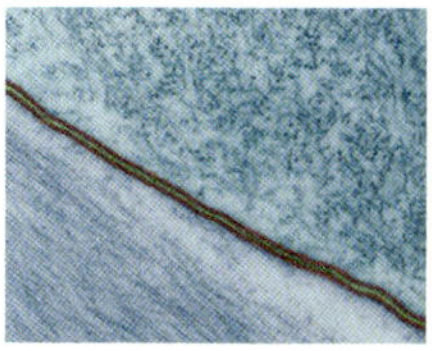

Abb. 12: Biomembran im elektronenmikroskopischen Bild als typische Doppellinie

Die intrazellulären Membranen dienen hauptsächlich der Aufgliederung der Zelle in getrennte Reaktionsräume, die **Zellkompartimente**. Sie fungieren einerseits als Schranken, die das Kompartiment gegen seine Umgebung abschirmen und den unkontrollierten Durchtritt gelöster Stoffe verhindern. Andererseits erfüllen sie Transportfunktionen und bewirken den Stoffaustausch der Zelle mit der Umgebung.

Zellmembranen sind zugleich Barrieren und Vermittler zur Außenwelt.

Elektronenmikroskopische Aufnahmen lassen einen einheitlichen dreischichtigen Aufbau aller Membranen erkennen: zwei dunkle äußere Schichten (ca. 2,5 nm dick) und eine etwas dickere, mittlere helle Schicht (ca. 3 nm).

Bausteine der Membran

Biomembranen bestehen zum größten Teil aus **Phospholipiden**, die sich chemisch von den Fetten ableiten. Fette bestehen aus drei Fettsäuren, die mit dem dreiwertigen Alkohol Glycerin verestert sind. Bei Phospholipiden ist eine der drei Fettsäuren durch eine Phosphatgruppe ersetzt. Sie sind wie alle Lipide in Wasser unlöslich, in organischen Lösungsmitteln gut löslich. Die Phosphatgruppe an einem Ende des Moleküls verursacht den **hydrophilen** (wasseranziehenden) Charakter des Lipids. Die Fettsäureketten bilden den **hydrophoben** (wasserabweisenden) Teil des Phospholipids.

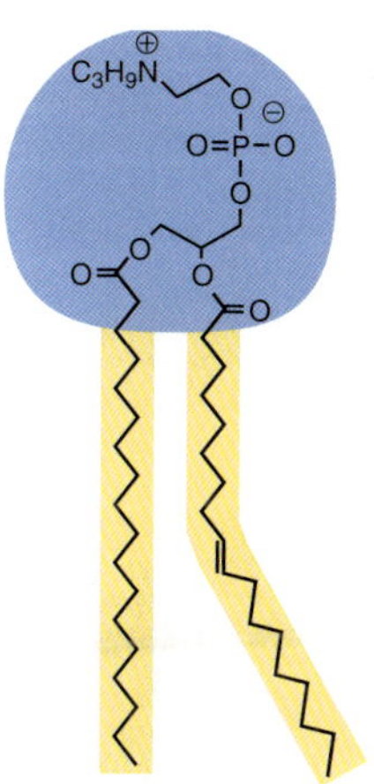

Abb. 13: Ein Phospholipid besteht aus einem polaren (hydrophilen) Kopf und einem unpolaren (hydrophoben) Schwanz.

Wichtigstes Molekül der Membran ist das Phospholipid **Lecithin**: An zwei C-Atomen des Glycerinmoleküls sind Fettsäuren mit langen Kohlenwasserstoffketten (Palmitinsäure und Ölsäure) durch Esterbindungen gekoppelt, das dritte C-Atom des Glycerins trägt ein negativ geladenes Phosphat-Ion. Dieses bildet einen Diester: einerseits mit dem Glycerin, andererseits mit dem Cholin. Das Cholin trägt eine positive Ladung. Lecithin ist also ein bipolares (zweipoliges) Molekül: Der Fettsäurenanteil ist unpolar (hydrophob), der Phosphorylcholin-Anteil ist polar (hydrophil).

Eine aus Phospholipiden aufgebaute **Lipid-Doppelschicht** ist flexibel und mechanisch schwer zu zerstören.

Aufgrund ihrer chemischen Eigenschaften bilden Phospholipide, sobald sie in Kontakt mit Wasser geraten, geordnete Molekülstrukturen. Tritt ein Lipidtröpfchen in Kontakt mit Wasser, so bildet sich auf der Wasseroberfläche eine dünne

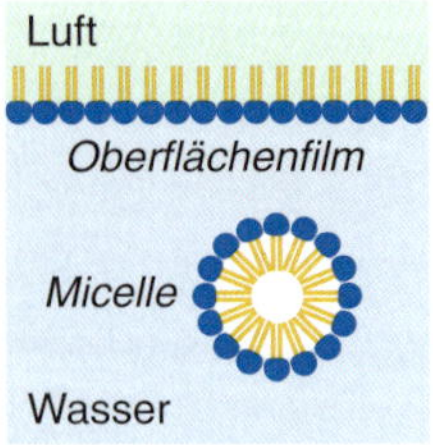

Abb. 14: An der Grenzfläche Wasser/Luft bilden Lipide eine monomolekulare Schicht, im Wasser bilden sie Mizellen.

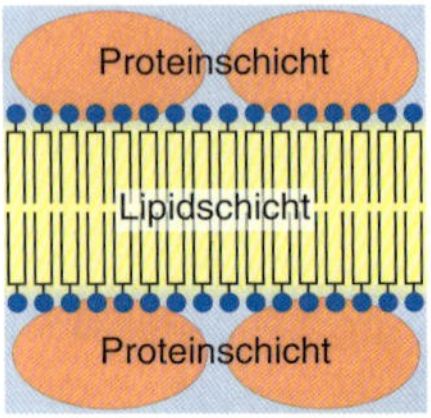

Sandwich-Modell

Abb. 15: Biomembranen bestehen aus einem biomolekularen Lipidfilm, der auf beiden Seiten von Proteinen bedeckt ist.

Schicht aus einer Molekülllage (monomolekulare Schicht). Die hydrophilen Molekülteile ragen ins Wasser, während die hydrophoben Molekülteile aus dem Wasser herausragen. Wird das Wasser geschüttelt, so bilden sich kleine Tröpfchen, die **Micellen**. Auch hier sind die polaren Molekülteile dem Wasser zugewandt, die unpolaren zeigen nach innen. Diese Vesikel stellen das Grundmodell einer Biomembran dar.

Membranmodelle

Schon in den zwanziger Jahren des letzten Jahrhunderts schlugen die Forscher Gorter und Grendel vor, dass die Zellmembran hauptsächlich aus Lipiden zusammengesetzt ist.

1935 stellten Danielli und Davson das klassische **„Sandwich"-Modell** (Abb. 15) vor: Die Membran ist wie ein Sandwich aufgebaut: Eine Phospholipid-Doppelschicht befindet sich zwischen zwei Schichten von aufgelagerten Membranproteinen. Dabei stehen sich die unpolaren (hydrophoben) Schwänze der Lipide gegenüber, die polaren (hydrophilen) Köpfe ragen nach außen. Diese polaren Köpfe werden von Proteinen überzogen.

Singer und Nicholson stellten das **„Fluid-mosaic-Modell"** vor: Die Proteine liegen nicht als flächige Schichten auf beiden Seiten der Lipiddoppelschicht auf, sondern liegen unregelmäßig verteilt vor. Man unterscheidet **periphere** Proteine, die locker an die Membranoberfläche gebunden sind und leicht abgelöst werden können, und **integrale** Proteine, die mit ihren aus hydrophoben Aminosäureresten bestehenden Abschnitten die Membranen durchsetzen und fest in diesen verankert sind. Die integralen Proteine machen den größeren Anteil der

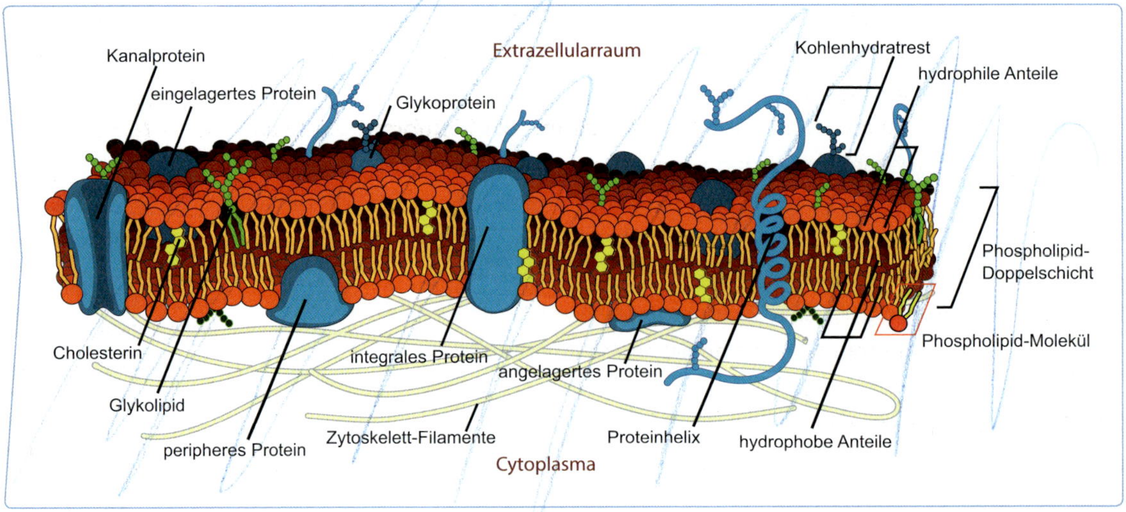

Abb. 16: Biomembranen sind nicht starr in ihrer Struktur: Die Lipidmoleküle sind beweglich.

Membranproteine aus und sind am Stoffaustausch durch die Membran beteiligt. Je nach Funktion der Membranen sind in der äußeren und der inneren Schicht verschiedene Proteine in unterschiedlichen Mengen aufgelagert bzw. eingelagert. Der Name **„Fluid-mosaic-Modell"** besagt, dass sich der bimolekulare Lipidfilm in einem halbflüssigem Zustand befindet, wobei die Fluidität von der Temperatur sowie der Art der Fettsäuren abhängig ist. Nicht nur die Lipidmoleküle, sondern auch die eingebetteten Proteine sind in lateraler Richtung beweglich. Da die Zahl der Lipidmoleküle die der Proteine deutlich übertrifft, stellt man sich Proteine mosaikartig eingelagert vor.
Neben Lipiden und Proteinen befinden sich auch Kohlenhydrate in der Membran, überwiegend auf der Außenseite der Zelle; sie sind an Lipide (Glykolipide) oder Proteine (Glykoproteine) gebunden. In der Zusammensetzung der Kohlenhydrate unterscheiden sich die Zelltypen sehr stark. Auch das Vitamin-E-Molekül (Tocopherol) ist Bestandteil von Membranen. Es ist ein Antioxidans; es schützt die ungesättigten Kohlenwasserstoffketten der Phospholipide vor der Zerstörung durch freie Radikale.

1.6 Stofftransport durch die Biomembran

Diffusion

Die Abgrenzung von Zellkompartimenten durch Membranen ist Voraussetzung für einen kontrollierten Ablauf der Stoffwechselreaktionen einer Zelle. Zudem müssen die lebenswichtigen Stoffe durch die Membran ins Cytoplasma eingeschleust und Abbauprodukte des Stoffwechsels ausgeschieden werden. Biomembranen sind **semipermeabel** oder selektiv permeabel, d. h. sie lassen nicht alle Substanzen gleich gut durchtreten. Lipidähnliche (lipophile), unpolare Moleküle wie Glycerin oder Gase (z. B. Sauerstoff, Stickstoff, Kohlenstoffdioxid) können die Membran aufgrund ihrer Ähnlichkeit mit der Membran leicht passieren. Gleiches gilt auch für kleine polare Moleküle wie Wasser. Der direkte Durchtritt von Stoffen durch eine Membran erfolgt durch **freie Diffusion**.
Unter **Diffusion** versteht man das Bestreben eines gasförmigen oder gelösten Stoffes, sich in dem zur Verfügung stehenden Raum bzw. Lösungsmittel gleichmäßig zu verteilen.
Treibende Kraft dieser freien Bewegung ist ein **Konzentrationsgefälle** der Stoffe in dem Raum. Infolge ihrer Brown'schen Molekularbewegung diffundieren die Stoffe entlang dem eigenen Gefälle, bis der Konzentrationsgradient ausgeglichen ist. Dabei bewegen sich die Stoffe stets von hoher zu niedriger Konzentration, niemals umgekehrt.
Erst wenn alle Teilchen in einem System gleichmäßig verteilt sind, ist keine Nettobewegung mehr nachweisbar – obwohl sich jedes einzelne Teilchen nach

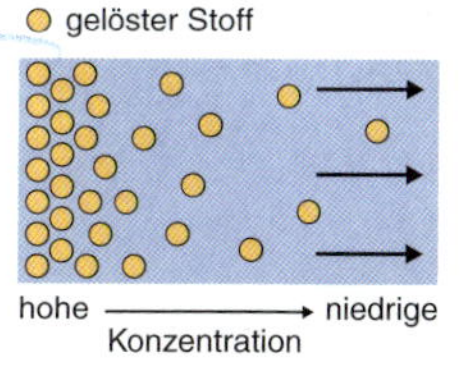

Abb. 17: Diffusion ist die Ausbreitung von Teilchen entlang eines Konzentrationsgefälles mit der Folge eines Konzentrationsausgleichs.

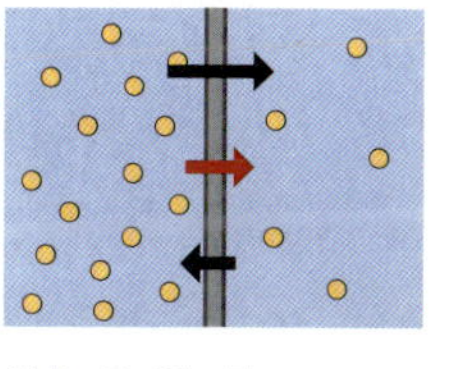

Abb. 18: Die Nettobewegung (roter Pfeil) ist die Differenz zwischen den Wanderungen der Teilchen in beide Richtungen.

Auch bei einer semipermeablen Membran findet Diffusion statt.

wie vor bewegt. Der Konzentrationsausgleich ist erreicht, das System ist im Gleichgewicht.
Freie Diffusion läuft auch dann ab, wenn Stoffe durch eine semipermeable Membran getrennt sind. Auch hier wandern die Moleküle gemäß ihres Konzentrationsgefälles von Orten höherer Konzentration zu Orten niedriger Konzentration.

Osmose

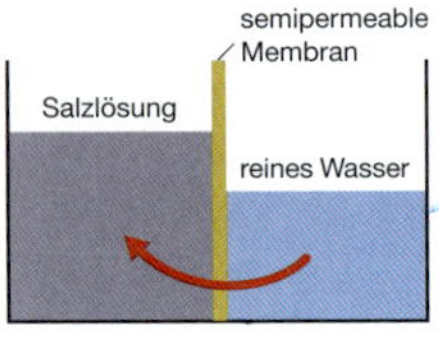

Abb. 19: Eine einseitig gerichtete Diffusion des Lösungsmittels durch eine semipermeable Membran wird als Osmose bezeichnet.

Kann nur das Lösungsmittel (bei der Zelle Wasser) durch eine semipermeable Membran wandern, so bezeichnet man diesen speziellen Fall der Diffusion als **Osmose**: Hierbei handelt es sich um eine einseitig gerichtete Diffusion des Lösungsmittels zweier verschieden konzentrierter Lösungen von der schwächer konzentrierten (der **hypotonischen** Lösung) zur stärker konzentrierten (der **hypertonischen**) Lösung. Die Konzentrationen gleichen sich an, bis sie auf beiden Seiten übereinstimmen, es entstehen **isotonische** Lösungen. Die Volumina der Lösungen verändern sich hingegen: Beim Erreichen des **osmotischen Gleichgewichts** hat die vorher höher konzentrierte Lösung an Volumen zugenommen, die vorher hypotonische Lösung hat an Volumen verloren.

Plasmolyse und Deplasmolyse

Unter **Plasmolyse** versteht man die Schrumpfung der Zentralvakuole einer Pflanzenzelle bei gleichzeitiger Abtrennung der Zellmembran (Plasmalemma) von der Zellwand. Um dies zu erreichen, setzt man die Zelle einem Plasmolytikum aus: Das ist eine hypertonische Lösung, die reichlich Salze oder Zuckermoleküle enthält und auf osmotischem Wege Wasser aus der Vakuole durch die Membranen (Tonoplast und Plasmalemma) in das umgebende, höher konzentrierte Medium zieht, so dass der Zellsaftraum kleiner wird und den an der Vakuole klebenden Plasmaschlauch samt dem Plasmalemma von der Zellwand

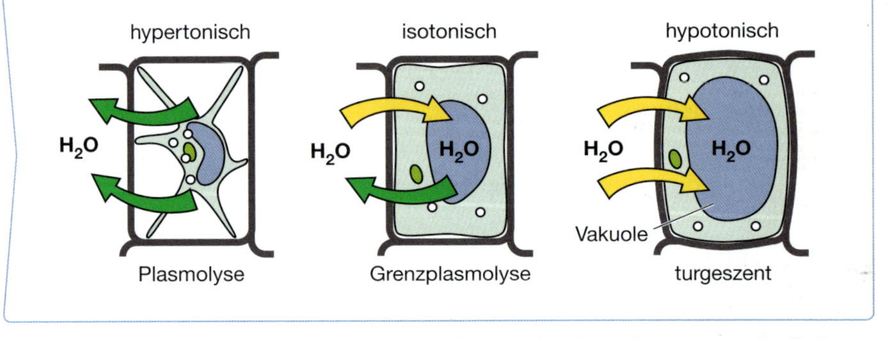

Abb. 20: Bei Pflanzenzellen kann man die Ablösung des Cytoplasmas von der Zellwand aufgrund eines Wasserverlusts durch Osmose beobachten, was als Plasmolyse bezeichnet wird. Nimmt die Zelle Wasser auf, spricht man von der Deplasmolyse.

abtrennt. Bei geringer Wandhaftung des Plasmas erfolgt die Ablösung rundlich (Konvexplasmolyse), bei starker Wandhaftung bilden sich bizarre Formen, in denen das Plasma zu dünnen Fäden (Hecht'sche Fäden) ausgezogen ist (Konkavplasmolyse). Der Vorgang der Plasmolyse ist reversibel, also über die **Deplasmolyse** umkehrbar – vorausgesetzt, die Zelle nahm durch eine übermäßige Plasmolyse keinen Schaden.

Eingeschränkte und erleichterte Diffusion

Für den spezifischen Transport verfügt eine Zelle über Transportproteine: Membranen enthalten in ihrer Lipid-Doppelschicht eine Reihe von Proteinen, die Poren oder Kanäle bilden. Nur bestimmte Ionen und Moleküle können diese Poren durchqueren. Die Durchlässigkeit eines Kanals hängt zum einen von seinem Durchmesser ab, zum anderen von seiner Ladung. Kleine Anionen wie das Chlorid passieren positiv geladene Poren leicht, während Kationen zurückgehalten werden. Negativ geladene Poren lassen bevorzugt kleine Kationen durch, sie filtern Anionen aus. Poren ermöglichen also eine **eingeschränkte Diffusion.**

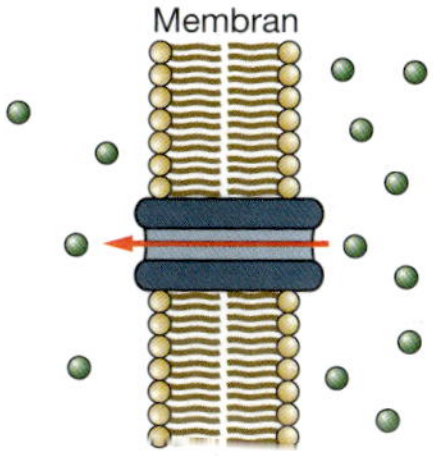

Abb. 21: Beim passiven Transport befördern spezifische Transportproteine die Ionen oder Moleküle durch die Membran vom Ort höherer zum Ort niedrigerer Konzentration.

Carrier binden das zu transportierende Substrat ähnlich wie ein Enzym. Sie katalysieren aber keine Reaktion, sondern einen Transportvorgang. Meist verändern sie während des Transports ihre Konformation. Man spricht von **trägervermitteltem Transport** oder **erleichterter Diffusion**.
Kanalproteine bilden wassergefüllte Poren, die als Ionenkanäle arbeiten. Ionen diffundieren mit dem Konzentrationsgradient die Membran.
Beim trägervermittelten Transport durch Carrier oder Kanäle benötigt die Zelle keine Energie, da der Transport mit dem Konzentrationsgefälle erfolgt, er wird deshalb als **passiver Transport** bezeichnet. Dieser Transport verläuft schneller als freie Diffusion, da die Transportproteine bis zur vollen Auslastung mit maximaler Geschwindigkeit arbeiten.

Aktiver Transport

Carrierproteine können spezielle Moleküle entgegen den Konzentrationsgradienten durch die Membran transportieren. Dieser Transportvorgang wird **aktiver Transport** genannt, da Energie in Form von ATP benötigt wird.
Glukose (Traubenzucker) ist für die Zellen eines der wichtigsten Substrate zur Energiegewinnung. Die Aufnahme dieses Moleküls aus dem Darm in die Dünndarmzellen, die Weitergabe aus den Dünndarmzellen in die Blutbahn und von dort die Aufnahme in die Körperzellen ist deshalb von großer Bedeutung. So gelangt Glukose durch einen **gekoppelten Transport** vom Darmlumen in die Zellen der Darmschleimhaut: Ein Na^+/K^+-Pumpe pumpt unter Energiever-

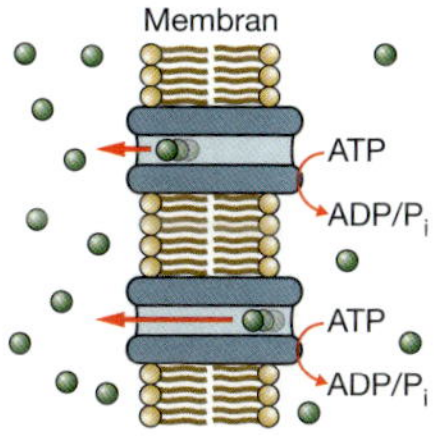

Abb. 22: Aktiver Transport durch die Membran läuft unter Energieverbrauch.

brauch Natrium-Ionen gegen den Konzentrationsgradienten aus der Zelle ins Blut und Kalium-Ionen in die Zelle. Dadurch wird ein starker Na^+-Gradient mit Hilfe von ATP erzeugt. Ein Glukose-Na^+-Symport-Protein benützt den so erzeugten Na^+-Gradienten, um Glukose aus dem Darmlumen in die Schleimhautzellen zu transportieren. Glukose wird dabei gegen den Glukosegradienten transportiert. Die Kombination einer aktiven Ionenpumpe mit passiven Transportern wird als **sekundär aktiver Transport** bezeichnet. Weil Natrium-Ionen und Glukose durch denselben Carrier in die Zelle bzw. aus ihr hinaus transportiert werden, liegt hier ein gekoppelter Transport vor.

Werden Ionen oder Moleküle gegen das Konzentrationsgefälle unter Energieverbrauch durch die Membran befördert, so spricht man von aktivem Transport.

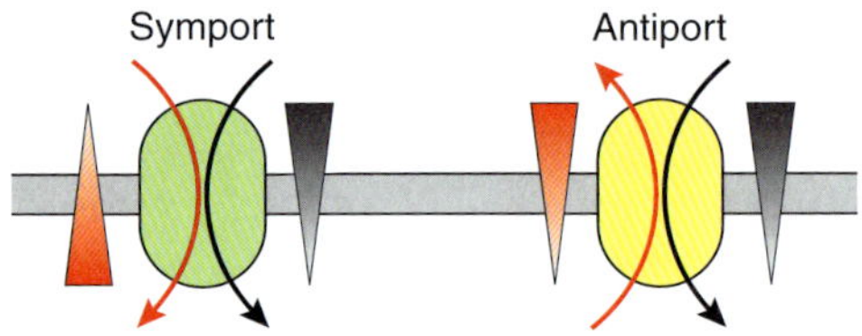

Abb. 23: Symport bezeichnet den aktiven Transport zweier Stoffe in die gleiche Richtung; beim Antiport wandern Stoffe in entgegengesetzter Richtung.

Werden Moleküle zusammen mit einem anderen Ion oder Molekül in die gleiche Richtung transportiert, spricht man von **Symport**, beim Transport in entgegengesetzter Richtung von **Antiport**. Dabei wird einer der Stoffe gegen das Konzentrationsgefälle befördert, der andere Stoff jedoch in Richtung des Konzentrationsgefälles.

Endocytose und Exocytose

Für Makromoleküle, die aufgrund ihrer Größe die Membran nicht passieren können, verfügt die Zelle über andere Transportmechanismen: Eine aufzunehmende Substanz wird von einem kleinen Teil der Zellmembran umschlossen und als membranumschlossenes Vesikel nach innen abgeschnürt. Dieser Vorgang wird als **Endocytose** bezeichnet. Dabei unterscheidet man die **Pinocytose** (trinken), bei der in Flüssigkeiten gelöste größere Moleküle aufgenommen werden, von der **Phagocytose** (fressen), bei der große feste Partikel wie Viren oder Bakterien durch Bildung sehr großer Vesikel aufgenommen und verschlungen werden. Werden Partikel im Inneren der Zelle von Teilen der Zellmembran umschlossen und nach außen geschleust, so bezeichnet man dies als **Exocytose**.

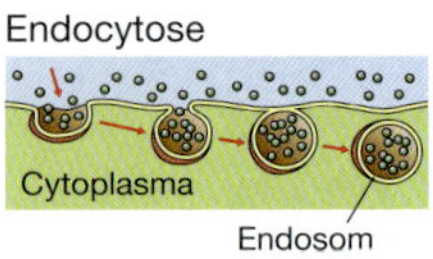

Abb. 24: Endocytose ist die Aufnahme von Stoffen in eine Zelle mit Hilfe von Vesikeln.

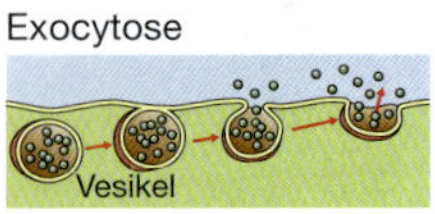

Abb. 25: Bei der Exozytose fusionieren beladene Vesikel mit der Zellmembran und entleeren ihren Inhalt nach außen.

1.7 Der Zellzyklus

Phasen des Zellzyklus

Zellen können nur aus Zellen hervorgehen. Dies gilt für alle Organismen, vom einzelligen Bakterium bis zum Menschen. Lebewesen entstehen, indem sich Zellen immer wieder teilen und dann wachsen, also durch sich wiederholende Teilungs- und Wachstumsrunden. Bei der Teilung einer Zelle entstehen zwei Tochterzellen. Beide besitzen die identische genetische Information wie die Mutterzelle sowie die gleiche Ausstattung an Organellen und Zytoplasmabestandteilen.

Der Wechsel zwischen Arbeitsphase und Zellteilung heißt Zellzyklus.

Der **Zellzyklus** ist der sich wiederholende Ablauf von Ereignissen in einer eukaryotischen Zelle von einer Zellteilung zur nächsten. Obwohl die Länge des Zellzyklus von Art zu Art unterschiedlich sein kann, ist der Ablauf der einzelnen Phasen im Prinzip immer gleich. Der Zellzyklus ist in zwei Phasen gegliedert. Nach der **Mitose** (Kernteilung) kommt die Zelle in die **Interphase** (Zwischenphase). Diese wird in die G_1-Phase, S-Phase und G_2-Phase aufgeteilt. In dem ersten Abschnitt, der G_1-Phase (G für engl. *gap* = Lücke), wächst die Zelle, die Zellorganellen und die anderen Bestandteile des Zytoplasmas werden vermehrt. Die S-Phase (S für Synthese) umfasst die Verdopplung der DNA (→ S. 83). Nach dem letzten Abschnitt der Interphase, der G_2-Phase, werden die Chromosomen im Mikroskop als lange Fäden sichtbar. Diese verkürzen sich mehr und mehr und werden dicker. Ihre Verteilung auf die Tochterzellen erfolgt in der Mitose.

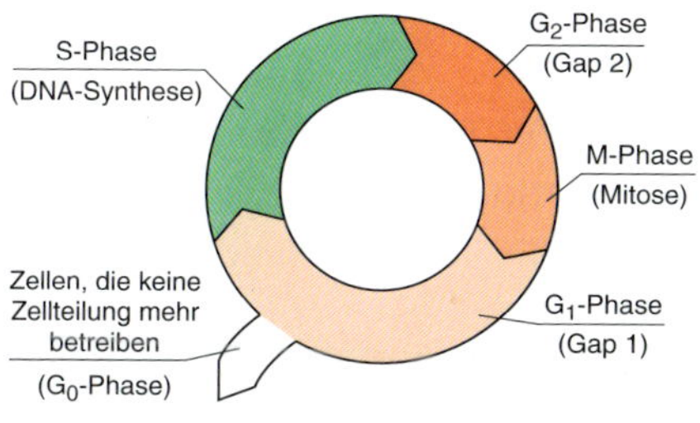

Abb. 26: Zellzyklus einer eukaryontischen Zelle

Die Mitose

Der erste Schritt einer Zellteilung ist die Teilung des Zellkerns, die Mitose. Die Zeit für den Ablauf der Mitose schwankt zwischen einigen Minuten und mehreren Stunden. Der Übersichtlichkeit wegen wird der kontinuierliche Verlauf der Mitose in Phasen eingeteilt: Prophase, Metaphase, Anaphase und Telophase. Während der **Interphase** ist der Zellkern durch die Kernmembran umhüllt. Im fädigen Chromatin ist etwas undeutlich ein Nukleolus (Kernkörperchen) zu erkennen.

Prophase

In der **Prophase** spiralisiert sich das Chromatin zu sichtbaren Chromosomen auf. Jedes Chromosom besteht aus einem Paar von identischen Chromatiden, das vom Centromer zusammengehalten wird. (Histone – Proteinbausteine des Chromatins – bleiben hier außer Betracht.) Kernmembran und Nukleolus lösen sich auf. Nun entsteht der Spindelapparat, dessen Proteinfäden (Mikrotubuli ➔ S. 14) von spezialisierten Organellen, den Centrosomen, ausgehen und sich mit den Centromeren der Chromosomen verbinden. Centriolen kommen paarweise im Cytoplasma vor, sie bestehen aus zwei zylinderartigen Strukturen, die im rechten Winkel zueinander liegen. Schon vor Beginn der Mitose haben sie sich verdoppelt und sind zu den Zellpolen gewandert. Sie organisieren den Aufbau des Spindelapparates aus dünnen Proteinfäden, den Mikrotubuli.

Metaphase

In der **Metaphase** sind die Chromosomen maximal aufspiralisiert und liegen als Zweichromatid-Chromosomen in der Transportform vor. In dieser Phase können Chromosomen gezählt und verglichen werden (Karyogramm). Die Chromosomen werden durch die Spindelfasern in die Äquatorialebene bewegt.

Anaphase

Zu Beginn der **Anaphase** verdoppeln sich die Centromere der Chromosomen. Aus Zwei-Chromatid-Chromosomen werden jeweils zwei unabhängige Ein-Chromatid-Tochterchromosomen. Diese werden mit Hilfe des Spindelapparates auseinandergezogen und auf die Zellpole zubewegt, dabei geht immer das Centromer voran.

Telophase

In der **Telophase** entspiralisieren sich die (Einchromatid-)Chromosomen wieder. Kernmembran und Nukleoli erscheinen.

Interphase

Zu Beginn der **Interphase** schnürt sich die Zelle am Äquator durch, das Cytoplasma wird auf die Tochterzellen verteilt (Cytokinese). Kernmembran und Nukleoli erscheinen wieder.

Durch Mitosehemmer kann der Teilungsprozess gestört werden. Colchizin, das Gift der Herbstzeitlosen, blockiert den Spindelapparat. Die Tochterchromosomen weichen nicht auseinander. Diese **Endomitose** führt zu einer Verdopplung der Chromsomenzahl in der Zelle. Aus diploiden werden tetraploide und durch mehrfache Endomitose entstehen polyploide Zellen (➔ S. 69).

Zellbiologie

Die **Zelle** ist ein membranumhülltes System mit Informationsträgern (Nukleinsäuren) und Funktionsträgern. Alle Organismen sind aus Zellen aufgebaut bzw. bestehen aus einer Zelle. Die Zelle ist die kleinste lebensfähige Einheit. Zellen können nur durch Teilung oder Verschmelzung aus ihresgleichen entstehen.

Man unterscheidet **eukaryontische Zellen** mit vielen Kompartimenten (Pflanzen, Tiere, Pilze) und einfachere **prokaryontische Zellen** (Bakterien und Archaeen).

Mitochondrien und **Plastiden** sind Organellen, die durch doppelte Membranen abgegrenzt sind. Beide können nur durch Teilung aus ihresgleichen entstehen. In den Mitochondrien läuft die Zellatmung ab. Die chlorophyllhaltigen **Chloroplasten** sind die Orte der Fotosynthese. Nach der Endosymbiontentheorie entstanden Mitochondrien und **Chloroplasten** aus aeroben Bakterien bzw. Cyanobakterien.

Das **endoplasmatische Retikulum** (ER) durchzieht das Cytoplasma. Hauptfunktion ist die Synthese von sekretorischen, lysosomalen und Membran-Proteinen. Durch Anlagerung von Ribosomen entsteht das raue ER. Dieses transportiert die an den Ribosomen synthetisierten Proteine durch sein Kanalsystem. **Lysosomen** enthalten Enzyme für den Abbau vieler Substanzen. Der **Golgi-Apparat** dient der Sekretion.

Die meisten Pflanzenzellen und Pilzzellen sind von einer widerstandsfähigen **Zellwand** umgeben. Sie liegt außen an der Zellmembran an und verleiht der Zelle ihre feste Form.

Jede Zelle ist von einer **Biomembran** (Zellmembran, Plasmamembran) umgeben. Membranen haben zwei Funktionen: Sie trennen und verbinden Reaktionsräume.

Membranen stellen als semipermeable Strukturen Diffusionsbarrieren dar und halten ein Konzentrationsgefälle zwischen verschiedenen Zellkompartimenten aufrecht. Nach dem **Fluid-Mosaik-Modell** bestehen sie hauptsächlich aus Phospholipiden und peripheren und integrativen Proteinen.

Lipid-Doppelschichten sind für die meisten wasserlöslichen Moleküle undurchlässig. Spezifische Transportmoleküle sind für den Transport eines bestimmten Stoffes verantwortlich. **Passiver Transport** erfolgt ohne Energiewaufwand entlang eines Konzentrationsgefälles. Man unterscheidet Diffusion, Osmose und erleichterte Diffusion. **Aktiver Transport** erfolgt gegen einen Konzentrationsgradienten und ist an einen energieverbrauchenden Prozess gekoppelt. Man unterscheidet primären aktiven und sekundären aktiven Transport.

Enzyme sind **Proteine** mit komplexen dreidimensionalen Strukturen. Viele bestehen aus ineinander verschachtelten Polypeptidketten. Einige Enzyme enthalten **Cofaktoren**, Nicht-Protein-Anteile, die für die Wirkungsweise des Proteins unerlässlich sind.

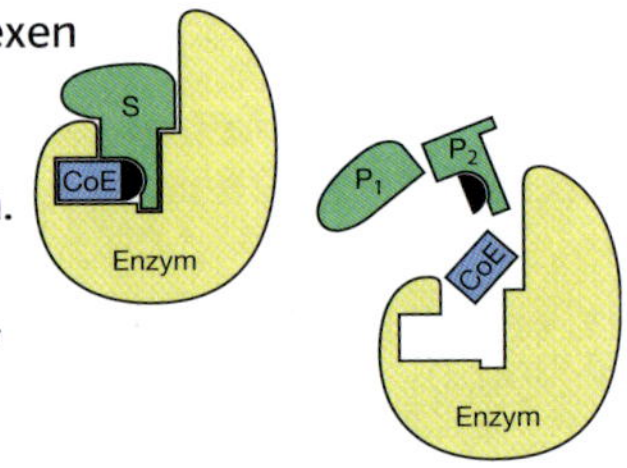

Kohlenhydrate, Fette und Proteine sind die wichtigsten **Nährstofflieferanten** der Zelle.

Kohlenhydrate sind Energieträger, Stützsubstanzen und Signalüberträger.

Lipide sind Baustoffe und Energiespeicher.

Bei steigender **Temperatur** steigt die Enzymaktivität. Hohe Temperaturen denaturieren das Enzym.
Durch Veränderung des **pH-Wertes** ändert sich die Struktur des Enzymproteins.

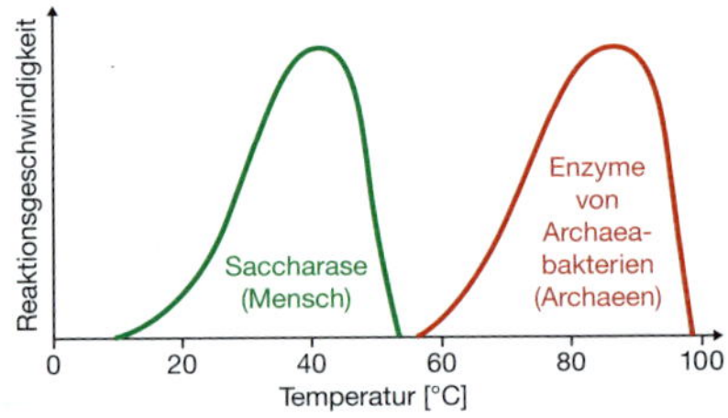

Stoffe der Zelle

Enyzme – Bau und Wirkung

Enzyme – Beeinflussung

Proteine sind Baustoffe und Arbeitsmoleküle der Zellen.

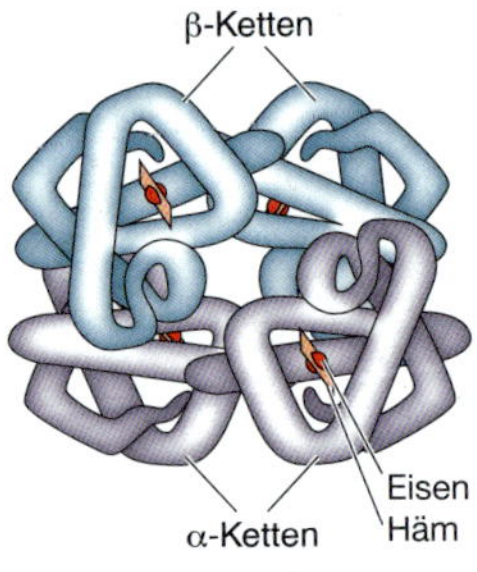

Hämoglobin

Nukleinsäuren sind Informationsspeicher und Informationsüberträger.

Enzyme sind **substratspezifisch**, d.h. sie reagieren nur mit *einem* Substrat.

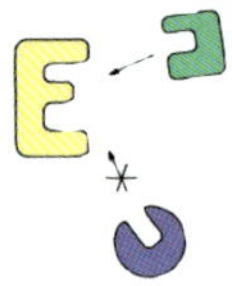

Enzyme sind **wirkungsspezifisch**, sie katalysieren nur *eine* Reaktion.

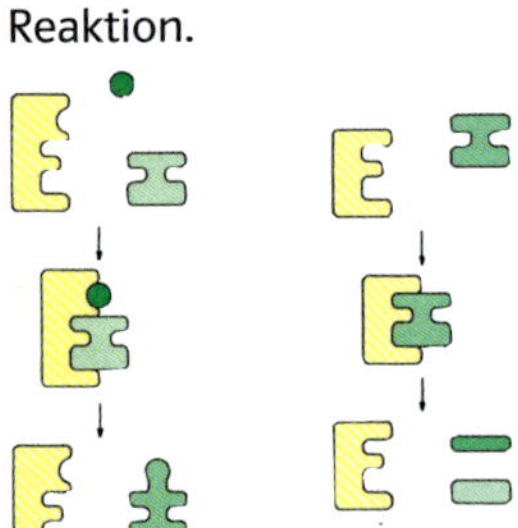

Kompetitive **Hemmstoffe** konkurrieren mit dem Substrat um das Enzym.

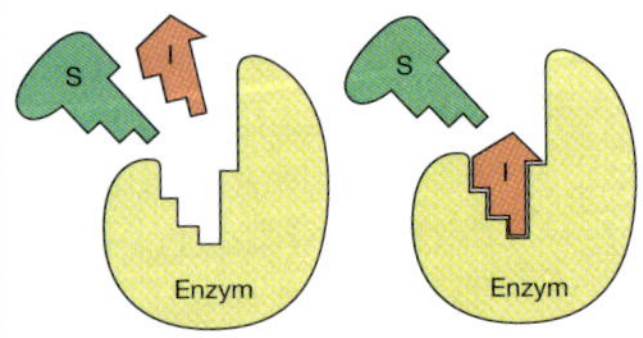

Nicht-kompetitive Hemmstoffe ändern die Form des Enzyms.

Bei der aeroben Zellatmung sowie bei der Gärung findet zunächst die **Glykolyse** statt.

Im **Citratzyklus** wird die Energie der Nährstoffe auf reduzierte Coenzyme übertragen.

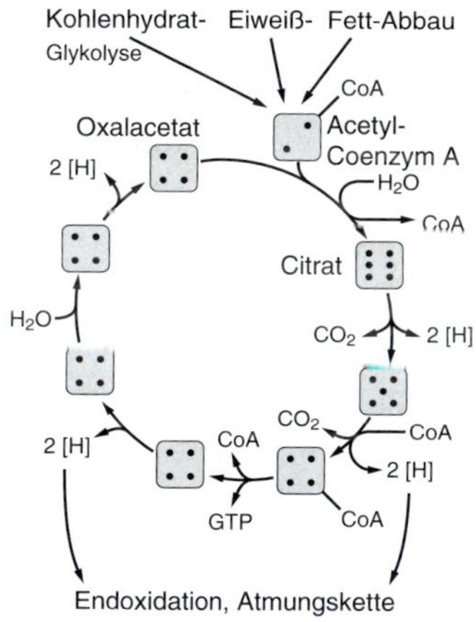

Die Fotosynthese ist der bedeutendste chemische Prozess der Erde.
Die **Lichtreaktion** wandelt Lichtenergie in chemische Energie.

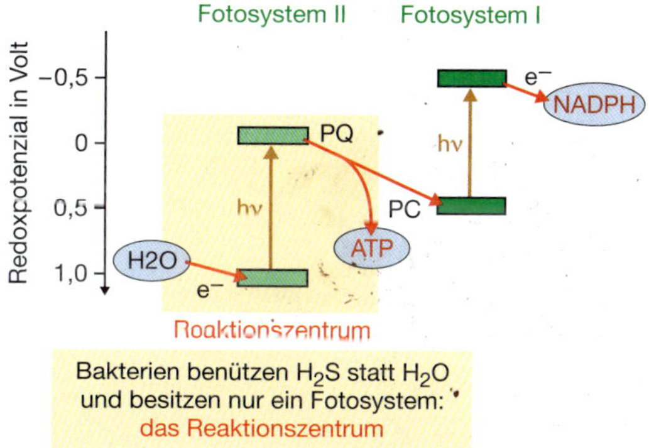

Dissimilation

Fotosynthese

In der **Atmungskette** oder Endoxidation wird ATP durch Oxidation der reduzierten Coenzyme gewonnen.

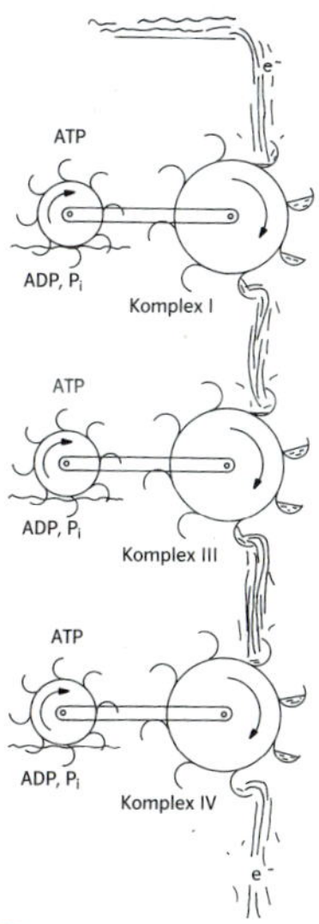

Die **Sekundärreaktion** ist lichtunabhängig.
Sie fixiert das Kohlenstoffdioxid und stellt Zucker her.

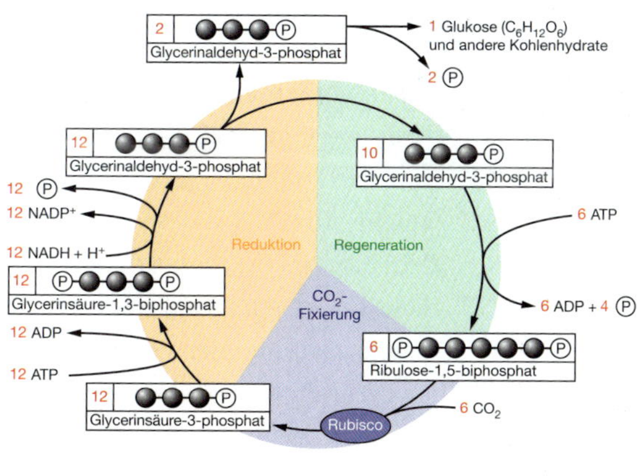

2 Stoffwechsel

KURZINFO

- Proteine, Kohlenhydrate, Fette und Nukleinsäuren sind die wichtigsten organischen Stoffe der Zelle.
- Enzyme sind Biokatalysatoren, sie erniedrigen die Aktivierungsenergie chemischer Reaktionen.
- Enzyme sind Proteine mit spezifischer dreidimensionaler Struktur.
- Enzyme sind wirkungsspezifisch und substratspezifisch.
- Die Enzymaktivität hängt von Faktoren wie Temperatur und pH-Wert ab.
- Enzymkonzentration und Substratkonzentration beeinflussen die Reaktionsgeschwindigkeit.
- Inhibitoren hemmen die Enzymaktivität.
- Viele Enzyme arbeiten nur in Gegenwart eines Coenzyms.
- Der oxidative Abbau des Zuckers ist die wichtigste Energiequelle heterotropher Lebewesen.
- Der Zuckerabbau wird in vier Teilreaktionen unterteilt: Glykolyse, oxidative Decarboxylierung, Zitronensäurezyklus und Atmungskette. Dabei stellt die Glykolyse die gemeinsame Anfangsphase von Atmung und Gärung dar. In der Atmungskette wird die Energie auf ATP übertragen.
- Gärung ist Stoffabbau ohne Sauerstoff.
- Bei der Fotosynthese wird Lichtenergie in chemische Energie umgewandelt. Man unterscheidet Lichtreaktion und Dunkelreaktion.

2.1 Inhaltsstoffe der Zelle

Bei der chemischen Untersuchung von Zellen findet man als Bestandteile Wasser, organische Verbindungen und Salze. Zu den organischen Stoffen gehören Proteine (Eiweiße), Kohlenhydrate, Lipide (Fette und fettähnliche Substanzen) sowie die Nukleinsäuren (Kernsäuren → S. 78).
Dabei handelt es sich überwiegend um Makromoleküle (Polymere), die aus den Grundelementen Kohlenstoff, Stickstoff, Wasserstoff und Sauerstoff aufgebaut sind. Die Polymere gehen aus Monomeren (niedermolekulare Moleküle) hervor, welche durch Kondensationsrekationen miteinander verknüpft bzw. durch Hydrolysereaktionen wieder getrennt werden können. Eine Kondensationsreaktion ist eine Reaktion, bei der sich zwei Moleküle unter Abspaltung von Wasser miteinander verbinden. Bei der Hydrolyse wird das Makromolekül unter Verbrauch von Wasser wieder in die Monomere gespalten.

Proteine

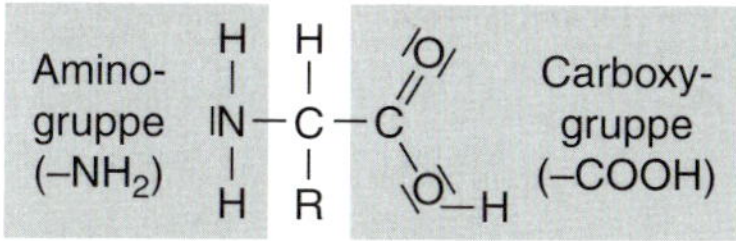

Abb. 27: Struktur einer Aminosäure

Bausteine der Proteine sind die **Aminosäuren**, die – wie der Name schon sagt – neben der Säuregruppe oder Carboxygruppe (COOH-Gruppe) eine Aminogruppe (NH_2) als funktionelle Gruppe enthalten. Durch Verbindung der Aminogruppe einer Aminosäure mit der Carboxygruppe der nächsten Aminosäure unter Wasserabspaltung, auch als **Kondensation** bezeichnet, entsteht die **Peptidbindung** (CO–NH). Werden zwei Aminosäuren verknüpft, entsteht ein **Dipeptid**. Aminosäureketten mit einer Länge von zwei bis 100 Aminosäuren werden als **Peptide** bezeichnet, bei einer Aminosäurenanzahl von mehr als 100 spricht man von **Proteinen**.

Peptide und Proteine bestehen aus Aminosäuren, die über Peptidbindungen verknüpft sind.

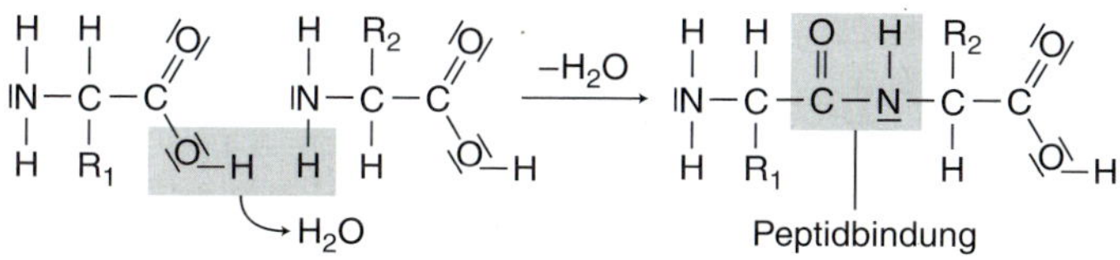

Abb. 28: Durch Kondensation zweier Aminosäuren entsteht ein Dipeptid.

Kurze Peptide nennt man **Oligopeptide**, längere Moleküle bezeichnet man als **Polypeptide**. Jedes Peptid trägt an einem Ende, dem N-Terminus, eine freie Aminogruppe, und am anderen Ende der Kette, dem C-Terminus, eine freie Carboxygruppe.

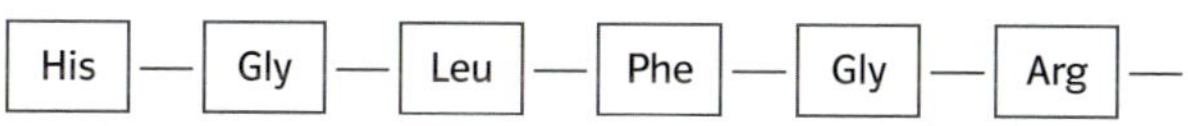

Abb. 29: Primärstruktur eines Proteins

In Proteinen kommen 20 verschiedene Aminosäuren vor, die über Peptidbindungen miteinander verknüpft sind. Die Reihenfolge der Aminosäuren, die Aminosäurensequenz, bestimmt die **Primärstruktur** der Polypeptidkette. Sie bestimmt die Eigenschaften des Moleküls. Doch meist liegen die Proteine in der Zelle nicht als Fäden vor. Sie bilden andere Strukturen aus. Im einfachsten Fall bildet das Polypeptid nur eine **Sekundärstruktur** wie α-Helix oder β-Faltblatt aus. Die α-Helix ist eine rechtshändig gedrehte Spirale mit durchschnittlich 3,6 Aminosäureseitenketten pro Umdrehung, die durch Wasserstoffbrückenbindungen zwischen den Peptidbindungen zusammengehalten wird. Bei der Faltblattstruktur sind die Peptidketten zickzackförming nebeneinander angeordnet. Auch an dieser Struktur sind Wasserstoffbrückenbindungen beteiligt.

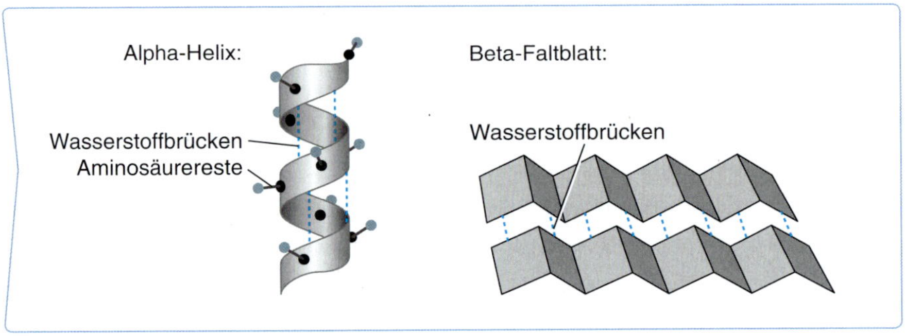

Abb. 30: Sekundärstrukturen von Proteinen

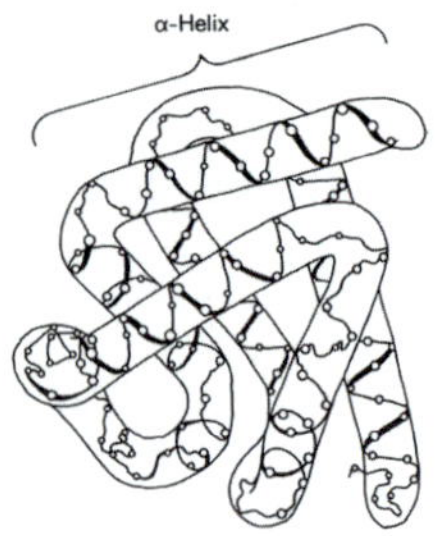

Abb. 31: Tertiärstruktur eines Proteins

Sind die Polypeptidketten weiter zu einer unregelmäßigen räumlichen Gestalt geformt, so entsteht eine **Tertiärstruktur**. Hier wirken die Anziehungskräfte zwischen den Resten der einzelnen Aminosäuren. So bilden sich zwischen den Resten zweier Cystein-Aminoäuren stabile Elektronenpaarbindungen aus, die Disulfidbrücken. Bei unpolaren Resten wirken Van-der-Waalskräfte, bei polaren die Wasserstoffbrückenbindungen, bei unterschiedlich geladenen Seitenketten ionische Wechselwirkungen.

Bestehen die Proteine aus mehr als einer Polypeptidkette, so entsteht die **Quartärstruktur**. Hämoglobin, das sauerstoffbindende Protein der roten Blutzellen, besteht aus vier Polypeptidketten. Auch diese werden u. a. durch Van-der-Waals-Kräfte und Wasserstoffbrückenbindungen zusammengehalten.

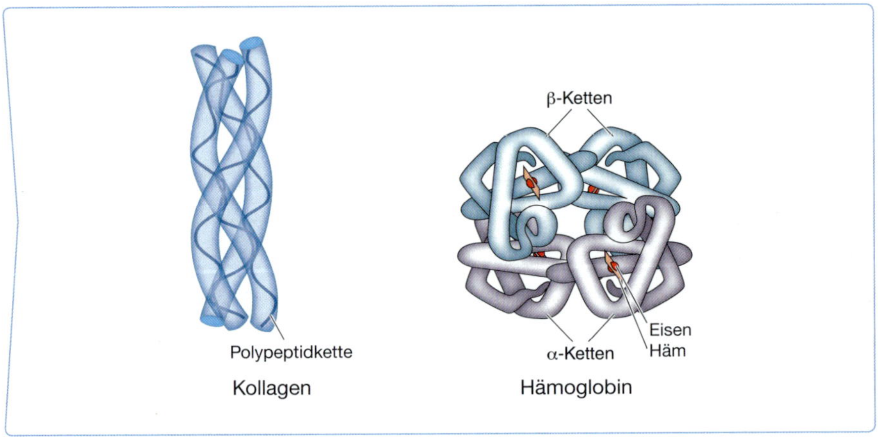

Abb. 32: Quartärstrukturen von Proteinen

Jedes Protein hat eine unverwechselbare Oberflächenstruktur. Während Faserproteine eine lang gestreckte Gestalt annehmen, sind globuläre Proteine etwa kugelförmig. Die räumliche Anordnung der Proteine wird durch die Seitenketten ihrer Aminosäurereste beeinflusst. Manche dieser Seitenketten ziehen sich an – z. B. zwei unterschiedlich geladene Gruppen – andere stoßen sich ab – z. B. zwei gleich geladene Gruppen. Daher falten sich die meisten Polypeptide so, dass die polaren Reste an der Oberfläche, die unpolaren im Inneren des Moleküls zu liegen kommen.

Funktionen der Proteine

Die Mannigfaltigkeit der Formen spiegelt sich in den vielfältigen Funktionen wieder. In ihren **Funktionen** unterscheiden sich die Proteine grundsätzlich. Jedes Protein erfüllt eine bestimmte Aufgabe: Als **Strukturprotein** gibt es der Zelle Form und Halt. Als **Membranbaustein** dient es der Kompartimentierung der Zelle. **Enzyme** katalysieren chemische Reaktionen (→ S. 35). **Membranrezeptoren** nehmen chemische Signale auf. **Antikörper** stellen die wichtigsten Strukturen der Immunabwehr dar. **Hormone** sind für die Steuerung von Wachstum und Stoffwechsel verantwortlich. **Kontraktile Proteine** tragen dazu bei, dass sich Lebewesen bewegen können.

Die Struktur von Proteinen bestimmt sich aus der Reihenfolge der Aminosäuren und zusätzlichen Bindungen zwischen den Aminosäureresten.

Kohlenhydrate

Kohlenhydrate oder **Saccharide** liegen als Einfachzucker (**Monosaccharide**) oder als Mehrfachzucker (**Polysaccharide**) vor. Einfachste Vertreter der Monosaccharide sind **Glukose** und **Fruktose**. Aus der allgemeinen Strukturformel der Monosaccharide lassen sich die typischen Eigenschaften ablesen: Sie besitzen mehrere Hydroxygruppen und eine Aldehydgruppe (Glukose) bzw. Ketogruppe (Fruktose). Ein weiteres Kriterium für die Klassifizierung von Zuckern ist die Länge des Kohlenstoffgerüstes: Glukose ist eine Aldohexose (ein C_6-Körper), Fruktose eine Ketohexose.

Durch Verknüpfung zweier Monosaccharide entstehen die **Disaccharide** oder Zweifachzucker. Dabei reagiert unter Wasserabspaltung eine Hydroxygruppe des einen Zuckers mit einer Hydroxygruppe des anderen (Kondensation). Die beiden Zuckermoleküle werden dann über eine Sauerstoffbrücke miteinander verbunden (glykosidische Bindung). So bildet sich Maltose aus zwei Glukosemolekülen. Saccharose wird aus einem Molekül Glukose und einem Molekül Fruktose gebildet, während Laktose ein Disaccharid aus Glukose und Galaktose darstellt.

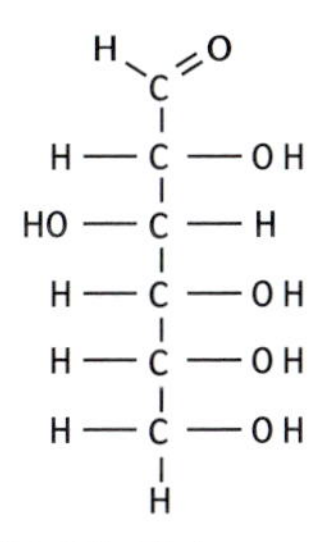

Abb. 33: Glukose, eine Aldohexose

Kohlenhydrate enthalten mehrere OH-Gruppen, über die sie sich mit anderen Molekülen verbinden können.

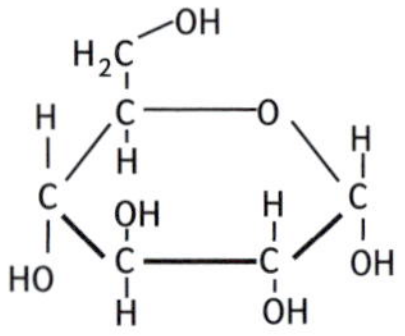

Abb. 34: Glukose – eine andere Schreibweise

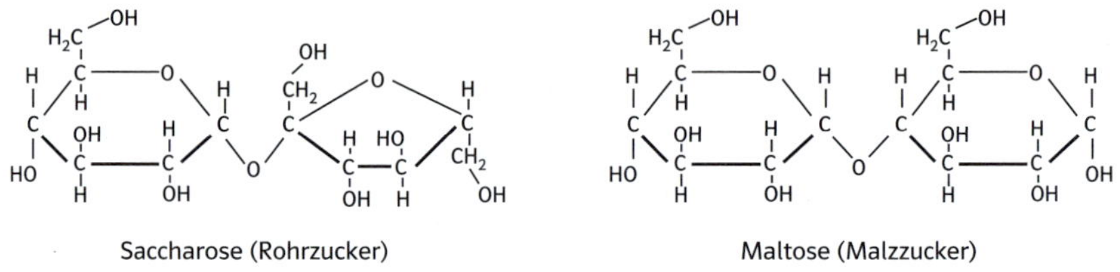

Abb. 35: Durch Kondensation von Monosacchariden (Einfachzuckern) entstehen Disaccharide (Zweifachzucker).

Polysaccharide sind Makromoleküle, die aus einigen Hundert bis mehreren Tausend Monosaccharid-Bausteinen bestehen. Sie bilden z. B. Speicher-Polysaccharide, wie die **Stärke** in Pflanzen und Glykogen bei Tieren. Bei Stärke können wasserlösliche Amylose (20 %) und wasserunlösliches Amylopektin (80 %) unterschieden werden. **Glykogen**, die „tierische Stärke", kommt beim Menschen hauptsächlich in Leber und Muskeln vor.

Abb. 36: Ausschnitt aus einem Stärkemolekül

Cellulose und Chitin sind Struktur-Polysaccharide. **Cellulose**, die Gerüstsubstanz pflanzlicher Zellen, ist ein unverzweigtes Polymer aus Glukosebausteinen. Die parallel angeordneten Cellulosemoleküle werden durch Wasserstoffbrückenbindungen zusammengehalten. So bilden sich Mikrofibrillen, die die Zellwand aufbauen. **Chitin** ist ein Baustoff im Außenskelett von Insekten und Krebsen und kommt auch in der Zellwand von Pilzen vor.

Lipide

Lipide ist eine Sammelbezeichnung für Naturstoffe, die mit unpolaren Lösungsmitteln gelöst werden können. Da diese Klassifizierung auf der Löslichkeit und nicht auf der Molekularstruktur beruht, zählen zu den Lipiden auch manche Vitamine, Hormone und Komponenten der Zellwand. Die Fette (Triglyceride) sind eine Untergruppe der Lipide.

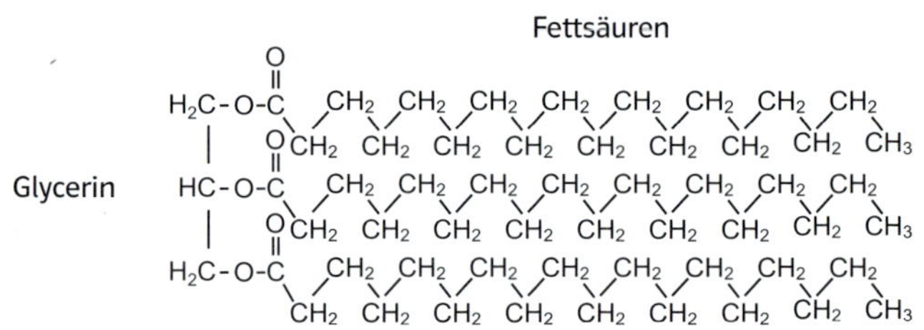

Abb. 37: Fette sind Ester aus Glycerin und Fettsäuren.

In lebenden Organismen werden Lipide hauptsächlich als Strukturkomponenten in Zellmembranen, als Energiespeicher oder als Signalmoleküle gebraucht. Die meisten Lipide sind **amphiphil**, besitzen also einen **lipophilen** Kohlenwasserstoff-Rest und eine polare **hydrophile** Kopfgruppe, deshalb bilden sie in polaren Lösungsmitteln wie Wasser Micellen oder Membranen (Abb. 16 → S. 20).
Fette, Öle und Wachse sind Ester der Fettsäuren. Fettsäuren sind geradkettige Monocarbonsäuren. Bei Fetten und Ölen sind jeweils drei Monocarbonsäuren mit dem dreiwertigen Alkohol Glycerin verestert (Abb. 37). Diese Ester werden als **Triglyceride** bezeichnet.
Die Membranen von Zellen und Zellorganellen (→ S. 19) bestehen hauptsächlich aus **Phospholipiden**, das sind Glycerintriester.
Die physikalischen Eigenschaften der Fette – sie sind bei Zimmertemperatur flüssig oder fest – werden durch die unterschiedlichen Fettsäuren bestimmt. Sind so viele Wasserstoffatome gebunden wie möglich, so spricht man von **gesättigten Fettsäuren**. Sind weniger Wasserstoffatome gebunden, so spricht man von einfach bzw. mehrfach ungesättigten Fettsäuren. **Ungesättigte Fettsäuren** haben Doppelbindungen in ihren Ketten. Je mehr ungesättigte Fettsäuren ein Fett enthält, desto weicher ist es. Pflanzliche Öle enthalten einen hohen Anteil an ungesättigten Fettsäuren.
Einige Fettsäuremoleküle – z. B. die Linolensäure – kann der Körper nicht selbst herstellen, obwohl er sie als Baustoffe benötigt. Diese müssen als essentielle Fettsäuren mit der Nahrung aufgenommen werden.

2.2 Bau und Funktion von Enzymen

Enzyme als Katalysatoren

Viele biologisch relevante Reaktionen in der Zelle sind reaktionsträge, sie finden nicht ohne Zufuhr von zusätzlicher Energie statt. Insbesondere um Energie aus dem Abbau von Nährstoffen zu gewinnen, bedarf es spezieller **Biokatalysatoren** – der Enzyme –, die den Abbau ermöglichen. Die von den Enzymen umgesetzten Stoffe werden als **Substrate** (**Edukte**), die daraus entstehenden Moleküle als **Produkte** bezeichnet. Enzyme setzen die **Aktivierungsenergie**, eine Art Energieschwelle, die überwunden werden muss, um reaktionsträge Stoffe zur Reaktion zu bringen, herab. Alternativ kann die Aktivierungsenergie durch eine Erhöhung der Temperatur überwunden werden. Ohne Enzyme müsste die Temperatur aber so weit erhöht werden, dass viele Proteine denaturierten. Enzyme ermöglichen Reaktionsabläufe bei Temperaturen, wie sie in der Zelle herrschen.

Katalysatoren lebender Zellen nennt man Biokatalysatoren oder Enzyme.

Enzyme beschleunigen die Einstellung des Gleichgewichts, indem sie die Aktivierungsenergie der katalysierten Reaktion herabsetzen. Die Lage des Gleichgewichts ändert sich nicht.

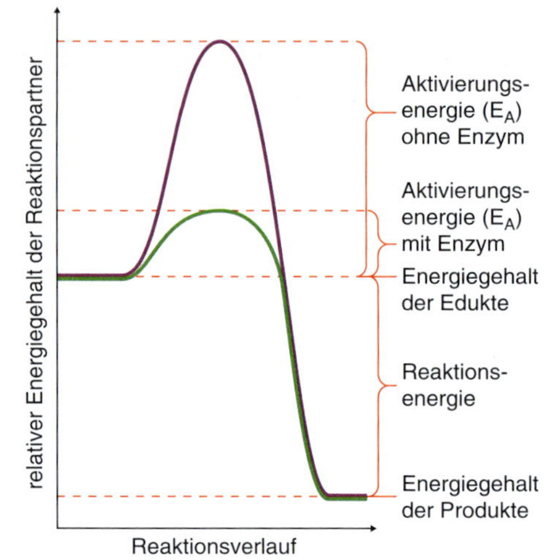

Abb. 38: Energiediagramme einer nicht katalysierten (rot) und einer katalysierten (grün) Reaktion

Enzyme wirken in kleinsten Mengen.

Die beim Abbau der Nährstoffe freigesetzte Reaktionsenergie dient dem Stoffwechsel der Zelle.

Weil ein Enzym bei der Reaktion nicht verbraucht oder verändert wird, steht es nach jeder Reaktion für eine neue zur Verfügung. Ein Enzymmolekül kann also viele gleichartige Umsetzungen hintereinander katalysieren. Manche Enzyme setzen zwischen 100 und 1 Mio. Substratmoleküle pro Minute um. Die Zahl der pro Minute umgesetzten Moleküle bezeichnet man als **Wechselzahl (Turnover)**. So können kleinste Enzymmengen in kurzer Zeit große Substratmengen umsetzen.

Abb. 39: Modellvorstellung zur Enzymwirkung: Zunächst verbinden sich die Substrate mit dem Enzym zu einem kurzlebigen Enzym-Substrat-Komplex. Dieser zerfällt und hinterlässt das Produkt und das unveränderte Enzym.

Bau der Enzyme

Enzyme sind **Proteine**; einige enthalten zusätzlich eine niedermolekulare Nichtproteinkomponente, die als **Coenzym** bezeichnet wird. Nur wenn das Coenzym am eigentlichen Enzym, dem Apoenzym, gebunden ist, ist dieses Enzym aktiv.

Der systematische Name eines Enzyms wird aus dem umgesetzten Stoff und der Reaktion, die es katalysiert, gebildet: Amylase ist ein Enzym zum Abbau von Amylose, Laktatdehydrogenase spaltet Wasserstoff von der Milchsäure (Laktat) ab. Nach der katalysierten Reaktion unterscheidet man z. B. Oxidoreduktasen, Transferasen, Hydrolasen und Ligasen.

Verlauf einer enzymatischen Reaktion

Zunächst wird das Substrat im aktiven Zentrum des Enzyms gebunden. Es entsteht der **Enzym-Substrat-Komplex**. Nach der Modellvorstellung des **Schlüssel-Schloss-Prinzips** entspricht die Substratbindungsstelle des Enzyms dem Schloss, das Substrat dem dazugehörigen Schlüssel. Nur solche Substrate können gebunden werden, die in die Bindungsstelle genau passen.

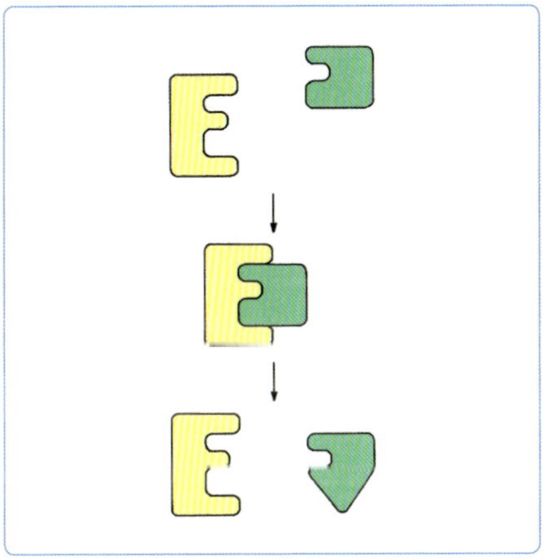

Abb. 40: Schlüssel-Schloss-Modell der Enzymwirkung

Abb. 41: Enzym und Substrat reagieren zum ES-Komplex und weiter zu Enzym und Produkt: $E + S \longrightarrow [ES] \longrightarrow E + P$

Nach neueren Untersuchungen gibt es Enzyme, deren aktive Zentren sich bei der Substratbindung verändern und erst dann eine zum Bau des Substrats passende (komplementäre) Form ausbilden (**Prinzip der induzierten Passform** oder *induced fit*, Abb. 42). Als Bindungskräfte für die Enzym-Substrat-Wechselwirkung kommen Van-der-Waals-Kräfte, Wasserstoffbrückenbindungen und elektrostatische Anziehungskräfte zwischen ionischen Gruppen infrage. Durch diese Bindung wird das Substrat modifiziert, was zum Abbau oder zur Umwandlung des Substrats führt. Das entstandene Produkt passt nicht mehr in das aktive Zentrum des Enzyms, es löst sich ab und das wieder frei vorliegende, unveränderte Enzym steht für weitere Reaktionen bereit. Auf diese Weise kann ein einziges Enzymmolekül pro Minute zwischen tausend und mehreren Millionen Substratmoleküle umsetzen.

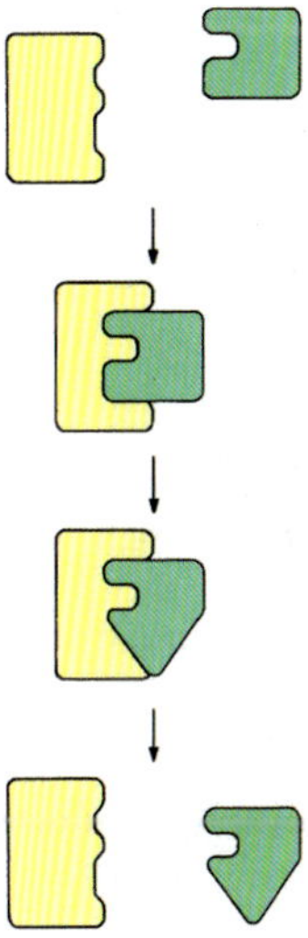

Abb. 42: Modell der induzierten Passform

Substratspezifität

Das Enzym Urease zerlegt in wässriger Lösung Harnstoff in Ammoniak und Kohlendioxid:

$$O{=}C(NH_2)_2 + H_2O \xrightarrow{\text{Urease}} CO_2 + 2\,NH_3$$

Gibt man statt des Harnstoffs den chemisch sehr ähnlichen Thioharnstoff mit Urease zusammen, so unterbleibt die Reaktion:

$$S{=}C\begin{matrix}\nearrow NH_2\\ \searrow NH_2\end{matrix} + H_2O \xrightarrow{\text{Urease}}$$

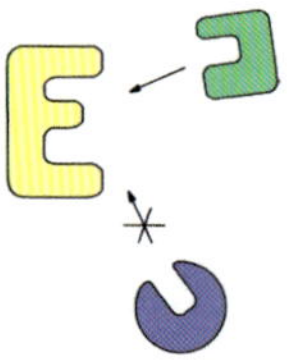

Abb. 43: Substratspezifität: Das Enzym reagiert nur mit einem bestimmten Substrat.

Urease reagiert nur mit einem spezifischen Substrat: dem Harnstoff. Wie die Urease, so sind auch andere Enzyme substratspezifisch (Abb. 43). Katalase zerstört H_2O_2, Amylase zerlegt Stärke zu Malzzucker, ATPase spaltet ATP zu ADP und anorganischem Phosphat.

Enzyme haben meist eine komplizierte räumliche Struktur. Für die katalytische Aktivität ist das aktive Zentrum verantwortlich, die Teilregion des Proteins, die das Substrat bindet. Dabei sind Enzyme spezifisch für ein ganz bestimmtes Substrat (**Substratspezifität**). Die räumliche Struktur des Enzyms ist charakteristisch, es passt nur ein ganz bestimmtes Substrat in das aktive Zentrum, wie ein Schlüssel (Substrat) ins Schloss (Enyzm). Ähnliche Substrate werden nicht oder nur mit viele geringerer Wechselzahl umgesetzt.

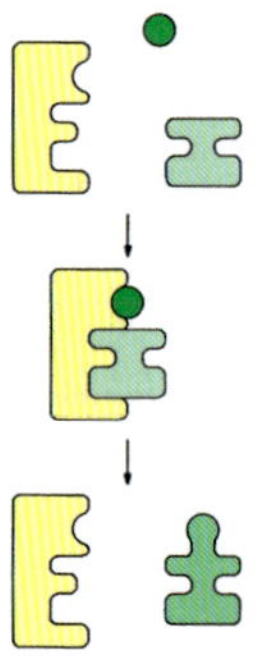

Abb. 44: Die Laktatdehydrogenase bildet aus Pyruvat durch Wasserstoffübertragung Laktat.

Wirkungsspezifität

Pyruvat kann durch Aufnahme von zwei Wasserstoffatomen in Laktat übergehen. Pyruvat kann aber auch durch Abspaltung von CO_2 zu Ethanal (Acetaldehyd) abgebaut werden (Abb. 45).

Welche dieser beiden Reaktionen an welcher Stelle der Zelle abläuft, hängt allein von der Anwesenheit des entsprechenden Enzyms ab: In Gegenwart eines wasserstoffübertragenden Enzyms (Laktatdehydrogenase) reagiert Pyruvat zu Laktat weiter. Die Reaktion zum Ethanal dagegen läuft nur bei Anwesenheit des Enzyms Pyruvatdecarboxylase ab. Jedes Enzym katalysiert nur eine bestimmte Reaktion; es ist wirkungsspezifisch.

Die **Wirkungsspezifität** von Enzymen ist deutlich stärker ausgeprägt als die Substratspezifität: Es gibt zwar Enzyme, die verschiedene, chemisch ähnliche Substrate umsetzen, es gibt aber kein Enzym, das zwei unterschiedliche Reaktionen katalysiert.

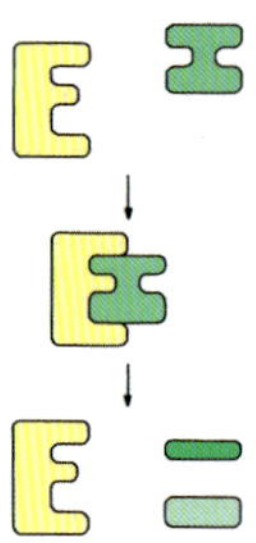

Abb. 45: Die ebenfalls mögliche Reaktion des Pyruvats zum Ethanal – durch Decarboxylierung – wird durch ein anderes Enzym katalysiert.

Substratspeziftät und Wirkungsspezifität werden meist schon im Namen des Enzyms charakterisiert:

Laktatdehydrogenase ist ein Enzym, das spezifisch Laktat (Milchsäure) umsetzt. Laktat wird dehydrogeniert, d. h. oxidiert: Zwei Wasserstoffatome werden vom Laktat auf das Coenzym NAD^+ übertragen – daher der Name „-dehydrogenase“.

$$\text{Laktat} + NAD^+ \longrightarrow \text{Pyruvat} + NADH + H^+$$

Dasselbe Enzym katalysiert auch die umgekehrte Reaktion: Es überträgt dann zwei Wasserstoffatome vom NADH, H^+ auf das Pyruvat und produziert damit Laktat.

Pyruvat + NADH + H^+ ⟶ Laktat + NAD^+

Welche der beiden Reaktionen abläuft, hängt vom Gleichgewicht der Substrate und Produkte im betreffenden Kompartiment der Zelle ab.
Jedes Enzym katalysiert nur eine von mehreren möglichen Reaktionen des Substrats, es entsteht nur ein ganz bestimmtes Produkt (Wirkungsspezifität). Die Substratspezifität eines Enzyms resultiert aus der räumlichen Struktur, die Wirkungsspezifität resultiert aus der chemischen Zusammensetzung des aktiven Zentrums. Beide Eigenschaften werden durch die Aminosäurensequenz des Enzyms bestimmt.

Enzyme sind wirkungsspezifisch, d. h. ein Enzym katalysiert nur eine bestimmte Reaktion.

2.3 Einflüsse auf die Enzymaktivität

Die Stoffmenge, die in einer bestimmten Zeit von einem Enzym umgesetzt wird, wird durch dessen Aktivität bestimmt. **Der Stoffumsatz pro Zeit ist als Reaktionsgeschwindigkeit definiert, sie ist ein Maß für die Enzymaktivität.** Bei einer bestimmten Enzymaktivität hängt die Reaktionsgeschwindigkeit von Faktoren ab wie Temperatur, pH-Wert, Substratkonzentration oder von der Anwesenheit von Hemmstoffen.

Trägt man die Enzymaktivität gegen die Substratkonzentration auf, so entspricht der resultierende Graph einer Sättigungskurve: Ab dem Sättigungswert kann kein weiterer Anstieg der Enzymaktivität erreicht werden.

Abhängigkeit von der Substratkonzentration

Trägt man die Reaktionsgeschwindigkeit eines Enzyms gegen die Substratkonzentration auf, so erhält man eine **Sättigungskurve** (Abb. 46):
Bei niedrigen Substratkonzentrationen ist der Umsatz – bei konstanter Enzymmenge – proportional der Substratkonzentration. Bei zunehmender Substratkonzentration steigt die Reaktionsgeschwindigkeit langsamer an und erreicht beim Sättigungswert ihr Maximum.

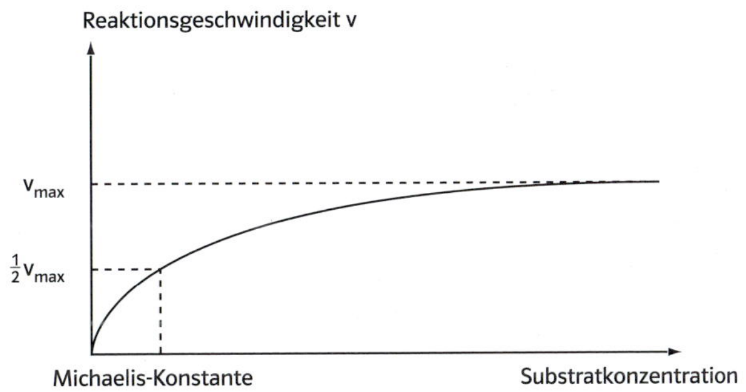

Abb. 46: Abhängigkeit der Reaktionsgeschwindigkeit von der Substratkonzentration: Sättigungskurve. Die Michaelis-Menten-Konstante repräsentiert die Substratkonzentration bei halbmaximaler Reaktionsgeschwindigkeit.

Mit der Substratkonzentration steigt die Konzentration des Enzym-Substrat-(ES-)Komplexes an, bis alle Enzyme mit Substrat besetzt sind. Beim Sättigungswert sind an alle Enzymmoleküle Substratmoleküle gebunden. Auch bei weiterer Steigung der Substratkonzentration bleiben die Konzentration des Enzyms-Substrat-Komplexes und die Reaktionsgeschwindigkeit konstant, die **maximale Reaktionsgeschwindigkeit v_{max}** ist erreicht.

Die Sättigungskonzentration ist von Enzym zu Enzym verschieden. Da die maximale Reaktionsgeschwindigkeit nicht genau ermittelt werden kann, wird stattdessen diejenige Substratkonzentration bestimmt, bei der die Reaktionsgeschwindigkeit die Hälfte des Maximalwertes erreicht. Dieser Wert wird als **Michaelis-Menten-Konstante** (**K_M**) bezeichnet.
Ist K_M groß, so ist die Konzentration an ES im Gleichgewicht klein, die Affinität zwischen Enzym und Substrat gering. Ist K_M dagegen klein, so ist die Affinität zwischen Enzym und Substrat stark. Die Michaelis-Menten-Konstante stellt damit ein Maß für die Stabilität des ES-Komplexes dar. Die Größenordnung von Michaelis-Menten-Konstanten liegt im Bereich von 10^{-2} und 10^{-5} Mol/Liter.

Einfluss der Temperatur

Trägt man die Enzymaktivität gegen die Temperatur grafisch auf, so erhält man eine **Optimumskurve** (Abb. 47):
Bei 0 °C ist die Enzymaktivität nahezu null, mit steigender Temperatur nimmt sie zu. Die Aktivitätssteigerung folgt der **RGT-Regel** (Reaktions-Geschwindigkeits-Temperatur-Regel):

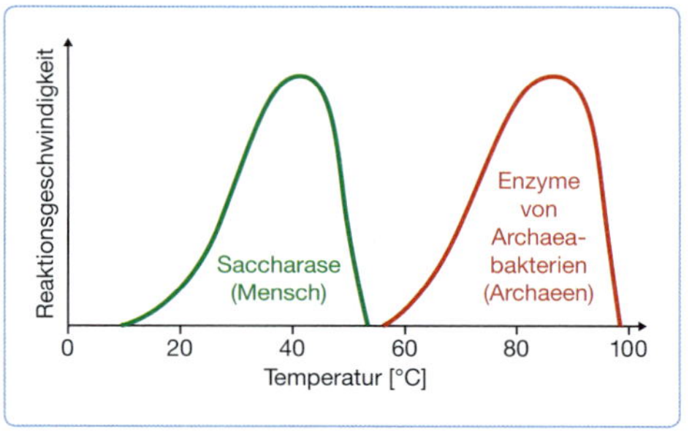

Abb. 47: Abhängigkeit der Enzymaktivität von der Temperatur: Optimumskurve

Eine Temperaturerhöhung um 10 °C verdoppelt die Reaktionsgeschwindigkeit. Mit steigender Temperatur nimmt die Wärmebewegung (Brown'sche Molekularbewegung) der Enzym- und Substratmoleküle zu, sodass die Wahrscheinlichkeit für wirksame Zusammenstöße der Reaktionspartner zunimmt.
Wird die Temperatur über das Optimum hinaus erhöht, vermindert sich der Substratumsatz zunehmend und sinkt schließlich auf null ab. Bei Temperaturen ab 40 °C wird das aktive Zentrum des Enzyms irreversibel zerstört, das Enzym denaturiert. Das denaturierte Enzym kann keinen Enzym-Substrat-Komplex mehr bilden.
Jedes Enzym weist ein spezifisches Temperaturoptimum auf, bei warmblütigen Organismen liegt das Optimum ihrer Enzyme meist im Bereich der Körpertemperatur. Bei Bakterien, die in heißen Quellen leben, liegt sie bei 90 °C.

Trägt man die Enzymaktivität gegen die Temperatur grafisch auf, so erhält man eine Optimumskurve: Mit steigender Temperatur erhöht sich die Reaktionsgeschwindigkeit, bis der Maximalwert erreicht wird. Die Kurve fällt wieder ab, das Protein denaturiert.

Abhängigkeit vom pH-Wert

Die Abhängigkeit der Enzymaktivität vom pH-Wert wird ebenfalls durch eine **Optimumskurve** beschrieben (Abb. 48). Pepsin im Magen hat sein pH-Optimum bei pH-Werten um 2, wogegen Enzyme des Dünndarms bei pH-Werten zwischen 8 und 9 am aktivsten sind.

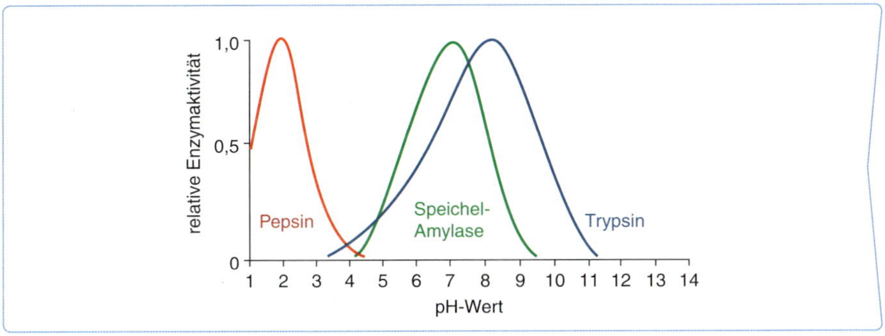

Abb. 48: Abhängigkeit der Enzymaktivität vom pH-Wert: Optimumskurven

Diese Abhängigkeit lässt sich auf den Proteincharakter der Enzyme zurückführen. Die Tertiärstruktur kann von elektrostatischen Wechselwirkungen zwischen den ionischen Gruppen der Aminosäuren beeinflusst werden. Bei pH-Wert-Verschiebungen kann sich infolge von Protonierung bzw. Deprotonierung dieser Gruppen die Ladungsverteilung im Protein verändern, was eine Veränderung der Konformation zur Folge hat. Dies vermindert die Enzymaktivität, da das Substrat schlechter oder gar nicht mehr an das Enzym gebunden werden kann; Ursache ist, wie bei hohen Temperaturen, folglich die Denaturierung des Enzyms.

Hemmung der Enzymregulation

Die Aktivität von Enzymen kann mit Hilfe verschiedener Mechanismen reguliert werden. So beeinträchtigt die Anwesenheit von Hemmstoffen oder Inhibitoren die Umsetzungsrate des Enzyms.

Kompetitive Hemmung

Kompetitive Hemmstoffe besitzen eine strukturelle Ähnlichkeit mit dem Substrat und konkurrieren mit diesem um die Anlagerung an das aktive Zentrum. An das Enzym gebundene Hemmstoffmoleküle können nicht umgesetzt werden, blockieren aber vorübergehend das Enzym. Je höher die Konzentration des Hemmstoffs, umso größer ist die Wahrscheinlichkeit, dass das Enzym ein Hemmstoffmolekül bindet, umso größer das Ausmaß der Hemmung. Wird die Substratkonzentration bei gleich bleibender Konzentration des Hemmstoffs erhöht, so kann die Hemmung kompensiert werden.

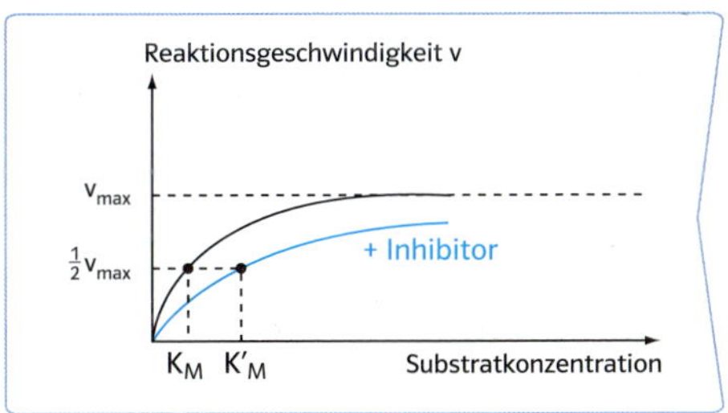

Abb. 49: Kompetitive Hemmung
K_M Michaelis-Konstante der ungehemmten Reaktion; K'_M Michaelis-Konstante der kompetitiv gehemmten Reaktion

Kompetitive Hemmstoffe konkurrieren mit dem Substrat.
Die Hemmung ist reversibel.

Trägt man die Enzymaktivität grafisch gegen die Substratkonzentration in Anwesenheit und Abwesenheit des Hemmstoffs auf, so erhält man in beiden Fällen Sättigungskurven. Die maximale Enzymaktivität bleibt in Anwesenheit des Hemmstoffs unverändert, da durch Erhöhung der Substratkonzentration die Hemmung kompensiert werden kann.

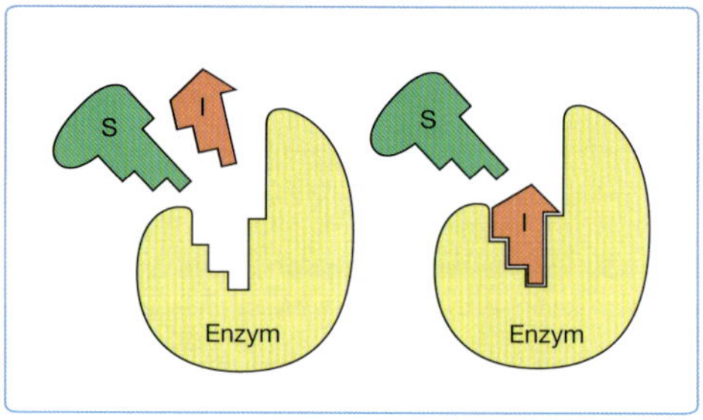

Abb. 50: Kompetitive Enzymhemmung. Ein Inhibitor (I) konkurriert mit dem Substrat (S) um die Bindungsstelle am Enzym.

Allerdings ist K_M erhöht, da ein Teil der Hemmstoffe das Enzym blockiert, so dass die aktive Enzym-Substrat-Komplex-Konzentration im Gleichgewicht erniedrigt ist.

Allosterische Hemmung

Nichtkompetitive (allosterische) Hemmstoffe sind dem Substrat nicht strukturell ähnlich. Sie können sich ebenfalls an das Enzym binden, jedoch an einer anderen Bindungsstelle als das Substrat.

Bestimmte Enzyme haben nicht nur eine Bindungsstelle für das umzusetzende Substrat, sondern eine **weitere Bindungsstelle**, an der ein ganz anders gebautes Molekül, das als Hemmstoff oder Effektor wirkt, binden kann. Die Hemmstoffe wirken **allosterisch**, indem sie sich an einer anderen Stelle als das Substratmolekül an das Enzymmolekül anlagern und dadurch dessen Raumstruktur beeinflussen. Damit ändert sich auch die Gestalt des aktiven Zentrums: Das Substrat passt nicht mehr und kann nicht gebunden werden. (Oft werden die allosterischen Hemmstoffe als nichtkompetitive Hemmstoffe bezeichnet, da sie dem Substrat – anders als die kompetitiven Hemmstoffe – nicht strukturell ähnlich sind). Eine Erhöhung der Substratkonzentration kann die Hemmung nicht kompensieren.

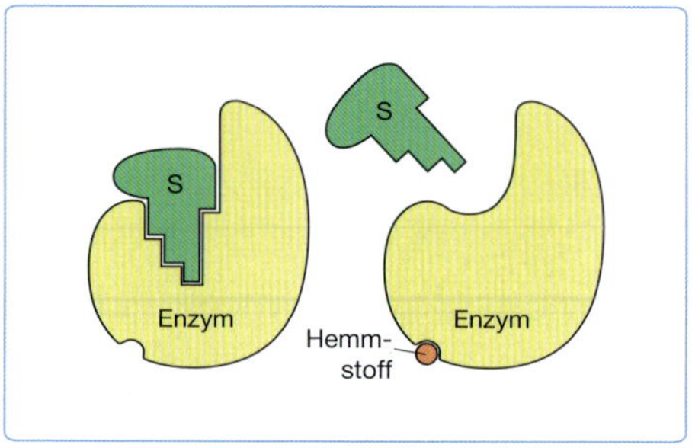

Abb. 51: Allosterische Hemmung: Der Hemmstoff verändert die Passform des Enzyms.

Jedoch wird die Hemmung durch Erhöhung der Substratkonzentration schwächer, da die Wahrscheinlichkeit der Bindung des Substrats an das Enzym bei steigender Substratkonzentration steigt.

Trägt man die Enzymaktivität gegen die Substratkonzentration bei Anwesenheit und Abwesenheit des nichtkompetitiven Hemmstoffs (oder Effektors) auf, so ergibt die grafische Darstellung in beiden Fällen wieder die Sättigungskurve. Diesmal ist v_{max} bei Anwesenheit des Hemmstoffs erniedrigt, da die Hemmung durch Erhöhung der Substratkonzentration nicht vollständig kompensiert werden kann. K_M ist unverändert, die Konzentration der aktiven E-S-Komplexe ist erniedrigt.

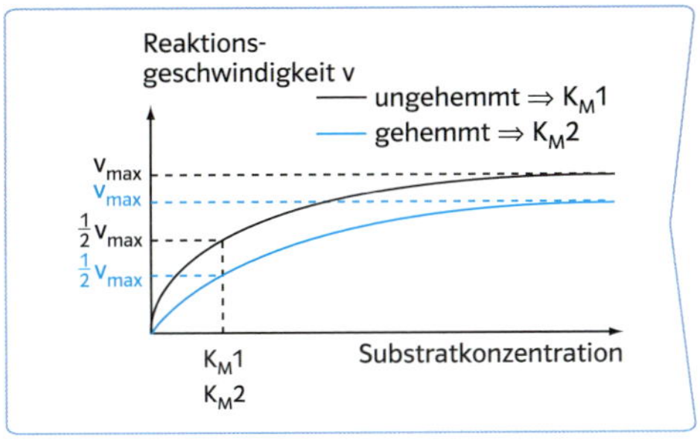

Abb. 52: Nichtkompetitive Hemmstoffe erniedrigen die Geschwindigkeit einer enzymatischen Reaktion.

Irreversible Hemmstoffe ändern das aktive Zentrum irreversibel und werden als Enzymgifte bezeichnet. So wirken einige Schwermetallionen wie Cu^{2+}, Hg^{2+} oder Pb^{2+} bereits in geringen Konzentrationen, da sie an die Sulfhydryl-Gruppen (SH-Gruppen) der Enzyme binden und damit die Tertiär- und Quartärstruktur der Proteine dauerhaft verändern.

2.4 Coenzyme

Ein beträchtlicher Teil enzymatisch katalysierter Reaktionen kann nur ablaufen, wenn außer Enzym und Substrat ein weiterer Partner vorhanden ist: ein Coenzym. Coenzyme sind kleinmolekulare Nichtproteinbestandteile von Enyzmen, die bei der Katalyse mitwirken. Man nennt sie Coenzym, wenn die Verbindung nur lose gebunden ist und freigesetzt werden kann (z. B. NAD, Coenzym A).

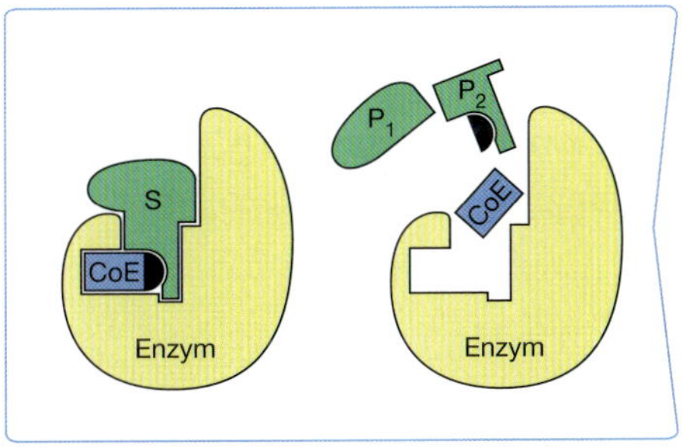

Abb. 53: Enzym und Coenzym arbeiten bei der enzymatischen Reaktion zusammen. Im Gegensatz zum Apoenzym wird das Coenzym bei dieser Reaktion verändert.

Ist sie fest gebunden, so bezeichnet man sie als **prosthetische Gruppe**. Meist sind dies Ionen, die an das Enzymprotein gebunden werden müssen, um dessen volle Aktivität herzustellen oder um seine Struktur stabil zu halten.

NAD^+ und $NADP^+$

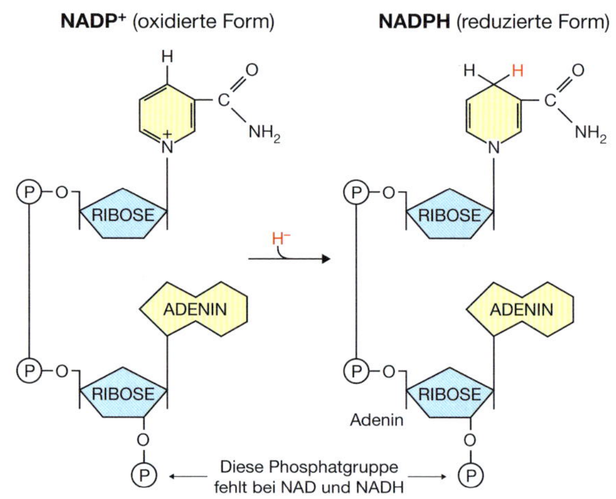

Abb. 54: NAD^+ und $NADP^+$ sind als Coenzyme an Redoxreaktionen beteiligt.

$NADP^+$ ist die Abkürzung für Nicotinsäureamid-Adenin-Dinukleotid-Phosphat. NADP ist Coenzym aller Dehydrogenasen, das sind Enzyme, die ihren Substraten zwei Wasserstoffatome entziehen. Dabei wird der Wasserstoff auf $NADP^+$ übertragen, das Substrat wird oxidiert, das Coenzym wird zu NADPH reduziert. NADPH kann nun den Wasserstoff in einer anderen enzymatisch katalysierten Reaktion an ein anderes Substrat abgeben, wobei es wieder zu $NADP^+$ oxidiert wird. Ein Derivat des $NADP^+$ ist das NAD^+ (Abb. 54). das an Redoxreaktionen der Atmungskette (➔ S. 50) beteiligt ist.

ATP

ATP ist die Abkürzung für **Adenosintriphosphat**. Das Molekül besteht aus Adenosin (einer Verbindung aus Adenin und Ribose ➔ S. 45) und drei hintereinander angeordneten Phosphatgruppen. Das Molekül dient im Energiestoffwechsel der Energiespeicherung.

Die beiden Bindungen zwischen den drei Phosphatgruppen sind besonders energiereich, bei der Abspaltung dieser Phosphatgruppen wird wesentlich mehr Energie freigesetzt, als das bei der Lösung anderer Bindungen der Fall ist. Bei der Synthese von ATP wird Energie gespeichert.
Allerdings wird ATP selten komplett neu hergestellt. Energiespeicherung und Energiefreisetzung erfolgen über die Anbindung und Abspaltung der dritten Phosphatgruppe. Wird diese abgespalten, so kommt es zu einer stark exergonischen Reaktion. Umgekehrt kann in einer endergonischen Reaktion, bei der die

entsprechende Energiemenge aufgenommen wird, aus ADP und P_i (anorganisches Phosphat) wieder ATP aufgebaut werden.

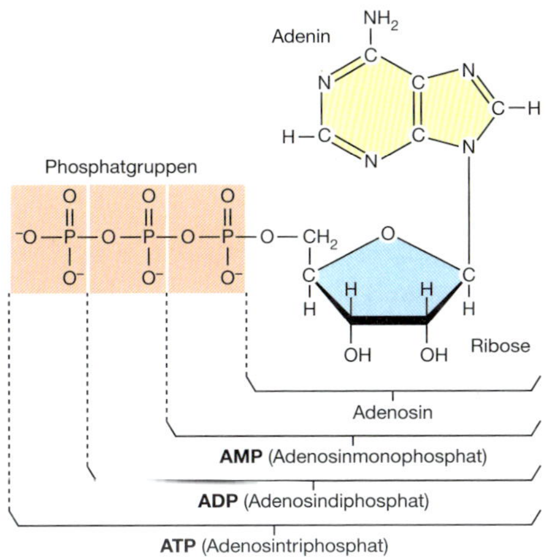

Abb. 55: Strukturformeln von ATP und Strukturformeln von ATP, ADP und AMP

Die besondere biologische Bedeutung des ATP resultiert aus seiner Fähigkeit, **exergonische** (Energie liefernde) und **endergonische** (Energie verbrauchende) Vorgänge miteinander koppeln zu können und das sogar über räumliche und zeitliche Distanz hinweg.

2.5 Energieumwandlung in den Zellen

Die lebende Zelle stellt einen im höchsten Maße geordneten Zustand der Materie dar. Nicht nur um diesen Ordnungszustand aufzubauen, muss Energie aufgewendet werden, sondern auch um ihn zu erhalten. Diese zur Erhaltung des Lebenszustandes sowie zur Synthese von Zellbestandteilen notwendige Energie gewinnt der Organismus im **Stoffwechsel** oder **Metabolismus**, d. h. durch eine gesteuerte Umsetzung von Stoffen innerhalb der Zelle. Die Energiequellen sind die Nahrungsstoffe, die aus der Umgebung aufgenommen werden. **Heterotrophe** Organismen wie Tiere, Pilze und die meisten Bakterien verwenden organische Stoffe (Kohlenhydrate und Fette) als Energiequelle. Diese müssen mit der Nahrung aufgenommen werden. **Autotrophe** Organismen wie z. B. Pflanzen und Bakterien können organische Stoffe aus anorganischen Stoffen (Wasser und Kohlenstoffdioxid) selbst herstellen. Die dazu benötigte Energie wird aus dem Sonnenlicht (Fotosynthese) oder aus der Oxidation anorganischer Stoffe (Chemosynthese) entnommen.

Energiegewinnung durch Dissimilation

Dissimilation ist der energieliefernde Abbaustoffwechsel.

Dissimilation kann mit oder ohne Luftsauerstoff ablaufen.

Unter Dissimilation versteht man den oxidativen Abbau hochwertiger organischer Verbindungen unter Energiegewinn. Diese Verbindungen können körpereigen oder körperfremd, also mit der Nahrung aufgenommen, sein. Meist werden Kohlenhydrate, Lipide oder Proteine abgebaut.

Je nachdem, ob bei der Energiegewinnung Sauerstoff beteiligt ist oder nicht, spricht man von **aerobem** oder **anaerobem Abbau**. Anaerober Abbau wird auch als **Gärung** bezeichnet, aerober als **Atmung**.

Ein Teil der bei den Abbauprozessen freigesetzen Energie wird zum Aufbau von ATP genutzt und kann somit in Form von chemischer Energie gespeichert werden. Der andere Teil wird in Form von Wärme an die Umgebung abgegeben oder dient der Aufrechterhaltung der Körpertemperatur.

Bei der **Gärung** dienen organische Verbindungen als Wasserstoffakzeptoren und als Wasserstoffdonatoren. Gärer sind also weder auf Sauerstoff noch auf anorganische Oxidationsmittel angewiesen.

Energielieferanten des Körpers

Kohlenhydrate, Fette und Proteine sind die Energielieferanten der Zelle.

Die wichtigsten Energielieferanten unseres Körpers sind die drei Nährstoffe Kohlenhydrate (dazu gehören Stärke und Zucker), Fette und Proteine (Eiweiße). Proteine werden nur dann im Stoffwechsel abgebaut, wenn in der Nahrung mehr aufgenommen als zum Aufbau von Körpereiweißen gebraucht werden.

Kohlenhydrate, Fette und Proteine werden im Verdauungstrakt (Mundhöhle, Magen und Darm) in ihre Bausteine zerlegt und in die Blutbahn resorbiert. Beim Menschen ist das zentrale Stoffwechselorgan die Leber. Als wärmeproduzierendes Organ trägt sie zudem wesentlich zur Aufrechterhaltung der Körpertemperatur bei.

Dissimilationsprozesse in den anderen Organen und Geweben dienen überwiegend ihrem Eigenbedarf.

Abbau des Glykogens

Glykogen ist der Zuckerspeicher des Körpers.

Der Glukosespiegel (Blutzuckerspiegel) wird durch Aufbau und Abbau von Glykogen reguliert.

Glykogen ist das Reserve-Kohlenhydrat tierischer Zellen. Es wird in der Leber und in Skelettmuskeln gespeichert. Leber und Skelettmuskeln speichern bis zu 10 g Glykogen pro kg. Pflanzen speichern Glukose in Form von Stärke. Glykogen wird manchmal als „tierische Stärke“ bezeichnet. Glykogen-Moleküle sind verzweigte Ketten aus Glukose-Bausteinen.

Der **Glykogenabbau** (**Glykogenolyse**) wird durch das Enzym Glykogen-Phosphorylase eingeleitet unter Bildung von Glukose-1-phosphat.

Durch Glykogenaufbau und Glykogenabbau wird der **Blutzuckerspiegel** eingestellt. Der Blutzuckergehalt liegt beim gesunden Menschen bei ca. 100 mg/100 ml bzw. 100 mg/dl. Durch fein aufeinander abgestimmten Aufbau und Abbau des Glykogens kann der Blutzuckerspiegel eingestellt werden. An dieser Regulation sind die Hormone **Insulin**, **Adrenalin** und **Glukagon** beteiligt. Leber und Skelettmuskulatur sind somit in der Lage, durch Anschalten und Abschalten des Glykogenaufbaus bzw. des Glykogenabbaus eine schnelle und wirksame Anpassung an die jeweiligen Bedürfnisse des Organismus vorzunehmen.

Aerober Abbau der Glukose

Der Vorgang des Zuckerabbaus als Bruttogleichung lautet:

$$C_6H_{12}O_6 + 6\,O_2 \longrightarrow 6\,CO_2 + 6\,H_2O.$$

Der Prozess ist exergonisch. Die freie Energie beträgt −2872 kJ. Ein Vergleich mit der Fotosynthesegleichung (→ S. 55) zeigt, dass die gesamte Energie, die bei der Fotosynthese zum Aufbau der Glukose verwendet wird, wieder verfügbar wird. Allerdings erfolgt die Freisetzung der Energie nicht schlagartig, sondern über zahlreiche durch Enzyme katalysierte Zwischenschritte:

Die vier Schritte des Zuckerabbaus sind:

Glykolyse
↓
oxidative Decarboxylierung
↓
Zitronensäurezyklus
↓
Atmungskette

Schritt 1: **Glykolyse**, in der die Spaltung des Glukosemoleküls in zwei C_3-Körper und deren Überführung in die Brenztraubensäure erfolgt. = Pyruvat

Schritt 2: Die **oxidative Decarboxylierung** der Brenztraubensäure, die unter Abspaltung von Wasserstoff und Kohlenstoffdioxid zur Bildung eines C_2-Körpers, des Acetylrestes, führt, der auf Coenzym A übertragen wird.

Schritt 3: Der **Citronensäurezyklus**, in dem der Acetylrest unter stufenweiser Abspaltung von Wasserstoff und Kohlenstoffdioxid vollständig abgebaut wird und

Schritt 4: die **Endoxidation**, in der die Vereinigung des abgespaltenen Wasserstoffs mit dem Sauerstoff unter stufenweiser Freisetzung der Energie und deren Festlegung in Form von ATP stattfindet.

Die Glykolyse

Die Glykolyse ist eine Reaktionsfolge, in deren Verlauf der Zucker oxidiert und in zwei kleinere Bausteine zerlegt wird. Die Glykolyse läuft im Cytoplasma der Zellen ab, dazu wird Glukose mit dem Blut oder anderen Körperflüssigkeiten in das Cytoplasma aufgenommen.

Bevor das Zuckermolekül gespalten werden kann, muss es „**aktiviert**" – destabilisiert – werden. Nacheinander werden zwei Phosphatreste vom ATP auf das Zuckermolekül übertragen. Das Zuckerbisphosphat kann enzymatisch leicht

gespalten werden. Das energiereichere Glukose-6-phosphat kann wegen der negativen Ladung der Phosphatgruppe die Zellmembran nicht durchdringen und kann damit das Cytoplasma nicht mehr verlassen. Dies erhöht den Konzentrationsgradienten, so dass mehr Glukose von der Zelle aufgenommen wird.
Das Glukose-6-phosphat wird in Fruktose-6-phosphat umgewandelt, das unter nochmaliger Phosphorylierung in das Fruktose-1,6-bisphosphat umgesetzt wird. Das diesen Reaktionsschritt katalysierende Enzym, die Phosphofruktokinase wird durch ATP nichtkompetitiv (→ S. 42) gehemmt. Bei hoher ATP-Konzentration im Cytoplasma wird dadurch der ATP liefernde **Glukoseabbau** gebremst.
Fruktose-1,6-bisphosphat, ein C_6-Körper wird in zwei Triosen (C_3-Körper) gespalten. In einer komplexen Reaktion wird der C_3-Körper oxidiert, wobei der abgespaltene Wasserstoff auf das Coenzym NAD^+ übertragen wird. Im nächsten Schritt wird die energiereich gebundene Phosphatgruppe des C_3-Körpers auf ADP übertragen und somit **ATP** gebildet, was als **Substratkettenphosphorylierung** bezeichnet wird. Unter Wasserabspaltung und unter nochmaligem ATP-Gewinn entsteht die Brenztraubensäure, die schließlich in die Mitochondrien transportiert wird.
Je C_3-Körper entstehen somit zwei, pro Glucosemolekül also vier Moleküle ATP. Werden die zwei ATP-Moleküle, die für die Phosphorylierung der Glukose zu Fruktose-1,6-bisphophat aufgewendet wurden, subtrahiert, so ergibt sich eine Gesamtbilanz von **zwei ATP-Molekülen pro Glukosemolekül**. Außerdem wird der Wasserstoff des Glukosemoleküls auf den Wasserstoffakzeptor NAD^+ übertragen. Dabei bildet sich NADH, H^+, das ebenfalls in die Mitochondrien wandert. Pro Molekül Glukose werden zwei Moleküle NADH, H^+ gebildet.
Die Oxidation der Glukose bis zur Brenztraubensäure ist eine exergonische Reaktion. Dabei wird die von der Zelle nutzbare freie Energie aus dem Abbau der Glukose in Form von ATP gespeichert. Der Wirkungsgrad der Energieumwandlung liegt bei ca. 30 %.
Die Glykolyse gehört entwicklungsgeschichtlich zu den ältesten Stoffwechselwegen. Wir finden sie in allen eukaryontischen Lebewesen – Pflanzen, Pilzen und Tieren – sowie in den meisten Prokaryonten. Die Brenztraubensäure ist ein zentraler Punkt im Stoffwechelgeschehen, an dem die Weiche zum aeroben oder anaeroben Abbau gestellt wird. Brenztraubensäure wird oft auch mit dem Namen ihres Anions als Pyruvat bezeichnet.

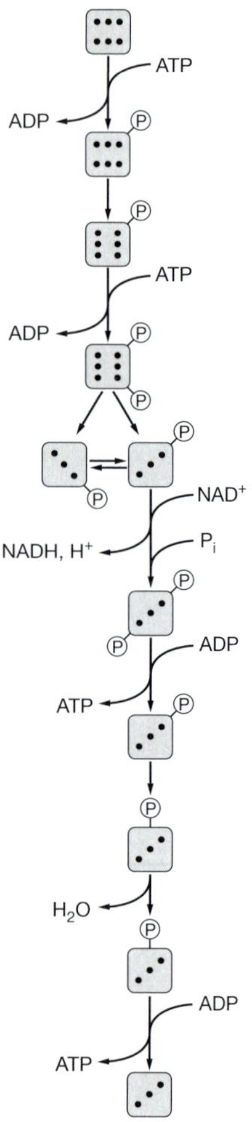

Abb. 56: Vereinfachte Darstellung der Glykolyse

Die Schreibweisen des reduzierten Coenzyms variieren: NADH + H^+, NADH, H^+, oder $NADH_2^+$

Die oxidative Decarboxylierung

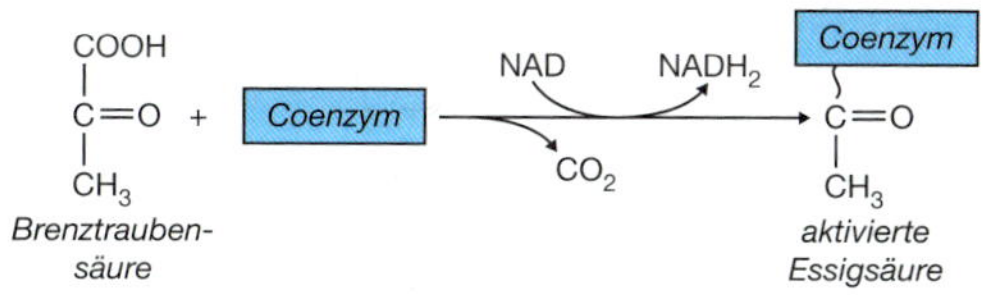

Abb. 57: NAD$^+$ und NADP$^+$ sind als Coenzyme an Redoxreaktionen beteiligt.

Die **oxidative Carboxylierung** läuft in den **Mitochondrien** (→ S. 12) ab. Die in der Glykolyse erzeugte Brenztraubensäure (Pyruvat) wird in die Mitochondrien eingeschleust und unter Abspaltung von Kohlenstoffdioxid dehydriert. Es entsteht Ethansäure (= Essigsäure), welche an das Coenzym A (CoA) gebunden wird, wodurch Acetyl-CoA entsteht. Gleichzeitig wird bei dieser Reaktion der abgespaltene Wasserstoff (H_2) auf den Wasserstoffakzeptor NAD$^+$ übertragen. Dabei entsteht NADH + H$^+$.

Der Zitronensäurezyklus

Der **Zitronensäurezyklus** (auch Citratzyklus, Krebs-Zyklus oder Tricarbonsäure-Zyklus genannt) ist ein Kreisprozess: Zunächst reagiert die aktivierte Essigsäure mit einem Akzeptormolekül (C_4-Körper) zu einem C_6-Körper, die Zitronensäure (C_6). Dabei wird das CoA zurückgebildet und kann nun einen weiteren Acetylrest übernehmen.

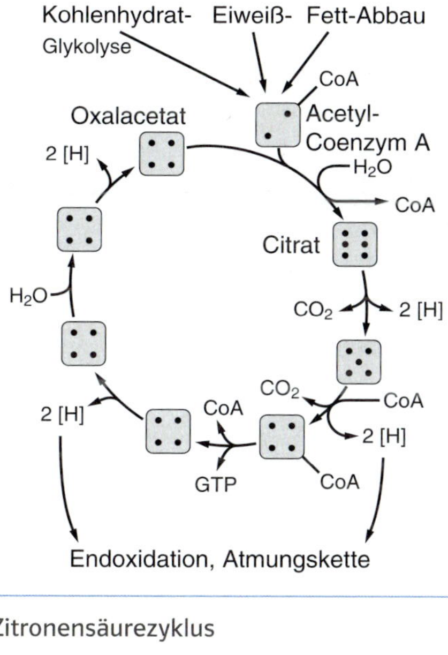

Abb. 58: Schema des Zitronensäurezyklus

Über mehrere Zwischenschritte werden von der Zitronensäure zwei Moleküle Kohlenstoffdioxid (CO_2) abgespalten. Danach wird das Akzeptormolekül (C_4) wieder regeneriert. Im Verlauf dieses Zyklus wird das Kohlenstoffskelett laufend umgebaut. Mehrmals wird Wasser angelagert und Wasserstoff abgegeben. Bei jedem Kreislauf fallen acht Wasserstoffatome an, die auf Wasserstoffakzeptoren (die Coenzyme FAD und NAD^+) übertragen werden. Die Menge der durch den Zitronensäurezyklus gewonnenen Energie ist relativ gering. Pro Acetylrest wird nur ein Molekül energiereiches Phosphat (GTP, das ohne Energieverlust in ATP umgewandelt wird) gebildet. Vielmehr liegt die Hauptaufgabe des Citratzyklus in der Bereitstellung von reduzierten Coenzymen. Vereinfacht ausgedrückt: Der Citratzyklus dient der Gewinnung von Wasserstoff in Form von $NADH + H^+$ oder $FADH_2$.

Die Atmungskette

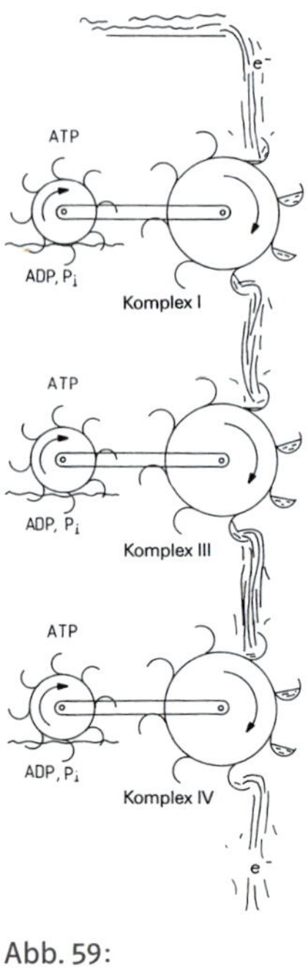

Abb. 59: Schematische Darstellung der Atmungskette: Der Elektronenfluss vom NADH zum Sauerstoff treibt die Synthese von ATP an.

Formal gleicht die **Atmungskette oder Endoxidation** der stark exergonischen Wasserbildung aus Wasserstoff und Sauerstoff (Knallgasreaktion). Dabei wird der in $NADH + H^+$ und $FADH_2$ gebundene Wasserstoff auf Sauerstoff übertragen, wobei die Coenzyme oxidiert werden. Um die frei werdende Energie im Organismus für den Aufbau von ATP nutzen zu können, wird die Wassersynthese in einzelne exergonische Teilschritte untergliedert.

Zunächst wird der an die Coenzyme gebundene Wasserstoff an der Innenmembran des Mitochondriums in Protonen (H^+) und Elektronen getrennt. Die Elektronen (e^-) werden auf einer Transportkette mit mehren Komplexen in drei Stufen von Redoxenzymen weitergereicht. Dabei werden die Redoxenzyme reduziert, bei der Abgabe oxidiert. Bei jeder Redoxreaktion wird Energie freigesetzt. Mit Hilfe dieser Energie werden die Protonen aktiv (aktiver Transport) aus der Matrix in den Zwischenmembranraum gepumpt und dort angereichert. Dadurch wird ein Protonengradient aufgebaut, der nun wie eine Turbine zur ATP-Synthese genutzt wird: Die zurückströmenden Protonen (erleichterte Diffusion) fließen durch spezifische Ionenkanäle, in denen die ATP-Synthase ihre Energie zur Synthese von ATP nutzt. Die Elektronen werden auf Sauerstoff übertragen, der mit Protonen aus der Umgebung zu Wasser reagiert.

Ganz ähnlich verläuft die ATP-Bildung bei der Fotophosphorylierung in Chloroplasten (→ S. 60).

Bilanz und Wirkungsgrad des aeroben Glukoseabbaus

Aus den Bilanzen der Glykolyse und des Zitronensäurezyklus einerseits und der Endoxidation andererseits ergibt sich für den oxidativen Abbau der Kohlehydrate die folgende Gesamtbilanz: Pro Molekül Glukose werden in der Glykolyse

zwei Moleküle NADH gebildet, während der oxidativen Decarboxylierung und des Zitronensäurezyklus fallen acht Moleküle NADH und zwei Moleküle $FADH_2$ an. Werden diese Wasserstoffatome zur Gewinnung von Energie herangezogen, so liefert jedes Elektronenpaar auf seinem Weg von NAD zum Sauerstoff die Energie zur Bildung von drei Molekülen ATP; pro $FADH_2$ werden nur zwei ATP aufgebaut.
Alles in allem werden also pro Molekül Glukose 38 Moleküle ATP gebildet. Dies entspricht 50 % der Energie, die bei der vollständigen Verbrennung von Glukose freigesetzt würde. Der Wirkungsgrad ist weitaus größer als bei allen technischen Energieumwandlungsmaschinen. Die Benzinmotoren in unseren Autos beispielsweise kommen auf maximal 20 %.

Gärungen

Stoffwechselvorgänge, die in Abwesenheit von Sauerstoff erfolgen, werden als **Gärungen** bezeichnet. Erster Schritt ist, wie unter aeroben Bedingungen, die Glykolyse. Endprodukt ist Pyruvat (Brenztraubensäure). Entscheidend sind nun die folgenden Schritte: Hier wird der coenzymgebundene Wasserstoff auf Moleküle übertragen, die beim Glukoseabbau entstehen. Diese häufen sich aufgrund des Sauerstoffmangels an, das Ausgangssubstrat wird also nur unvollständig abgebaut.

In Abwesenheit von Sauerstoff findet Gärung statt.

Je nach Endprodukt unterscheidet man zwischen alkoholischer Gärung und Milchsäuregärung. Bei der **Milchsäuregärung** wird Pyruvat zum Laktat reduziert, d. h. Pyruvat wirkt als Akzeptor des durch NADH übertragenen Wasserstoffs und geht dabei in Milchsäure über. Die Gesamtbilanz sind zwei Mol ATP pro Mol Glukose im Gegensatz zu 38 Mol ATP beim aeroben Abbau.
Vor allem Milchsäurebakterien betreiben die Milchsäuregärung, aber auch in manchen Pilzen, Pflanzen und Tieren sowie in Menschen kann Milchsäure aus Zuckern gebildet werden.

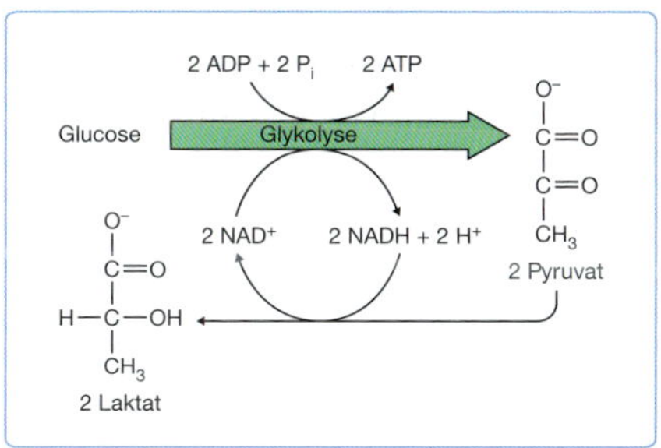

Abb. 60: Schematische Darstellung der Milchesäuregärung

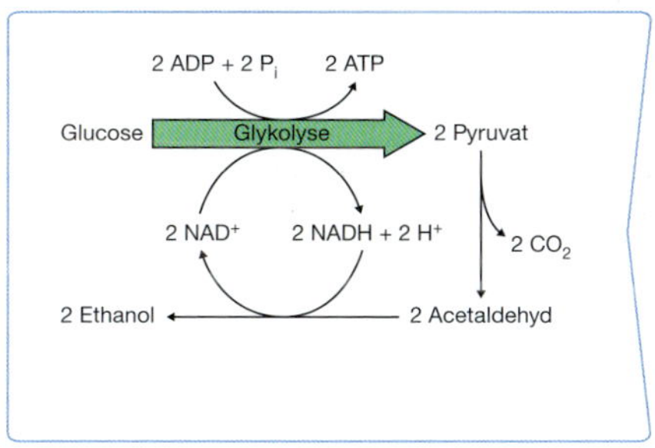

Abb. 61: Schematische Darstellung der alkoholischen Gärung

Durch Milchsäuregärung gebildetes Laktat aus der Muskulatur wird über den Blutkreislauf in Herz, Leber und Niere transportiert. Im Herzmuskel wird durch die Wirkung der Laktatdehydrogenase das Laktat zum Pyruvat rückoxidiert, das anschließend über Acetyl-CoA weiter abgebaut wird und so in den Citratzyklus übergeführt werden kann.

Bei der **alkoholischen Gärung**, die hauptsächlich von Hefen zur Energiegewinnung genutzt wird, wird Glukose in Ethanol und Kohlendioxid umgewandelt, die allgemeine Summengleichung lautet:

$$C_6H_{12}O_6 \longrightarrow 2\ C_2H_5OH + 2\ CO_2.$$

Dabei wird die Brenztraubensäure aus der Glykolyse zunächst decarboxyliert. Es entsteht Acetaldehyd, welcher in einem weiteren Schritt mithilfe des coenzymgebundenen Wasserstoffs aus der Glykolyse zu Ethanol reduziert wird. Auch bei dieser Gärung werden pro Mol Glukose zwei Mol ATP erzeugt. Der Wirkungsgrad dieser biologischen Energieumwandlung liegt bei etwa 30 Prozent.

Den beiden Gärungs-Typen ist gemeinsam, dass das Endprodukt der Glykolyse reduziert wird. Bei der Reduktionsreaktion wird das NADH, H^+ zu NAD^+ oxidiert. Bei der Atmung dagegen wird das NADH, H^+ unter hohem Energiegewinn mit Luftsauerstoff oxidiert (Atmungskette). Weil Zellatmung und Gärung mit der gleichen Reaktionsfolge, der **Glykolyse**, beginnen, bezeichnet man diese auch als **gemeinsame Anfangsstrecke**.
Durch Regulationsprozesse können sich fakultativ anaerobe Zellen an die äußeren Bedingungen anpassen: So nutzen die meisten Mikroorganismen mit der Fähigkeit zur alkoholischen Gärung diesen Stoffwechselweg nur vorübergehend zur Energiegewinnung, wenn der zur normalen Zellatmung benötigte Sauerstoff fehlt.

2.6 Stoffwechsel und Funktionsweise des Muskels

Die Skelettmuskulatur ist in der Lage, je nach Energiebedarf verschiedene Stoffwechselwege einzugehen.
Für die Verkürzung eines Muskels um einen Zentimeter sind etwa 500 000 Querbrückenzyklen notwendig. Jeder Zyklus verbraucht ein Molekül ATP. Auch die eingeströmten Calcium-Ionen müssen unter Energieverbrauch wieder aus dem Sarkoplasma herausgepumpt werden. Um den großen Energiebedarf bei länger anhaltender Bewegung zu garantieren, verfügt die Muskelzelle über verschiedene Energiespeicher.

- **Kurzzeitspeicher ist das ATP**. Sein Vorrat reicht für 3–4 Kontraktionen aus. Ohne ATP-Nachlieferung würde dies eine Arbeitsdauer von höchstens 1–2 Sekunden bedeuten.

- Energiezwischenspeicher ist das **Kreatinphosphat**. Dieses ist im Muskel reichlich vorhanden. Von diesem kann eine Phosphatgruppe auf ADP unter Bildung von ATP übertragen werden.
  Kreatinphosphat + ADP ⟶ Kreatin + ATP.
  Dieser Speicher reicht für ca. 15 Muskelkontraktionen aus.

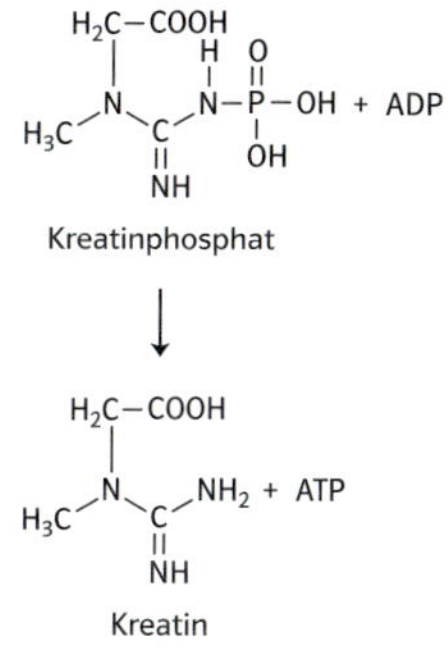

Bei stärkerer Belastung wird Energie aus **Langzeitspeichern** nachgeliefert: Dabei wird bei der Milchsäuregärung Glukose anaerob zu Laktat abgebaut. Wenn die Menge des Blutzuckers nicht ausreicht, so wird zusätzlich Glykogen, das im Muskel gespeichert ist, zu Glukose und dann zu Milchsäure abgebaut. Dabei kann viel Milchsäure anfallen. Dies führt zu Übersäuerung und Ermüdung des Muskels: Muskelkater. In der Erholungsphase wird die Milchsäure in die Leber transportiert und dort oxidiert oder wieder in Glukose umgewandelt. Die ATP-Bildung über die Milchsäure-Gärung erfolgt zwar sehr schnell, ist aber unökonomisch: Aus jedem Glukose-Molekül werden nur zwei ATP-Moleküle gewonnen.
Bei **Dauerbelastung** wird daher die Glukose meist über den **Zitronensäurezyklus** und die **Atmungskette** zu CO_2 und H_2O oxidiert. Dabei gewinnt der Muskel 38 ATP-Moleküle aus dem Abbau eines Glukosemoleküls. Der Muskel verbraucht viel Sauerstoff, ist also auf gute Durchblutung angewiesen oder aber auf große Mengen von im Myoglobin gespeicherten Sauerstoff.

Die Arbeit des Skelettmuskels

An den Bewegungen im menschlichen Körper sind über 600 Muskeln beteiligt. Muskeln bestehen aus **Muskelfasern**, lang gestreckten Zellen oder Zellaggregaten, die hoch spezialisiert für Muskelkontraktion ausgebildet sind. Die mit bloßem Auge erkennbaren Fleisch-Fasern sind **Muskelfaserbündel**.
Jede Muskelfaser ist von einer Einheitsmembran, dem **Sarkolemm** begrenzt. Im Inneren der Muskelfaser befindet sich das mitochondrienreiche **Sarkoplasma**, das neben den Zellkernen, Lysosomen, Fetttröpfchen, Glykogenkörnchen einige hundert Myofibrillen als kontraktile Elemente, enthaät. **Myofibrillen** sind Bündel dicht gepackter **Myofilamente**. Man unterscheidet bei den Myofilamenten die dünnen **Aktinfilamente** von den dicken **Myosinfilamenten**.
Der Skelettmuskel ist **quergestreift**, d. h. unter dem Licht- bzw. Elektronenmikroskop sind dunkle und helle Querstreifen zu erkennen, die als **A-Banden** (A für anisotrop oder doppelbrechend) und **I-Banden** (I für isotrop oder einfach brechend) bezeichnet werden. Diese werden durch die Anordnung von den Myosin- und Aktinfilamenten verursacht: In den A-Banden überlappen sich Aktin- und Myosinfilamente, während in den I-Banden nur Aktinfilamente auftreten. Innerhalb jeder I-Bande liegt eine **Z-Scheibe**, in der die Aktinfilamente über Strukturproteinmoleküle verankert sind. Jede A-Bande enthält im Zentrum

eine aktinfreie **H-Zone**, die nur Myosinfilamente enthält, sie verdicken sich in der Mitte zu einer M-Linie.
Der Bereich zwischen zwei Z-Scheiben bildet das **Sarkomer**, die funktionelle Einheit der Myofibrille. Auf ihnen beruht die Fähigkeit eines Muskels, sich zu verkürzen und damit eine Bewegung auszuführen.

Feinbau der Myofibrille

Ein **Myosinfilament** stellt ein Bündel aus 300 bis 400 dimeren Myosinmolekülen dar. Jedes Myosindimer besitzt zwei Köpfe, die über ein biegsames Halsstück mit dem fadenförmigen Schwanz, der aus zwei miteinander verdrillten Helices besteht, verbunden sind. Jeder Kopf hat eine ATP- bzw. ADP + P-Bindungsstelle und eine Aktinbindungsstelle. An den Hälsen befinden sich zwei Proteinleichtketten, die die Konformationsänderung des Kopf-Hals-Stückes ermöglichen.
Jedes **Aktinfilament** besteht aus globulären Aktinmonomeren, dem **G-Aktin**, die zu einer langen Doppelhelix polymerisiert sind, dem **F-Aktin**. Das ebenfalls fadenförmige **Tropomyosin** windet sich um das Aktinfilament, wobei ca. alle 40 nm ein **Troponinmolekül** angeheftet ist.
Während der Kontraktion legt sich der Tropomyosinfaden in die Rinne zwischen zwei Aktin-Ketten und gibt dabei deren Bindungsstelle für Myosin frei.

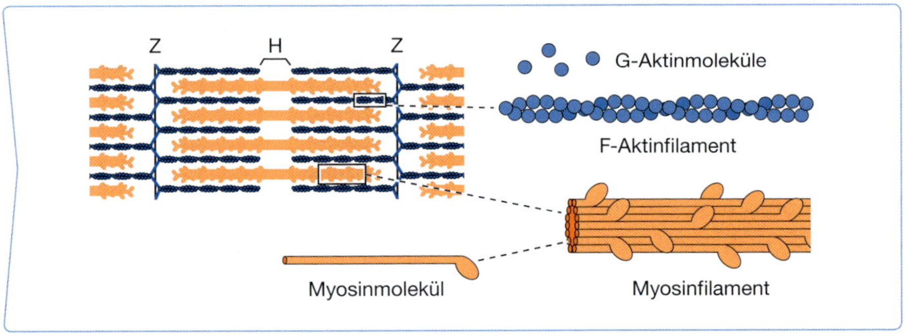

Abb. 62: Aufbau eines Sarkomers

Muskelkontraktion

Längenänderungen einer Muskelfaser beruhen nicht auf Längenänderungen der Aktin- und Myosinfilamenten, sondern auf der gegenseitigen Verschiebung dieser Filamente. Bei der Kontraktion – der Verkürzung des Sarkomers – bewegen sich die beiden Aktinfilamente jedes Sarkomers tiefer in das Mysosingitter (A-Bande) hinein. Dabei nähern sich die Z-Linien einander und der Überlappungsbereich von dicken und dünnen Filamenten nimmt zu. Die Länge der Filamente bleibt unverändert, doch die I-Bande und H-Zone werden verkürzt. Stoßen die Mysoinfilamente an die Z-Linie an, so ist der Muskel maximal verkürzt. Dieser mechanische Vorgang wird von elektrischen Muskelimpulsen ausgelöst: **elektromechanische Kopplung**. Dabei laufen folgende Schritte ab:

In der Ruhestellung ist ATP am Myosinkopf gebunden. Dieser bildet mit dem Myosinhals einen Winkel von 90°. Aktin- und Myosinfilamente haben keinen Kontakt zueinander. Wird der Muskel durch einen Nervenimpuls gereizt, so lagern sich die Myosinköpfchen an die Aktinfilamente an. Dabei wird ATP gespalten und ADP + P_i freigesetzt. Löst sich P_i vom Myosinkopf, kippen die Myosinköpfchen aus ihrer 90°-Stellung in eine 45°-Stellung, was dazu führt, dass die Aktin- und Myosinfilamente einander berühren und aneinander vorbeigleiten. Durch erneute Bindung von ATP an die Myosinköpfe wird die Bindung zwischen Myosin und Aktin wieder gelöst (Weichmacherwirkung des ATP) und die Myosinköpfchen richten sich wieder auf.

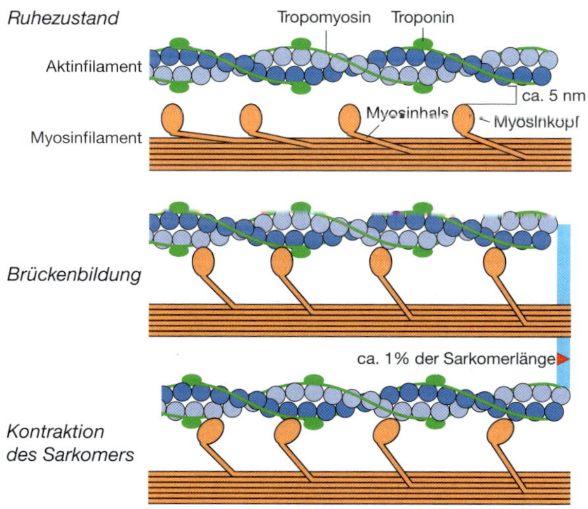

Abb. 63: Verlauf eines Querbrückenzyklus bei der Muskelkontraktion

2.7 Fotosynthese

Bei der **Fotosynthese** wird Strahlungsenergie absorbiert und in Form einer energiereichen chemischen Verbindung, der Glukose, gebunden. Chemisch gesehen ist die Fotosynthese eine Umkehrung der aeroben Atmung:

Die Bruttogleichung der Fotolyse lautet: $6\ CO_2 + 6\ H_2O \longrightarrow C_6H_{12}O_6 + 6\ O_2$

$$6\ CO_2 + 6\ H_2O \longrightarrow C_6H_{12}O_6 + 6\ O_2$$

Da bei der vollstängigen Verbrennung von 1 Mol Glukose 2870 kJ frei werden, ist die gleiche, vom Sonnenlicht gelieferte Energiemenge beim fotosynthetischen Aufbau der Glukose nötig.

Erforschung der Fotosynthese

1771 entdeckte der Engländer Joseph Priestley, dass Pflanzen die Fähigkeit haben, Luft, die durch eine brennende Kerze „vergiftet“ wurde, wieder in „gute Luft“ zu verwandeln. Während eine Maus, die allein unter einer Glasglocke sitzt, bald stirbt, kann sie zusammen mit einer Pflanze lange Zeit am Leben bleiben. Jan Ingenhousz fand 1779, dass nur grüne Pflanzen bei Belichtung frische Luft herstellen können. Jean Senebier entdeckte 1782 die Koppelung der Sauerstoffabgabe mit der Aufnahme von Kohlendioxid. Nicolas de Saussure bemerkte, dass die Pflanzen durch Aufnahme von Kohlendioxid und Wasser ihre Substanz vermehren.
Robert Mayer stellte 1845 fest, dass bei der Fotosynthese Lichtenergie in chemische Energie umgewandelt und in Form von Stärke gespeichert wird. 1905 postulierte Blackmann, dass die Fotosynthese aus zwei Teilreaktionen besteht: einer lichtabhängigen und einer lichtunabhängigen.
Der erste Nachweis, dass die vom Chlorophyll absorbierte Energie für die Fotosynthese verwertet wird, stammt von Engelmann (1883). Engelmann belichtete unter dem Mikroskop eine fadenförmige Alge mit einem Lichtspektrum, das er mit Hilfe eines Prismas erzeugte. Das Wasser versetzte er mit einer Bakterienart, die stets zu Orten hoher Sauerstoffkonzentration schwimmt. Er beobachtete, dass sich die Bakterien bevorzugt an den Stellen der Alge sammelten, die mit rotem bzw. mit blauviolettem Licht bestrahlt wurden. Der Vergleich dieses Wirkungsspektrums mit dem Absorptionsspektrum der Blattpigmente bestätigte die Vermutung, dass die Blattpigmente – vor allem das Chlorophyll – tatsächlich an der Fotosynthese beteiligt sind.
Robert Hill zeigte 1937, dass auch isolierte Chloroplasten im Reagenzglas Fotosynthese durchführen können. Sogar isolierte Thylakoid-Bruchstücke entwickeln bei Belichtung Sauerstoff, wenn Fe^{3+}-Ionen oder andere Reduktionsmittel anwesend sind. Die Entdeckung dieser „Hill-Reaktion“ markiert den Beginn der modernen (molekularen) Fotosyntheseforschung.

Abhängigkeit der Fotosynthese von abiotischen Faktoren

Die Intensität der Fotosynthese, die Fotosyntheserate, hängt von verschiedenen äußeren Faktoren ab:
Mit steigender **Temperatur** nimmt die Fotosyntheserate zu, bis das Temperaturoptimum erreicht ist. Dann nimmt die Fotosyntheseleistung aufgrund von Hemmungen biochemischer Vorgänge wieder ab.
Durch Erhöhung der **CO_2-Konzentration** kann die Fotosynthesrate erhöht werden. Ab einer Konzentration von 0,15 Vol% ist eine Sättigung erreicht. Auch eine Erhöhung der **Lichtintensität oder Beleuchtungsstärke** steigert die Fotosyntheseleistung bis zum Erreichen des Sättigungswertes.

Ort der Fotosynthese

Fotosynthese findet bevorzugt in den Blättern der Pflanzen statt. Doch auch andere grüne Pflanzenteile, wie die Stängel, sind dazu fähig. Nicht alle Zellen der Pflanzen enthalten Chloroplasten. Die untere und obere Epidermis sind davon frei. Das Palisadengewebe (**Palisadenparenchym**) ist besonders reich an Chloroplasten, etwas weniger enthält das **Schwammgewebe**. Zwischen den Zellen des Palisadengewebes und des Schwammgewebes liegen zusammenhängende **Interzellularräume** (Atemhöhle), durch die Kohlenstoffdioxid, Sauerstoff und Wasserdampf zu den bzw. von den Zellen diffundieren können.

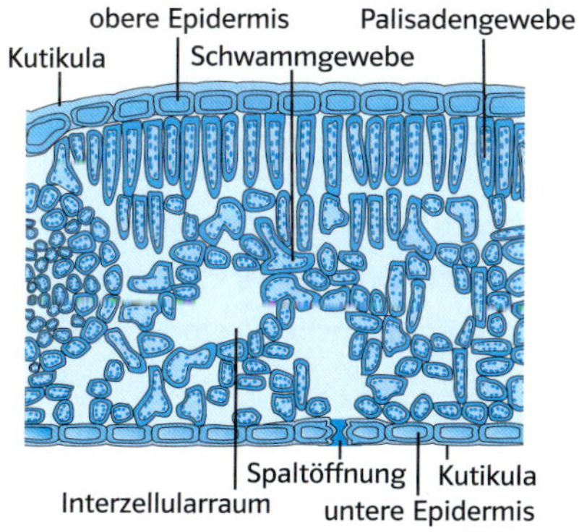

Abb. 64: Querschnitt durch ein Laubblatt

Die **Spaltöffnungen** der unteren Epidermis regulieren den Aus- und Eintritt der Gase: Sie können sich öffnen und schließen. Die **Epidermis** ist von einer Wachsschicht (**Kutikula**) überzogen, so dass nur wenig Gase unkontrolliert in das Blatt einströmen oder aus dem Blatt austreten können.
Das Wasser, das von den Wurzeln aufgenommen wird, strömt durch Gefäße und tritt durch die Blattadern in die Palisadenzellen ein.
Innerhalb der Blätter sind die Chloroplasten (Abb. 9) die Organellen der Fotosynthese. Nur die Chloroplasten besitzen das Chlorophyll, das für die Fotosynthese erforderlich ist. Chloroplasten sind güne Zellorganellen mit Durchmessern von 1 – 10 µm. Sie sind von einer doppelten Hüllmembran umgeben. Ein ausgedehntes System von Doppelmembranen – die Thylakoide – durchzieht das Innere. In den Grana sind die Thylakoide wie Geldrollen gestapelt. Der Rest des Chloroplasten-Innenraums ist das Stroma.

Fotosynthesepigmente

Die Funktion des Lichtes bei der Fotosynthese ist die Anregung eines Chlorophyllmoleküls.

Chloroplasten enthalten den grünen Farbstoff **Chlorophyll** und erscheinen unserem Auge grün. Nicht absorbierte Lichtstrahlen werden durchgelassen oder reflektiert. Chlorophyll absorbiert rotes und blaues Licht – nicht dagegen grünes. Andere im Blatt enthaltene Pigmente, die **Carotinoide**, absorbieren bevorzugt im blauen Bereich des Spektrums: Sie erscheinen uns gelb-orange. Um festzustellen, welche Strahlen von den einzelnen Farbstoffen bevorzugt absorbiert werden, kann man **Absorptionsspektren** aufnehmen: Man bringt eine schmale Glasküvette mit der Lösung des zu untersuchenden Farbstoffs in den Strahlengang einer Lichtquelle. Das Licht fällt durch ein Prisma, welches weißes Licht in seine Spektralfarben zerlegt. So kann man feststellen, welche Wellenlängenbereiche vom Pigment absorbiert werden: Im Spektrum fehlen die entsprechenden Farben.

Wenn ein Chlorophyll-Molekül Licht (Photonen, Lichtquanten) absorbiert, so werden Elektronen in einen höheren Energiezustand überführt. Dabei wird die Energie eines Photons an ein Elektron des Chlorophylls weitergegeben.

Das Elektron wird dadurch reaktionsfähig und kann chemische Arbeit verrichten. Das Chlorophyll ist im „angeregten" Zustand. Wenn das Elektron wieder in seinen Ausgangszustand zurückgeht, gibt es die aufgenommene Energie wieder ab. In intakten Chloroplasten wird die Energie des angeregten Chlorophylls an andere Moleküle der Membran weitergegeben.

Lichtreaktion der Fotosynthese

Die Fotolyse des Wassers kann mit der Formel $2\,H_2O \longrightarrow 2\,H^+ + 2\,e^- + 1/2\,O_2 + H_2O$ beschrieben werden.

Den Vorgang der Fotosynthese kann man in zwei unterschiedliche, eng miteinander gekoppelte Reaktionen unterteilen: Die **lichtabhängige Reaktion** findet an der Thylakoidmembran statt. Während der **Lichtreaktion** wird Wasser mit Hilfe von Licht gespalten (**Fotolyse**) und elementarer Sauerstoff sowie Protonen und Elektronen freigesetzt. Dieser Teil der Fotosynthese verläuft in den Grana der Chloroplasten. Die Absorption von Licht erfolgt hauptsächlich durch die Chlorophylle a und b, die das sichtbare Licht absorbieren können. Hauptsächlich wird rotes und blaues Licht aufgenommen. Zusammen mit den Carotinoiden bilden die Chlorophylle die Fotosysteme I und II (FI bzw. FII), in deren Reaktionszentrum stets ein Chlorophyllmolekül lokalisiert ist. Bei der Lichtreaktion werden in

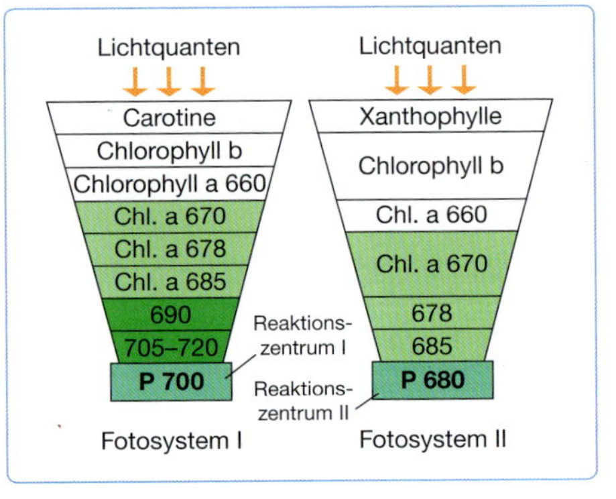

Abb. 65: Fotosystem I und II

zwei miteinander gekoppelten Reaktionen Energieäquivalente (NADPH und ATP) bereitgestellt, indem das im Pigmentsystem I (P I; Absorptionsmaximum 700 nm) und II (P II; Absorptionsmaximum 680 nm) lokalisierte Chlorophyll aktiviert (angeregt) wird.

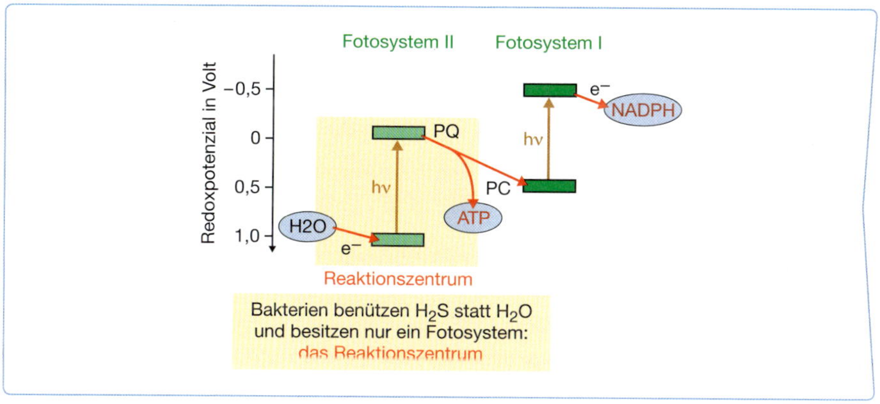

Abb. 66: Die Lichtreaktion der Fotosynthese

Die Bedeutung der Aktivierung liegt darin, dass die Elektronen des Chlorophyll-a-Moleküls auf ein höheres Energieniveau gehoben werden und dabei ein unterschiedlich hohes Redoxpotential erhalten. Die angeregten Elektronen werden von P I in einer Elektronentransportkette auf $NADP^+$ übertragen. $NADP^+$ wird unter Aufnahme von H^+ reduziert. Die notwendigen Protonen entstehen durch die Fotolyse des Wassers. In einer weiteren Lichtreaktion werden die angeregten Elektronen von P II über eine weitere Elektronentransportkette auf Chlorophyll a des P I übertragen. Die freiwerdende Energie wird in Form von ATP gespeichert. Die ATP-Bildung in der Lichtreaktion wird auch als **Fotophosphorylierung** bezeichnet, da durch Übertragung einer Phosphatgruppe auf das ADP die energiereiche Verbindung ATP entsteht. Das Chlorophyll a des P II ersetzt seine abgegebenen Elektronen aus der Fotolyse des Wassers.

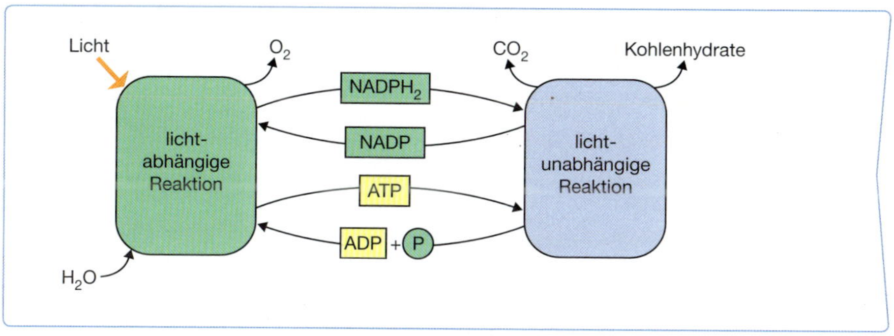

Abb. 67: Die Lichtreaktion der Fotosynthese liefert der lichtunabhängigen Reaktion Protonen und Elektronen in Form von NADPH und Energie in Form von ATP.

Die lichtunabhängige Reaktion der Fotosynthese

Die drei Schritte des Calvin-Zyklus sind:
- **Fixierung** des Kohlenstoffdioxids
- **Reduktion** des Kohlenstoffs und
- **Regeneration** des Kohlenstoffdioxid-Akzeptors

Die Sekundärreaktion der Fotosynthese ist unabhängig von der Belichtung; weil sie auch im Dunkeln ablaufen kann, wird sie manchmal als „Dunkelreaktion" bezeichnet In der **lichtunabhängigen** Reaktion werden die energiereichen Produkte der Lichtreaktion zur Reduktion von Kohlenstoffdioxid und damit zum Aufbau von Glukose umgesetzt. Dabei verläuft die Synthese der Glukose als offener Kreisprozess im Stroma der Chloroplasten ab. Der Zyklus wurde von den US-amerikanischen Biochemikern M. Calvin und A. A. Benson entschlüsselt und nach Melvin Calvin als Calvin-Zyklus benannt. Er dient den Pflanzen zur Assimilation von Kohlenstoff aus Kohlenstoffdioxid.

Den Calvin-Zyklus kann man in drei Sektoren einteilen:
1. **Fixierung des Kohlenstoffs,**
2. **Reduktion des Kohlenstoffs,**
3. **Regeneration des CO_2-Akzeptors.**

Fixierung des Kohlenstoffs

Im ersten Schritt des Calvin-Zyklus überträgt das Enzym Rubisco – eine Carboxylase – das Kohlenstoffdioxid (CO_2) auf Ribulose-1,5-bisphosphat. Das Enzym fixiert an jedes Molekül Ribulosebisphosphat ein CO_2-Molekül; die CO_2-Gruppe wird am C_2-Atom der Ribulose addiert. Das Reaktionsprodukt – ein C_6-Körper – ist instabil. Es zerfällt in zwei C_3-Moleküle, die 3-Phosphoglycerinsäure (PGS). Der primäre Akzeptor für das Kohlenstoffdioxid ist also die Pentose (ein Zucker mit fünf C-Atomen) Ribulose-1,5-bisphosphat (RuBP). Rubisco, genauer: Ribulose-1,5-bisphosphat-Carboxylase ist das häufigste Protein der Welt!

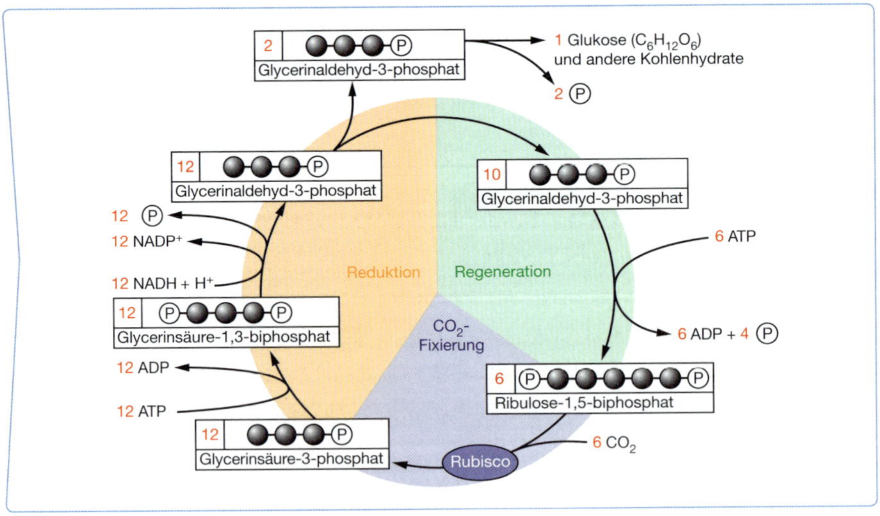

Abb. 68: Schematische Darstellung des Calvin-Zyklus

Reduktion

Die Phosphorglycerinsäure wird in mehreren Schritten zum Phosphoglycerinaldehyd – einer Triose – reduziert. Die Energie für diese Reaktion wird vom ATP geliefert. Dabei wird aus ATP durch Abspaltung eines Phosphatrestes wieder ADP. Reduktionsmittel ist das NADPH, das dabei zu $NADP^+$ oxidiert wird. NADPH und ATP werden durch die Lichtreaktion gebildet. Bei all diesen Umsetzungen liegen die organischen Moleküle in aktivierter Form als Phosphorsäureester vor.

Regeneration des CO_2-Akzeptors

Aus fünf Molekülen Phosphoglycerinaldehyd werden in einem Netzwerk gekoppelter Reaktionen drei Moleküle Ribulose-1,5-bisphosphat regeneriert. Ein Teil des Phosphoglycerinaldehyds wird zum Aufbau von Glukose – dem Endprodukt der Fotosynthese – verwendet: Aus zwei Molekülen Phosphoglycerinaldehyd wird ein Glukose-Molekül aufgebaut. Ein Sechstel der Phosphoglycerinsäure-Moleküle wird zur Herstellung von Glukose aus dem Kreislauf abgezweigt.

Die Summengleichung der lichtunabhängigen Reaktion lautet:

$$6\ CO_2 + 12\ NADPH + 12\ H^+ + 18\ ATP$$
$$\longrightarrow C_6H_{12}O_6 + 6\ H_2O + 12\ NADP^+ + 18\ ADP + 18\ P_i$$

Die neu gebildete Glukose wird in den grünen Pflanzen in die unlösliche Stärke umgewandelt. Diese entsteht durch Kondensation vieler Glukosemoleküle. Stärke lagert sich in Form von Stärkekörnern (Granula) zunächst im Stroma der Chloroplasten ab. Aus diesem Zwischenspeicher werden bei Bedarf Kohlenhydrate in Form von Saccharose (Rohrzucker) freigesetzt. Saccharose ist die wichtigste Transportform von Kohlenhydraten, die durch die Siebröhren der Leitbündel in die Speicherorgane Wurzeln, Knollen oder Mark gelangt. Dort bilden sich wieder Stärkekörner.

Besonderheiten der CO_2-Verwertung

Luft enthält nur etwa 0,004 % Kohlenstoffdioxid. Hauptproblem der Pflanzen ist es, genügend Kohlenstoffdioxid aus der Luft herauszufiltern. Machen sie die Spaltöffungen auf, so kann frische, kohlenstoffdioxidhaltige Luft in das Blatt diffundieren, allerdings verliert die Pflanze viel Wasser. Vor allem Pflanzen trockener, sonniger Standorte haben ihre Spaltöfnungen tagsüber meist geschlossen, um die Transpirationsverluste so gering wie möglich zu halten. Damit ist die CO_2-Versorgung begrenzt.

Kohlenstoffdioxid (CO_2) ist natürlicher Bestandteil der Luft. Seine Konzentration betrug im Jahr 2008 385 ppm oder 0,00385 %. Sein Anteil steigt zur Zeit um ca. 2 ppm pro Jahr.

Einige Pflanzen wie Zuckerrohr, Mais und Hirse haben einen Ausweg aus diesem Dilemma gefunden: Beim **C_4-Dicarbonsäureweg** dient als primärer

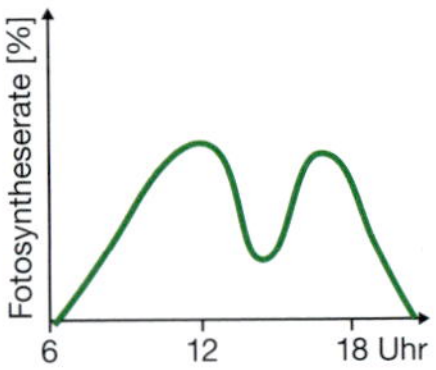

Abb. 69: Tagesgang der Fotosyntheseleistung einer C_3-Pflanze

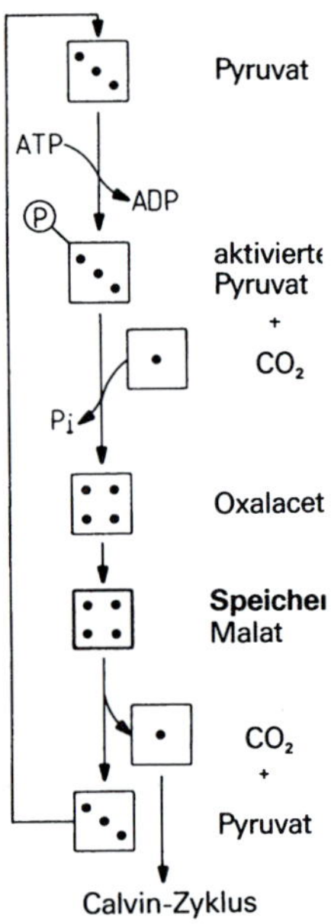

Abb. 70: C_4-Pflanzen speichern das Kohlenstoffdioxid im C_4-Molekül Malat (Apfelsäure).

CO_2-Akzeptor die Phosphoenolbrenztraubensäure, die eine weitaus höhere Affinität zu CO_2 hat als Ribulose-1,5-bisphosphat. Durch Bindung von CO_2 geht Phosphoenolbrenztraubensäure in Oxalessigsäure, einen C_4-Körper, über. Das Endprodukt dieses C_4-Weges geht dann in den Calvinzyklus ein.

Pflanzen, bei denen ein Molekül mit vier Kohlenstoffatomen (die Oxalessigsäure) das erste stabile Anlagerungsprodukt der CO_2-Fixierung ist, nennt man **C_4-Pflanzen**. Der C_4-Weg bringt den Pflanzen den Vorteil, dass der CO_2-Einbau infolge der erhöhten CO_2-Konzentration im Gewebe noch bei ungleich geringerer CO_2-Versorgung erfolgen kann.

In den Blättern vieler C_4-Pflanzen findet man zwei verschiedene fotosynthetisch aktive Zelltypen: Die Mesophyllzellen, in denen der CO_2-Einbau in den C_4-Körper erfolgt, und die Bündelscheidenzellen, in denen der Calvin-Zyklus abläuft.

Eine Variante des C_4-Dicarbonsäureweges findet sich bei Sukkulenten, die man auch als **CAM** (*Crassulacean Acid Metabolism*)**-Pflanzen** bezeichnet. Sie speichern des Nachts bei geöffneten Spaltöffnungen CO_2 in Form von Malat (C_4-Carbonsäureweg), um es tagsüber wieder freizusetzen und in Zucker umzubauen. So sind diese Pflanzen in der Lage, am Tage trotz weitgehend geschlossener Spaltöffnungen Fotosynthese zu betreiben. Im Gegensatz zum vorgenannten Typus sind hier CO_2-Fixierung in Form von Malat und Kohlenhydratsynthese also nicht räumlich, sondern zeitlich getrennt.

Bedeutung der Fotosynthese

Die Fotosynthese ist der bedeutendste chemische Prozess der Erde. Allen Ökosystemen stellt sie Nahrung und Sauerstoff zur Verfügung. Mit der sauerstoffhaltigen Atmosphäre schuf sie die Voraussetzung für die Existenz atmender Lebewesen.

Der gesamte Sauerstoff unserer Atmosphäre wurde von fotosynthetisch aktiven Organismen hergestellt. Die Uratmosphäre der Erde war sauerstofffrei. Erst die Evolution von Cyanobakterien ermöglichte die Produktion freien Sauerstoffs (➔ S. 240). Der durch Atmung und Verbrennung verbrauchte Sauerstoff wird laufend von den Pflanzen regeneriert. Noch sind die Pflanzen des Ozeans und der Wälder in der Lage, die Sauerstoffkonzentration der Atmosphäre annähernd konstant zu halten. Eine Zerstörung dieser Lebensräume bedeutet auch eine Abnahme des Luftsauerstoffs (➔ S. 274).

Weltweit bewältigt die Fotosynthese gigantische Stoff- und Energieumsätze. Die fotosynthetisch aktiven Organismen bauen jährlich ca. 100 Milliarden Tonnen Kohlenstoff in organische Materie ein. Eine grüne Pflanze kann täglich etwa 5–10 g Kohlenstoff pro m^2 Blattfläche assimilieren. Um ein Gramm Kohlenstoff in organische Substanz einzubauen, müssen rund 6 m^3 Luft das Blatt passieren. Pflanzen sind also biologische Luftfilter. Zur Bildung von einem Kilogramm Biomasse benötigt eine Pflanze 300 bis 800 Liter Wasser. Die Atmosphäe der Erde enthält etwa $6 \cdot 10^{14}$ kg Kohlenstoff in Form von Kohlenstoffdioxid. Der jährliche Verbrauch der Pflanzen beträgt ca. $2 \cdot 10^{13}$ kg. Durch Atmung und Verbrennungsprozesse sowie durch Vulkane wird der CO_2-Vorrat der Atmosphäre wieder aufgefüllt.

Stoffwechsel

Enzyme sind Biokatalysatoren. Sie beschleunigen biochemische Reaktionen, indem sie deren Aktivierungsenergie herabsetzen. Enzyme sind **wirkungsspezifisch** und **substratspezifisch**: Enzyme sind Proteine.

Die Enzymaktivität wird von verschiedenen Faktoren beeinflusst:

- Mit steigender Temperatur werden Enzyme aktiver, bis sie durch zu große Hitze denaturiert werden.
- Jedes Enzym hat ein pH-Optimum.
- Mit zunehmendem Substratangebot können vermehrt Enzym-Substrat-Komplexe gebildet werden bis zur Sättigung.
- Enzyme können kompetitiv oder allosterisch gehemmt werden. Die Hemmwirkung ist in der Regel reversibel.

Coenzyme tragen zur Vernetzung der Reaktionen bei, indem sie wichtige Stoffgruppen übertragen. Die Coenzyme $NADP^+$ bzw. NAD^+ übertragen Wasserstoff, das ADP-ATP-System ist Energieüberträger.

Zellen gewinnen Energie, indem sie Nährstoffe enzymatisch abbauen und die frei werdende Energie in Form von ATP speichern. ATP ist das Kopplungsglied zwischen exergonischen und endergonischen Prozessen.

Die Hauptaufgabe der Dissimilation besteht in der Bereitstellung von Energie in Form von ATP. Je nach Verfügbarkeit von Sauerstoff unterscheidet man die **zelluläre Atmung** und die **Gärung**.

Die Zellatmung besteht aus vier Teilreaktionen: **Glykolyse**, **oxidative Decarboxylierung**, **Zitronensäurezyklus** und **Atmungskette**. Dabei werden 38 Mol ATP pro Mol Glukose gewonnen.

Bei der Gärung unterscheidet man zwischen **alkoholischer Gärung** und **Milchsäure-Gärung**. Auch Muskeln gewinnen Energie durch Gärungsprozesse.

Grüne Pflanzen, Algen und Cyanobakterien können mit Hilfe der Lichtenergie energiereiche Substanzen selbst aufbauen; dieser Stoffwechselvorgang wird als **Fotosynthese** bezeichnet. Die Fotosynthese lässt sich in zwei miteinander verbundene Teilprozesse gliedern: eine lichtabhängige Reaktion (Primärreaktion oder **Lichtreaktion**) und eine lichtunabhängige Reaktion (**Sekundärreaktion**).

Die Fotosynthese versorgt fast alle Lebewesen der Erde mit Nahrung und Sauerstoff. Atmung und Fotosynthese sind miteinander verknüpft durch den Kreislauf der Atemgase und den Kreislauf des Kohlenstoffs in der Biosphäre.

Der bei der Fotosynthese hergestellte Sauerstoff wird durch die Atmung verbraucht, das bei der Atmung anfallende Kohlenstoffdioxid ist Ausgangsstoff der Fotosynthese. Wenn beide Prozesse ausgewogen sind, bleibt die Zusammensetzung der Atmosphäre über lange Zeiträume konstant.

AUF EINEN BLICK

Die klassische Genetik untersucht die **Weitergabe von Erbanlagen** und erklärt, wie diese die **Ausprägung bestimmter Merkmale** beeinflussen.

Für die Weitergabe der Erbinformation auf den Chromosomen ist die Meiose bedeutsam.

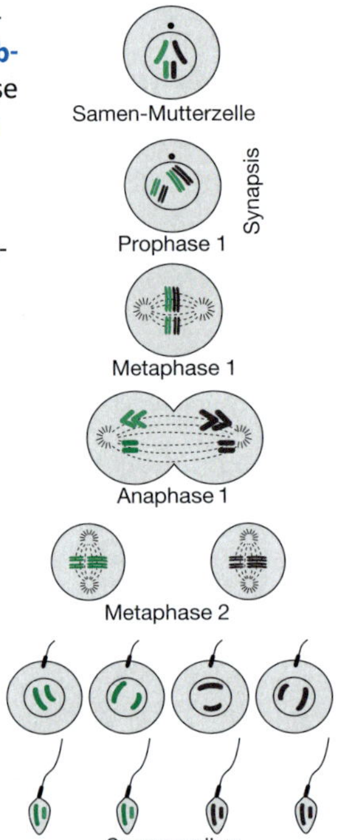

Im **DNA-Molekül** sind zwei Nukleotid-Stränge zu einer Doppelschraube um eine gemeinsame Achse gewunden.

Bei der **semikonservativen Replikation** der DNA wird einer der beiden Doppelstränge konserviert, der zweite neugebildet.

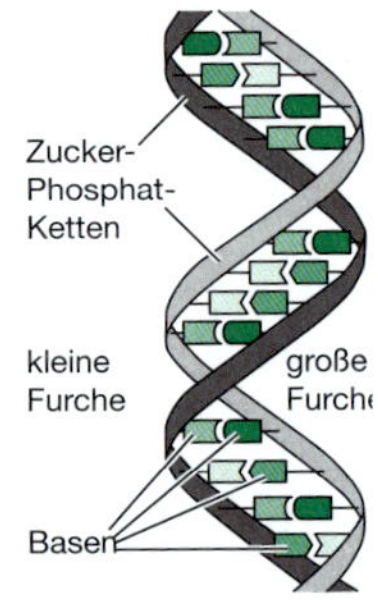

klassische Genetik

molekulare Genetik

Die **Mendel'schen Regeln** ermöglichen Vorhersagen über den **Phänotyp der Nachkommen**.

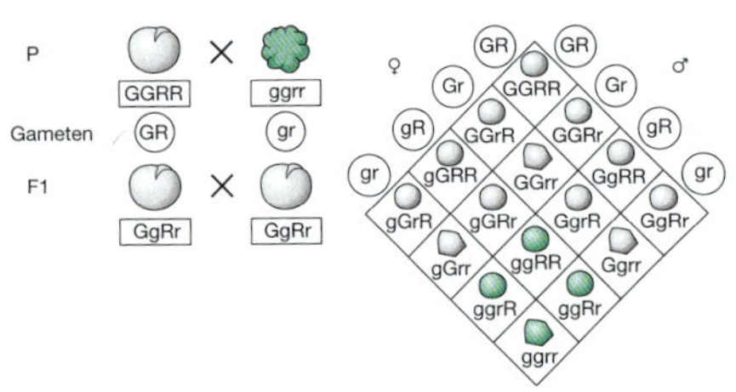

Zur **Herstellung eines Proteins** wird zunächst eine Kopie der Erbinformation in Form der mRNA während der **Transkription** gebildet.

Die Synthese des Proteins, die **Translation**, findet auf den Ribosomen im Zytoplasma statt.

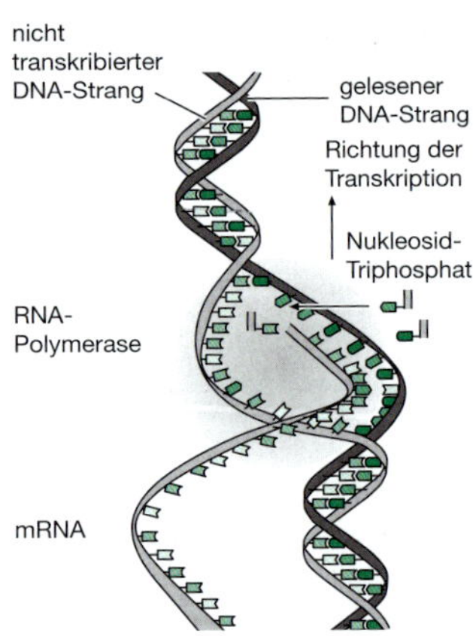

Der **genetische Code** ist die Regel, nach der die in Nukleinsäuren befindlichen Codons in Aminosäuren übersetzt werden.

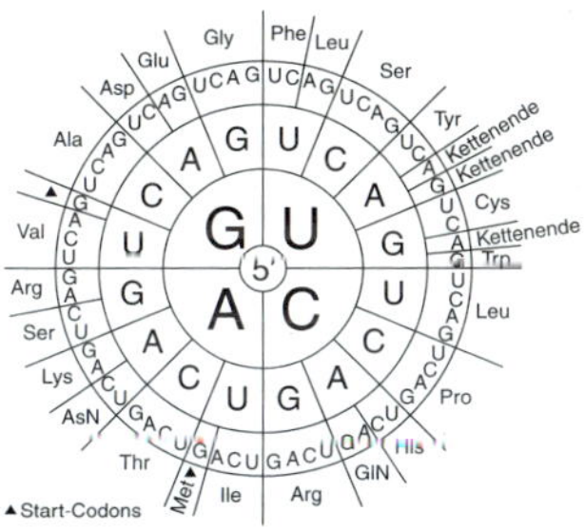

Die Gentechnik ermöglicht die **gezielte Veränderung und Übertragung von Erbgut**. Dazu werden viele Werkzeuge verwendet.

Die **PCR** dient der Vermehrung von DNA.

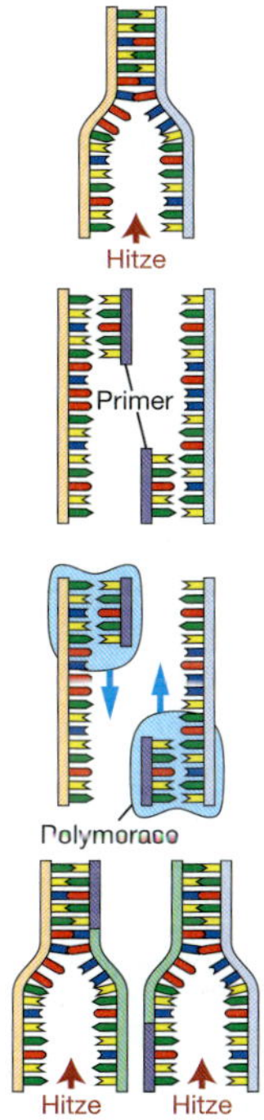

Zur **Übertragung von Genen** auf andere Organismen werden die Gene zunächst mit Hilfe von Restriktionsenzymen ausgeschnitten und mit einem Vektor in den Empfänger eingeschleust.

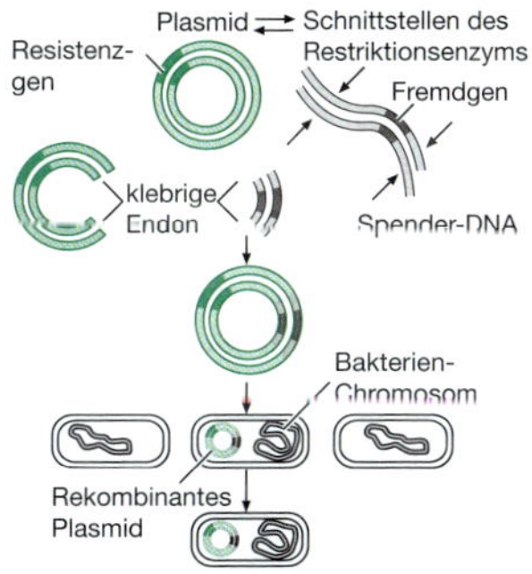

molekulare Genetik

Gentechnik

Die Proteinbiosynthese kann auf der Ebene der Transkription **reguliert** werden.

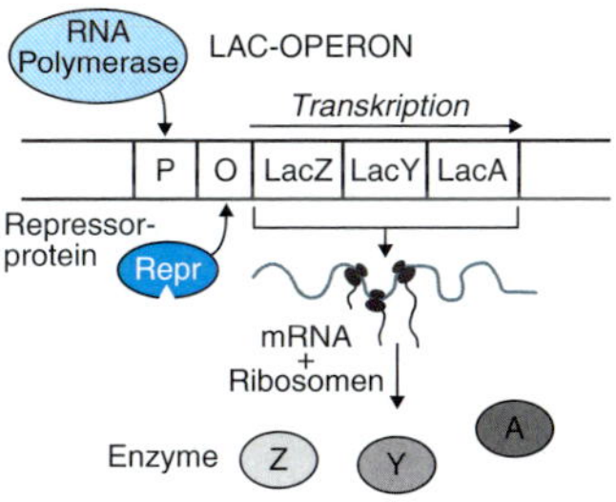

Durch **DNA-Sequenzierung** wird die Abfolge der Nukleotide im DNA-Molekül ermittelt. Die DNA-Sequenzierung begründete die Genomik.

Der **genetische Fingerabdruck** ermöglicht die Identifizierung von Personen.

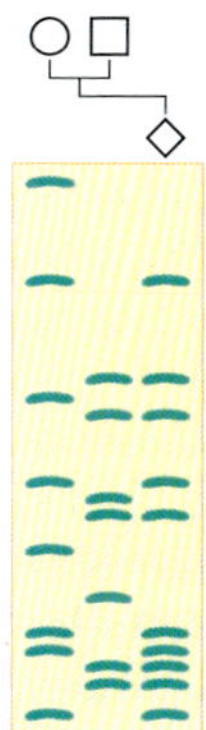

3 Genetik

KURZINFO

- Die Mendel'schen Regeln ermöglichen Vorhersagen über die Merkmalsausprägung (Phänotyp) von Nachkommen. Sie können auch zur Erklärung der Bildung der Geschlechtszellen und der Befruchtung verwendet werden.
- Watson und Crick entwarfen das DNA-Modell der Doppelhelix.
- Die Replikation der DNA erfolgt nach Meselson und Stahl semikonservativ.
- Die Proteinbiosynthese erfolgt durch die Schritte Transkription und Translation und kann auf der Ebene der Transkription reguliert werden.
- Der genetische Code ist die Regel, nach der Basen-Tripletts in Aminosäuren übersetzt werden.
- Genmutationen entstehen durch Tausch, Verlust oder Einschub von Nukleotiden, Krebs entsteht durch Mutation von mindestens zwei verschiedenen Genen.
- Gentechnik ermöglicht die gezielte Veränderung und Übertragung von Erbgut.
- Häufige Methoden der Gentechnik sind PCR, Gelelektrophorese, Anwendung von Gensonden, Restriktionsenzyme und Ligasen.
- Der genetische Fingerabdruck ermöglicht die Identifizierung von Personen.
- Mit Hilfe von Restriktionsenzymen und Ligasen kann das Ausschneiden und Einpflanzen von DNA-Stücken ermöglicht werden.
- Gentechnik, Gendiagnostik und Gentherapie beim Menschen weisen ethische Aspekte auf.

3.1 Chromosomen, Mutationen, Mendel'sche Regeln

Die Zytogenetik beschäftigt sich mit den Chromosomen – ihrer Organisation, ihrer Rolle bei der Vererbung und ihren Veränderungen durch Mutationen. Zellzyklus und Mitose werden im Kapitel 1 Zellbiologie (→ S. 25 ff.) behandelt.

Befruchtung und Meiose

Befruchtung und Meiose sind die wesentlichen Vorgänge der Sexualität.

Die Meiose führt zur Bildung von vier haploiden Zellen aus einer diploiden Mutterzelle.

Bei der Befruchtung verschmelzen die Kerne von Eizelle und Samenzelle miteinander. Jede dieser Zellen besitzt einen einfachen (**haploiden**) (1 n) Chromosomensatz. Die befruchtete Eizelle hat einen **diploiden** (2 n) Chromosomensatz. Bei der **Meiose** wird dieser wieder halbiert; damit bleibt die Zahl der Chromosomen über die Generationen hinweg konstant.

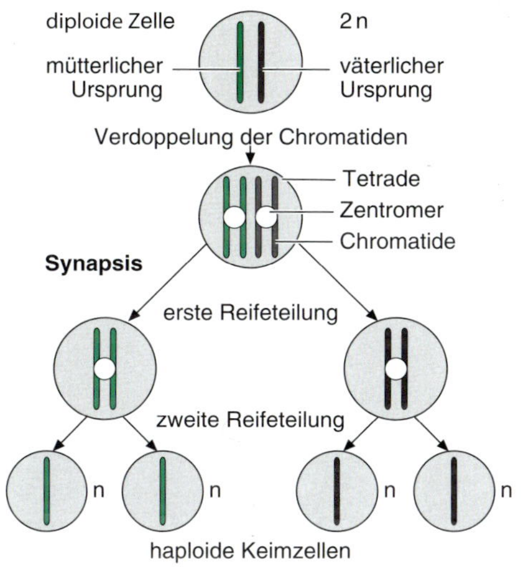

Abb. 71: Meiose einer Zelle mit einem Chromosom im haploiden Satz

Die **Reduktion der Chromosomenzahl** zum haploiden Satz erfolgt durch zwei aufeinander folgende Teilungen (Meiose 1 und Meiose 2). Zu Beginn der ersten Reifeteilung (**Meiose 1**) legen sich die homologen Chromosomen paarweise aneinander (Synapsis). (**Homologe Chromosome** sind strukturgleiche Chromosome väterlicher und mütterlicher Herkunft.) Diese Maßnahme sichert, dass anschließend die Chromosomen korrekt auf die Tochterzellen verteilt werden.

Die Meiose vollzieht sich in zwei Schritten: Die **erste Reifeteilung** (Meiose 1) trennt die homologen Chromosomen. Voraussetzung für die gesetzmäßige Aufteilung ist die Synapsis. Die **zweite Reifeteilung** (Meiose 2) verteilt die Chromatiden auf die Tochterzellen.

Die Chromosomen liegen nun als Tetraden zu vier Chromatiden vor. In der Anaphase 1 werden die homologen Chromosomen als Ganzes voneinander weggezogen. Nach der ersten Teilung hat jede Tochterzelle einen kompletten haploiden Chromosomensatz. Die zweite meiotische Teilung (**Meiose 2**) entspricht einer Mitose: Die Schwester-Chromatiden trennen sich und wandern zu den Polen. Im Vergleich zur Mitose (→ S. 25) sind bei der Meiose die Tochterzellen weder mit der Mutterzelle noch untereinander identisch.
Die **Eibildungszelle** schnürt bei der ersten und zweiten Reifeteilung je einen Polkörper ab. Die Polkörper degenerieren; die Eizelle erhält das gesamte Cytoplasma. Aus der **Samenmutterzelle** gehen vier gleich große Samenzellen oder **Spermien** hervor. Bei der **Befruchtung** dringen Kern und Zwischenstück der Samenzelle in die Eizelle ein. Die Kerne von Eizelle und Spermazelle verschmelzen. Der diploide Chromosomensatz ist wieder hergestellt.

In Eierstock und Hoden entstehen durch meiotische Teilungen die Keimzellen: Eizellen oder Spermien.

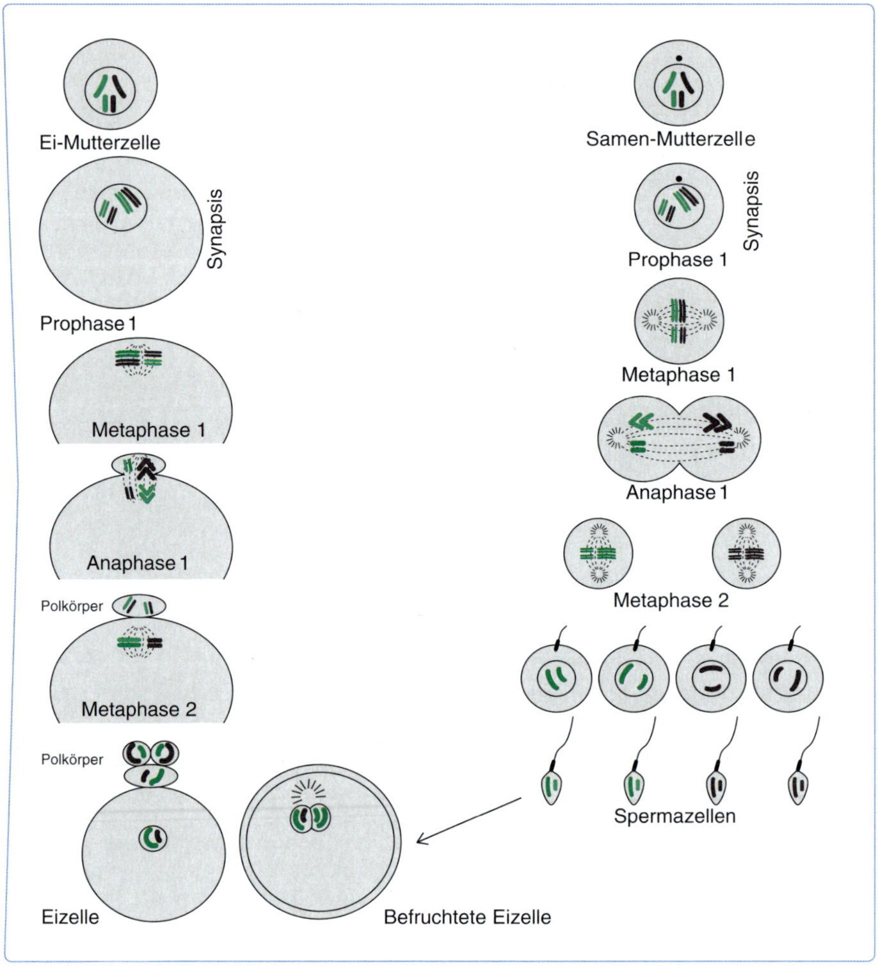

Abb. 72: Bildung von Eizelle und Samenzellen und Befruchtung

Die Erhöhung der genetischen Variabilität ist die entscheidende Aufgabe der sexuellen Fortpflanzung.

Neben der **Reduktion der Chromosomenzahl** hat die Meiose die Aufgabe, die Gene **neu zu kombinieren**. Dazu tragen drei Prozesse bei:

- Die **Segregation**: Je eines von zwei homologen Chromosomen gelangt in die Keimzelle;
- die **Zufallsverteilung**: Die homologen Chromosomen werden zufällig auf die beiden Tochterzellen verteilt;
- **Crossing over**: Durch Brüche und anschließende Fusion entstehen mosaikartig aus Stücken der elterlichen Chromosomen zusammengesetzte Chromatiden.

Crossing over

Nicht immer werden Gene, die auf *einem* Chromosom liegen, gekoppelt vererbt. Es gibt **Koppelungsbrüche** und nachfolgende **Fusion** über Kreuz. Den Mechanismus dieses Bruchstückaustauschs nennt man **Crossing over**.

Crossing over schafft neue Merkmalsverknüpfungen.

Das Zahlenverhältnis der Phänotypen mit und ohne Crossing over ist ein Maß für den Abstand zweier Gene und es ist möglich, auf diesem Weg Chromosomenkarten anzulegen.

Das Crossing over kann auch mikroskopisch nachgewiesen werden: Bei der mikroskopischen Untersuchung der Meiose erkennt man in der späten Prophase **Chiasmata**, das sind Überkreuzungen von Nicht-Schwester-Chromatiden homologer Chromosomen. An diesen Chiasmata findet der Bruchstückaustausch statt. Crossing over vergrößert die Zahl unterschiedlicher Gen-Kombinationen und trägt daher zur Variabilität von Populationen bei. Genkoppelung und Crossing over gibt es auch beim Menschen.

Ein **Chiasma** ist eine Chromatiden-Überkreuzung. Sie tritt als Folge eines Crossing overs auf.

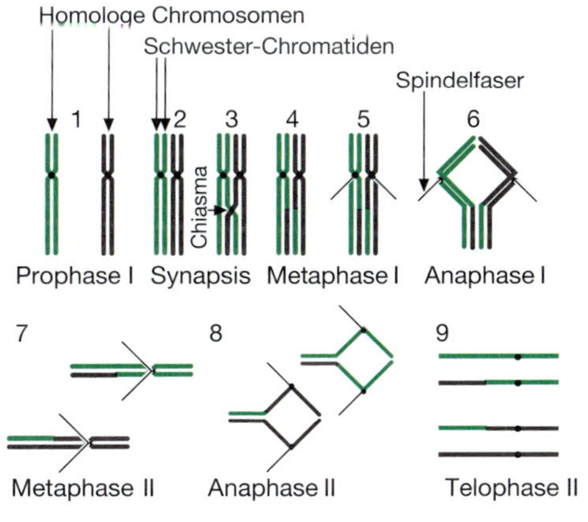

Abb. 73: Schemadarstellung: Auftreten von Chiasmata während der Meiose

Genommutation und Chromosomenmutation

Werden die komplizierten Verteilungsvorgänge der Mitose und der Meiose gestört, kommt es zu Veränderungen der Zahl oder der Architektur der Chromosomen – zu **Mutationen**. Solche Ereignisse sind selten, werden aber durch Bestrahlung oder manche Chemikalien hervorgerufen.

Genmutationen werden in einem gesondertem Kapitel (→ S. 95 ff.) behandelt. Genommutationen – numerische Aberrationen – ändern die Chromosomenzahl: Ist der ganze Chromosomensatz vervielfacht, so liegt **Polyploidie** vor. Polyploide Zellen haben viele Chromosomensätze. Im Pflanzenreich ist die Polyploidie weit verbreitet.

Man ordnet die Mutationen drei verschiedenen Typen zu:
- **Genommutationen** ändern die Zahl der Chromosomen.
- **Chromosomenmutationen** ändern die Architektur einzelner Chromosomen.
- **Genmutationen** führen zur Entstehung neuer Allele.

Bei **Autopolyploidie** sind homologe Chromosomensätze mehrfach vorhanden.

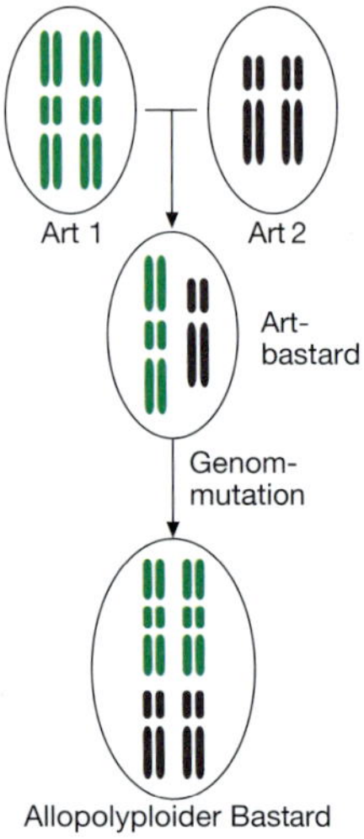

Abb. 75: Entstehung einer allotetraploiden Art

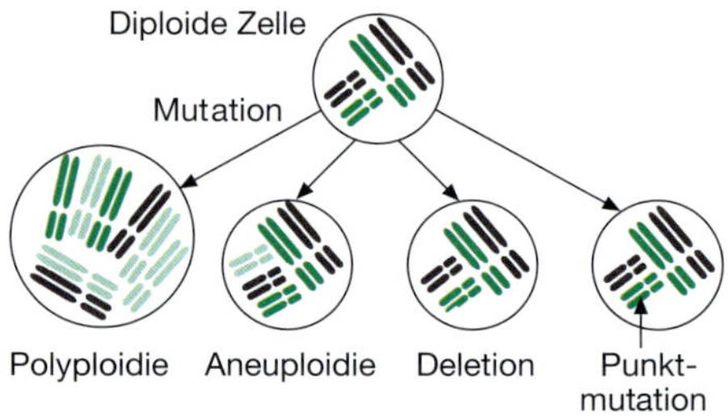

Abb. 74: Genom- und Chromosomenmutationen

Pflanzen kalter Zonen haben oft viele Chromosomensätze. Polyploidie führt oft zur Vergrößerung der Pflanzen: „Gigas-Wuchs". Polyploidisierung kann durch Behandlung mit Colchizin oder durch einen Kälteschock ausgelöst werden. **Allopolyploide** Pflanzen verfügen über zwei oder mehr nicht homologe Chromosomensätze (Abb. 75): In der Pflanzenzucht werden Artbastarde hergestellt, die anschließend mit Colchizinbehandlung polyploidisiert werden: Jostabeeren haben den Chromosomensatz der schwarzen Johannisbeere und den der Stachelbeere. Saatweizen ist allohexaploid: In ihm sind die Chromosomensätze von drei verschiedenen Gräsern vereinigt.

Bei Tieren ist Polyploidie selten. Menschen haben polyploide Zellen in einzelnen Geweben. *Drosophila* hat in der Speicheldrüse Zellen mit **Riesenchromosomen** (polytäne Chromosomen) die aus Tausenden von Chromatiden bestehen. Wenn einzelne Chromosomen fehlen oder überzählig sind, spricht man von **Aneuploidie** (Abb. 76): Bei der **Trisomie 21** (**Mongoloismus**) ist das 21. Chromosom dreifach vorhanden. Sie ist die häufigste Genommutation des Menschen. Das überzählige Chromosom Nr. 21 bedingt Störungen der Embryonalentwicklung, die zum charakteristischen Bild des sog. **Down-Syndroms** führen.

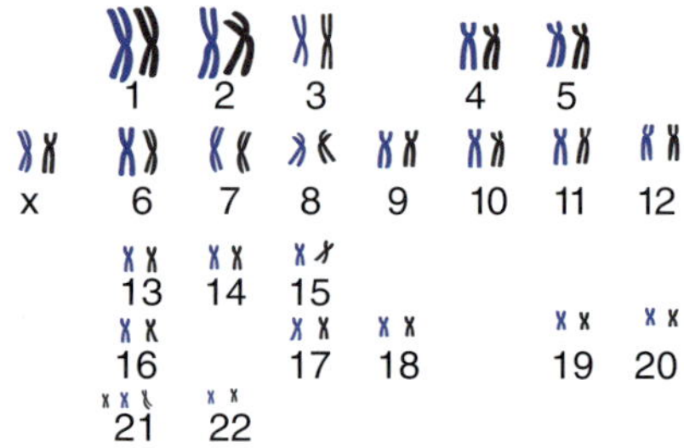

Abb. 76: Karyogramm einer Frau mit Down-Syndrom

Eine Trisomie 21 kann bereits während der Schwangerschaft mit Hilfe eines **Karyogramms** aufgespürt werden. Dabei werden einige Tropfen Fruchtwasser entnommen. Durch Zugabe von Colcemid (früher Colchizin) wird die Mitose der Zellen in der Metaphase (➔ S. 25) unterbrochen, die Chromosomen sind maximal spiralisiert und liegen als Zwei-Chromatid-Chromosomen vor.
Durch spezielle Färbetechniken werden spezielle Bandenmuster erzeugt, die eine eindeutige Zuordnung der Chromosomen ermöglicht. Fotos des ungeordneten Karyogramms werden zerschnitten und zu einem geordneten Karyogramm zusammengefügt.

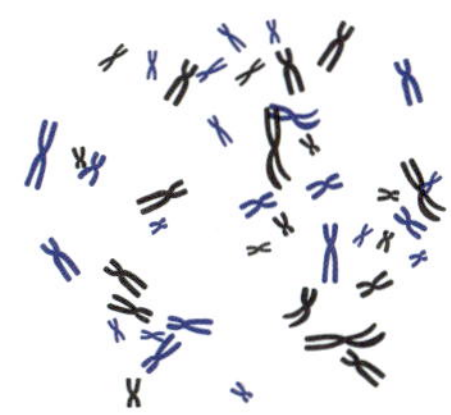

Abb. 77: Ungeordnetes Karyogramm

Bei **Chromosomenmutationen** bleibt die Zahl der Chromosomen erhalten, aber ihr Bau ist verändert. Chromosomenmutationen entstehen durch Crossing over an nicht homologen Stellen von Chromosomen: „**Illegitimes Crossing over**".

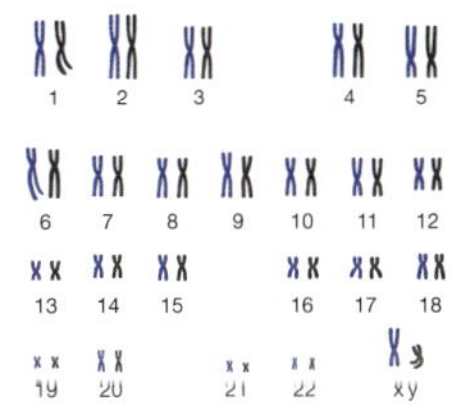

Abb. 78: Geordnetes Karyogramm eines Mannes

Vier Typen struktureller Aberrationen werden unterschieden:

- **Deletion**: Ein Chromosomenstück geht verloren. Bei terminaler Deletion (Abb. 74) fehlt ein Stück am Ende des Chromosoms, bei interkalarer Deletion fällt ein Abschnitt in der Mitte aus. Verliert ein Chromosom ein Stück an jedem Ende, so können sich die Bruch-Enden zu einem Ring vereinigen.

> Neugeborene mit einer Deletion am Chromosom Nr. 5 schreien wie junge Katzen und bleiben in ihrer körperlichen und geistigen Entwicklung zurück. Sie leiden am *Cri-du-chat-Syndrom* (Katzenschreisyndrom).

- **Inversion**: Ein Bruchstück bricht aus dem Chromosom heraus und wird umgekehrt wieder eingebaut.
- **Translokation**: Ein Chromosomenstück wird an einer anderen Stelle des gleichen oder eines anderen Chromosoms eingebaut.
- **Duplikation**: Ein Chromosomenstück wird verdoppelt (➔ S. 219).

Polytänisierung vervielfacht die Zahl der Chromatiden pro Chromosom.

Die Mendel'schen Regeln

Der Augustinermönch Johann Gregor Mendel (1822–1884) untersuchte als Erster die Gesetzmäßigkeiten der Vererbung. Seine Versuchsergebnisse werden in den drei Mendel'schen Regeln (s. u.) formuliert. Gene können in verschiedenen Zustandsformen – **Allelen** – auftreten. Durch die Existenz unterschiedlicher Allele werden Gene erkennbar. Da die meisten eukaryotischen Zellen diploid sind, gibt es für jedes Gen zwei Allele. Sind die beiden Allele identisch, so ist das Individuum im betreffenden Gen **homozygot** oder reinerbig. Sind die Allele verschieden, so ist es **heterozygot** oder mischerbig. Bei der Bildung der Keimzellen (Meiose ➔ S. 67) trennen sich die Allele, d. h. in jeder Keimzelle kommt nur *ein* Allel vor. Bei der Befruchtung treffen die Allele beider Eltern zusammen.

Der **Genotyp** beschreibt die genetische Information, der **Phänotyp** die Ausprägung dieser Information zu Merkmalen.

Die Summe aller Gene wird als Genotyp bezeichnet, das Erscheinungsbild eines Individuums als Phänotyp.

Allele wirken sich auf den Phänotyp aus. Allele, die sich immer ausprägen, nennt man **dominant**. Allele, die nur im homozygoten Zustand erkennbar sind, sind **rezessiv**. Der Übersichtlichkeit halber bezeichnet man Allele oft mit einem Buchstaben; dominante Allele werden dabei groß (R = rot), rezessive klein (r = weiß) geschrieben.

Uniformitätsregel: Individuen der F1-Generation sind einander gleich oder uniform.

Reziprozitätsregel: Es ist belanglos, ob eine Anlage vom väterlichen oder mütterlichen Elternteil stammt.

Erste Mendel'sche Regel – Uniformitätsregel

Kreuzt man Individuen (Eltern- oder Parentalgeneration P), die sich in einem Merkmal unterscheiden (auch als **monohybrid** bezeichnet), für das sie homozygot sind, so sind die Nachkommen (1. Filialgeneration oder F1) bezogen auf dieses Merkmal untereinander gleich oder uniform. Alle Nachkommen sind heterozygot mit dem Phänotyp des dominanten Allels. Dabei ist es ohne Bedeutung, ob eine Anlage vom Vater oder von der Mutter stammt (**Reziprozitätsregel**).

Beispiel:
Mendel kreuzte rotblühende und weißblühende Erbsenpflanzen. Die F1 bestand ausschließlich aus rotblühenden Pflanzen: Bei Erbsen ist die Anlage für rote Blütenfarbe dominant gegenüber der weißen, die Anlage für weiße Blüten ist rezessiv. Alle Mitglieder der F1-Generation haben ein Allel für weiß und ein Allel für rot vererbt bekommen, sie sind heterozygot.

Abb. 79: Monohybride Kreuzung – Mendels Versuchsergebnis

Zweite Mendel'sche Regel – Spaltungsregel

Kreuzt man Individuen dieser F1-Generation untereinander, so sind ihre Nachkommen nicht gleich. Die Merkmale der Nachkommen der zweiten Filialgeneration (F2) werden in einem bestimmten Zahlenverhältnis aufgespalten.

Beispiel:
In einem weiteren Experiment kreuzte Mendel rotblühende heterozygote F1-Pflanzen untereinander. In der F2-Generation traten rotblühende und weißblühende Pflanzen auf im Zahlenverhältnis 3 : 1.

Die Häufigkeit der verschiedenen Formen kann man nach Wahrscheinlichkeitsregeln vorhersagen. Trägt man in einem Kombinationsquadrat außen die mütterlichen und die väterlichen Allele ein, lassen sich die Allelkombinationen und damit die Häufigkeiten von Genotypen und Phänotypen analysieren. Jede der in geschlossenen Quadraten dargestellten Allelkombinationen ist mit gleicher Wahrscheinlichkeit zu erwarten:
Wenn jeder Gamet (also jede weibliche bzw. männliche Geschlechtszelle) mit der Häufigkeit 0,5 auftritt, ist die Häufigkeit der Genotypen jeweils $0{,}5 \times 0{,}5 = 0{,}25$ (25 %). Die zufällige Kombination der Gameten führt in der F2 zu einer Aufspaltung der Phänotypen im Verhältnis von 3 : 1.

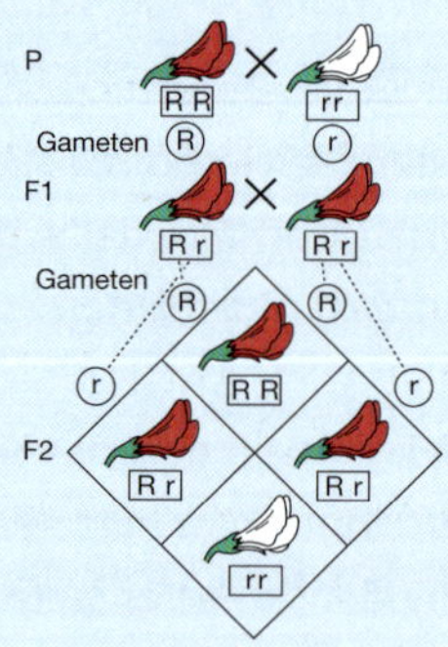

Abb. 80: Monohybride Kreuzung – Mendels Versuchsergebnis

Dritte Mendel'sche Regel – Unabhängigkeitsregel oder Regel von der freien Kombinierbarkeit der Gene

Die 3. Mendel'sche Regel gibt Auskunft darüber, was geschieht, wenn Organismen gekreuzt werden, die sich in mehreren Eigenschaften unterscheiden.
Beim **dihybriden** Erbgang weichen die Eltern in zwei Merkmalen voneinander ab. Kommen weitere Merkmale hinzu, spricht man von dihybriden, trihybriden … polyhybriden Erbgängen.
Kreuzt man Lebewesen miteinander, die sich in mehr als einem Merkmal unterscheiden, so werden die Merkmale unabhängig voneinander weitergegeben. Sie können in der F2-Generation frei kombiniert werden.

Beispiel:
Mendel kreuzte Erbsen mit gelben, runden und solche mit grünen, runzligen Samen. Alle Samen der ersten Tochtergeneration sind gelb und runzlig (Uniformitätsregel). Die F2 spaltet in vier verschiedene Samenformen auf: runzlig und gelb, runzlig und grün, rund und gelb und rund und runzlig. In der F2-Generation treten zwei neue Sorten auf, die sich von den Ausgangslinien unterscheiden: gelb – runzlig und grün – rund. Die Merkmale werden also neu zusammengestellt.

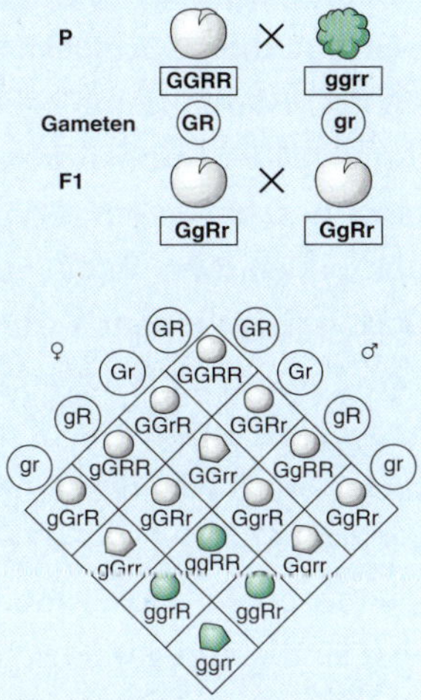

Abb. 81: Dihybride Kreuzung mit Angabe der Allele

Gene, die verschiedene Merkmale betreffen, werden unabhängig voneinander weitergegeben und in jeder Generation neu kombiniert.

In der F2-Generation treten neue Allel- und Merkmalskombinationen auf.

Intermediärer Erbgang oder unvollständige Dominanz

Nicht immer ist ein Allel dominant, das andere rezessiv. Bei der Kreuzung weißblühender und rosablühender Pflanzen der Japanischen Wunderblume sind die Nachkommen hellrosa. Wenn der Phänotyp der F1-Hybriden eine Zwischenstellung zwischen den Merkmalen der beiden Eltern einnimmt, nennt man den Erbgang **intermediär**. Die F2 spaltet in einem Verhältnis von 1 : 2 : 1 auf.

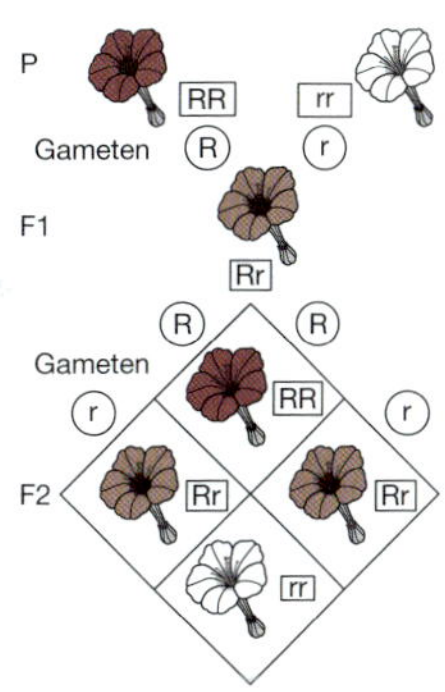

Abb. 82: Intermediärer Erbgang einer Blütenfarbe

Kodominanter Erbgang

Ein **kodominanter** Erbgang findet sich bei der Vererbung der Blutgruppen beim Menschen. Bei Kodominanz manifestieren sich beide Allele im Phänotyp des heterozygoten Anlagenträgers. Das **AB0-System** beruht auf **mulitpler Allelie**. Die Blutgruppen werden von drei Allelen eines Gens bestimmt. Man unterscheidet die Allele I^A, I^B und i^0. Jeder Mensch besitzt zwei dieser Allele. I^A und I^B sind kodominant, i^0 verhält sich gegenüber den beiden anderen Allelen rezessiv. Menschen mit Blutgruppe A haben demnach in ihrem Genotyp die Kombination I^AI^A oder I^Ai^0. Menschen mit Blutgruppe B haben die Allelkombination I^B I^B oder I^Bi^0. Menschen der Blutgrupppe AB haben immer die Kombination I^AI^B, Menschen mit Blutgruppe 0 die Kombination i^0i^0 (→ auch S. 138).

Vererbung und Geschlecht

Die genotypische Geschlechtsbestimmung geschieht bei der Befruchtung.

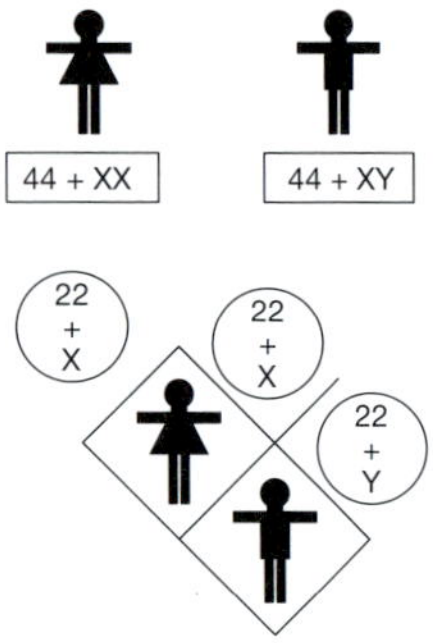

Abb. 83: Frauen haben zwei gleiche, Männer verschiedene Geschlechtschromosomen.

Bei den meisten Tieren ist das Geschlecht mit dem Chromosomensatz verknüpft. Es wird durch das Vorkommen oder das Fehlen bestimmter Chromosomen bestimmt.
Bei der Taufliege *Drosophila melanogaster* besitzen Männchen und Weibchen neben drei Paaren homologer Autosomen zwei Geschlechtschromosomen (Heterosomen oder **Gonosomen**): Weibchen haben zwei homologe X-Chromosomen, Männchen haben ein X-Chromosom und ein Y-Chromosom. Drosophila-Männchen bilden zwei Typen von Gameten: Spermien mit dem X-Chromosom und Spermien mit einem Y-Chromosom. Sie sind **heterogametisch**. Die Weibchen bilden nur einen Typus von Eizellen: Sie sind **homogametisch**. Bei der Befruchtung wird das Geschlecht festgelegt: Es ist entscheidend, von welchem Typ von Samenzelle das Ei befruchtet wird.
Der normale Chromosomensatz des Menschen besteht aus 46 Chromosomen: 44 Autosomen und 2 Gonosomen (XX bei Frauen, XY bei Männern). Die Spermien sind heterogametisch, die Eizellen homogametisch. Das Geschlecht eines Kindes wird also bei der Befruchtung festgelegt: Erfolgt die Befruchtung durch eine Spermazelle mit einem X-Chromosom, so entsteht ein Mädchen, ansonsten ein Junge.

3.2 Humangenetik

Stammbaumforschung

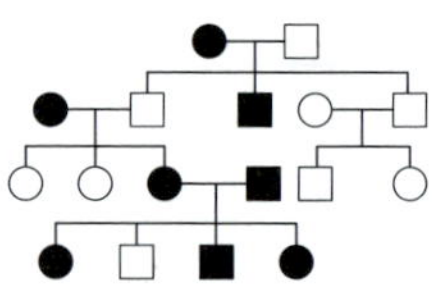

Abb. 84: Stammbaum eines dominanten Merkmals.
Frauen werden durch Kreise, Männer durch Quadrate symbolisiert. Träger des untersuchten Merkmals werden durch gefüllte Symbole dargestellt.

Die Stelle der Kreuzungsexperimente nimmt in der Humangenetik die **Familienforschung** ein. Aus dem Auftreten bestimmter Merkmale und deren Weitergabe über mehrere Generationen wird auf Erbgänge und Erbanlagen geschlossen. Die Darstellung erfolgt in Form eines **Stammbaums** oder einer **Ahnentafel**. Durch den Vergleich vieler Familien lassen sich Regeln für die Weitergabe von Anlagen aufstellen.
Zunächst versucht man zu klären, ob ein Merkmal **dominant** oder **rezessiv** vererbt wird. Von einem dominanten Merkmal spricht man in der Humangenetik, wenn dieses auch bei heterozygoten Genträgern auftritt. Fehlbildungen von Körperformen, wie z. B. die Vielfingrigkeit (Polydactylie) werden meist dominant vererbt. Ein rezessives Merkmal kann sich nur bei Homozygoten ausprägen. Stoffwechselkrankheiten, wie z. B. die cystische Fibrose (CF) oder Mukoviszidose, werden gewöhnlich rezessiv vererbt. Rezessive Genwirkung heißt, dass das mutierte Gen im heterozygoten Zustand keine Wirkung im Phänotyp hat. Bei rezessiver Genwirkung können Generationen übersprungen werden.
Auf diese Art und Weise werden Personen im Stammbaum genotypisch bestimmt und man versucht die Genotypen anderer Mitglieder zu erschließen.

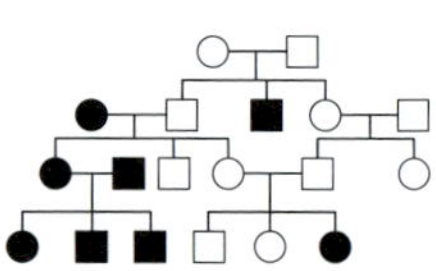

Abb. 85: Stammbaum eines rezessiv vererbten Merkmals. Das Merkmal kann Generationen überspringen.

Rezessiv vererbte Merkmale treten oft bei Verwandtenehen auf. Blutsverwandte haben viele Gene gemeinsam. In Verbindungen zwischen Verwandten ist die Wahrscheinlichkeit, dass beide Partner das gleiche Allel tragen, relativ hoch.

Für Stammbaumanalysen besonders geeignet ist die Untersuchung einzelner, klar erkennbarer Merkmale.

Geschlechtsgekoppelte Vererbung

Die Geschlechtschromosomen des Menschen unterscheiden sich in ihrer Größe: Das **Y-Chromosom** trägt nur wenige, das **X-Chromosom** sehr viele Gene. Auf dem X-Chromosom werden viele Gene für die Ausbildung von Merkmalen weitergegeben, die nichts mit den Geschlechtsunterschieden zu tun haben. Entsprechende Erbgänge werden **geschlechtsgekoppelt** oder auch **X-chromosomal** genannt.

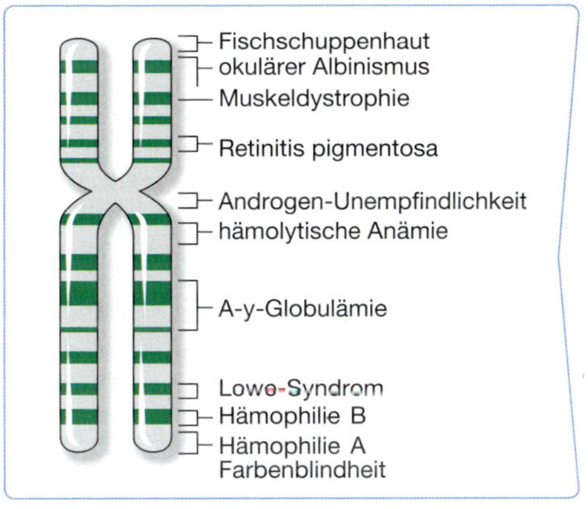

Abb. 86: Erbkrankheiten, deren Allele auf dem X-Chromosom liegen

Männer sind hemizygot für X-gekoppelte Gene.

Die meisten Gene des X-Chromosoms haben auf dem Y-Chromosom kein Gegenstück. Männer sind für Merkmale, deren Gene auf dem X-Chromosom liegen, **hemizygot** – sie tragen nur *ein* Allel. Sie sind daher häufiger von Erbleiden betroffen als Frauen.

Bluter-Krankheit (Hämophilie A und B), Rot-Grün-Blindheit, Muskeldystrophie und die Vitamin-D-resistente Rachitis werden durch das X-Chromosom weitergegeben.

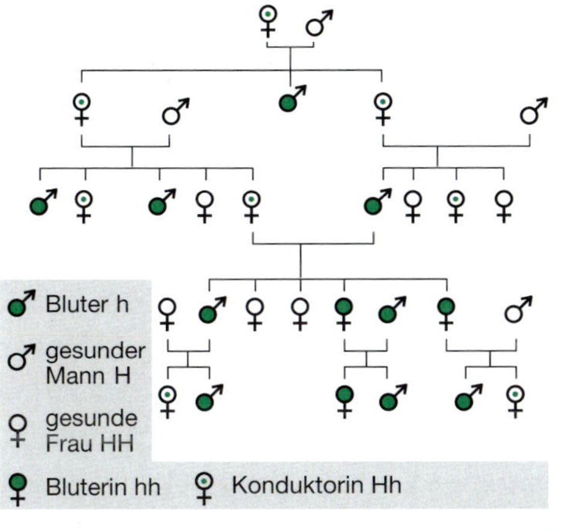

Abb. 87: Stammbaum einer Familie, in der die Bluterkrankheit auftritt.
Die Konduktorinnen werden mit einem grünen Punkt im Symbol angegeben.

Die Bluterkrankheit (**Hämophilie**) tritt fast ausschließlich bei Männern auf. Bei Hämophilie A (80 % der Bluter) ist das Gen für das antihämophile Globulin

(Gerinnungsfaktor VIII) defekt, damit ist die Blutgerinnung verzögert. Verletzungen können zu starkem Blutverlust führen und den Gen-Träger in Lebensgefahr bringen. Um dies zu verhindern, wurde der Gerinnungsfaktor aus Spenderblut gewonnen und übertragen; heute werden Gerinnungsfaktoren gentechnisch hergestellt (→ S. 116).
Der Erbgang der Hämophilie A ist charakteristisch für **X-chromosomal rezessiv** vererbte Krankheiten. Vererbung vom Vater auf den Sohn kommt nicht vor. Hämophile Söhne haben die Anlage immer von der Mutter, die als **Überträgerin** oder **Konduktorin** bezeichnet wird. Überträgerinnen sind heterozygote Träger des Allels, bei ihnen ist die Aktivität des Gerinnungsfaktors etwa halbiert, die Blutgerinnung verläuft weitgehend normal. Weibliche Hämophile sind sehr selten. Die Bluterkrankheit ist durch ihr Auftreten in europäischen Fürstenhäusern bekannt geworden. Queen Viktoria von England (1819–1901) war Überträgerin der Hämophilie. Viele männliche Mitglieder europäischer Königshäuser waren Bluter.
Den gleichen Erbgang wie die Bluterkrankheit haben die **Rot-Grün-Blindheit** und verschiedene Formen der Rot-Grün-Schwäche. Etwa 5–9% aller Männer, aber nur 0,25%–0,5% der Frauen haben eine Störung des Farbensinns.
Das Merkmal **Vitamin-D-resistente Rachitis**, eine Knochenerkrankung bei Kindern, bei der die Absorption von Calcium im Darm gestört ist, folgt einem **X-chromosomal dominanten** Erbgang. Die Erbanomalie wird vom betroffenen Vater auf alle seine Töchter übertragen, die Söhne sind gesund. Heterozygot betroffene Frauen geben sie an die Hälfte ihrer Töchter und Söhne weiter. Weitere X-chromosomal dominant vererbte Merkmale sind das erbliche Augenzittern, ein erblicher Schmelzdefekt der Zähne und die Fischschuppenhaut.

Genetische Beratung

Pränatale Diagnostik

Zur Pränataldiagnostik gehören von außerhalb des Körpers vorgenommene Untersuchungen am ungeborenen Kind, wie die Ultraschalluntersuchung, und invasive Untersuchungen, die im Körper der Schwangeren durchgeführt werden. Chromosomenaberrationen und viele Stoffwechselerkrankungen können pränatal, also schon vor der Geburt, festgestellt werden. Einige Aussagen sind schon durch die Untersuchung des Blutes der Schwangeren möglich. So gibt eine niedrige Konzentration von Alpha-Fetoprotein im mütterlichen Blut einen Hinweis auf Trisomie 21.
Bei der **Amniozentese** punktiert der Arzt die Fruchtblase. Er sticht mit einer weniger als 1mm dicken Kanüle durch Bauchdecke und Gebärmuttermuskulatur hindurch in die Fruchtblase und saugt einige Milliliter Fruchtwasser ab. Um den Fetus nicht zu verletzen, erfolgt der Eingriff unter Sichtkontrolle durch

Ultraschall. In der 15. bis 18. Schwangerschaftswoche ist die Gebärmutter der Schwangeren so weit vergrößert, dass Fruchtwasser entnommen werden kann. Das Fruchtwasser enthält in diesem Stadium genügend Zellen des Embryos. Eine Frühamniozentese kann schon in der 11.–14. Schwangerschaftswoche durchgeführt werden. Die Form der Zellkerne erlaubt eine erste Diagnose. Der Überstand beim Zentrifugieren wird biochemisch untersucht. Nach einer Vermehrung der Zellen in Nährlösung lässt sich eine exakte biochemische Analyse, eine Chromosomenuntersuchung und eine DNA-Analyse, durchführen.

Bei der **Chorionbiopsie** wird in der 10.–12. Schwangerschaftswoche ein Katheter durch den Gebärmutterhalskanal eingeführt. Aus der Zottenhaut (Chorion), dem Vorläufer der Plazenta, wird Gewebe entnommen und einer Chromosomenanalyse oder DNA-Analyse zugeführt.

Bei der Chorionbiopsie wird Gewebe aus der Zottenhaut (Chorion), dem Vorläufer der Plazenta, entnommen und einer Chromosomenanalyse oder DNA-Analyse zugeführt.

Eine Amniozentese wird empfohlen
- wenn die Eltern des Kindes über 40 Jahre alt sind,
- wenn die Mutter Überträgerin einer gonosomal vererbten Krankheit ist,
- wenn Geschwister Chromosomenaberrationen oder Missbildungen haben,
- wenn beide Eltern heterozygote Genträger für ein schweres Erbleiden sind.

Ab der 20. Schwangerschaftswoche kann durch Nabelschnurpunktion Blut des Fetus aus der Nabelschnur entnommen werden. Mit Hilfe der pränatalen Untersuchungen können viele Erkenntnisse über den Fötus gewonnen werden: Chromosomenaberrationen und Geschlecht des Kindes werden am Karyogramm sichtbar. Durch biochemische Untersuchungen lassen sich Stoffwechselkrankheiten nachweisen. Aus den Zellen kann DNA isoliert und auf mutierte Gene untersucht werden. Dies ermöglicht z. B. die Diagnose von Mucoviscidose und Muskeldystrophie.
Bei Chromosomenaberrationen und einigen schweren Stoffwechselerkrankungen, kann eine pränatale Diagnostik angeboten werden. Schon vor der Geburt, oft schon zu Beginn der Schwangerschaft, kann die Krankheit festgestellt werden.

Klonen

Klonen (gr.: *klon* = Zweig, Schössling) ist ein Verfahren, das die geschlechtliche Fortpflanzung und somit die Neukombination der Gene umgeht. Durch Klonen werden **genetisch identische Individuen** erzeugt.
Zum Klonen benötigt man eine Eizelle, die entkernt wird, und den Zellkern einer Körperzelle, der das Erbgut des zu klonenden Lebewesens enthält. Eizelle und Zellkern werden durch einen Elektroimpuls verschmolzen. Nach Aktivierung im Reagenzglas beginnt die Eizelle sich zu teilen. Die Zellen werden in Zellkultur vermehrt und können in den Uterus (die Gebärmutter) einer Leih-

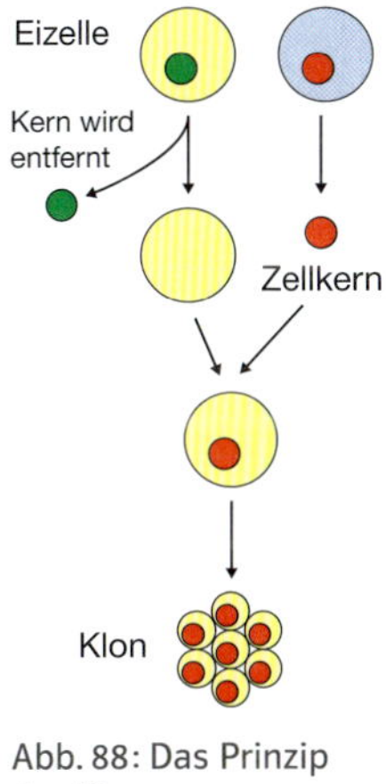

Abb. 88: Das Prinzip des Klonens

mutter eingepflanzt werden. Dort entwickelt sich der Embryo. Im Tierversuch benötigt man meist mehr als 100 rekonstruierte Embryonen, um eine Lebendgeburt zu erzielen.
Der entstehende Organismus stimmt in seinen Kern-Genen mit dem geklonten Individuum überein; die mitochondrialen Gene stammen von der Spender-Eizelle. Klon und Original sind zwar ähnlich, aber nicht identisch; in Tierversuchen sind die Unterschiede zwischen beiden deutlich größer als bei eineiigen Zwillingen.

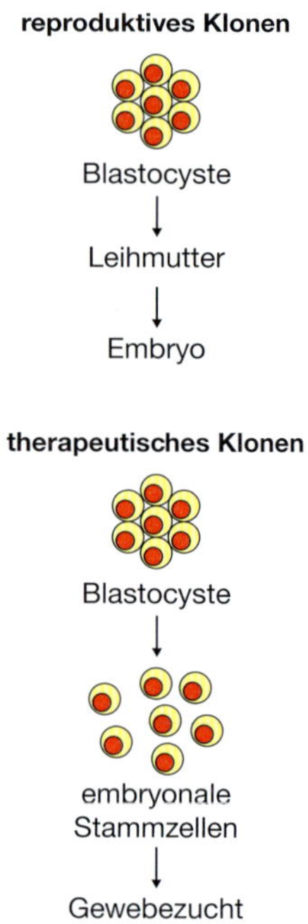

Abb. 89: Reproduktives und therapeutisches Klonen

Unterschieden wird zwischen dem therapeutischen und dem reproduktiven Klonen:
Das **reproduktive Klonen** ist die komplette Herstellung der genetischen Kopie eines Tieres oder eines Menschen zum Zweck der Fortpflanzung. Das Klonen von Menschen ist eine spekulative Möglichkeit, die wohl nie stattfinden wird.
Beim **therapeutischen Klonen** werden Embryonen zur Entnahme **embryonaler Stammzellen** hergestellt. Aus der Blastozyste, einem frühen Entwicklungsstadium des Embryos (etwa am 4. bis 8. Tag nach der Befruchtung), werden embryonale Stammzellen entnommen. In diesem Entwicklungsstadium sind embryonale Stammzellen **totipotent**: Aus ihnen kann fast jede Art von menschlichem Gewebe (Knochen, Knorpel, Nerven, Muskeln) gezüchtet werden. Wissenschaftler versprechen sich davon Heilung von Krankheiten wie der Alzheimer-Krankheit, der Parkinson-Krankheit und von Diabetes. Durch das Klonen aus embryonalen Stammzellen kann die Abstoßungsreaktion vermieden werden, die bei Transplantation von Fremdgewebe auftritt (➔ S. 141) – schließlich sind Spender und Empfänger genetisch identisch.
Beide Formen des Klonens sind in Deutschland untersagt. Die UN-Vollversammlung sprach sich für ein weltweites Verbot aller Formen des menschlichen Klonens aus, diese Empfehlung ist jedoch nicht bindend.

Embryonale Stammzellen sind totipotent.

Ein anderes Verfahren ist die **Mehrlingsspaltung** oder das Embryosplitting. Ein früher Embryo, der durch eine In-vitro-Fertilisation entstand, wird in seine Zellen zerlegt, die sich eigenständig weiterentwickeln. Dies geschieht auf natürliche Weise beim Menschen bei der Bildung eineiiger Zwillinge.

3.3 DNA – Struktur und Replikation

Die Entdeckung der DNA

Erst in den 1950er Jahren entdeckten Biologen, dass das Programm des Lebens nicht in den Proteinen, sondern in der **Desoxyribonukleinsäure** (DNS bzw. DNA) niedergelegt ist.

Die Grundlage für den Nachweis, dass DNA die Erbsubstanz ist, bildete der **Transformationsversuch** von **Griffith**.

1928: Griffith beobachtet Transformation bei Bakterien.

Griffith infizierte Mäuse mit Bakterien verschiedener Stämme in vier Experimenten:

- **Experiment 1**: Pneumokokken des Stammes S haben eine Schleimkapsel, die verhindert, dass sie vom Immunsystem des Wirtes erkannt wird. Nach der Injektion verursachen sie eine Lungenentzündung und töten die Mäuse.
- **Experiment 2**: R-Pneumokokken ohne Schleimkapsel werden vom Immunsystem des Wirtes erkannt und bekämpft, so dass die Mäuse nach der Injektion überleben.
- **Experiment 3**: Mäuse, denen durch Hitze abgetötete S-Pneumokokken injiziert werden, überleben.
- **Experiment 4**: Eine Doppelinfektion mit hitzegetötetem S-Stamm und lebenden Bakterien des R-Stammes ist tödlich. Aus dem Blut der Mäuse isolierte Griffith lebende S-Pneumokokken!

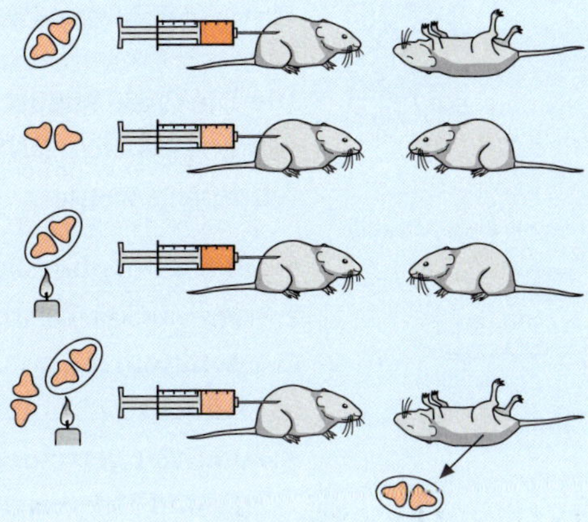

Abb. 90: Versuch von Griffith

Daraus folgerte er, dass R-Pneumokokken bei Anwesenheit von toten S-Kokken in S-Kokken „transformiert" werden können: Offensichtlich gibt es einen Stoff, der die Eigenschaft der Kapselbildung übertragen kann, ein **„transformierendes Prinzip"**.

S steht für smooth (glatt), R für rough (rau).

Oswald Avery zeigte, dass das „transformierende Prinzip" nicht aus Proteinen, sondern aus DNA besteht. Er führte Transformationsversuche in vitro (s. u.) durch und bewies damit, dass DNA die Schleimbildung der Pneumokokken vererbt.

1944: Avery zeigt, dass DNA das transformierende Prinzip ist.

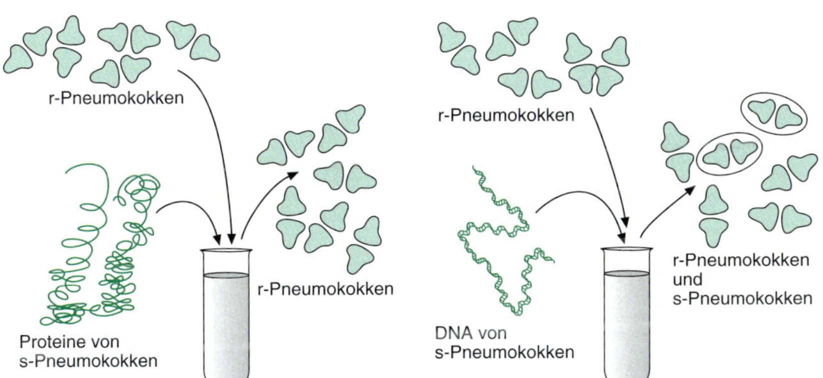

R-Pneumokokken werden mit **Proteinen** aus Pneumokokken des S-Stammes zusammengegeben: Es gibt keine Transformation.

R-Pneumokokken werden mit **DNA** des S-Stammes zusammengegeben: Ein Teil der Bakterien bildet Schleimkapseln!

Abb. 91: Averys Versuche zur Transformation von Pneumokokken

DNS ist die Abkürzung für **D**esoxyribo-**N**uklein-**S**äure. International ist die Abkürzung **DNA** für *deoxyribonucleic acid* üblich.

Andere Versuche bestätigten, dass das Ergebnis Averys auf alle Lebewesen und auf alle Vererbungsvorgänge übertragen werden kann. **DNA ist also die universelle Erbsubstanz.**

Bausteine der DNA

Sechs Komponenten bauen ein DNA-Molekül auf:
- Phosphorsäure bzw. Phosphat,
- Desoxyribose,
- Cytosin, Thymin, Adenin und Guanin.

Die DNA (die englische Abkürzung wird auch meist in deutschen Texten verwendet; deutsch: DNS) kann durch Hydrolyse in sechs verschiedene Komponenten zerlegt werden:

- eine **Phosphorsäure** (H_3PO_4) bzw. ihr Anion, das Phosphat (PO_4^{3-});
- den Zucker **Desoxyribose**, eine Pentose, also ein Zucker mit fünf Kohlenstoffatomen; im Gegensatz zur Ribose (Abb. 92) fehlt der Desoxyribose am Kohlenstoff-Atom 2 ein Sauerstoffatom;
- und vier verschiedene **Stickstoffbasen**: Die beiden Pyrimidinbasen Cytosin (C) und Thymin (T) bestehen jeweils aus einem Ring, Adenin (A) und Guanin (G) bestehen aus zwei kondensierten Ringen, sie sind Purinbasen.

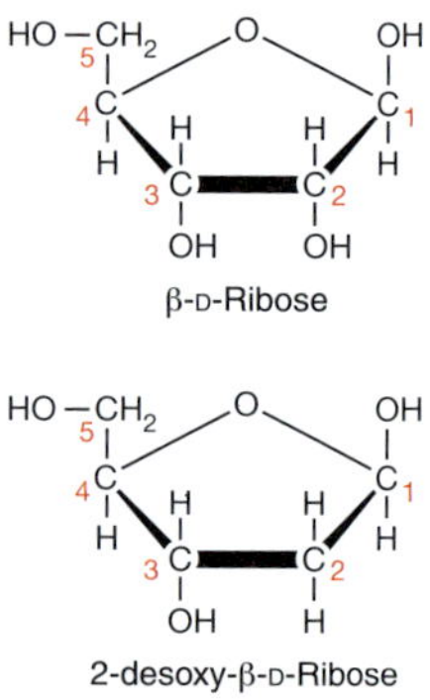

Abb. 92: Ribose und Desoxyribose sind Pentosen.

Die Base Adenin und der Zucker reagieren unter Wasserabspaltung zu einem **Nukleosid**, dem Desoxy-Adenosin. Die Base ist dabei am C1-Atom des Zuckers gebunden. Das Nukleosid Desoxy-Adenosin reagiert – wieder unter Abspaltung von Wasser – mit einem Phosphorsäure-Molekül bzw. dem Phosphat zum **Nukleotid**. Die Phosphatgruppe wird an das C5-Atom des Zuckers gebunden.

Je eine Phosphatgruppe, ein Zucker und eine Base bilden ein Nukleotid, das Monomer der DNA.

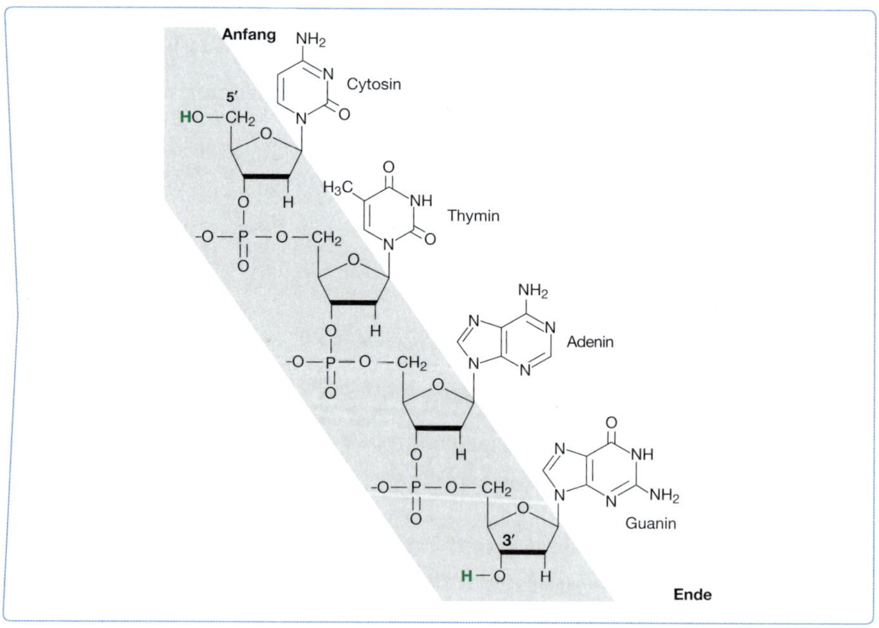

Abb. 93: Die vier Basen der DNA:
Adenin, Guanin, Cytosin und Thymin in einem DNA-Ausschnitt

Aus der Base Adenin entsteht so ein Desoxyadenosinmonophosphat, kurz dAMP. Auf dem gleichen Weg entstehen aus den anderen drei Basen drei andere Nukleotide Desoxyguanosinmonophosphat (dGMP), Desoxycytidinmonophosphat (dCMP) und Desoxythymidinmonophosphat (dTMP). Diese Nukleotide sind die Monomere der DNA, die **DNA ist also ein Polynukleotid**.

Jede DNA enthält gleich viel Adenin wie Thymin und gleich viel Cytosin wie Guanin. DNA ist ein Polymer aus vielen Nukleotiden.

Das DNA-Modell

In der Mitte des 20. Jahrhunderts hatte man über die DNA schon eine ganze Reihe von Informationen, die allerdings noch kein zusammenhängendes Bild ergaben:

DNA ist ein Polymer aus vielen Nukleotiden.

Herkunft	A	T	G	C
Mensch	30,3	30,3	19,5	19,9
E. coli	23,9	23,9	26,0	26,9
Mycobacterium	16,2	16,4	33,7	33,7
Phage T7	26,0	26,0	24,0	24,0

Tab. 2: Verhältnisse der vier Basen in der DNA verschiedener Organismen

1. Es war bekannt, dass im DNA-Molekül viele Nukleotide zu langen, **unverzweigten** Ketten verbunden sind.
2. Die DNA-Kette weist eine **Polarität** auf: An seinem sogenannten **5'-Ende** (die Zahl 5 entspricht dem C5 der Deoxyribose) trägt das Molekül eine Phosphatgruppe, am **3'-Ende** eine freie OH-Gruppe.
3. Erwin Chargaff trennte die DNA durch Säurehydrolyse auf und untersuchte den **Basengehalt**. Er zeigte, dass die vier Basen in Bakterien, Hefen, Rindern und Menschen in wechselnden Mengenverhältnissen vorkamen, dass aber jede DNA genau gleich viel Adenin wie Thymin enthält und gleichviel Cytosin wie Guanin (Tab. 2).
4. Maurice Wilkins und Rosalind Franklin untersuchten die Struktur von DNA-Kristallen mit Hilfe von Röntgenstrahlen. Die Symmetrie der Beugungsmuster spiegelt die Symmetrie des Moleküls wieder. Die Auswertung der Diagramme offenbarte, dass die DNA schraubenartig aufgewunden ist. Daten für Dichte, Durchmesser und Ganghöhe zeigten, dass es sich um eine **doppelte Schraube** handelt.

Eine Kette aus Zucker und Phosphat bildet das Rückgrat der DNA.

Das DNA-Molekül gleicht einer doppelten Schraube.

Auf diese Forschungsergebnisse gründeten James Watson und Francis Crick 1953 ihr **DNA-Modell**. Sie bauten maßstabsgetreue Molekül-Modelle von Nukleotiden und schafften es schließlich, sie so zusammenzufügen, dass sie mit den chemischen und den kristallographischen Daten übereinstimmten.

1953: Das Watson-Crick-Modell der DNA zeigt, dass die räumliche Struktur der DNA einer Doppelhelix entspricht, einer Spirale von zwei Strängen, die sich schraubenförmig umeinander winden.

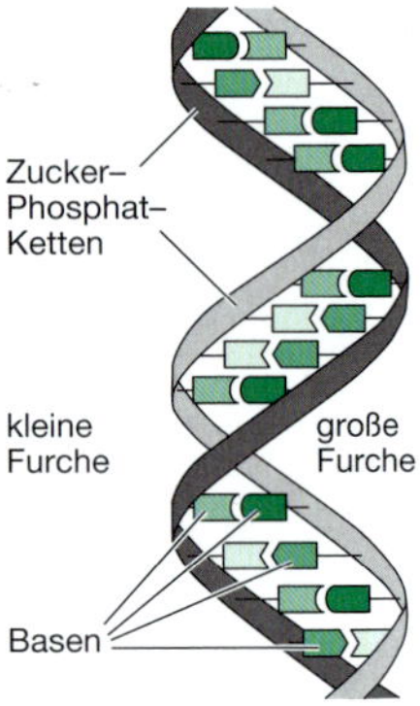

Abb. 94:
Die Doppelhelix

Nach dem Watson-Crick-Modell sind im DNA-Molekül zwei Nukleotid-Stränge zu einer Doppelschraube oder **Doppelhelix** umeinander gewunden. Das Molekül ähnelt einer verdrillten Strickleiter. Die Holme dieser Leiter sind lange Ketten, in denen sich Zucker- und Phosphatmoleküle abwechseln. Die Zucker- und Phosphatmoleküle sind durch Phosphodiester-Bindungen aneinander gebunden. Die Anordnung der Atome im **Rückgrat** beider Ketten ist in entgegengesetzter Richtung gleich. Die beiden Ketten besitzen also eine gegenläufige Polarität. Die eine Kette läuft von 3′ nach 5′, die andere von 5′ nach 3′.

Die Sprossen der Leiter werden von den vier Basen gebildet. An jedem Zuckermolekül hängt eine Base. Die Basen weisen in das Innere der Helix und verbinden die beiden Ketten miteinander.

Alle zehn Basenpaare einmal umrunden sich die Stränge. Es entsteht eine rechtsgewundene Spirale; die Doppelhelix hat also dasselbe Gewinde wie eine Schraube. Der Durchmesser der Doppelwendel beträgt 2 nm, der Abstand zwischen benachbarten Nukleotiden 0,34 nm, die Länge einer Schraubenwindung beträgt 3,4 nm. Die beiden Stränge sind um etwa 3/8 Windungen gegeneinander versetzt; so ziehen an den Flanken der Doppelhelix eine breite und eine schmale Furche entlang. Diese Beschreibung gilt für die B-Form der DNA, die in wässriger Lösung die stabilste Form ist.

Basenpaarungen

Komplementäre Basen paaren sich: Adenin paart sich mit Thymin, Guanin mit Cytosin.

In der Doppelhelix stehen sich die Basen der beiden Stränge gegenüber. Je zwei gegenüberliegende Basen bilden untereinander **Wasserstoffbrücken** aus. Gestalt und Ladungsverteilung der Moleküle lassen jeweils nur eine Möglichkeit der Paarung zu: Cytosin auf dem einen Strang kann nur mit Guanin auf dem anderen Strang und umgekehrt, Adenin auf dem einen Strang nur mit Thymin auf dem anderen Strang und umgekehrt „Strickleitersprossen" oder Basenpaare bilden.

Zwei zueinander passende Basen liegen sich in der Doppelhelix stets gegenüber, man bezeichnet sie als **komplementär**. Weil jeweils ein großes Molekül, eine Purin-Base, einem kleinen, der zugehörigen Pyrimidinbase, gegenübersteht, sind die Sprossen der Leiter immer gleich lang.

Aufgrund der Basenpaarungsregeln, kann man, wenn die Sequenz eines Stranges bekannt ist, die Basenfolge im zweiten Strang ableiten.

Wasserstoffbrücken verbinden polarisierte Wasserstoffatome mit einem Stickstoff- oder Sauerstoffatom.

Die Basen sind es, die für die Verbindung der beiden Stränge verantwortlich sind. Sie können nämlich untereinander Wasserstoffbrücken ausbilden, die die beiden Fäden zu einem Doppelstrang verbinden. Ihre Formen und Ladungen lassen jeweils nur eine Möglichkeit der Paarung zu: **Zwischen Adenin und Thymin bilden sich zwei, zwischen Guanin und Cytosin drei Wasserstoffbrücken.**

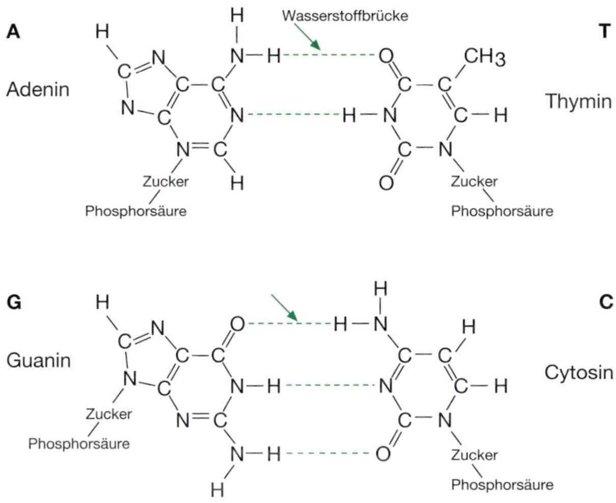

Abb. 95: Adenin und Thymin sind durch zwei, Guanosin und Cytosin durch drei Wasserstoffbrücken verbunden.

Die Abfolge der Basen im DNA-Molekül wechselt so unregelmäßig wie die Buchstaben in einem Buch und es ist diese Reihenfolge, die jedem Gen seine spezifische Bedeutung gibt.

Bei der A-T-Paarung findet man zwei Wasserstoffbrücken, bei der C-G-Paarung sind es drei.

Die Abfolge der Basen ist zwar in allen Zellen eines Individuums die gleiche, aber sie unterscheidet sich von Lebewesen zu Lebewesen. Alle Vorgänge des Körpers werden durch die Basensequenz gesteuert. Mit dem Vier-Buchstaben-Alphabet der DNA ist die gesamte genetische Information aller Lebewesen verschlüsselt: Die DNA wird daher oft als „**Molekül des Lebens**" bezeichnet.

Die Gesamtinformation der menschlichen DNA, das menschliche **Genom**, besteht aus etwa $3{,}5 \times 10^9$ Nukleotidpaaren. Das Human-Genom-Projekt, ein gigantisches Forschungsvorhaben, bemüht sich um die Aufklärung der DNA-Sequenz des gesamten menschlichen Genoms.

Die Abfolge der Basen in der DNA ist das biologische Erbe aller Lebewesen.

Chromosomen

Viren enthalten ein fadenförmiges DNA-Molekül. Bei Bakterien ist das DNA-Molekül zu einem Ring geschlossen. Seine Länge ist – gemessen an den Dimensionen der Zelle – erstaunlich. Das DNA-Molekül eines 5 µm großen Bakteriums ist etwa 60 µm lang. Daneben können kleinere zirkuläre DNA-Moleküle vorkommen, sogenannte Plasmide.

In Eukaryontenzellen dagegen ist die DNA in **Chromosomen** organisiert. Jedes Chromosom enthält ein einziges DNA-Molekül. Dieses ist mit basischen Proteinen, den **Histonen**, vergesellschaftet und bildet das **Chromatin**. Grundbaustein des Chromatins ist das **Nucleosom**: Die DNA-Doppelhelix wickelt sich

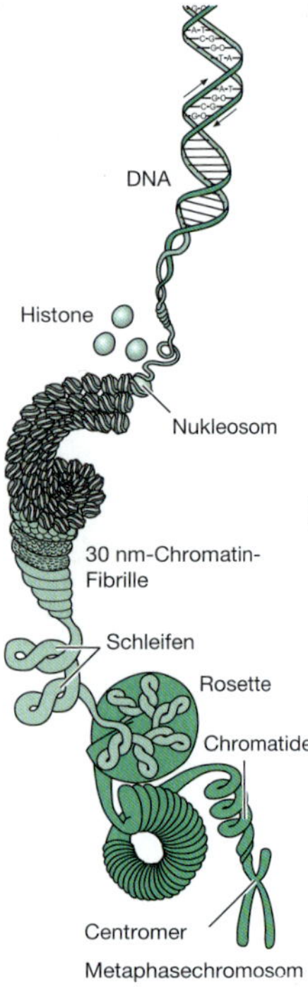

Abb. 96: Aufbau eines Metaphasechromosoms

zweimal um einen Kern aus Histonproteinen. Ein kleineres Histonmolekül versiegelt als Plombe die DNA-Windungen. Aneinander gereihte Nucleosomen sind zu Spulen aufgewickelt. Es entsteht eine Spirale von etwa 30 nm Durchmesser, das Solenoid. Die Solenoide bilden Schleifen von rund 200 nm Länge.

Organellen der Eukaryonten, nämlich Mitochondrien und Chloroplasten, enthalten ebenfalls DNA, die ihrem Ursprung nach prokaryontische DNA ist und eine zirkuläre Struktur hat. Die gesamte DNA einer Zelle bzw. eines Lebewesens bezeichnet man als Genom.

Die Replikation der DNA

Das DNA-Molekül trägt die einzigartige Möglichkeit zur **identischen Replikation** in sich; es kann sich selbst exakt verdoppeln. Zur Erinnerung: Vor jeder Zellteilung wird die DNA verdoppelt → S. 25.

Die genetische Information ist in der Doppelhelix zweifach vorhanden. Kennt man die Basensequenz eines Stranges, so kann man auch die Basenfolge des anderen Stranges angeben. Dieser Sachverhalt wird bei der Verdoppelung der DNA ausgenützt: Ein Strang ist die Vorlage für die Bildung des anderen.

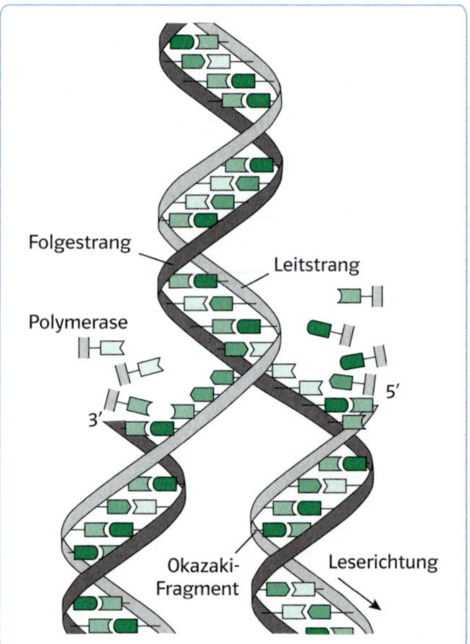

Abb. 97: Die Replikation der DNA

Die Replikation der DNA ist ein kontrollierter Vorgang, der mit Hilfe von Enzymen gesteuert wird. Zunächst werden die beiden Stränge der Doppelhelix durch das Enzym **Helicase** entwunden und in die Einzelstränge getrennt. Die beiden Stränge weichen auseinander, eine Y-förmige Replikationsgabel entsteht. (Einzelstrangbindende Proteine heften sich locker an die freien Basen, so dass sich diese nicht wieder zusammenlagern können.)

DNA-Polymerase katalysiert die Replikation mit hoher Genauigkeit.

An die DNA-Einzelstränge synthetisiert das Enyzm **RNA-Primase** komplementär zum DNA-Strang eine kurze RNA-Nukleotidsequenz, den **Primer**. Dieser dient als Ansatzstelle für die **DNA-Polymerase**, die die Replikation katalysiert. Der Primer wird später herausgeschnitten und durch einen DNA-Nukleotidstrang ersetzt.

Die Substrate der Polymerase sind – neben dem DNA-Strang – die vier Desoxynukleosid-Triphosphate. Die Nukleotide liegen im Protoplasma als Triphosphate vor: dATP (desoxy-Adenosin-TriPhosphat), dGTP, dCTP und dTTP. Sie tragen zunächst also drei Phosphatgruppen an jedem Zuckermolekül.

Die hohe Genauigkeit, mit der die DNA-Replikation erfolgt, ist auf die hohe Substratspezifität der DNA-Polymerase zurückzuführen. Diese wandert an der DNA-Matrize entlang und heftet an jedes Nukleotid ein neues Nukleotid mit der komplementären Base. Passende Nukleotide werden unter Abspaltung von Diphosphat an den entstehenden Strang gebunden. Danach prüft das Enzym, ob das eingefügte Nukleotid korrekt ist. Ist dies nicht der Fall, so wird es wieder entfernt.

Die DNA-Polymerase kann Fehler korrigieren.

Die DNA-Polymerase kann sich nur vom 3′-Ende des Strangs in Richtung auf das 5′-Ende zu bewegen. An einem der Stränge, dem **Leitstrang**, wandert sie in der Richtung der sich öffnenden **Replikationsgabel** (sie folgt also der Helicase) und baut einen fortlaufenden **Tochterstrang** auf. Am **Folgestrang** wandert die Polymerase in Gegenrichtung, sie bewegt sich von der Replikationsgabel weg. Der Tochterstrang wird hier diskontinuierlich, Stück für Stück, gebildet. Die DNA-Polymerase springt von Teilstück zu Teilstück und synthetisiert den Folgestrang, bis sie den folgenden Primer erreicht. Das Enzym **DNA-Ligase** fügt die Teilstücke, die **Okazaki-Fragmente**, zu einem durchgehenden Strang zusammen.

Die Replikation der DNA beginnt bei Eukaryonten gleichzeitig an zahlreichen Stellen, die Replikationsursprünge sind über die Chromosomen verteilt.

Nachweis der semikonservativen Replikation

Nach dem DNA-Modell von Watson und Crick erwarten wir eine **semikonservative Verdoppelung** der DNA: Die Doppelhelix konserviert beim Verdoppeln einen der beiden Stränge und bildet den zweiten neu.

1958: Meselson und Stahl beweisen die semikonservative Replikation der DNA.

Experimentelle Bestätigung der semikonservativen Replikation erbrachten die Biologen Meselson und Stahl in einem klassischen Experiment. Sie hatten die Idee, neue und alte DNA durch unterschiedliche Dichte zu kennzeichnen.

Sie kultivierten Bakterien der Art *E. coli* auf einem Medium, dessen einzige Stickstoffquelle das schwere Stickstoff-Isotop ^{15}N enthält. Die DNA dieser Bakterien (^{15}N-DNA) ist dichter als die normaler Bakterien.

Einen Teil dieser Bakterien übertrugen sie in ein Medium mit normalem Stickstoff (^{14}N) und entnahmen nach einer Teilung eine Probe.

Nach der zweiten Teilung in diesem Medium wurde wieder eine Probe entnommen.

Die DNA wird isoliert, mit einer CsCl-Lösung vermischt und in einer Ultrazentrifuge zentrifugiert.

DNA-Proben aus Bakterien, die im Medium mit ^{15}N wuchsen, sammeln sich nahe dem Boden: Die DNA ist schwer. Alle Moleküle enthalten ^{15}N.

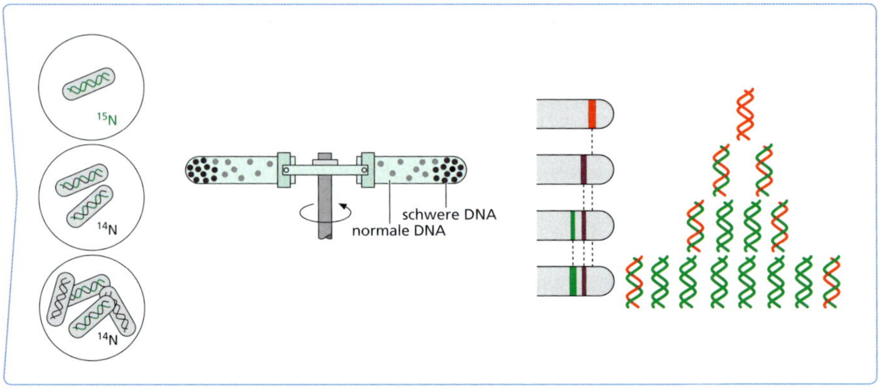

Abb. 98: Der Versuch von Meselson und Stahl und die Deutung der Ergebnisse (Links: die mit Stickstoff ^{15}N markierte DNA – grün – bei Vermehrung der Bakterien auf normalem Medium nach einer bzw. zwei Teilungen; rechts: die DNA-Banden nach Zentrifugation der Proben im CsCl-Gradienten)

Bakterien, die *eine* Teilung im leichten Medium machten, ergeben ein höher gelegenes Band: Die DNA besteht aus einem schweren (alten) und einem leichten (neuen) Strang. Nach *zwei* Teilungen im leichten Stickstoff trennt sich die DNA in zwei Bänder auf: Die Hälfte der Bakterien hat leichte, die andere Hälfte hat halbschwere DNA. Nach drei Teilungen ist das obere Band breiter, das mittlere schmaler: Drei Viertel aller Bakterien haben leichte DNA-Moleküle.
Das Ergebnis stimmt mit den Erwartungen des Watson-Crick-Modells für die semikonservative Replikation der DNA überein.

3.4 Transkription und Proteinbiosynthese

Zur Herstellung eines Proteins wird zunächst eine Kopie der Erbinformation im Zellkern hergestellt (mRNA); Man bezeichnet diesen Schritt als **Transkription**. Diese Kopie wird aus dem Kern exportiert. Der zweite Schritt, die **Translation**, findet im Cytoplasma statt. Die Ribosomen übersetzen die Bauanleitung und bauen die Proteine entsprechend dieser Anleitung zusammen. Der Umweg über eine Botensubstanz hat den Vorteil, dass die DNA im Zellkern geschützt bleibt.

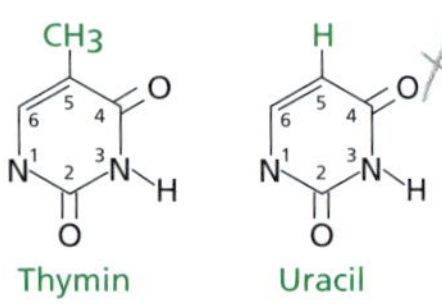

Abb. 99: Uracil hat dieselben Paarungseigenschaften wie Thymin.

DNA und RNA

RNA und DNA unterscheiden sich in mehreren Aspekten:

- RNA enthält statt der Desoxyribose den Zucker **Ribose**.
- Die Base Thymin ist durch **Uracil** ersetzt. Uracil hat dieselben Paarungseigenschaften wie Thymin.
- RNA ist **einsträngig**, sie bildet keine Doppelhelix.

- RNA-Moleküle sind **kleiner** und beweglicher.
- Ein DNA-Molekül wird so alt wie eine Zelle, RNA ist kurzlebiger.

An der Proteinbiosynthese sind drei verschiedene Typen von RNA-Molekülen beteiligt: Die **mRNA** (*messenger RNA* = Boten-RNS) trägt den Bauplan für ein Protein aus dem Zellkern in das Cytoplasma. Ribosomen, die Protein-Fabriken der Zelle, sind teils aus Protein, teils aus RNA aufgebaut. Ribosomale RNS oder **rRNA** macht bis zu 90 % des RNA-Gehalts einer Zelle aus. **tRNA** Moleküle (*transfer-RNA* = Überträger-RNS), transportieren die Aminosäuren und übersetzen die Information der mRNA in eine Aminosäuresequenz. Alle drei RNA-Sorten werden im Zellkern an der DNA hergestellt.

Transkription: Synthese der mRNA

Das Wort Transkription stammt vom Lateinischen *transcribere* und bedeutet umschreiben. Zuerst wurde die Transkription bei Prokaryonten erforscht, dort ist ihr Ablauf auch besonders einfach:

lat. *transcribere* = umschreiben

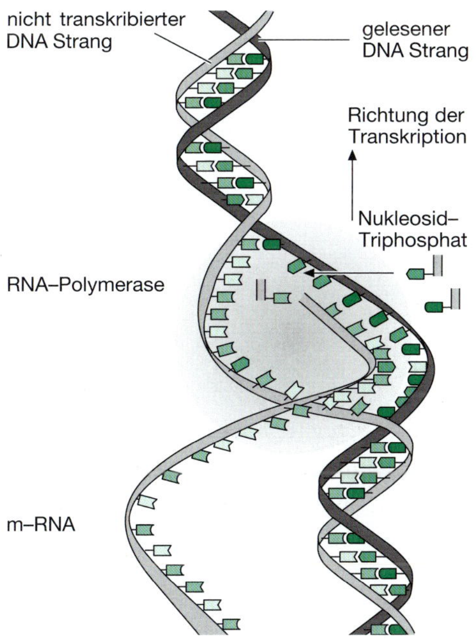

Abb. 100: Transkription: Synthese der mRNA

Zur **Initiation** heftet sich ein Enzym, die **RNA-Polymerase**, an die DNA. Der Bereich, an den die RNA-Polymerase bindet, wird als **Promotor** bezeichnet. Der Promotor ist ein kurzer DNA-Bereich (ca. 50 Basenpaare), der vor jedem Gen liegt und von der RNA-Polymerase erkannt wird. Hat sich das Enzym an den

Die Phasen der Transkription sind:
- Initiation,
- Elongation,
- Termination.

Vorsicht: Der Begriff „codogener Strang" wird in der Literatur unterschiedlich definiert!
Hier ist der „template" oder Matritzen-Strang gemeint.

Promotor angeheftet, so löst es eine Reaktionsfolge aus, die den DNA-Doppelstrang, ähnlich wie die Helicase während der Replikation, entdrillt. So werden die Einzelstränge zum Ablesen verfügbar. Bei der Transkription wird nur einer der beiden DNA-Stränge – der **codogene Strang** – abgelesen. Während der **Elongation** wird von diesem eine komplementäre einzelsträngige mRNA hergestellt, die in ihrem Informationsgehalt dem komplementären, nicht abgelesenen DNA-Strang entspricht. Die Bausteine der RNA, die Ribonucleotide, werden von der Zelle zur Verfügung gestellt.

Bevor die angelagerten Ribonukleotide zu einem mRNA-Strang verknüpft werden, prüft die RNA-Polymerase, ob die Basenpaarungen exakt sind. Die Transkription ist abgeschlossen (**Termination**), wenn die RNA-Polymerase eine Terminatorsequenz am Ende des Gens erreicht. Diese Terminatoren stoppen die RNA-Polymerase und bewirken das Ablösen der RNA-Polymerase von der DNA.

Transkription und Prozessierung bei Eukaryonten

Bei Eukaryonten werden nur bestimmte Bereiche der DNA in Proteine übersetzt.

In Eukaryonten-Zellen, also bei Pflanzen, Tieren und Pilzen, verläuft die Transkription etwas anders: Eukaryonten haben **Mosaik-Gene**. Diese enthalten die genetische Information für ein Protein meist nicht in zusammenhängender, sondern in einer durch nicht codierende Einschübe, den **Introns**, unterbrochene Form. Codierende Abschnitte werden als **Exons** bezeichnet.

Ein DNA-Bereich, der auch in der fertigen mRNA noch zu finden ist, ist ein Exon; DNA-Abschnitte, deren Transkripte beim Spleißen entfernt werden, nennt man Intron.

Im Zellkern wird ein Stück der DNA in schneller Folge von vielen RNA-Polymerase-Molekülen abgelesen. Bei der Transkription wird zunächst die gesamte Basensequenz eines Gens, d. h. Exons und Introns, in eine komplementäre Vorläufer- oder **Prä-mRNA** transkribiert. Durch anschließendes **Splicing** werden die Introns herausgeschnitten und die Exons zu einer kontinuierlichen mRNA verbunden. Schließlich erhält die mRNA am 5′-Ende eine Kappe (*cap*); am 3′-Ende wird eine Poly-Adenosin-Sequenz (Poly-A-Schwanz) angehängt.

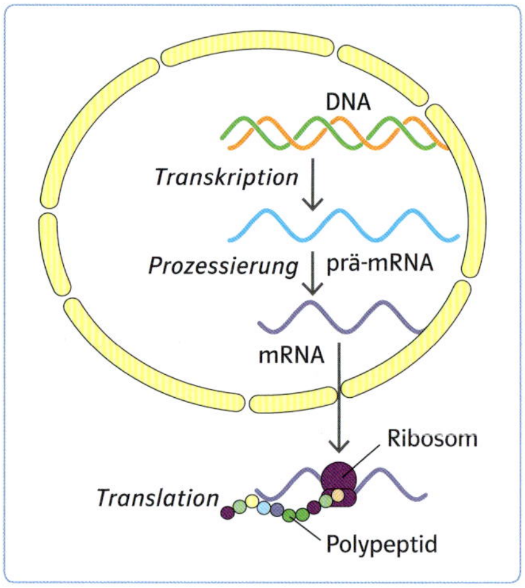

Abb. 101: Bei Eukaryonten findet die mRNA-Synthese im Zellkern statt.

Erst durch diese Bearbeitung (***processing***) entsteht die reife mRNA. An Proteine gebunden verlässt die mRNA durch eine Kernpore den Zellkern und wird auf den Ribosomen zur Eiweißsynthese abgelesen.

Die Translation: Synthese des Proteins

An den Ribosomen wird die Nukleotidsequenz der mRNA in die Aminosäuresequenz eines Proteins übersetzt..
Während bei Prokaryonten die Translation bereits zu dem Zeitpunkt beginnt, wenn sich die mRNA von der DNA ablöst, sind die Prozesse Transkription und Translation bei Eukaryoten zeitlich und räumlich getrennt.
Ribosomen (➔ S. 13) bestehen aus zwei Untereinheiten, die getrennt voneinander vorliegen, solange das Ribosom inaktiv ist. Erst wenn die Translation beginnt, verbinden sich beide Untereinheiten miteinander.
Neben der mRNA und den Ribosomen werden auch Aminosäuren, Bausteine der Proteine, benötigt. Die Aminosäuren werden mittels eines für jede Aminosäure spezifischen „Verbindungsmoleküls", der **Transfer-RNA** (tRNA), zu den Ribosomen transportiert. Diese Moleküle haben ihren Namen daher, dass sie die Aminosäure, mit der sie am einen Ende verbunden sind, indirekt mit der mRNA in Kontakt bringen. tRNA-Moleküle bestehen aus einer Sequenz von 70 bis 80 Nukleotiden. Da die Nukleotide streckenweise komplementär gepaart sind, ergibt sich eine kleeblattähnliche Form. Für jede der 20 Aminosäuren gibt es Enzyme, die **Aminoacyl-tRNA-Synthetasen**, die die tRNA mit der „richtigen" Aminosäure belädt: Nach dem Schlüssel-Schloss-Prinzip bindet die Synthetase zunächst die passende Aminosäure. Anschließend erfolgt die Anlagerung der tRNA. Aminosäure und tRNA werden unter ATP-Verbrauch verknüpft und die beladene tRNA wird freigesetzt.
Das **Ribosom** kann man sich wie eine Perle vorstellen, durch welche die mRNA wie eine Schnur gezogen wird. Innerhalb der Perle warten die tRNA-Moleküle mit den 20 verschiedenen Aminosäuren. Auf der Gegenseite der Aminosäurebindestelle tragen die tRNAs das **Anticodon**: Anticodons bestehen aus Basentripletts, die komplementär zu den mRNA-Codons sind. Beim Einfädeln der mRNA gelangt als erstes das Startcodon AUG der mRNA ins Ribosom. Die tRNA, die das Anticodon UAC trägt, kann mit der mRNA paaren. Auf der anderen Seite trägt dieses Verbindungsmolekül die Aminosäure Methionin, die entsprechend dem genetischen Code (s. u.) durch das **Startcodon AUG** codiert wird. Damit ist der Leserahmen für die mRNA festgelegt, d. h. sie ist jetzt in Tripletts bzw. Codons gerastert.
Im nächsten Schritt wandert die mRNA ein Stück weiter. Das nächste passende tRNA-Molekül, das die zum Codon auf der mRNA passende Aminosäure trägt, kann über die Basenpaarung seinen Platz einnehmen. Die Aminosäuren der beiden Verbindungsmoleküle befinden sich jetzt direkt nebeneinander und werden von einem Enzym, das im Ribosom aktiv ist, über eine Peptidbindung verknüpft. Dieser Vorgang wird so lange wiederholt, bis alle Codons auf der mRNA nacheinander von Verbindungsmolekülen mit ihren Anticodons besetzt und die entsprechenden Aminosäuren zum **Protein** verknüpft worden sind.

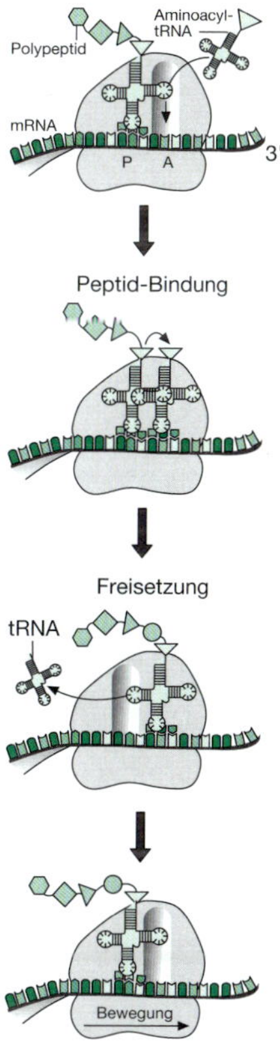

Abb. 102: Translation: Ein Elongationszyklus

Während die Aminosäurekette wächst, lösen sich die Verbindungsmoleküle vom anderen, bereits fertigen Ende wieder ab. Wenn sich die mRNA so weit durch das Ribosom bewegt hat, dass sie auf ein Terminationscodon oder **Stopp-Codon** an ihrem Ende stößt, wird die Translation beendet, denn für diese Codons existieren keine Verbindungsmoleküle. Die fertige Aminosäurekette faltet sich am Ende zu einer dreidimensionalen Struktur auf, es entsteht das biologisch aktive Protein.
Anschließend zerfällt der Komplex aus den beiden Untereinheiten des Ribosoms.

Der genetische Code

Der genetische Code beschreibt die Beziehung zwischen der Nukleotid-Abfolge in einem Gen und der Aminosäure-Abfolge in einem Protein.

Die Information der DNA liegt in Form einer linearen Basensequenz vor, Proteine bestehen aus einer linearen Folge von Aminosäuren. Ein Zusammenhang zwischen der Basensequenz und der Aminosäuresequenz liegt daher nahe. Tatsächlich ist in der DNA-Sequenz die **Abfolge der Aminosäuren** im zugehörigen Protein codiert. Die Beziehung zwischen der Reihenfolge der Basen in der DNA und der Folge der Aminosäuren im Protein nennt man den **genetischen Code**. Da in der DNA nur vier Typen von Nukleotiden vorkommen, während die Proteine aus 20 verschiedenen Aminosäuren zusammengesetzt sind, kann nicht jeweils *ein* Nukleotid *eine* Aminosäure festlegen. Auch Kombinationen aus *zwei* Nukleotiden können höchstens 16 ($4^2 = 16$) Aminosäuren codieren. Der Code muss also aus Einheiten von jeweils mindestens *drei* Nukleotiden bestehen. Die Reihenfolge dieser Dreiergruppen, Tripletts oder Codons genannt, bestimmt die Anordnung der Aminosäuren im Polypeptid.

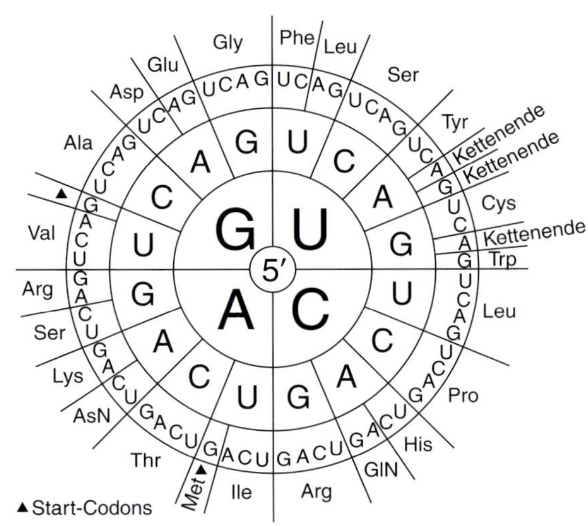

Abb. 103: Die Code-Sonne – Übersetzungsanweisung von RNA zu den Proteinen – wird von innen (5′-Ende) nach außen (3′-Ende) gelesen.

Der genetische Code ist ein **Triplett-Code**: Die Basen werden in Dreiergruppen (= Tripletts) gelesen. Jedes Triplett codiert eine Aminosäure.

- Der genetische Code ist **nicht überlappend**: Benachbarte Tripletts codieren für benachbarte Aminosäuren.
- Der genetische Code ist **kommafrei**: Jedes Nukleotid ist Teil eines Codons.
- Der genetische Code ist **redundant**: 61 Tripletts codieren für 20 verschiedene Aminosäuren. Für einige Aminosäuren steht also mehr als ein Codon.
- Der genetische Code ist **universell**. Bei fast allen bekannten Organismen haben die Codons dieselbe Bedeutung.

Die eleganteste Darstellung des genetischen Codes ist die **Code-Sonne** (Abb. 103). Sie zeigt, in welche Aminosäure ein bestimmtes Triplett übersetzt wird. Die Code-Sonne ist von innen nach außen zu lesen. Die mRNA wird in der Richtung von 5′ nach 3′ hergestellt und in dieser Richtung auch übersetzt. In der Code-Sonne stehen innen die Basen des 5′-Endes des mRNA-Codons, außen die des 3′-Endes. Alle 64 Codons werden genutzt. 61 können bestimmten Aminosäuren zugeordnet werden, drei (UAA, UAG und UGA) dienen als Stoppsignal für den Abbruch der Proteinsynthese, eines (AUG) steht für die Aminosäure Methionin und ist Startsignal. Daher beginnen alle Polypeptidketten zunächst mit Methionin, das später meist abgespalten wird.

Gen und Genwirkkette

Der **Genbegriff** hat sich in der Geschichte der Genetik gewandelt: Mendels Genbegriff kann man durch die Formel „Ein Gen → ein Merkmal“ wiedergeben. Die **„Ein-Gen-ein-Enzym-Hypothese“** – die Annahme, dass jedes Gen seine Wirkung durch die Codierung eines Enzyms entfaltet – erwies sich als eine außerordentlich nützliche Arbeitshypothese.

Nach der „Ein-Gen-ein-Enzym-Hypothese“ trägt jedes Gen die Information für ein Enzym: **ein Gen → ein Enzym**!

Folgen gengesteuerter Stoffwechselreaktionen sind Genwirkketten.

Aus praktischen Gründen verwendet man heute den Genbegriff ohne rigide Abgrenzung.

Beadle und Tatum bestätigten 1940 die Beziehung von Genwirkung und Enzymaktivität durch Untersuchungen an dem Schimmelpilz *Neurospora crassa*. Dieser Pilz kann auf einem einfachen, einige Salze und Vitamine enthaltenden Nährboden (= Minimalmedium) kultiviert werden. Mit Hilfe von Röntgenstrahlen erzeugten sie Mutanten, die nicht auf Minimalmedium, wohl aber bei Zusatz verschiedener Aminosäuren wachsen.

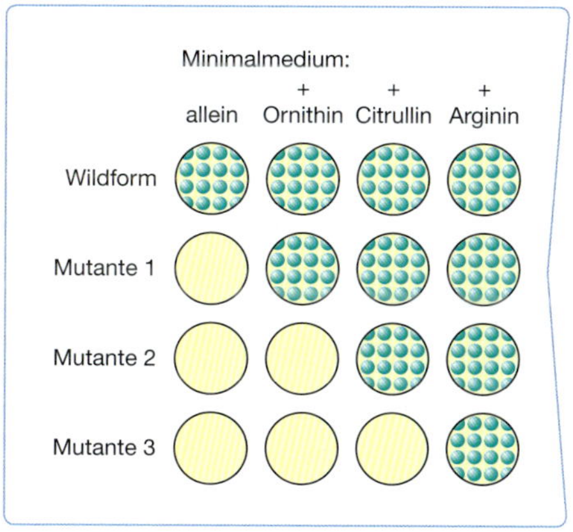

Abb. 104: Die Versuche von Beadle und Tatum

Durch gezielte Variation der Nährstoffangebots kamen sie verschiedenen genetischen Defekten auf die Spur: Mutante 1 wächst, wenn Arginin *oder* eines der Zwischenprodukte Citrullin *oder* Ornithin zugegeben wird. Mutante 2 braucht Arginin *oder* Citrullin. Die Mutante 3 wächst nur bei Zugabe von Arginin. Die Ergebnisse wurden in ein Schema gebracht, aus dem der Biosyntheseweg des Arginins ablesbar ist. Der Syntheseweg führt unter Beteiligung mehrerer Enzyme von einer Vorstufe über Ornithin und Citrullin zum Arginin:

$$\text{Vorstufe} \longrightarrow \text{Ornithin} \longrightarrow \text{Citrullin} \longrightarrow \text{Arginin.}$$

Der Stoffwechselweg zum Arginin ist bei jeder der drei Mutanten an einer anderen Stelle unterbrochen. Bei Mutation eines Gens fällt jeweils ein Enzym aus. Jeder dieser Schritte wird durch ein Enzym katalysiert, das wiederum durch ein Gen codiert ist. Also ist *ein* Gen verantwortlich für die Herstellung *eines* Enzyms. Die allgemeinere Definition ist die **Ein-Gen-ein-Polypeptid**-Definition: Ein Gen ist ein Abschnitt der DNA, der die Aminosäuresequenz einer Polypeptidkette codiert oder genauer: Ein Gen besteht aus einem abgegrenzten DNA-Stück, das in verschlüsselter Form die Anweisung für die Synthese eines bestimmten Polypeptids enthält. Heute gilt ein Gen als eine Gruppe von DNA-Abschnitten, die zusammen die Information für ein spezifisches **Genprodukt** codieren. Dabei kann es sich um ein Polypeptid oder um ein RNA-Molekül handeln.
Die Ausbildung eines Merkmals wird meist nicht durch ein einziges Enzym, sondern durch eine **Genwirkkette** gesteuert: Dabei sind mehrere enzymatisch kontrollierte Reaktionen hintereinandergeschaltet: Hinter jedem Enzym steht ein Gen, das dieses Enzym codiert.

3.5 Regulation der Genaktivität, Genmutationen, Krebs

Regulation der Transkription

In einer Zelle sind nur wenige Gene gleichzeitig aktiv.

Nicht alle Proteine werden ständig in gleicher Menge benötigt. Die **Aktivität von Genen** kann reguliert werden. Gene können angeschaltet und abgeschaltet oder in ihrer Aktivität reguliert werden. Entsprechend wird ein Protein gebildet, nicht gebildet, oder mehr oder weniger davon wird produziert. Einen Ansatzpunkt zur Regulation der Genaktivität in einer Zelle bilden die **Promotoren**, die Bindestellen für die RNA-Polymerase. Wenn auf ein Signal hin ein Promotor freigegeben wird, so kann die Polymerase binden und eine mRNA herstellen. Wird dagegen der Promotor blockiert, so wird dieses Gen nicht in mRNA umgeschrieben. Für die Entwicklung eines Organismus ist es notwendig, dass die Aktivität einzelner Gene exakt aufeinander abgestimmt wird, damit die erforderlichen Proteine zum richtigen Zeitpunkt und in der benötigten Menge zur Verfügung stehen.

François Jacob und Jacques Monod entwickelten das **Operon-Modell** für die Regulation der Genaktivität bei Bakterien:

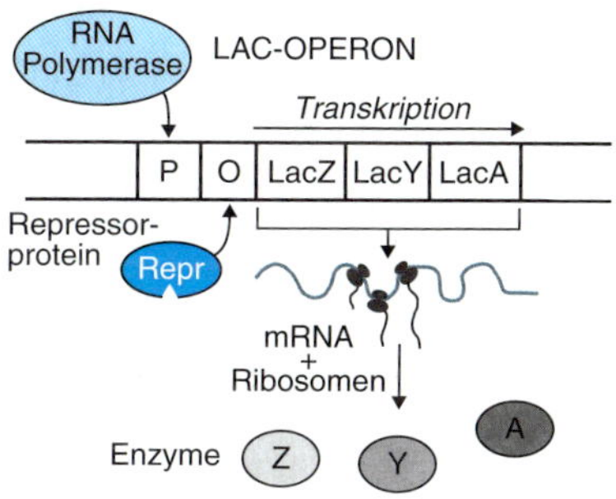

Abb. 105: Gene und Genprodukte des Lac-Operons im Jacob-Monod-Modell

Nach dem Modell von Jacob und Monod wird die Aktivität der Gene auf der Ebene der Transkription reguliert. Neben dem **Struktur-Gen** (z. B.: LacZ), das für ein Enzym codiert, liegt ein DNA-Abschnitt, den man als Promotor (P) bezeichnet. Dort heftet sich die RNA-Polymerase, das Enzym für die RNA-Synthese, an die DNA und beginnt mit der Transkription. Zwischen Promotor und Struktur-Gen liegt oft noch ein weiterer Abschnitt, der **Operator (O)**, an den sich ein Protein, der **Repressor**, anlagern kann, der die Transkription blockiert. Bestimmte Substanzen in der Zelle können dafür sorgen, dass sich der Repressor vom Operator löst, so dass das Gen aktiv wird. Häufig werden mehrere Struktur-Gene gleichzeitig reguliert. Ein solches System aus Promotor, Operator und mehreren Strukturgenen heißt **Operon**. Das Repressor-Protein wird von einem Gen codiert, das man **Regulator** oder **Regulatorgen** nennt.

1961: Die Genetiker François Jacob und Jaques Monod stellen ein Modell für die Regulation der Gen-Aktivität beim Bakterium *E. coli* vor.

Ein Operon ist die Einheit der Transkription.

Das Lac-Operon von *E. coli* ist ein Modellbeispiel für die Regulation abbauender Stoffwechselvorgänge. Nur wenn dem Bakterium Laktose (Milchzucker) angeboten wird, stellt es die drei Enzyme Z, Y und A für den Abbau der Laktose her. Diese Enzyme werden durch die Gene LacZ, LacY und LacA codiert, die nebeneinander auf dem Chromosom liegen. Zusammen mit dem Promotor- und dem Operator-Gen bilden sie das Lac-Operon.

Wenn Laktose in die Zelle aufgenommen wird, bindet sie an den Lac-Repressor (I) und ändert dessen Form so, dass er von der DNA abfällt. Jetzt kann die RNA-Polymerase auf der DNA entlang wandern; die drei Struktur-Gene werden abgelesen und übersetzt, die gebildeten Enzyme verarbeiten die Laktose.

Ist die Laktose verbraucht, so nimmt der Repressor seine ursprüngliche Konformation an und bindet sich an den Operator. Die RNA-Polymerase kann zwar noch an den Promotor binden, sich aber nicht mehr bewegen. Die Transkription unterbleibt, die Enzyme Z, Y und A werden nicht hergestellt. Laktose-abbauende Enzyme werden also nur in Anwesenheit von Laktose hergestellt.

Wenn das Substrat einer Reaktion – hier die Laktose – die Bildung der beteiligten Enzyme induziert, spricht man von Substrat – Induktion.

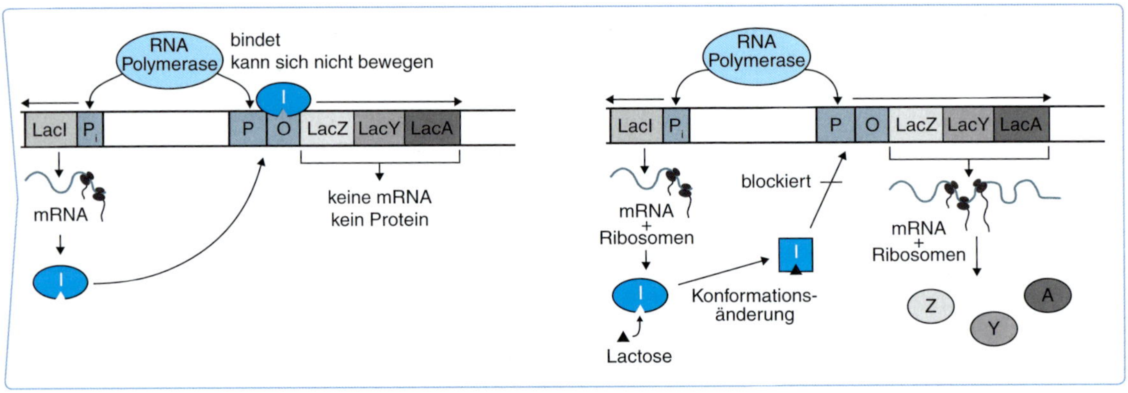

Abb. 106: Substrat-Induktion bei der Regulation des Laktoseabbaus.
Links: Ohne Laktose werden keine Enzyme gebildet.
Rechts: Bei Anwesenheit von Laktose werden abbauende Enzyme hergestellt.

Bei dieser Art der Regulation bewirkt also das Substrat (Laktose) das Anschalten derjenigen Gene, die für die Enzyme zu seinem Abbau codieren. Daher wird diese Regulation auch als **Substratinduktion** bezeichnet.

Es gibt noch eine Bedingung, die erfüllt sein muss, bevor der Laktose-Abbau eingeleitet wird: Die nächstliegende Energiequelle für *E. coli* ist Glukose. Gibt man einem Bakterium sowohl Glukose als auch Laktose, so stoppt es den Abbau der Laktose. Das Lac-Operon wird nur dann aktiv, wenn Laktose die einzige Energiequelle ist.

In Eukaryonten hat jedes Gen seine Promotoren und Operatoren; auch Introns und Sequenz-Wiederholungen spielen eine Rolle bei der Genregulation.

Epigenetik

In jeder Zelle gibt es ein epigenetisches Muster aktiver und inaktiver Gene.

Die **Epigenetik** befasst sich mit Eigenschaften, die vererbt werden, aber nicht in der DNA-Sequenz festgelegt sind. Dabei werden Gene angeschaltet und abgeschaltet. So entstehen durch **epigenetische Prägung** Expressionsmuster, die es den Zellen ermöglichen, auf Umweltveränderungen zu reagieren, ohne dass die DNA geändert wird. Die individuelle epigenetische Prägung beeinflusst Entwicklung, Wachstum und Verhalten eines Lebewesens. Prägungsfehler können zu einem Funktionsverlust der Gene und dadurch zu charakteristischen Krankheitsbildern, z. B. zur Entstehung von Krebs, führen.

Die Modifikation der DNA mit Methylgruppen führt zum Abschalten von Genen.

Die epigenetischen Marker sind chemische Anhängsel, die entlang der Doppel-Helix oder auf den Histonen verteilt sind. Die wichtigste epigenetische Veränderung ist die **Methylierung** von Cytosin-**Basen der DNA**, also das Anhängen von Methylgruppen an Basen der DNA. Spezielle Enzyme, Methyltransferasen, versehen die Base Cytosin an bestimmten Stellen im Genom mit einer Methylgruppe (CH_3-Gruppe), es entsteht Methylcytosin. Sind hiervon regulatorische DNA-Abschnitte betroffen, so ändert sich die Lesbarkeit eines Gens. Die Methylierung des Cytosins kann wieder rückgängig gemacht werden.

Durch unterschiedliche DNA-Methylierungsmuster in den männlichen und weiblichen Keimzellen können mütterliche und väterliche Allele unterschieden werden. Bei manchen Genen wird nur das mütterliche oder das väterliche Allel genutzt. Diese Prägung scheint eine notwendige Voraussetzung für eine normale Embryonalentwicklung zu sein, sie entscheidet, welche Eigenschaften vom Vater und welche von der Mutter zur Ausprägung kommen.

Einige Forscher nehmen an, dass das **Epigenom** für die Entwicklung des Organismus so wichtig ist wie die DNA selbst. Die größte Überraschung aber ist, dass das Methylierungsmuster bei der Zellteilung weitergegeben wird. Während der Replikation der DNA sind bestimmte Cytosin-Basen am alten DNA-Strang methyliert, während der neugebildete Strang nicht methyliert ist. Ein Enzym methyliert anschließend jedes Cytosin in einem halb methylierten Paar. So werden epigenetische Signale nicht nur von einer Zelle an ihre Tochterzellen, sondern auch von den Eltern an ihre Kinder weitergegeben.
Epigenetische Ursachen werden für die immensen Schwierigkeiten im Zusammenhang mit der Stammzelltherapie und dem Klonen (➔ S. 77) verantwortlich gemacht.

Punktmutationen

Mutagene Strahlen und Chemikalien können Mutationen auslösen.

Mutationen sind Veränderungen der genetischen Information. Verantwortlich dafür sind **Mutagene** wie UV-Strahlung und Chemikalien. Sie können ein einzelnes Gen (**Punktmutation** oder **Genmutation**), die Struktur eines Chromosoms (**Chromosomenmutation**) oder deren Anzahl (**Genommutation**) betreffen. Mutationen gehören zu den wichtigsten Erscheinungen in der Natur, sie ermöglichen die Evolution, die Weiterentwicklung des Lebendigen. Der Mensch macht sich Mutationen zur Züchtung von Kulturpflanzen und Nutztieren zunutze. Die meisten Mutationen sind allerdings für das betroffene Lebewesen schädlich, denn die Funktion eines komplexen Systems wird durch Zufallsveränderungen eher beeinträchtigt als verbessert.

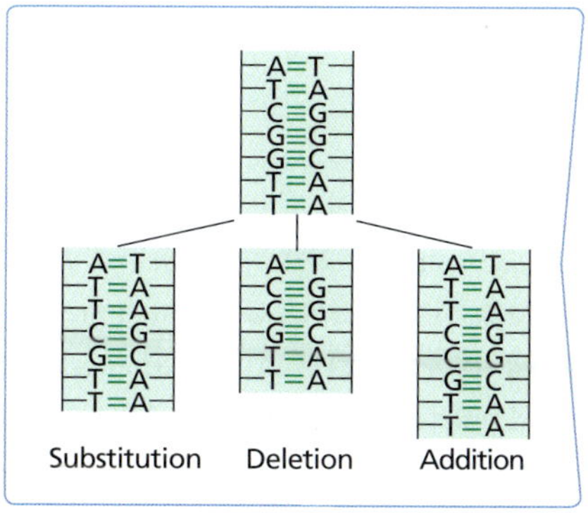

Abb. 107: Rastermutanten

Der einfachste Fall einer Genmutation ist ein einfacher **Basenaustausch oder Substitution**. Mutiert eine Nukleotidsequenz, die ein bestimmtes Polypeptid codiert, kann sich in diesem Molekül eine Aminosäure verändern und durch einen solchen Wechsel können sich die Eigenschaften des betreffenden Proteins tiefgreifend wandeln. So unterscheiden sich z. B. die Hämoglobinmoleküle von Personen mit Sichelzellanämie, einer Erbkrankheit, die kodominant vererbt wird, von gesunden Menschen nur in einer einzigen Aminosäure. Beim Hämoglobin S ist in der β-Globinkette die Aminosäure Nr. 6 ausgetauscht: Statt Glutaminsäure steht Valin. Ursache dieser Erbkrankheit ist die Veränderung einer einzigen Base im Hämoglobin-Gen. Diese Art der Mutation wird als **Missense Mutation** (engl. für Fehlsinn) bezeichnet. Bleibt die Substitution ohne Konsequenz, da aufgrund der Redundanz des genetischen Codes dieselbe Aminosäure codiert wird, bezeichnet man diese Art der Mutation als **stille Mutation**.

Drastischer als Basenaustauschmutationen wirken sich **Rastermutationen** aus. Hierbei werden Basen zusätzlich eingeführt (**Insertion**) oder entfernt (**Deletion**). In beiden Fällen wird das Leseraster des mRNA-Triplettcodes verschoben. Dadurch entsteht ein völlig anderes Protein.

Spontane Mutationen sind selten. Die Mutationsrate eines Gens liegt bei $10^{-5}-10^{-6}$ pro Generation. Hohe Temperaturen steigern die Mutationshäufigkeit. Röntgenstrahlen, Teilchenstrahlen und verschiedene Chemikalien können Mutationen auslösen.

Mutationen sind bleibende, d.h. vererbbare Änderungen des Erbguts.

Mutationen in Keimzellen werden an die Nachkommen weitergegeben und können bei diesen eine Erbkrankheit bedingen. Mutationen in Körperzellen (somatische Mutationen) sind an der Zellalterung und an der Bildung von Tumoren beteiligt.

Reparaturenzyme und Tumorbildung

Die Reparatur von Mutationen ist lebenswichtig.

Schäden in der DNA – ausgelöst durch Faktoren der Umwelt oder durch Fehler bei der Transkription – kommen sehr häufig vor, trotzdem sind Mutationen recht selten. Das kommt daher, dass die Fehler meist korrigiert werden, bevor sie Schäden in der Zelle anrichten.

Zellen verfügen über eine Reihe von Reparaturenzymen, die Fehler finden und reparieren können.

Enzymkomplexe erkennen fehlerhafte Stellen der DNA. Endonukleasen hydrolisieren die Phosphodiesterbindungen (Bindungen zwischen Desoxyribose und Phosphorsäure) im fehlerhaften Abschnitt und entfernen die veränderte Nukleotidsequenz. Die Lücke im DNA-Einzelstrang wird durch eine DNA-Polymerase wieder mit komplementären Basen zum Doppelstrang ergänzt. Die DNA-Polymerase ist ein selbstkorrigierendes Enzym, es erkennt die von ihr falsch eingebauten Nukleotide, entfernt sie wieder und baut die passenden ein.

Proto-Onkogene sind Gene, die in jeder Körperzelle vorkommen und das Zellwachstum und die Zellteilung fördern. Eine Punktmutation kann ein im Erbgut vorhandenes Proto-Onkogen in ein **Onkogen** verwandeln, so können chemische Karzinogene (z.B. Bestandteile des Teers) und Strahlen Onkogene entstehen lassen. Die UV-Strahlung als Begleiter des Sonnenlichts ist an der Entstehung des Sonnenbrandes beteiligt und für die Entwicklung von Hautkrebs verantwortlich. Die Aufgabe von **Tumorsuppressorgenen** ist es, den Zellzyklus nach einer Schädigung anzuhalten, damit eine DNA-Reparatur ausgeführt werden kann. So wird verhindert, dass Mutationen an Tochterzellen weitergegeben werden.

Nach der Zwei-Treffer-Hypothese sind Mutationen in Proto-Onkogenen sowie in Tumorsuppressorgenen erforderlich, damit Krebs entsteht.

Nach dem **Zwei-Treffer-Modell** sind Mutationen in beiden Arten von Genen erforderlich, damit ein Krebs entsteht: Wenn Proto-Onkogene zu Onkogenen mutiert sind *und* Tumorsuppressorgene beschädigt wurden, kann das Zellwachstum außer Kontrolle geraten. Krebszellen teilen sich unkontrolliert, überschreiten die Grenzen ihres Gewebes, sie können ihr Gewebe verlassen und Metastasen bilden. Bei Trägern einer ererbten Mutation ist die Anfälligkeit für Krebserkrankungen erhöht.
Auch Tumorviren können eine Zelle zur Krebszelle transformieren.

Ein **Tumor** ist eine massive Ansammlung von Zellen, die auf eine Gründerzelle zurückgehen.

3.6 Bakterien und Viren

Bakterien und Parasexualität

Für Genetiker ist die Erforschung der Bakterien (→ S. 16) informativ, weil ihr Erbmaterial einfach gebaut und organisiert ist und weil sie leicht zu kultivieren sind. In Bezug auf ihren Stoffwechsel sind die Bakterien die vielseitigste und variabelste Gruppe von Organismen: Unter ihnen gibt es aerobe und anaerobe, Saprophyten, Symbionten, Parasiten, chemosynthetisch und photosynthetisch aktive Arten. Nach der Form unterscheidet man Kokken, Stäbchen, Kommabakterien und Spirillen.
In Bakterien gibt es weder Meiose noch Befruchtung. Doch sie können durch parasexuelle Prozesse Erbmaterial austauschen. Auf mehreren Wegen wandern Teile der Erbsubstanz DNA sogar zwischen unterschiedlichen Bakterienarten.

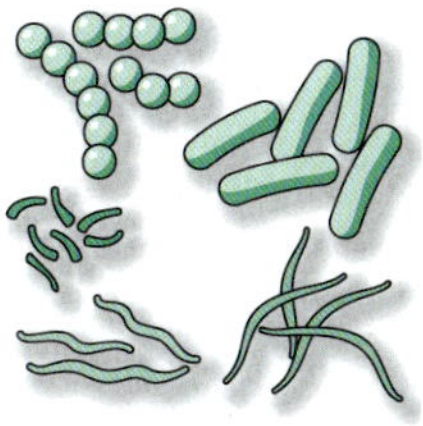

Abb. 108: Bakterienformen

Sexualität ist gekennzeichnet durch Meiose und Befruchtung. Genetische Rekombination ohne Meiose und Befruchtung bezeichnet man als **Parasexualität**.

Lederberg und Tatum isolierten zwei Mangelmutanten von *E. coli*:

Der Stamm *arg* kann Histidin, aber kein Arginin herstellen, Stamm *his* produziert Arginin, aber kein Histidin. Sie mischten Kulturen dieser beiden Stämme. Nach einiger Zeit fanden sie, dass Nachkommen aus dieser Mischkultur auf Minimalmedium wuchsen; sie konnten also sowohl Arginin als auch Histidin herstellen.

Diese Fähigkeiten gaben sie an ihre Nachkommen weiter: Sie hatten Erbmaterial ausgetauscht. Diese Form des Gentranfers wird auch als Konjugation bezeichnet.

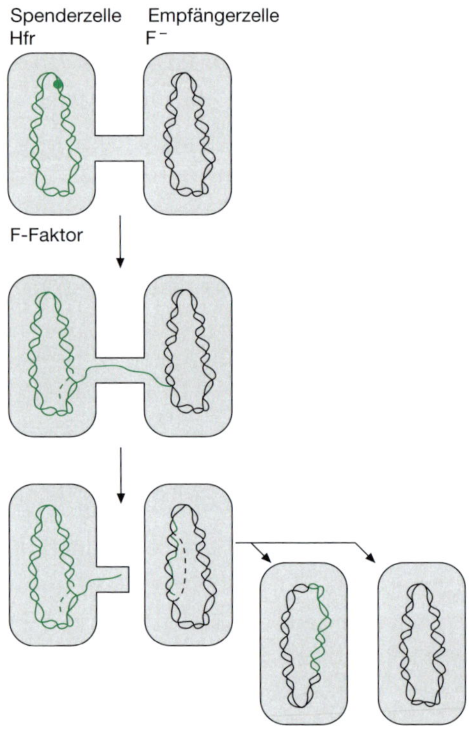

Abb. 109: Konjugation von Bakterien

1946: Joshua Lederberg und Edward L. Tatum entdecken **Gentransfer** bei *E. coli*.

Bei der **Konjugation** wird DNA von einem Donor-Bakterium auf ein Rezeptor-Bakterium übertragen. Bakterien mit F-Plasmid, einem kleinen DNA-Ring, sind Donoren (F^+); Zellen ohne dieses Plasmid (F^-) sind Rezeptoren. F^+-Zellen können im direkten Zellkontakt F-Plasmide an F^--Zellen weitergeben: **Sexduktion**. Die F^--Zelle wird zur F^+-Zelle.

Bei der **Konjugation** wird Erbmaterial einer Spenderzelle auf eine Empfängerzelle übertragen.

Baut eine F^+-Zelle ihr F-Plasmid in ihr Chromosom ein, so wird sie zur Hfr-Zelle (*High frequency of recombination*). Hfr-Zellen geben bei der Konjugation ihr Chromosom ganz oder teilweise an das F^--Bakterium weiter: Zwei Bakterien (Hfr und F^-) legen sich aneinander. Die Hfr-Zelle bildet über ein Pilum eine Plasmabrücke, ein Strang ihres Chromosoms öffnet sich. Das Chromosom beginnt sich an der Schnittstelle zu verdoppeln. Der Tochterstrang wandert zur F^--Zelle und ersetzt in der Empfänger-Zelle den homologen Abschnitt des alten Strangs. Wenn sich die Empfängerzelle teilt, erhält eine der Tochterzellen die ursprüngliche Genaustattung der Empfängerzelle (hier $a^-b^-c^-$), die andere ist eine Rekombinante ($a^+b^+c^+$).
Auch Phagen können Gene von einem Bakterium zum anderen übertragen. Die Übertragung von Bakterien-DNA durch Bakteriophagen (→ S. 100) bezeichnet man als **Transduktion**.

Antibiotika und Resistenz

Antibiotika sind Stoffwechselprodukte von Schimmelpilzen und Bakterien, die schon in geringer Konzentration Bakterien oder Pilze töten oder deren Wachstum hemmen, Menschen und Tiere aber weniger belasten. Breitband-Antibiotika sind gegen viele verschiedene Erreger wirksam, andere haben nur ein enges Wirkungsspektrum.

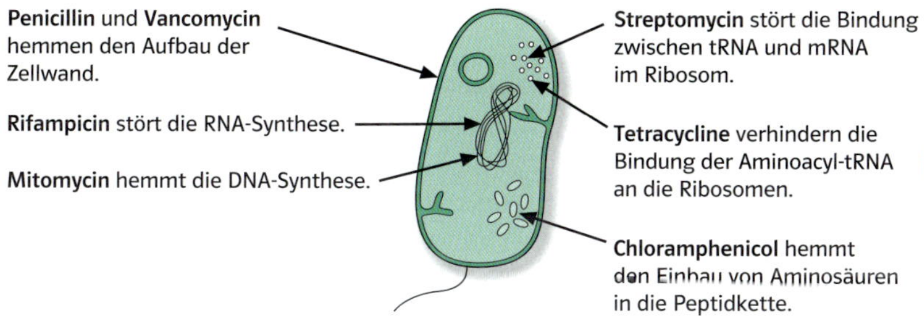

Abb. 110: Antibiotika stören den Stoffwechsel von Bakterien

Immer mehr Bakterienstämme sind resistent gegen ein Antibiotikum, manche sogar gegen eine ganze Reihe verschiedener Antibiotika. Sie entwickeln ganz unterschiedliche **Resistenzmechanismen**: Strukturen der Zelle verändern sich so, dass das Antibiotikum nicht mehr angreifen kann oder gar nicht in die Zelle gelangt, Zielmoleküle werden im Überschuss hergestellt oder durch andere ersetzt oder das Antibiotikum wird enzymatisch zerstört.

1928: Sir Alexander Fleming entdeckt das Penicillin.

Resistente Keime entstehen zufällig durch Mutation und Rekombination. Auch in natürlichen Populationen gibt es resistente Bakterien. Die Antibiotika wirken als Selektionsfaktoren (➔ S. 222). Hauptursache für den starken Anstieg resistenter Mikroorganismen ist deren Selektion durch zu häufige und sorglose Anwendung in der Humanmedizin, durch Futterzusätze in der Landwirtschaft und vorbeugende Behandlung in der Tiermedizin.

Antibiotikaresistenz ist ein gravierendes medizinisches Problem und eine Gefahr für die öffentliche Gesundheit.

Manche Resistenzen werden im Bakterienchromosom übertragen. Die meisten Resistenzgene liegen auf Plasmiden. Weil Plasmide in großer Zahl vorhanden sind, können die Enzyme, die ein Antibiotikum unwirksam machen, schnell in großer Menge hergestellt werden. Plasmide können Gene von anderen Plasmiden oder vom Chromosom übernehmen. Dabei sind Resistenzgene nicht artspezifisch. Durch Plasmidtransfer werden sie auch über Artgrenzen hinweg übertragen.

Resistenzgene liegen oft auf Plasmiden. Resistenzplasmide sind in der Medizin und in der Gentechnik von außerordentlich großer Bedeutung.

Viren ✗

Viren sind Zellparasiten aus einer Portion Nukleinsäure, die in eine Proteinhülle verpackt ist.

Viren sind kleine **Zellparasiten**. Sie sind durch vier Eigenschaften charakterisiert:

1. Viren sind sehr **klein** (< 400 nm), nur im elektronenmikroskpischen Bild erkennbar.
2. Viren sind **intrazelluläre Parasiten**. Viele von ihnen sind **Krankheitserreger**. Grippe, Masern, Röteln, Polio, Tollwut und AIDS sind Beispiele für Infektionskrankheiten, die durch Viren hervorgerufen werden. Manche Viren enthalten Onkogene = Krebsgene.
3. Viren fehlt ein eigener **Stoffwechsel**, sie führen ein „geborgtes Leben".
4. Viren enthalten nur *eine* Art von **Nucleinsäure**, entweder DNA oder RNA. Die Nucleinsäure ist von einer Proteinhülle umgeben.

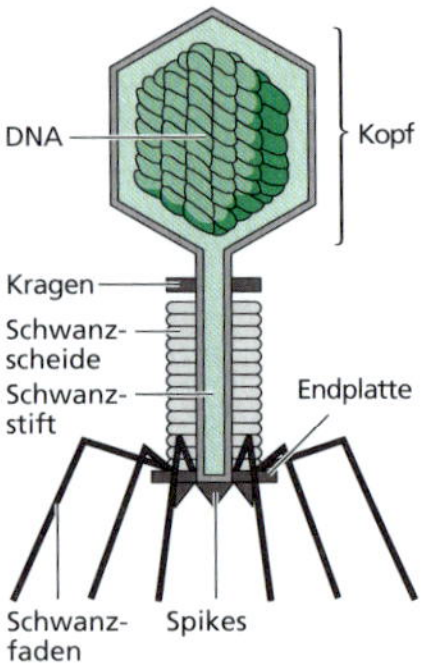

Abb. 111: Der Bakteriophage T2

Eine zentrale Rolle bei der Entwicklung der Molekularbiologie spielen die **Bakteriophagen**, das sind Viren, die sich nur in Bakterien vermehren. Zu den bestuntersuchten Viren gehören die T-Phagen von *E. coli*. Der Phage T2 besteht aus einem Kopf von etwa 100 nm Durchmesser. Die Proteinhülle des Kopfes umschließt ein DNA-Molekül, das etwa 200 000 Basenpaare lang ist. Der **Schwanzteil** besteht aus einem hohlen Stift, der von einer kontraktilen Scheide umgeben ist. Am Ende befindet sich eine mit Spikes besetzte Platte. Sie bildet zusammen mit den sechs Schwanzfäden einen Haftapparat.

Außerhalb von Zellen zeigen Viren keine Lebenserscheinungen wie Stoffwechsel, Wachstum oder Vermehrung. Zu seiner Vermehrung dringt ein Virus – oder seine Erbsubstanz – in eine Zelle ein und bringt deren Stoffwechsel dazu, neue Viren zu bilden. Dabei sind Viren streng wirtsspezifisch.

Der **virulente Phagen-Zyklus** umfasst fünf Phasen:

1. **Adsorption**:
   Der Phage heftet sich an ein Rezeptorprotein auf der Oberfläche eines Bakteriums.
2. **Injektion**:
   Durch den Schwanz dringt Phagen-DNA in das Bakterium ein. Die Hülle bleibt außerhalb der Zelle.
3. **Latenzphase**, etwa 25 min:
   Bakterien-DNA wird aufgelöst, Phagen-DNA wird vermehrt, Phagen-Proteine werden hergestellt.
4. **Zusammenbau** (*self assembly*):
   DNA und Proteine des Phagen lagern sich zu neuen Phagen zusammen.
5. **Lyse**:
   Wenn genügend neue Viren gebildet sind, zerfällt die Wirtszelle und setzt die neuen Phagen frei, die wieder Bakterien infizieren können.

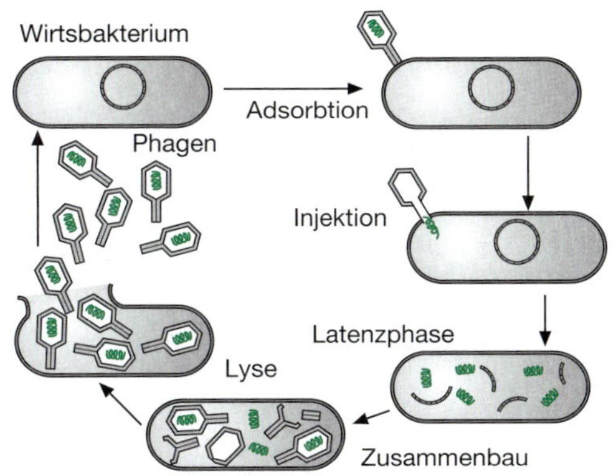

Abb. 112: Der virulente Phagenzyklus

Nicht jeder Phage wird sofort nach dem Eindringen in eine Zelle virulent, manche treten zunächst in einen **lysogenen Phagenzyklus** ein: Der Phage λ (lambda) ist ein temperenter Phage. Er kann sein Erbgut ins Chromosom seines Wirtsbakteriums einbauen lassen und so zum **Prophagen** werden. Die Phagen-DNA ist von Bakteriengenen nicht zu unterscheiden. Teilt sich das Bakterium, so wird die Phagen-DNA mitkopiert. Ein induzierendes Signal, z.B. UV-Strahlen, kann den Phagen dazu bringen, in den lytischen Zyklus einzutreten (Induktion).

In das Bakterienchromosom integrierte Phagen bezeichnet man als **Prophagen**. Bakterienzellen, die einen Prophagen beherbergen, sind **lysogene Bakterien**.

Weil Viren den Stoffwechsel ihrer Wirte ausleihen, trifft ein Angriff auf sie zwangsläufig die Wirtszellen. Substanzen, welche die Vermehrung der Viren hemmen, blockieren auch den Stoffwechsel der Zelle. Eine Bekämpfung von Viren durch Antibiotika ist also nicht möglich.

Das HI-Virus

AIDS ist eine Immunschwäche-Krankheit, die auf die Infektion mit dem **HI-Virus** zurückzuführen ist (➔ S. 142). Der Erreger kommt in zwei Typen (HIV-1 und HIV-2) und zahlreichen Untergruppen vor.

HIV ist eine Kugel mit einem Durchmesser von 100 nm und dem Gewicht von 1 pg. Das Nukleocapsid enthält zwei **RNA**-Moleküle (9749 Nukleotide) als Erbmaterial und das Enzym **reverse Transkriptase**.

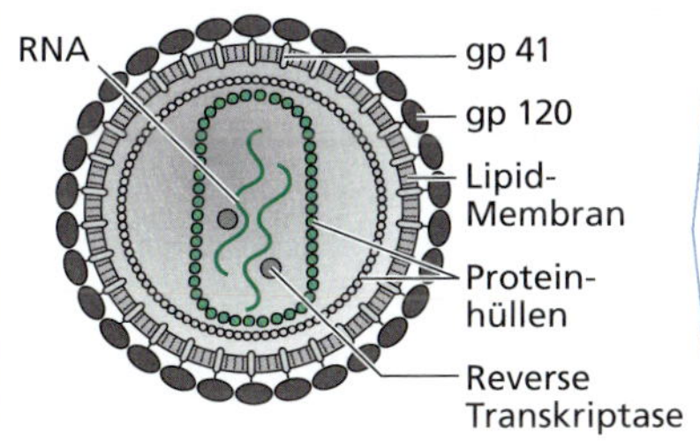

Abb. 113: Das HIV – *Human Immunodeficiency Virus* – ist ein Retrovirus, sein Erbmaterial besteht aus RNA.

Das Virus ist von einer Membran umhüllt, aus der Proteinnoppen wie Stacheln herausragen. Das Kürzel gp 120 bezeichnet ein Glykoprotein der Masse 120 000 u.

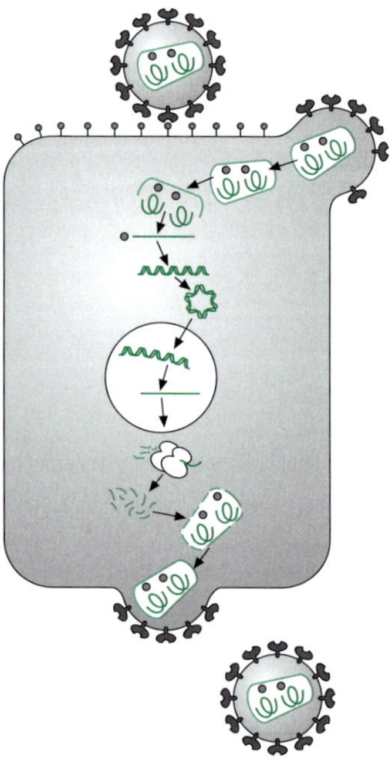

Abb. 114: Vermehrung des HI-Virus in einer Zelle

Das Virus vermehrt sich in menschlichen Zellen:

1. **Adsorption**: Das Virus lagert sich an.
2. **Infektion**: Das Nukleokapsid wird in die Zelle eingeschleust
3. **Reverse Transkription**: Die RNA wird mit Hilfe der **reversen Transkriptase** in ein RNA/DNA-Hybrid umgeschrieben.
4. **Replikation**: Die DNA wird zum Doppelstrang ergänzt.
5. **Integration**: Die DNA – das Provirus – wird in das Genom der Zelle eingebaut. Dort kann es lange stumm sein.
6. **Transkription und Translation**: In einigen Zellen werden die Gene des HIV aktiviert. RNA und Virus-Proteine werden gebildet.
7. **Zusammenbau**: Proteine und neugebildete Virus-RNA werden zu neuen Viren zusammengebaut.
8. **Abschnürung**: Die Viren knospen aus den Zellen aus.

Bei der reversen Transkription ist der normale Informationsfluss der Zelle

DNA
↓
RNA
↓
Protein

teilweise umgekehrt.

3.7 Ziele und Methoden der Gentechnik

Definition der Gentechnik

Die **Gentechnik** (in Anlehnung an das englische *gene technology* auch **Gentechnologie** genannt), ein Teilgebiet der Biotechnologie, befasst sich mit der Isolierung, Charakterisierung und Neukombination von Erbmaterial. Neue Kombinationen von Genen werden hergestellt, indem das Erbgut von lebenden Organismen gezielt verändert wird, vor allem durch Übertragung und Einbau fremden Genmaterials. Dabei können auch Strukturgene und Regulatorgene (→ S. 93) neu kombiniert werden. Als Produkt entsteht zunächst **rekombinante DNA**. Rekombinante DNA kann in Organismen eingebracht werden, um gentechnisch veränderte Organismen herzustellen. Die Methoden der Gentechnik haben zu einem Durchbruch in der biologischen und medizinischen Grundlagenforschung geführt.

Der Begriff Gentechnik umfasst die Methoden zur Veränderung und Neuzusammensetzung von DNA-Sequenzen und das Einbringen dieser DNA in lebende Organismen.

Zur Gentechnik gehören alle Methoden, die sich mit der Isolierung, Charakterisierung, Vermehrung und Neukombination von Genen beschäftigen.
Im Mittelpunkt steht die Isolierung eines Gens aus einem Organismus und seine Vermehrung in einem anderen.

Gentechnik wird zur Herstellung neu kombinierter DNA innerhalb einer Art, vor allem aber über Art-Grenzen hinweg verwendet. Wichtigste Grundlage der Gentechnik ist die Universalität des genetischen Codes: Alle Lebewesen benutzen denselben genetischen Code.

Grundlage der Gentechnik ist die Universalität des genetischen Codes.

Nach Anwendungsbereichen unterscheidet man:

- **Grüne Gentechnik** oder Agro-Gentechnik – die Anwendung gentechnischer Verfahren in der Pflanzenzüchtung und die Nutzung gentechnisch veränderter Pflanzen in der Landwirtschaft und im Lebensmittelsektor.
- **Rote Gentechnik** – die Anwendung bei Tieren mit rotem Blut (Wirbeltiere) oder Zellen aus diesen Organismen und die Anwendung in der Medizin zur Entwicklung von diagnostischen und therapeutischen Verfahren und von Arzneimitteln.
- **Weiße** oder **graue Gentechnik** – die Herstellung von Enzymen oder Feinchemikalien mit Hilfe gentechnisch veränderter Mikroorganismen.

- Grüne Gentechnik betrifft Pflanzen,
- rote Gentechnik Menschen und Tiere,
- weiße Gentechnik arbeitet mit Mikroorganismen.

Die Methoden der modernen Fortpflanzungsbiologie (→ S. 77) zählt man nicht zur Gentechnik, allerdings begünstigt die Befruchtung im Reagenzglas und die damit gewonnene Zugänglichkeit der Embryonen die Anwendung gentechnischer Methoden.

Ziele der Gentechnik

Wichtigstes Ziel der Gentechnik ist die Lösung oder Entschärfung von Ernährungs- und Gesundheitsproblemen der Menschheit. Dazu kommen wirtschaftliche Ziele.

Aus den Anwendungsbereichen ergeben sich folgende Ziele der Gentechnik:

- Die Erforschung, Herstellung und Prüfung von **Medikamenten** und **Impfstoffen** gegen bisher schwer oder nicht therapierbare Krankheiten.
- Die Heilung oder Behandlung von **Krankheiten** wie Krebs (→ S. 96), Alzheimer-Syndrom, AIDS (→ S. 142), Arteriosklerose, für die es bisher wenig oder keine Hoffnung gab.
- Eine schnelle und sichere **Diagnose** von Erbkrankheiten und Infektionskrankheiten.
- Untersuchung der Entstehung und Ausbreitung von **Infektionskrankheiten** und Einblick in biochemische Defekte bei **Erbkrankheiten**, so z. B. bei der cystischen Fibrose (→ S. 74).
- Die Aufklärung von **Entwicklungsvorgängen** und **Entwicklungsstörungen**.
- Die Lösung von quantitativen und qualitativen **Ernährungsproblemen**. Die Züchtung von Kulturpflanzen und Nutztieren ist schon immer auf Qualitätsverbesserung, Ertragssteigerung und Verbesserung der Widerstandsfähigkeit ausgerichtet. Die Gentechnik stellt Methoden bereit, diese Ziele schneller und effektiver als bisher zu erreichen.
- Biologischer Abbau oder Konzentrierung von **Umweltchemikalien** durch **gentechnisch veränderte Mikroorganismen**.
- Die **Herstellung von Produkten** wie Enzymen und Vitaminen.

Die **Gentherapie** (→ S. 118) will genetische Eigenschaften menschlicher Zellen korrigieren. Die **somatische Gentherapie** repariert Körperzellen, das sind Zellen, deren Erbgut mit dem Tod des Individuums erlischt. Die **Keimbahntherapie** – Veränderung von Eizellen und Samenzellen – wird abgelehnt. Wissenschaft und Industrie haben sich verpflichtet, keine Versuche an menschlichen Keimzellen oder Embryonen durchzuführen.

Gentransfer in der Natur

Auch die Natur kennt den Gentransfer: Transformation, Konjugation und Transduktion gibt es bei Bakterien, Transfektion und Additionsbastarde treten bei Eukaryonten auf.

Auch in der Natur wird genetische Information zwischen verschiedenen Arten übertragen. So wird beim Tod von Zellen DNA freigesetzt. Unter bestimmten Bedingungen nehmen Prokaryoten die DNA-Moleküle auf und bauen sie in ihr Genom ein. Diese **Transformation** nutzte in den 1940er Jahren Avery zum Nachweis der DNA als Erbsubstanz (→ S. 79). Bei der **Konjugation** wird DNA über eine Plasmabrücke zwischen zwei Bakterienzellen von einer Zelle auf die andere übertragen (→ S. 98). Findet die Übertragung von DNA zwischen Bakterien mit Hilfe temperenter Phagen statt (Viren, die Bakterien befallen und sich in ihnen vermehren lassen), so spricht man von **Transduktion**. Bei natürlichem Gentransfer entstehen keine neuen Erbinformationen, es werden lediglich vorhandene Erbanlagen neu kombiniert (Rekombination → S. 68).

Während Transformation, Konjugation und Transduktion unter Prokaryoten stattfinden, stellt die **Transfektion** einen Gentransfer in eukaryontischen Zellen dar (➔ S. 12). Grippe-Viren ändern sich immer wieder durch **Gen-Shift**, wenn zwei Virustypen ihre Erbsubstanz austauschen und neu kombinieren. Das Genom eines Grippe-Virus ist in acht RNA-Segmente aufgeteilt, die unabhängig voneinander repliziert werden. Beim Zusammenbau neuer Viren in der Wirtszelle wird ein Exemplar eines jeden Segments in das neue Virus eingebaut. Wenn nun dieselbe Zelle von verschiedenen Stämmen infiziert wird, kann es zu Genshift kommen: Segmente verschiedener Viren werden neu zusammengestellt. Dieses Phänomen ist die Grundlage für Pandemien der Menschheit, wenn sich z. B. ein Tiervirus und ein Menschenvirus in einem Schwein treffen. Durch Gen-Shift treten neue Oberflächenproteine – Hämagglutinin und Neuraminidase – auf, die der Sekundärantwort des Immunsystems (➔ S. 137) entgehen und eine Erkrankung hervorrufen.
Bei der Entstehung von **Kulturpflanzen** wie Weizen oder Mais wurde das Erbmaterial verschiedener Arten kombiniert. So ist der Saatweizen ein Additionsbastard: Er vereinigt das Erbgut dreier verschiedener Grasarten.

PCR als Werkzeug der Gentechnik

Für die Analyse von DNA reicht ein einzelnes DNA-Molekül nicht aus, es werden Tausende von Kopien benötigt. Oft liegt nur ein Tropfen Blut oder ein wenig Speichel vor. Darin sind zu wenige DNA-Moleküle für eine Analyse enthalten. **Die schnellste Methode, ein DNA-Stück zu vervielfältigten, ist die Polymerase-Ketten-Reaktion** (***polymerase chain reaction* = PCR**).
Der Erfinder Kary B. Mullis ging von der semikonservativen Replikation der DNA aus. Dabei wird die DNA in Einzelstränge gespalten, so dass eine DNA-Polymerase komplementäre Nukleotide anlagern und zu einem neuen Strang verbinden kann.
Durchgeführt wird die PCR in einem Thermocycler, einem Heizblock, der die Temperaturen in den Reaktionsgefäßen zu erhöhen und auch wieder herunterzukühlen vermag.

1985: Mullis entwickelt die Polymerase-Ketten-Reaktion (PCR).
Die PCR ermöglicht ausgehend von einem einzigen DNA-Molekül eine milliardenfache Vervielfältigung eines DNA-Abschnitts.

Die Auftrennung der doppelsträngigen DNA in Einzelstränge (Denaturierung) gelingt auch ohne Enzyme, indem man die DNA auf etwa 95 °C erhitzt. An diesen Einzelsträngen, die als Matrize (Template) bezeichnet werden, können nun die komplementären Stränge aufgebaut werden, wenn man die vier Nukleotid-Bausteine und DNA-Polymerase zusetzt. Man verwendet dazu die hitzestabile Taq-DNA-Polymerase von *Thermus aquaticus*, einem Bakterium, das in heißen Quellen lebt. Allerdings beginnt die Taq-Polymerase nicht an DNA-Einzelsträngen. Sie benötigt als Ansatzstelle für die Replikation ein kleines Stück Doppelstrang am 3'-Ende.

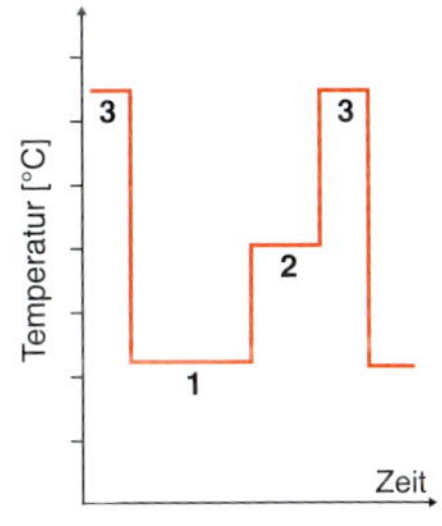

Abb. 115: Temperaturverlauf bei einem Zyklus der PCR

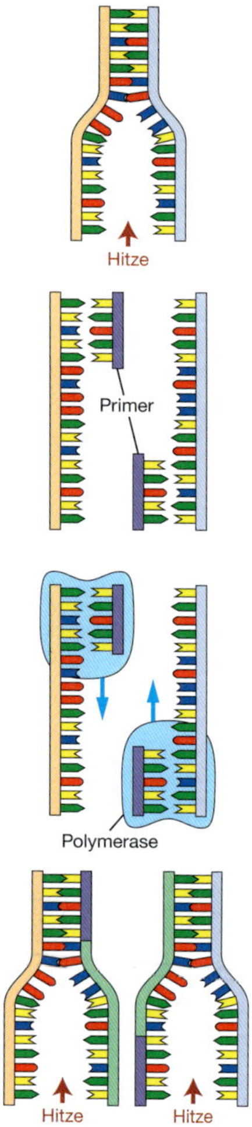

Abb. 116: Vervielfältigung der DNA durch die PCR

Dieser Abschnitt wird erzeugt, indem man zwei Primer zugibt: kurze, synthetisierte DNA-Stücke, die jeweils komplementär zu einem kurzen Abschnitt der beiden DNA-Einzelstränge passen. Sie lagern sich bei ca. 50 °C an. Anschließend wird das Gemisch auf 72 °C geheizt, damit die Taq-Polymerase den komplementären Strang synthetisiert.

Für einen PCR-Ansatz benötigt man
- die DNA-Matrize,
- zwei Primer (zwei 20 – 30 Nukleotide lange DNA-Einzelstränge),
- die vier Nukleosid-Triphosphate dATP (= desoxi-Adenosin-Tri-Phosphat), dTTP, dGTP, dCTP),
- eine hitzestabile DNA Polymerase (taq-Polymerase),
- (Mg^{2+}-Ionen; Puffer-Lösung).

Zunächst wird die DNA erhitzt (Abb. 115). Bei einer Temperatur von 95 °C („Schmelztemperatur der DNA") wird die Doppelhelix in zwei Einzelstränge aufgetrennt (Denaturierung der DNA). Nun gibt man Primer, Nukleotide und Polymerase zu. Bei 50 bis 60 °C legen sich die Primer an die passenden Stellen der DNA (Primerhybridisierung 1). Von diesen ausgehend baut die Polymerase komplementäre DNA-Stränge auf (Elongation 2). Erhitzen trennt die DNA wieder auf (Denaturierung 3). Beim Abkühlen erfolgt der nächste Kopiervorgang. Durch Fortsetzen der Zyklen kann man beliebige Mengen an DNA herstellen, typischerweise durchläuft ein Ansatz 25 – 50 Zyklen bei automatisierten Verfahren. So liegt genügend Material für weitere Analysen vor.

Gelelektrophorese

Die **Gelelektrophorese** ist ein Verfahren, um Makromoleküle, wie Proteine oder Nukleinsäuren, nach ihrer Größe und Ladung aufzutrennen. Dazu trägt man eine Mischung aus den zu untersuchenden Molekülen auf ein Gel auf. Dieses dient als Trägermaterial. Die Polymermoleküle des Gels bilden ein mehr oder weniger engmaschiges, dreidimensionales Netzwerk, das die Migration (Wanderung) der zu trennenden Moleküle im elektrischen Feld mehr oder weniger verlangsamt. Nach Anlegen einer Spannung wandern die Makromoleküle je nach Ladung und Größe im Gel: Große Moleküle mit geringer Ladung sind langsamer als kleinere Moleküle mit höherer Ladung. Dadurch entstehen verschiedene Banden, die angefärbt werden können.

DNA-Basensequenzierung nach Sanger

Liegt die DNA in ausreichender Menge vor, folgt die Analyse. **DNA-Sequenzierung ist die Bestimmung der Abfolge der Nukleotide in einem DNA-Molekül.** Die **Didesoxymethode** nach Frederick Sanger wurde Mitte der siebziger Jahre des vorigen Jahrhunderts entwickelt.

Zunächst wird die zu analysierende DNA in Einzelstränge gespalten. Anschließend wird durch eine DNA-Polymerase der Komplementärstrang der DNA aufgebaut. Sangers Idee war es, neben den gewöhnlichen Nukleotiden (dATP, dTTP, dGTP und dCTP) auch solche bereitzustellen, bei denen der Kopiervorgang abbricht. Diese Kettenterminatoren sind **Didesoxy-Nukleosidtriphosphate** (ddNTPs ➔ Abb. 117), die sich von den normalen Nukleosidtriphosphaten (dNTPs) dadurch unterscheiden, dass ihnen am Zuckermolekül Desoxyribose eine OH-Gruppe am 3'C-Atom fehlt.

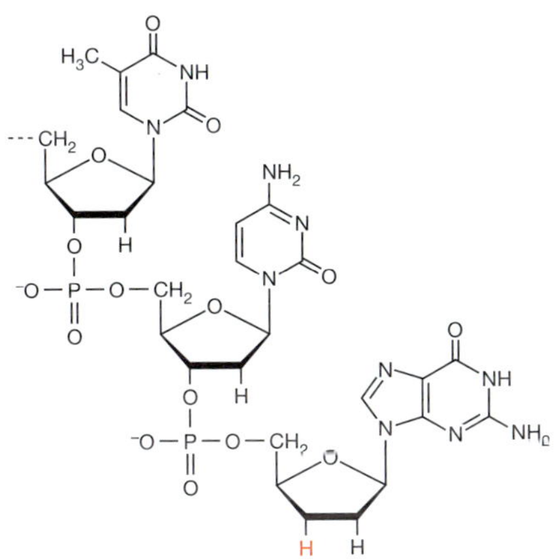

Abb. 117: Mit dem Einbau des ddGTP bricht die DNA-Replikation ab: Das H-Atom (rot) an der 3'-Position der Didesoxy-Ribose lässt eine Verlängerung der Kette nicht zu.

Beide Nukleotidsorten werden bei der DNA-Synthese gleichmäßig eingebaut: Wird ein Didesoxynukleotid eingebaut, so bricht die Synthese ab. Weil die 3'-OH-Gruppe fehlt, kann die Kette nicht weiter verlängert werden. Diese „Kettenterminatoren" werden als Schlusslichter an Stelle der richtigen Bausteine eingebaut. Sichtbar sind sie, weil sie eine Fluoreszenz-Farbmarkierung tragen und zwar eine von vier Farben, je nach der Art des Bausteins.

Sanger lässt vier verschiedene Versuchsansätze parallel laufen. Jeder der Ansätze enthält die zu analysierende DNA-Probe, die vier DNA-Nukleosidtriphosphate, die Polymerase und eine geringe Menge eines der vier Didesoxy-Analoga. Die DNA-Polymerase kann für die Synthese ein sehr häufiges Desoxytriphosphat oder ein viel selteneres Didesoxytriphosphat einbauen. In jedem der Ansätze kommt es immer dann zum Kettenabbruch, wenn das jeweilige Didesoxynukleotid eingebaut wird. Mischt man z. B. den Kettenterminator ddGTP in geringer Menge zu, so kann die Synthese nur bis an die Stelle stattfinden, wo das Didesoxynukleotid ddGTP anstelle des normalen Nukleotids dGTP eingebaut wird. Weil eine riesige Zahl von Strängen aufgebaut wird, wird jedes mögliche Fragment in vielen Exemplaren auftreten: Es entstehen viele verschieden lange Ketten, aber bei jeder Kette weiß man, dass am Ende ein G steht. Wird die Länge aller dieser Ketten bestimmt, so weiß man, wie oft und an welchen Stellen der DNA die Base Guanin vorkommt. Zur Bestimmung der Längen werden die Ansätze mithilfe der Gelelektrophorese aufgetrennt. Auf dem Gel sind die verschiedenen Fragmente ihrer Länge nach geordnet, die Trennschärfe ist groß genug, dass Stücke, die sich in ihrer Länge um ein Nukleotid unterscheiden, in verschiedene Banden gelangen. Aus dem Gelbild kann man auf die Sequenz schließen (Abb. 118): Man muss nur, beginnend am kürzesten DNA-Fragment, die Banden der Fragmentgröße nach ordnen und den Kettenterminator berücksichtigen. Die abgelesene Basensequenz ist dann komplementär zur Sequenz der DNA-Matrize.

Neuere Sequenzierungs-Methoden

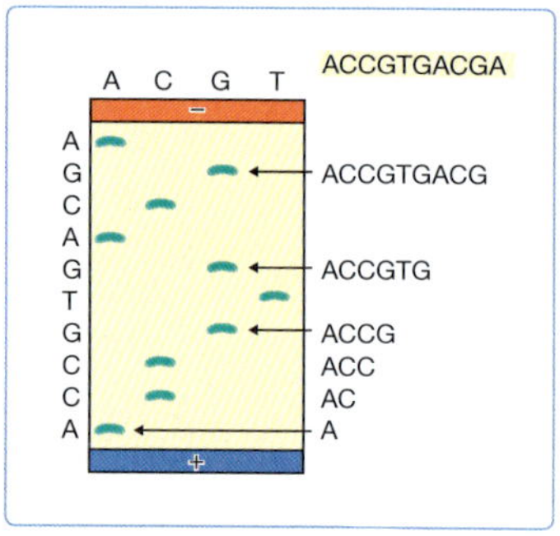

Abb. 118: Ausschnitt aus dem Ergebnis einer Basensequenzierung

Anfang der neunziger Jahre wurde die oben beschriebene Vier-Spur-Technik weitgehend durch die **Ein-Spur-Technik** abgelöst: Dabei wird jedes der vier ddNTPs (Didesoxynukleosidtriphosphat ➔ Abb. 117) mit einem anderen Fluoreszenz-Farbstoff markiert. Alle vier markierten Basen werden in *einem* Versuchsansatz zugegeben. Das entstehende Stoffgemisch wird durch Elektrophorese aufgetrennt. Werden die am Ende der DNA-Fragmente eingebauten Didesoxynukleotide durch einen Laserstrahl zur Fluoreszenz angeregt, so geben sie Licht verschiedener Farben ab, das von einem Detektor erkannt wird. Die Abfolge der Farbsignale am Detektor gibt unmittelbar die Sequenz der Basen des untersuchten DNA-Abschnitts wieder. Diese Methode ermöglicht die Automatisierung der Sequenzierung – eine Voraussetzung für die vollständige Sequenzierung großer Genome.

Eine dritte – schnellere und billigere – Methode ist die **Pyrosequenzierung**. Das ist eine Variante der Polymerase-Kettenreaktion (PCR ➔ S. 105), bei der die Reihenfolge der Bausteine anhand von Lichtsignalen ermittelt wird, die bei enzymatischen Reaktionen entstehen. Wie bei der PCR wird zur Pyrosequenzierung neben der einsträngigen DNA ein Primer benötigt, um die eingesetzte Polymerase zu starten. Ausgehend vom Primer wird der komplementäre Strang Nukleotid um Nukleotid verlängert. In einem vollautomatischen Verfahren werden nacheinander die Nukleosidtriphosphate der Basen A, T, C, und G ins Reaktionsgemisch gegeben. Jedesmal wenn ein Nukleotid in die wachsende Kette eingebaut wird, wird ein Pyrophosphat (PP_i) abgespalten. Diese Abspaltung setzt unter Beteiligung mehrerer Enzyme eine Reaktionskette in Gang, die einen Lichtblitz entstehen lässt. Wenn mehrere gleiche Basen unmittelbar hintereinander eingebaut werden, ist der Lichtblitz entsprechend stärker. Die

Lichtblitze werden von einem Detektor gemessen. Ein Enzym macht nicht eingebaute Nukleosidtriphosphate sofort unbrauchbar.
Die Pyrosequenzierung ist eine Hochdurchsatz-Methode: In winzigen Probengefäßen wird sie von Sequenziermaschinen mit hoher Geschwindigkeit durchgeführt und eignet sich zur parallelen Analyse verschiedener DNA-Proben. Einsatzgebiete der Methode sind der Nachweis und die Unterscheidung von Genmutationen, die Untersuchung von Erbkrankheiten, die Suche nach Krankheitserregern und das Aufspüren von Mikroben in Ökosystemen. Auch die Sequenzierung von Neandertaler-Erbmaterial (→ S. 250) gelang durch diese Methode.
Heute kommt als Sequenzier-Reaktion eine Variation der Polymerase-Kettenreaktion (PCR → S. 105) zum Einsatz. Anders als bei der PCR wird nur ein Primer eingesetzt, sodass die DNA nur in einer Richtung abgelesen wird.

HUGO und die Genomik

1995 war das Genom des Bakteriums *Haemophilus influenzae* vollständig sequenziert. Die **Sequenzierung des menschlichen Genoms** dauerte etwa ein Jahrzehnt. In den 1990er Jahren arbeiteten Forschergruppen aus sechs Ländern – darunter Deutschland – am Human Genome Project (HGP) und entschlüsselten das menschliche Erbgut. Die letzten Schritte der Sequenzierung waren ein Wettlauf zwischen der **Human Genome Organisation** (**HUGO**) und der Firma Celera von Craig Venter. Beide sequenzierten zunächst sehr viele Fragmente des Genoms, die sie dann in die richtige Reihenfolge brachten („Schrotschuss-Klonierung"). Dies ist mit Hilfe schneller Rechner wegen der großen Überlappungen der einzelnen Fragmente möglich. 2003 lag das vollständige menschliche Genom als meterlange Liste von AGCT-Kombinationen vor und ist seither im Internet abrufbar. Das menschliche Genom besteht aus rund drei Milliarden Basenpaaren. Heute ist die Sequenzierung automatisiert und arbeitet um den Faktor 10^5 schneller als die HUGO.
Die Auflistung der Genom-Sequenz des Menschen ist ein erster Schritt zum Verständnis der Rolle der Erbsubstanz. Die funktionelle Genomik untersucht die Rolle der Gene und Proteine, deren Regulation sowie deren Zusammenspiel. Mit Hilfe von DNA-Chips kann die Aktivität von Tausenden oder sogar aller Gene einer Zelle gleichzeitig bestimmt werden.

Als Genom wird die Gesamtheit der im Zellkern codierten Information einer Zelle oder eines Lebewesens bezeichnet.

Die Erforschung des Genoms ist das Arbeitsgebiet der **Genomik**.

Gensonden

Eine **Gensonde** ist ein Oligonukleotid, ein kurzes Stück einsträngiger DNA oder RNA, das eine komplementäre Basensequenz zu einem gesuchten Gen aufweist und sich an die komplementäre Sequenz der DNA anlagern kann. Die Gensonde bindet sich über Wasserstoffbrücken an den gesuchten DNA-Abschnitt. Die

Eine Gensonde ist eine kurze DNA- oder RNA-Sequenz, mit deren Hilfe man ein gesuchtes Gen eines Organismus identifizieren kann.

Auf DNA-Chips werden kurze DNA-Einzelstränge fixiert, die komplementäre Nukleinsäuren abfangen. Die Bindung wird meist optisch angezeigt.

Die *„lab on a chip"*-Technologie hat ein großes Entwicklungspotenzial in Wissenschaft, Medizin und Alltag.

überschüssige Gensonde wird abgespült. Zum Zweck des Aufspürens ist die Sonde mit einem Marker verbunden, das ist ein radioaktives Isotop, ein Fluoreszenzfarbstoff oder ein Enzym.

Gensonden werden entweder direkt aufgespürt durch Nachweis der radioaktiven Strahlung oder der entsprechenden Farbstoffe oder indirekt durch eine enzymatische Reaktion, bei denen entweder Chemoluminiszenz, Farbstoffumschlag oder Farbstoffpräzipitation erzeugt wird.

Mithilfe von **DNA-Chips** ist es möglich, viele Gene einer Zelle oder einer Gewebeprobe gleichzeitig zu untersuchen und ihre Aktivität zu entschlüsseln. **Prinzip der Chips ist die Hybridisierung** komplementärer DNA- oder RNA-Einzelstränge.

DNA-Chips sind fingernagelgroße Probenträger aus Glas, Kunststoff oder Silizium. Auf einer Fläche von 1,28 cm × 1,28 cm sind 64 000 verschiedene DNA-Oligonukleotide untergebracht. Tausende biochemische Reaktionen können gleichzeitig ablaufen und ausgewertet werden. Die Felder der Chips sind mit einsträngigen DNA-Sonden beschichtet. Die zu untersuchenden Proben – zum Beispiel mRNA-Moleküle einer Zelle – binden an diese DNA-Stränge. Die Proben werden mit einem fluoreszierenden Farbstoff markiert. Das Ergebnis ist ein für den Zustand der Zelle charakteristisches Muster, das mit Hilfe von Detektoren aufgezeichnet wird und durch spezielle Software zur Bilderkennung und Bildauswertung analysiert wird. So kann man schnell feststellen, welche Gene aktiv sind und in welchem Ausmaß sie dies sind. Andere Chips können Punktmutationen identifizieren und anzeigen.

Komplementäre DNA

cDNA (*complementary DNA*) ist eine DNA, die mit Hilfe des Enzyms reverse Transkriptase (→ S. 101) aus mRNA synthetisiert wird. Das Enzym wird aus Retroviren (→ S. 113 gewonnen.

Nach enzymatischer Entfernung der mRNA wird mithilfe von DNA-Polymerase der komplementäre DNA-Strang synthetisiert. Ein Beispiel für den Einsatz der cDNA ist die gentechnische Synthese des Insulins (→ S. 115) mittels umprogrammierter Bakterien: Das Gen für menschliches Insulin wird dazu in die Bakterien-DNA eingeschleust. Das Gen für menschliches Insulin enthält jedoch Introns, die in eukaryontischen Zellen vor der Translation herausgeschnitten werden. Bakterien sind Prokaryonten, d. h. die Gene enthalten keine Introns, somit enthält die Bakterienzelle auch nicht die dazu notwendigen Enzyme. Um die Information für das menschliche Insulin in Bakterien zu übertragen, muss zunächst ein Intron-freies Insulin-Gen hergestellt werden. In den β-Zellen der Bauchspeicheldrüse gibt es reichlich Insulin-mRNA, d. h. die Introns wurden bereits gesplict. Daraus kann man durch reverse Transkription eine komplementäre cDNA herstellen und dann in doppelsträngige DNA umwandeln. Diese kann nun in Bakterien übertragen werden.

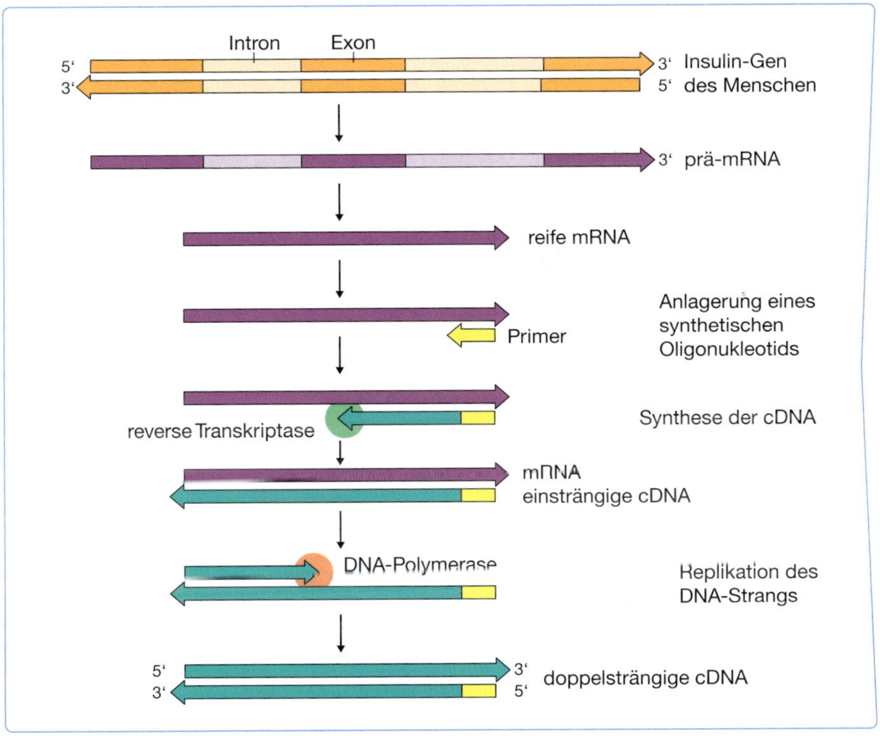

Abb. 119: Das Insulin-Gen des Menschen enthält Introns, daher wird die DNA für die Insulin-Gewinnung als cDNA aus der reifen mRNA hergestellt.

Antisense-Technik

Mit der **Antisense-Technik** kann ein ausgewähltes Gen abgeschaltet werden. Dazu wird das Gen kopiert und in umgekehrter Orientierung ins Genom eingesetzt. Nach dem Gentransfer enthält die DNA sowohl das Struktur-Gen als auch das zugehörige **Antisense-Gen**. Bei der Transkription entstehen zwei mRNA-Stränge, die zueinander komplementär sind. Diese lagern sich über Wasserstoffbrücken zu einem mRNA-Hybridmolekül aneinander. Enzyme zerlegen doppelsträngige RNA (dsRNA), in kurze Stücke. So wird die Aktivität eines Genes unterdrückt.

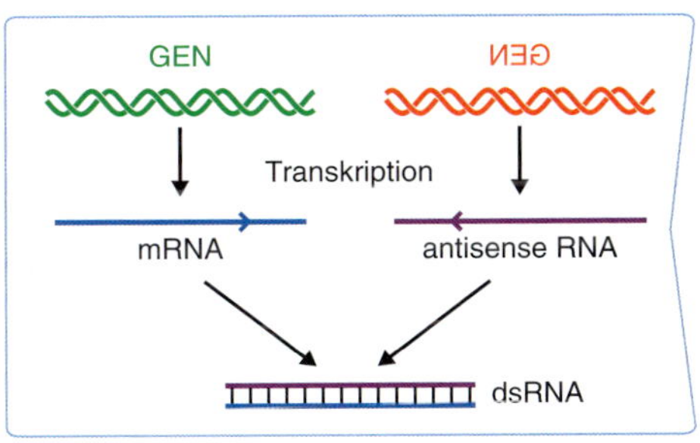

Abb. 120: Mit der Antisense-Technik kann die Expression eines Gens ausgeschaltet oder vermindert werden.

Um die aufwändige Auftrennung der Stärke bei der industriellen Verarbeitung zu vermeiden, wurde die Kartoffelsorte Amflora gezüchtet, die nur den Stärkebestandteil Amylopektin, nicht aber die Amylose herstellt. Für die Bildung der Amylose ist das Enzym Stärkesynthase verantwortlich. Züchtungsziel war, das Gen, das die Bildung der Stärkesynthase codiert, auszuschalten. Dies gelang mit herkömmlichen Züchtungsmethoden nicht, erst durch die Antisense-Strategie wurde es möglich: Ein Antisense-Gen wurde in die Pflanzenzelle eingebracht. Dessen mRNA lagert sich als passendes Gegenstück an die reguläre mRNA für Amylase an und blockiert sie auf diese Weise. Den Doppelstrang (dsRNA), kann die Zelle nicht in Protein übersetzen.

Wichtig ist, dass das Antisense-Gen gleichzeitig mit dem Gen für die Stärkesynthase aktiv wird. Der Promotor (→ S. 92) der Stärkesynthese musste vor das Antisense-Gen gesetzt werden. Die gentechnisch veränderten Pflanzen zeigen im Mikroskop, dass ihre Stärkekörner keine Amylose enthalten. Ein einfacher Test kann das beweisen: Stärke, die Amylose enthält, färbt sich in einer jodhaltigen Lösung blau, während Amylopektin alleine sich rot färbt. Auch die Nachkommen dieser Kartoffeln zeigen das gleiche Merkmal.

Auch bei der ersten als Lebensmittel zugelassenen gentechnisch veränderten Pflanze, der FlavrSavr-Tomate („Anti-Matsch-Tomate"), wurde mit Hilfe der Antisense-Technik ein Gen ausgeschaltet. Dieses lässt durch den Abbau der Zellwände beim Reifen die Tomate weich und matschig werden. Durch RNA-Interferenz lässt sich die Produktion jedes Proteins ausschalten. Da der Vorgang nach der Transkription stattfindet, wird er als **post-transkriptionales Gene-Silencing** (PTGS) bezeichnet. Die RNA-Interferenz ist ein natürlicher Verteidigungsmechanismus der Zellen gegen Angriffe von Viren. Bei der Vermehrung vieler Viren entsteht doppelsträngige RNA, die in den Zellen als Fremdkörper erkannt und zerlegt wird.

Restriktionsenzyme

Restriktionsenzyme oder Endonukleasen sind Enzyme, die aus der DNA gezielt kurze Stücke ausschneiden. Jedes Restriktionsenzym schneidet die DNA an festliegenden Stellen; es schneidet sequenzspezifisch.

Wichtige Instrumente der Gentechniker sind Restriktions-Enzyme und Ligasen: **Restriktionsenzyme** schneiden DNA-Stücke gezielt aus, **Ligasen** binden sie wieder ein.

Bakterien stellen Restriktions-Enzyme (Endonukleasen) her, um sich vor fremder DNA, vor allem vor Viren, die in sie eingedrungen sind, zu schützen. Diese Enzyme erkennen fremde DNA und zerlegen sie in kleine Stücke. Dieser Vorgang wird Restriktion genannt. Gentechniker verwenden Restriktionsenzyme zum Zerschneiden der DNA an definierten Stellen. Heute sind etwa 200 solcher Gen-Scheren bekannt. So können DNA-Stücke abgetrennt und isoliert werden.

Erkennungssequenz des Enzyms Eco RI (= *E. coli*, Restriktionsenzym 1) ist die Basenfolge GAATTC: Die beiden Stränge werden versetzt abgeschnitten, dabei entstehen **„klebrige Enden"** (*sticky ends*): Diese Enden werden durch die Wasserstoffbrücken zwischen den komplementären Basen zusammengehalten,

trennen sich aber bei Erwärmen. Beim Abkühlen heften sie sich wieder in der Ausgangsstellung aneinander. Enzyme (Ligasen) schweißen das Rückgrat der Stränge wieder zusammen. Andere Restriktionsenzyme schneiden die DNA-Doppelhelix glatt durch (**gerade Enden** oder *blunt ends*).
Diese Abschnitte können nun in Fremd-DNA eingebaut werden. Dazu wird die Fremd-DNA mit Hilfe desselben Restriktionsenzyms geöffnet und das isolierte DNA-Stück wird dort eingeschleust. Aufgrund ihrer komplementären Enden können sich Fremd-DNA und eingebaute DNA miteinander verbinden. Ligasen verbinden die Fragmente miteinander.

Genfähren

Eine große Hürde für den Gentransfer stellt die Entwicklung von Übertragungssystemen – **Genfähren oder Vektoren** – dar. Das ideale Gentaxi wurde noch nicht gefunden. Alle erprobten Vektoren weisen mehr oder weniger starke Nachteile auf: eine zu geringe Effizienz, ein großer Aufwand bei der Anwendung oder Sicherheitsrisiken für den Patienten.

Ein Vektor ist ein Vehikel, eine Träger-DNA, in welche die Fremdgene (die „Passagier-DNA") eingebaut wird, um sie in den Empfänger einzuschleusen.

Zum einen werden Plasmide als Genfähren verwendet. **Plasmide** sind ringförmige DNA-Moleküle bei Bakterien (→ S. 16, S. 98). In seiner Funktion als **Vektor** wird ein Plasmid entnommen und mit Hilfe desselben Restriktions-Enzyms, mit dem auch die DNA-Sequenz geschnitten wird, die in das Plasmid eingeschleust werden soll, geöffnet. Das isolierte DNA-Stück wird eingesetzt und eine Ligase verbindet die Fragmente miteinander. Die neu kombinierten Plasmide können in Wirtszellen eingeschleust werden. Dazu wird die Empfängerzelle durch Chemikalien durchlässig gemacht. Bei ihrer Vermehrung vererben die Bakterien die fremde DNA auf ihre Nachkommen.

Als Vektoren werden Plasmide, Bakterien oder Viren eingesetzt.

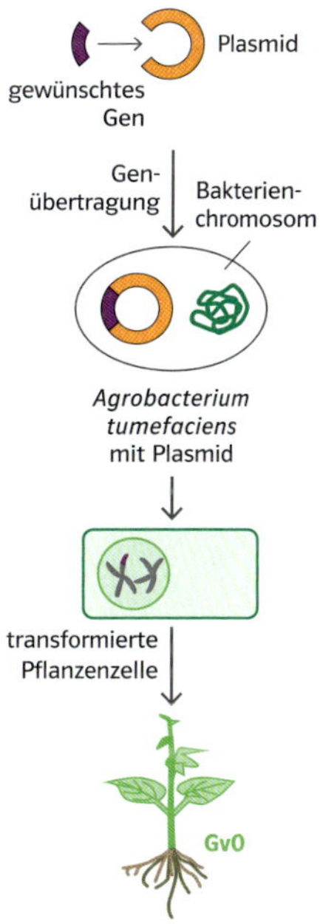

Abb. 121: Gentransfer mit Hilfe von Agrobakterien

Auch werden häufig **Viren** als Genfähren verwendet. Die zur Replikation notwendigen Abschnitte im Virusgenom werden entfernt und durch ein therapeutisches Gen ersetzt. Virale Vektoren eignen sich für den Gentransfer, weil sie darauf spezialisiert sind, bestimmte Zelltypen zu infizieren. **Retroviren** sind derzeit die besten Genfähren, um monogenetische Erbkrankheiten dauerhaft zu heilen. In der Zelle werden die Gene der RNA-Viren in DNA umgeschrieben und in das Genom der transduzierte Zellen integriert, die es an ihre Tochterzellen weitergibt. Leider ist der therapeutische Einsatz von Viren als Genfähren nicht unproblematisch. Retrovirale Genvektoren können durch den Einbau ins Genom Proto-Onkogene aktivieren; behandelte Kinder entwickelten Leukämien. Weiterhin können Komplikationen durch einer Immunreaktion (→ S. 133) auftreten.

Ein anderes Verfahren zum Gentransfer ist der **Partikelbeschuss**. DNA wird um winzige Gold- oder Wolframkügelchen gewickelt, die mit einer Genkanone

(*particle-gun*) in Pflanzenzellen geschossen werden. Der Durchmesser dieser winzigen „Genprojektile" beträgt nur einige Tausendstel Millimeter.
Bei der **Transfektion** mit Lipiden oder Polymeren werden die zu übertragenden Gene in kleine Fettkügelchen – Liposomen – verpackt. Diese verschmelzen mit der Zellmembran und laden die Gene im Innern der Zelle ab.
Eine Variante ohne Genfähren ist der **Transfer von „nackter" DNA**. Die Wirtszellen werden durch elektrische Impulse dazu gebracht, das neue Gen aufzunehmen. Eine Verbesserung der gentherapeutischen Experimente versprechen sich die Forscher von künstlichen Chromosomen, über die mehrere Gene übertragen werden könnten.

Agrobakterien werden eingesetzt, um neue Gene in Pflanzenzellen einzuschleusen.

Die grüne Gentechnik bedient sich häufig der **Agrobakterien**. Das Bodenbakterium *Agrobacterium tumefaciens* dringt über Verletzungen in Pflanzen ein und ruft Gallentumore hervor. Die Bakterien besitzen das **Ti-Plasmid** (*tumor inducing plasmid*) und die Fähigkeit, dieses in Pflanzenzellen einzuschleusen. Infizierte Pflanzenzellen bilden dann den Tumor – Lebensraum für die Bakterien – und beginnen mit der Synthese seltener Verbindungen, die das Bakterium in seinem Stoffwechsel benötigt, aber selbst nicht herstellen kann. Gentechnologen nutzen die Tricks des Bakteriums, um Erbmaterial zu übertragen. Da nur wenige Bereiche des Ti-Plasmids für die DNA-Übertragung benötigt werden, kann es als Vehikel für Fremd-DNA genutzt werden. Vor der Infektion der Pflanzen entfernt man den tumorinduzierenden DNA-Abschnitt und baut das zu übertragende Gen ein. So gelangen die Fremd-Gene in die Pflanze und werden in deren Erbmaterial eingebaut.

3.8 Anwendungen und Risiken der Gentechnologie

Gentransfer

Gentransfer bewirkt die Entstehung transgener Organismen.

Gentransfer ermöglicht die Herstellung transgener Organismen. Dabei wird ein Gen aus einem Organismus isoliert, auf einen anderen Organismus übertragen und in diesem vermehrt. Die wesentlichen Schritte des Gentransfers sind Isolierung, Schneiden, Rekombination, Übertragung und Selektion.

Antibiotikaresistenz-Gene werden häufig als Marker benutzt.

Zunächst wird das zu übertragende Gen (die „Passagier-DNA") in einen Vektor eingebaut. Dazu wird einem Bakterium ein Plasmid entnommen (Isolierung) (Abb. 122) und durch ein Restriktionsenzym geöffnet (Schneiden) (2). Spender-DNA mit dem Fremdgen wird mit dem gleichen Restriktionsenzym geschnitten (3). Beide DNA-Fragmente tragen „klebrige Enden". Plasmid und Fremd-DNA kleben aneinander. Der Plasmid-Ring mit dem Fremdgen schließt sich (4). Ligasen verbinden die Fragmente miteinander (5). Die neu kombinierten Plasmide werden in Wirtszellen eingeschleust (6). Bei ihrer Vermehrung vererben die

Bakterien das fremde Gen zusammen mit ihrem eigenen Erbmaterial auf ihre Nachkommen. Wenn man zum Gentransfer ein Plasmid mit einem Resistenzgen (1) verwendet, kann man sehr leicht prüfen, ob das Plasmid vom Empfängerbakterium aufgenommen wurde: Diese Zelle ist resistent gegen das ausgewählte Antibiotikum. Das Resistenzgen dient in diesem Fall als Markergen. Mit Hilfe der **Markergene** kann man die transgenen Bakterien selektieren. Die Aktivität der Gene (Genexpression ➔ S. 92) wird durch Promotorgene gesteuert. Nur wenn auch diese im Genom eingefügt sind, kann das Strukturgen transkribiert und das erwünschte Genprodukt hergestellt werden.

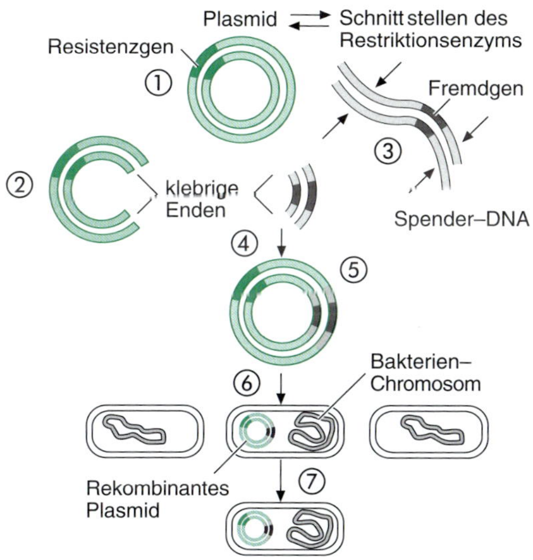

Abb. 122: Transfer eines menschlichen Gens in ein Bakterium mit Hilfe eines Plasmids

Insulin – Gentechnik im Einsatz

Menschen mit Diabetes müssen ihrem Körper Insulin von außen zuführen. Das erste Insulin wurde aus den Bauchspeicheldrüsen von Rindern und Schweinen gewonnen. Für den Bedarf eines Diabetikers mussten rund 50 Schweine pro Jahr geschlachtet werden. In ihrer Wirkung entsprechen die tierischen Insuline dem menschlichen Insulin, aber viele Patienten entwickelten Immunreaktionen gegen das artfremde Eiweiß.

1977 gelang der Transfer des menschlichen Insulin-Gens auf ein Bakterium. Damit wurde die industrielle Produktion von Insulin aus gentechnisch veränderten Bakterien möglich. Das Gen wurde so eingebaut, dass es unter der Kontrolle eines durch Laktose zu aktivierenden Promotors steht. Erst durch die Zugabe von Laktose wird Insulin produziert. Gentechnisch hergestelltes Human-Insulin wird vom Immunsystem als eigen erkannt und toleriert.

Für die gentechnische Herstellung von Humaninsulin wurde das Insulin-Gen aus einer Zelle eines gesunden Menschen entnommen, in ein Bakterium eingeschleust und mit einem geeigneten Promotor verknüpft.

Inzwischen wird Insulin gentechnisch in Zellkulturen verschiedener Hefen oder von *E. coli*-Bakterien in versiegelten Tanks produziert. Durch geringfügige Änderungen des gentechnisch hergestellten Insulins konnten Wirkstoffe mit langer Halbwertszeit hergestellt werden, die nur einmal täglich injiziert werden müssen.

Das gentechnisch hergestellte Human-Insulin hat die tierischen Produkte vom Markt verdrängt. Die Umsätze des gentechnischen Produkts haben die Milliarden-Grenze überschritten. Eine kanadische Firma gewinnt menschliches Insulin aus genetisch veränderten Färberdisteln, das im Tierversuch den Blutzuckerspiegel so wirksam senkt wie Human-Insulin.

Auch die **Blutzuckerbestimmung** wird mit gentechnisch hergestellten Enzymen durchgeführt. Die Zahl der gentechnisch hergestellten Medikamente nimmt stetig zu. Sie werden bei Krankheiten wie Blutarmut, Herzinfarkt, Wachstumsstörungen und der Bluterkrankheit, von Multipler Sklerose bis zu AIDS eingesetzt. Auch in der Krebstherapie sind gentechnisch hergestellte Medikamente etabliert. Im Jahr 2004 gelang es, **Blutgerinnungsfaktoren** herzustellen, die ohne weitere Zusätze die Blutgerinnung gewährleisten. Bluter sind nicht mehr auf Produkte aus Blutkonserven angewiesen.

Gentechnisch hergestellte Medikamente, Impfstoffe und Enzyme gehören in der Medizin zum Alltag.

Dank Gentechnik wird die Untersuchung des Erbgutes von Krankheitserregern ermöglicht, die Herstellung von Impfstoffen wird deutlich erleichtert. Auch die Impfstoffe werden zum Teil mit gentechnischen Methoden hergestellt. Durch Impfungen kann der Ausbruch vieler Krankheiten gänzlich vermieden werden. Gentechnische Methoden werden eingesetzt, um unterschiedliche **Krebs-Arten zu diagnostizieren**, die Entstehung sowie das Wachstum von Tumoren zu untersuchen, Therapien zu entwickeln und zu prüfen, welches Medikament in welcher Dosierung für einen Patienten geeignet ist.

Genetisch veränderte Mikroorganismen produzieren Vitamine, Süßstoffe oder Lab für die Käseherstellung. In jedem handelsüblichen Waschmittel sind gentechnisch erzeugte Enzyme vorhanden.

CRISPR-Cas-System

Das **CRISPR-Cas-System** (*Clustered Regularly Interspaced Short Palindromic Repeats*) ist ein weiteres präzises Instrument, das DNA gezielt verändert. CRISPR sind Abschnitte sich wiederholender DNA (*repeats*) im Erbgut vieler Bakterien. Sie ermöglichen dem Bakterium eine Resistenz oder Immunität gegen das Eindringen von fremdem Erbgut durch Viren oder Plasmide. Dabei spalten sie die Fremd-DNA in kleine Fragmente, bauen diese in ihr CRISPR-Gen ein und transkribieren sie in RNA. Bei einer erneuten Infektion wird durch diese RNA die virale DNA erkannt und durch Cas-Proteine abgebaut.

In der Gentechnologie können mit Hilfe des CRISPR-Cas-Systems präzise Gene eingefügt, entfernt oder ausgeschaltet werden, einzelne Nukleotide der DNA oder RNA können punktgenau geändert werden. Exakte Reparaturen von Mutationen werden möglich. Dabei arbeitet das System in drei Schritten: Zunächst wird mittels einer kurzen RNA-Sonde (*guide*-RNA) das Protein Cas9 an die komplementäre Gensequenz, die verändert werden soll, herangeführt. Anschließend schneidet das Cas9-Protein den DNA-Doppelstrang an der gewünschten Stelle. Nun kann eine vorgegebene DNA eingebaut werden.

Der genetische Fingerabdruck

Der **genetische Fingerabdruck** (*DNA fingerprinting*) nutzt die Variabilität der Erbsubstanz zur Suche nach bestimmten Genen oder zur Identifikation von Personen. Dazu verwendet man Abschnitte in den nicht für Proteine codierenden DNA-Bereichen des Genoms, in denen sich bestimmte Sequenzen häufig wiederholen (repetitive Sequenzen). Je nach Länge und Häufigkeit der sich wiederholenden Sequenzen werden Mini- und Mikrosatelliten unterschieden. Minisatelliten, auch **VNTR** (*variable number of tandem repeats*) zeichnen sich durch kurze DNA-Sequenzen (5–50 Basenpaare) aus, die etwa 10–100-mal wiederholt werden. Eher Verwendung finden die Mikrosatelliten oder SRT (*small tandem repeats*), DNA-Sequenzen aus zwei bis vier Basenpaare, die hintereinander in 5–15-facher Wiederholung vorliegen. Ausschlaggebend für den genetischen Fingerabdruck ist, dass die Anzahl dieser Wiederholungseinheiten bei Menschen sehr unterschiedlich ist.
Die sich wiederholenden Sequenzen werden mit Hilfe von Restriktionsenzymen (➔ S. 112) ausgeschnitten und auf ein Gel gebracht. Im elektrischen Feld werden sie voneinander getrennt. Lange Bruchstücke wandern nur ein kurzes Stück, kurze wandern weiter. Die Fragmente bilden Banden im Gel, die durch spezielle Methoden sichtbar gemacht werden. Das so erzeugte Bandenmuster kennzeichnet jedes Individuum eindeutig. Die DNA eines jeden Menschen ergibt unterschiedliche Fragmente. Weil die Banden nach den Mendel'schen Gesetzen vererbt werden, kann man die Banden z. B. von Eltern und Kindern einander zuordnen und somit ein Vaterschaftsgutachten durchführen. Andere Verwendungen findet der genetische Fingerabdruck in der Rechtsmedizin zur Täterbestimmung oder zum Nachweis der Herkunft von tierischen und pflanzlichen Produkten.

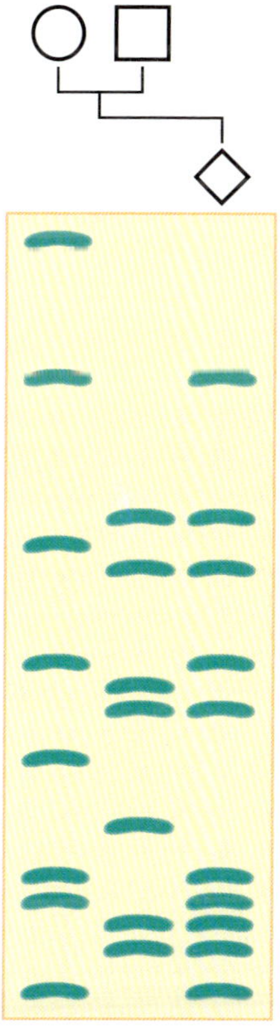

Abb. 123: Der genetische Fingerabdruck hilft bei der Identifizierung von Menschen und bei der Feststellung von Verwandtschaft.

Grüne Gentechnik

Grüne Gentechnik ist die Anwendung gentechnisch veränderter Pflanzen in der Landwirtschaft.

Ziele sind Widerstandsfähigkeit gegen Schädlinge, Krankheiten oder Herbizide, Steigerung des Ertrags, Anpassung an Standortbedingungen, Veränderung der Inhaltsstoffe.

Der Einsatz gentechnischer Methoden in der Landwirtschaft wird als grüne Gentechnik bezeichnet.
Mit ihrer Hilfe wird beispielsweise erforscht, warum eine Nutzpflanze für bestimmte Krankheiten anfällig ist, eine andere jedoch nicht. Ein wichtiger Bereich der grünen Gentechnik ist die **Zucht transgener Pflanzen**. Mittels gentechnologischer Verfahren werden ausgewählte Pflanzen derart verändert, dass sie entweder in erhöhtem Maße Eiweiße, Kohlenhydrate und andere Nährstoffe bilden oder eine Resistenz gegen Insekten, Pilze, Pestizide o. Ä. entwickeln. Dadurch kann der Einsatz von Pflanzenschutzmitteln stark reduziert werden.

Ein Beispiel hierfür ist der **Bt-Mais**. Ihm wurde ein Gen aus dem Bodenbakterium *Bacillus thuringiensis* eingebaut. Dadurch ist dieser Mais giftig für die Raupen des Maiszünslers und der Bauer kann auf den Einsatz von Insektengift verzichten. In den USA wird heute zu 85 % transgener Mais angebaut. Bislang sind keine Schäden nachzuweisen, die auf genveränderter Nahrung beruhen. Durch verminderten Pestizideinsatz wurde in China die Gesundheit der Bauern entscheidend verbessert.
Reis enthält von Natur kaum Vitamin A. In Ländern, in denen er Hauptnahrungsmittel ist, sind daher Mangelerkrankungen weit verbreitet, die zur Erblindung führen. Mit gentechnischen Methoden wurde eine Reissorte gezüchtet, die Beta-Karotin, eine Vorstufe zu Vitamin A, produziert und einen erhöhten Eisengehalt besitzt. Der wegen seiner gelben Farbe **Golden Rice** genannte Reis wird in lokale Sorten eingekreuzt, die kostenlos an Kleinbauern ausgegeben werden.
Viele Textilien werden aus gentechnisch veränderter Baumwolle hergestellt, auch bei der Produktion von biogenem Treibstoff werden transgene Pflanzen eingesetzt.

Gentherapie

Als **Gentherapie** bezeichnet man das Einfügen von Genen in Zellen oder Gewebe, damit fehlende oder defekte Funktionen des Organismus wiederhergestellt werden.

Unter Gentherapie versteht man das Einbringen von Genen in Gewebe oder Zellen von lebenden Organismen mit dem Ziel, durch die Funktion dieser Gene therapeutischen oder präventiven Nutzen zu erlangen.
Das Ziel gentechnischer Eingriffe ist in erster Linie, Menschen zu heilen und vor Erbkrankheiten zu bewahren. Dabei lassen sich zwei Verfahren unterscheiden: Die **somatische Gentherapie** versucht, therapeutisches Erbgut in Körperzellen einzubringen und damit Erbkrankheiten oder Erkrankungen wie Krebs oder AIDS zu behandeln. Ziel der **Keimbahntherapie** ist es, einen genetischen Defekt bereits in der Keimzelle zu korrigieren, so dass sich die Erkrankung gar nicht erst einstellt.

Bei der **In-vivo-Gentherapie** (*in vivo*: im Lebewesen) wird das genetische Material direkt in den Patienten eingebracht, bei der **In-vitro-Gentherapie** (*in vitro*: im Reagenzglas) entnimmt man dem Patienten Zellen und legt eine Zellkultur an, die transfiziert wird.

Somatische Gentherapie geschieht durch gezielten Austausch einer fehlerhaften Sequenz gegen intakte Kopien (Genkorrektur). Ein solcher Eingriff eignet sich zur Behandlung monogenetisch verursachter Erbkrankheiten, wie der Bluterkrankheit (→ S. 75) und der Mukoviszidose (→ S. 74). Fortschritte erhofft man sich auch bei der Krebsbekämpfung, bei Infektionskrankheiten (insbesondere HIV), bei Erkrankungen des zentralen Nervensystems und des Herz-Kreislauf-Systems. Gentherapie ist eine echte Kausaltherapie.
Zur Gentherapie zählen auch die Inaktivierung pathogener Genprodukte, zum Beispiel mit Antisense- oder Small-interfering-RNA (siRNA)-Therapie, oder die indirekte Heilung von Krankheiten durch Gene, die beispielsweise für Interferone kodieren.

Somatische Gentherapie richtet sich auf Körperzellen. Ihre Wirkung beschränkt sich auf das behandelte Individuum.

Bei der **Keimbahntherapie** werden Gene der Eizellen und Samenzellen gezielt verändert, um potenzielle Nachkommen von einer Krankheit zu verschonen. Sie böte die Möglichkeit, Erbkrankheiten, die in einer Familie auftreten, endgültig zu besiegen, denn die Korrektur wird an die Nachkommen vererbt.
Bei Tieren existieren heute schon Methoden, mit denen Keimzellen genetisch verändert werden können. Im Gegensatz zur somatischen Gentherapie ist die Keimbahntherapie nach § 5 des Embryonenschutzgesetzes von 1990 in Deutschland verboten.

Zur Keimbahn zählt man Organe und Zellen des Körpers, die der Vererbung dienen.

Keimbahntherapie verfügt über das Schicksal zukünftiger Generationen.

Risiken der Gentechnik

Mit den Erfolgen der Gentechnik wachsen die Bedenken hinsichtlich möglicher Risiken. Viele Verbraucher fürchten Nebenwirkungen beim Verzehr gentechnisch veränderter Lebensmittel. Ängste wecken auch die mögliche Veränderung von Krankheitserregern oder die unabsichtliche Freisetzung gentechnisch veränderter Organismen.

Die Befürchtungen sind:

- Die Freisetzung von Lebewesen mit neu kombinierten Eigenschaften könnte unerwartete Konsequenzen in der Umwelt haben. **Störungen des ökologischen Gleichgewichts**, **Veränderungen des Genpools** von Populationen oder die **Beeinträchtigung der genetischen Vielfalt** sind denkbar.
- Menschen und Tiere können **Allergien** gegen Produkte von transgenen Organismen ausbilden.
- **Gefährliche Keime** könnten aus den Labors entweichen.
- Transgene Organismen könnten ihr Erbgut auf andere Lebewesen übertragen.

Während Befürworter der Gentechnik erwarten, dass bislang unlösbare Probleme in der Medizin, der Landwirtschaft und im Umweltschutz bewältigt werden können, befürchten Gegner unkontrollierbare, überwiegend negative Auswirkungen auf einzelne Menschen, die Umwelt und die Gesellschaft.

In Deutschland werden gentechnische Arbeiten durch das Gentechnikgesetz von 1990 geregelt.
Dieses Gesetz definiert die Sicherheitsstufen und -maßnahmen an Arbeitsplätze für gentechnische Arbeiten.
Ein Gesetz zur Neuordnung des Gentechnikrechts wurde im Juni 2004 erlassen, um die EU-Richtlinie zur Freisetzung von genetisch veränderten Organismen umzusetzen.

- Transgene Keime können zu militärischen Zwecken **missbraucht** werden.
- Genforscher könnten den **Eigenwert von Tieren und Pflanzen** missachten.
- Menschen könnten aufgrund von genetischen Eigenschaften **diskriminiert** werden.

Im Vordergrund steht die Angst vor einem Missbrauch der Gentechnik und die Unsicherheit über künftige Auswirkungen. Viele ethische und juristische Fragen zur Gentechnik sind noch ungelöst. An die Sicherheitsstandards der gentechnischen Forschung sind hohe Anforderungen zu stellen.
Ein grundsätzliches Abwägen von Möglichkeiten und Gefahren der Gentechnik ist wegen der vielen unterschiedlichen Anwendungsbereiche verfehlt. Chancen und Risiken sollten nicht pauschal oder gar ideologisch beurteilt, sondern bei jedem einzelnen Projekt aufs Neue abgewogen werden. Sowohl die Verwirklichung als auch die Unterlassung einer Anwendung kann ein sträflicher Irrtum sein.

Genetik

Die **Genetik** oder Vererbungslehre ist das Teilgebiet der Biologie, das sich mit der Erbinformation beschäftigt. Sie untersucht dabei deren Bau, die Vermehrung, die Änderung, die Weitergabe, die Neukombination und die Realisation.

Die **klassische Genetik** befasst sich mit der Weitergabe des Erbguts von einer Generation zur nächsten und sucht dabei Gesetzmäßigkeiten, nach denen Merkmale weitergegeben werden. Dabei zeigt sich, dass die Mendel'schen Gesetze sowohl bei der Vererbung von Eigenschaften bei Pflanzen als auch bei Tieren Gültigkeit haben.

Die Aufklärung der Struktur von **DNA**, einem Polynukleotid, gelang den Wissenschaftlern Watson und Crick. Die DNA liegt als spiralig gewundener Doppelstrang vor, dessen Einzelstränge über eine Vielzahl von Wechselwirkungen zusammengehalten werden. Trennt man die beiden Stränge voneinander, dann kann jeder Einzelstrang durch Aneinanderfügen von Nukleotiden wieder zu einem Doppelstrang ergänzt werden. Aufgrund vorgegebener strikter Paarungsregeln entspricht dieser Doppelstrang exakt dem Ausgangs-DNA-Molekül.

Die DNA verwendet die Nukleotide wie die Buchstaben eines Alphabets. Weil die Buchstaben in der DNA aus drei aufeinanderfolgenden Nukleotiden bestehen, werden sie als **Tripletts** bezeichnet. Die Reihenfolge der Tripletts bestimmt letztendlich die Merkmalsausprägung des Organismus.

Unter einem **Gen** versteht man einen Abschnitt der DNA, der ein Protein oder ein anderes Genprodukt definiert. Die Aktivität der Gene kann reguliert werden.

Veränderungen der DNA werden als **Mutationen** bezeichnet. Manche sind neutral, manche wirken sich negativ auf ihren Träger aus. In Körperzellen können sie Krebs verursachen, in Fortpflanzungszellen führen sie zu Erbkrankheiten.

Gentechnik ist ein Sammelbegriff für verschiedene molekularbiologische Techniken. Dazu zählen Verfahren zur Untersuchung, Isolation, Synthese und Charakterisierung von genetischem Material ebenso wie Methoden zur Übertragung und Neukombination von Erbmaterial. Gentechniker untersuchen Fragen, wie die Gene die Entwicklung eines Lebewesens steuern, wie fehlerhafte Vorgänge zu Krankheiten führen und wie diesen vorgebeugt werden kann.

Die Gentechnik hat sich im Alltag der Menschen auf vielfältige Weise etabliert. In der Medizin wird Gentechnik routinemäßig in der Diagnose eingesetzt, sie trägt zur Therapie vieler Krankheiten bei. Die Herstellung von Pharmaka, der Umweltschutz und die Produktion von Lebensmitteln bedienen sich gentechnischer Methoden. Verfahren der Gentechnik eröffnen Möglichkeiten, die Lebensgrundlagen des Menschen in Bezug auf Gesundheit, Ernährung und Umwelt zu verbessern. Zahlreiche gentechnisch veränderte Pflanzen sind in der EU bereits zugelassen, ebenso Lebensmittel und Futtermittel, die daraus hergestellt werden. Biotechnologische Verfahren in der Industrie sind eng verknüpft mit Gentechnik. In der Gerichtsmedizin, bei Vaterschaftsfragen und zur Verbrechensaufklärung ist Gentechnik nicht mehr wegzudenken.

AUF EINEN BLICK

Pathogene **Keime** und **Parasiten** bedrohen die Gesundheit.

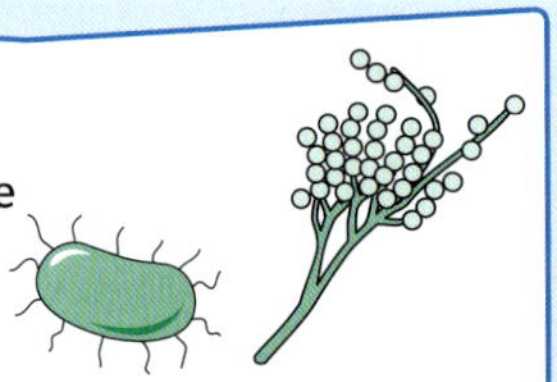

Antimikrobielle und antivirale Proteine (Interferon, Komplement-Proteine) bilden eine Schranke für eindringende **Mikroorganismen**.

Kontakt mit einem Antigen lässt bei der humoralen Antwort einen Klon von **Plasmazellen** entstehen.

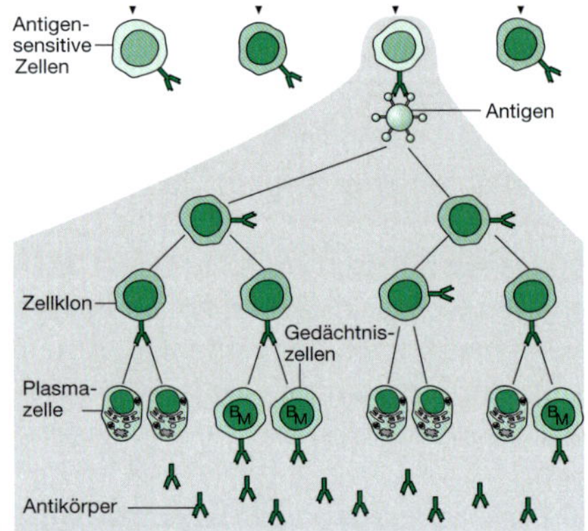

unspezifische Antwort – extern

unspezifische Antwort – intern

spezifische Antwort: humorale Antwort

Der Körper hat **Schutzmechanismen** (z. B. die Haut) um das Eindringen von Keimen zu verhindern.

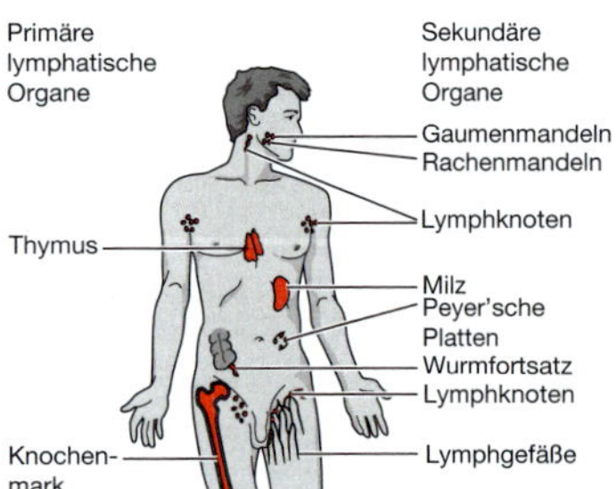

Makrophagen nehmen Keime auf und phagozytieren.

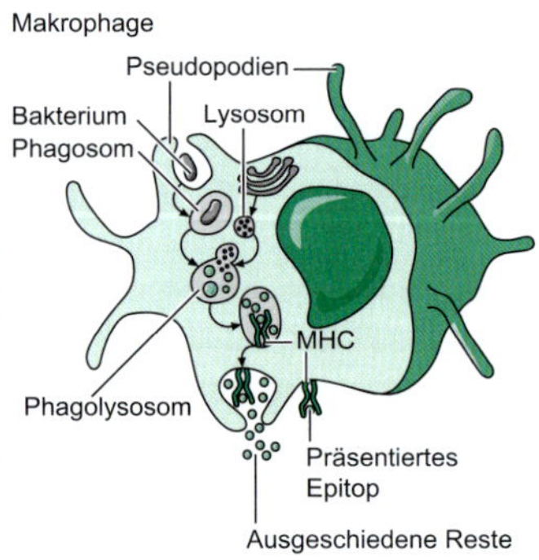

Plasmazellen stellen **Antikörper** her, die hochselektiv an passende Antigene binden.

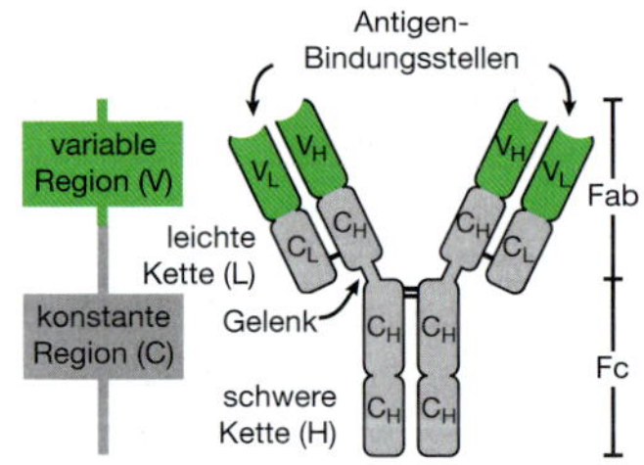

Bei der Bildung eines Plasmazellklons entstehen auch **Gedächtniszellen**.

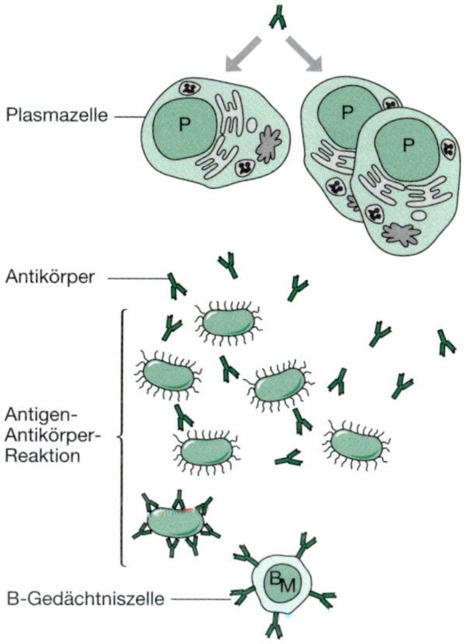

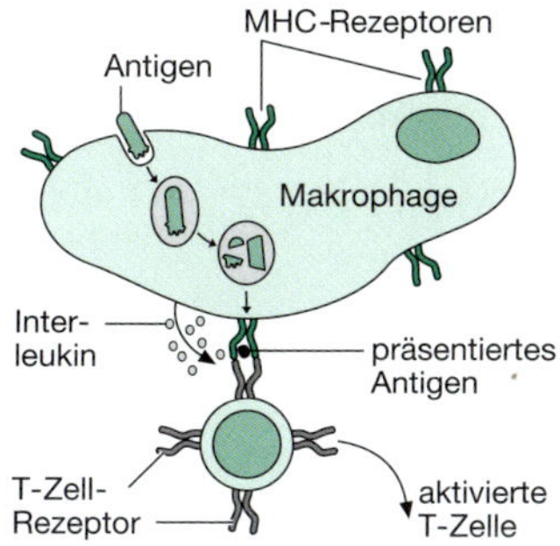

Die **zellvermittelte Immunantwort** ist vor allem die Aufgabe von T-Helfer-Zellen und cytotoxischen T-Zellen.

Fehlende, zu schwache oder fehlgeleitete Abwehr hat schwere **Krankheitserscheinungen** zur Folge.

immunologisches Gedächtnis

spezifische Antwort: zelluläre Antwort

Krankheiten des Immunsystems

Das immunologische Gedächtnis ermöglicht **Immunität** – durch Schutzimpfung, überstandene Krankheit, über die Plazenta oder durch Muttermilch.

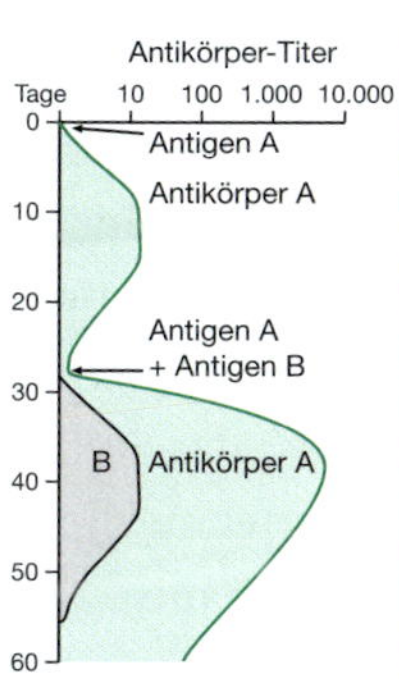

T-Killerzellen zerstören entartete, von Viren infizierte und transplantierte Zellen.

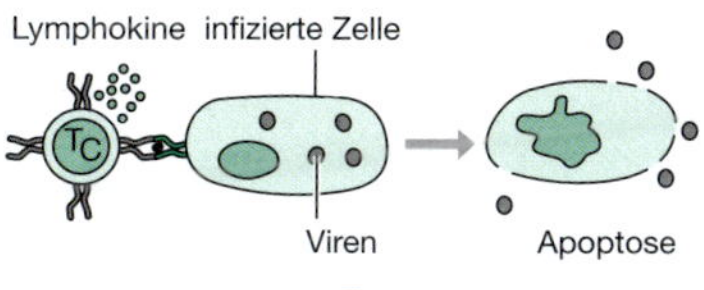

Das HI-Virus zerstört die T-Helferzellen und verursacht **AIDS**.

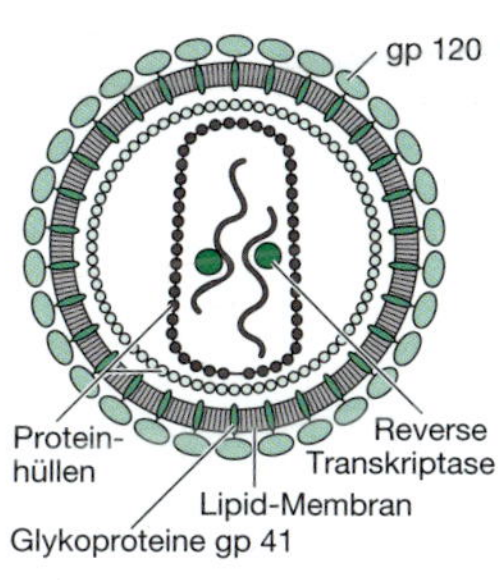

KURZINFO

4 Immunbiologie

- Das Immunsystem kann Eindringlinge erkennen und bekämpfen.
- B-Lymphozyten reifen im Knochenmark, T-Lymphozyten im Thymus.
- Die Klon-Selektions-Hypothese erklärt die perfekte Passung der Antikörper.
- Bakterien werden überwiegend durch die humorale Abwehr bekämpft.
- Die zelluläre Abwehr wehrt Viren, Tumore und Transplantate ab.
- Das Immunsystem hat ein Gedächtnis, darauf beruht die aktive Immunisierung.
- Das AB0-System der Blutgruppen und der Rhesus-Faktor beruhen auf Antigenen der Blutzellen.
- MHC-Proteine verursachen Probleme bei der Gewebstransplantation.
- Das AIDS-Virus HIV infiziert und vernichtet Zellen des Immunsystems.
- Allergien entspringen einem überempfindlichen Immunsystem.

4.1 Infektion und Abwehr

Für viele Mikroben ist der menschliche Körper ein geradezu idealer **Lebensraum**: Er ist wohltemperiert und angefüllt mit Nährstoffen. Sie versuchen in diesen einzudringen, darin zu leben und sich zu vermehren.

Die Abwehr des Körpers gegen Mikroorganismen ist in drei Linien gestaffelt.

Infektionskrankheiten sind weltweit die häufigsten Krankheiten. Mikroben, die eine Infektionskrankheit hervorrufen können, werden als pathogene Keime bezeichnet. Sind die Keime in den Körper eingedrungen, so versucht der befallene Körper sie so schnell wie möglich zu inaktivieren oder zu zerstören. Das Immunsystem hat die Aufgabe, den Körper gegen den Angriff der Eindringlinge zu verteidigen.

Um eine Krankheit auszulösen, müssen die Mikroorganismen ein dreistufiges **Abwehrsystem** überwinden (Tab. 3). Die einzelnen Schutzwälle arbeiten allerdings nicht isoliert – alle Teile des Abwehrsystems sind miteinander vielfältig verknüpft und verzahnt. Es ist dieses Zusammenwirken, welches das Immunsystem zu einem so hervorragenden Verteidigungssystem werden lässt.

Während die **allgemein unspezifische Abwehr** das Eindringen von Mikroorganismen verhindert, bekämpft die **selektiv unspezifische Abwehr** bereits eingedrungene Mikroorganismen. Beide Abwehrmechanismen sind angeboren, d.h. sie sind durch die Erbinformationen festgelegt.

Die **spezifische Immunabwehr** entwickelte sich im Laufe der Stammesgeschichte der Wirbeltiere aus der angeborenen Immunabwehr. Pathogene werden spezifisch erkannt und können anschließend bekämpft werden.

angeborene = unspezifische Abwehr	**allgemein unspezifische Abwehr**: Barrieren des Körpers	Haut und Schleimhäute; Säuren der Haut und des Magens; Basen im Darm; antibakterielle Enzyme; Husten, Niesen, Erbrechen, Bakterienflora	halten Erreger aller Gruppen ab
	selektiv unspezifische Abwehr: reagiert sehr schnell, aber wenig spezifisch	lösliche Faktoren • Lysozym • Interferone • Komplementsystem • Histamin	wirken vor allem gegen bereits eingedrungene Bakterien und Pilze
		weiße Blutzellen • Phagozyten • neutrophile Granulozyten • eosinophile Granulozyten • basophile Granulozyten • Makrophagen • natürliche Killerzellen	wehren eingedrungene Bakterien, Pilze, Viren ab
erworbene = spezifische Abwehr	**spezifische Immunität**: arbeitet verzögert; trifft ganz gezielt den jeweiligen Erreger; bekämpft jeden Keim mit exakt angepassten Reaktionen; hat ein Gedächtnis, wird durch Erfahrung gestärkt.	Die **humorale Abwehr** arbeitet mit gelösten Proteinen (Immunoglobulinen): antikörpervermittelte Abwehr • B-Lymphozyten • Plasmazellen • B-Gedächtniszellen • Antikörper • Zytokine	zielt auf Bakterien, Einzeller, Pilze und Viren außerhalb von Körperzellen
		Die **zelluläre Abwehr** arbeitet mit ganzen Zellen: zellvermittelte Abwehr • T-Lymphozyten: – T-Helferzellen – T-Unterdrückerzellen – T-Killerzellen	bekämpft Viren, Pilze, Bakterien, Einzeller innerhalb von Zellen

Tab. 3: Überblick über das Abwehrsystem des Körpers

Haut und Schleimhäute bilden die erste Verteidigungslinie.

Fresszellen, Enzyme und Entzündungsreaktion machen die zweite Verteidigungslinie.

Das Immunsystem reagiert auf jeden Keim mit einer spezifisch auf diesen zugeschnittenen Antwort.

4.2 Das Immunsystem

Von der Organebene bis hin zur Molekülebene sind an der Immunabwehr viele Strukturen sowie Botenstoffe beteiligt.

Das Immunsystem ist ein komplexes System spezialisierter Zellen und Organe. Es ist nicht klar gegenüber anderen Organen abgegrenzt und durchdringt viele Gewebe. Es besteht aus dem **Lymphsystem**, das sich wiederum aus dem **Lymphgefäßsystem** und den **lymphatischen Organen** zusammensetzt.

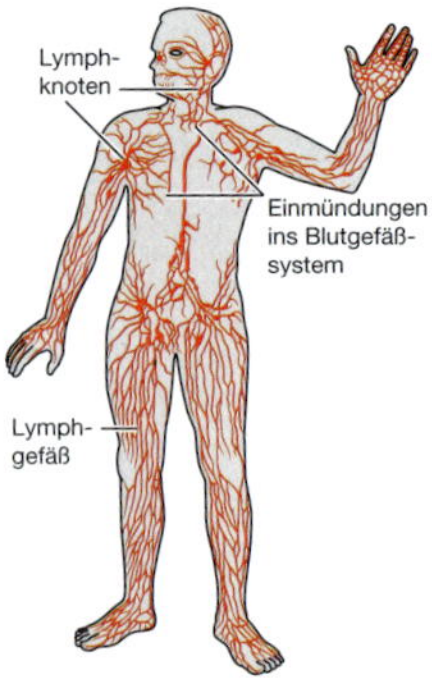

Abb. 124: Lymphbahnen und Lymphknoten sind besonders eng mit dem Immunsystem verknüpft.

Das Lymphgefäßsystem besteht aus einem System von Kanälen, durch das die Lymphe, eine klare, gelbe Serumflüssigkeit, mit weißen Blutzellen transportiert wird. In dieses System ist eine große Zahl von Lymphknoten eingebettet, die als Filterstation u.a. für Giftstoffe dienen. Im Lymphknoten werden auch Zellen der spezifischen Immunabwehr altiviert.

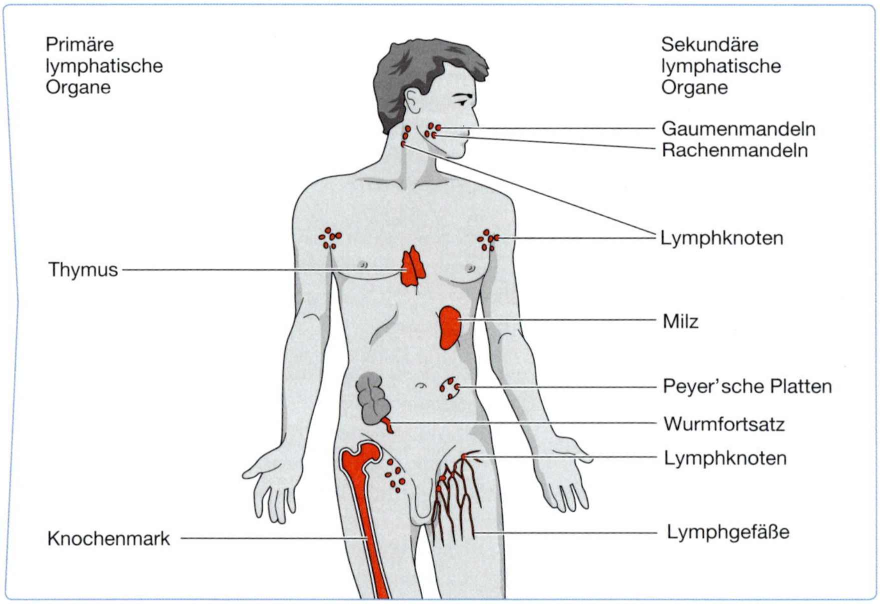

Abb. 125: Organe des Immunsystems

Primäre lymphatische Organe sind die Produktions- und Reifungsorte der Lymphozyten: das **Knochenmark** und der **Thymus**. Diese Organe geben die Lymphozyten in die Blutbahn ab, in der sie zirkulieren, bis sie eines der sekundären lymphatischen Organe erreichen, in denen sie sich bevorzugt aufhalten und ansammeln.

In den **sekundären lymphatischen Organen** treffen die Zellen des Immunsystems miteinander und mit Antigenen zusammen. Die **Mandeln** bilden einen Schutzring im Rachen. Der **Wurmfortsatz** des Blinddarms und die **Peyer'schen Platten** des Dünndarms sind mit Gewebe ausgestattet, das reichlich Lymphozyten speichert. Die **Milz** ist in den Blutkreislauf integriert. **Lymphknoten** treten gehäuft am Hals, in Schenkel- und Achselbeugen, entlang des Dünndarms und am After auf. Blutgefäße und **Lymphgefäße** transportieren die Lymphozyten zwischen Bildungsorten und Speichern.

Antigene

Bevor der Körper gegen Keime ankämpfen kann, muss er zwischen Freund und Feind unterscheiden. Fremde Zellen und Substanzen müssen erkannt und lokalisiert werden. Die Unterscheidung in gefährlich und ungefährlich – weitgehend deckungsgleich mit der Unterscheidung zwischen **eigen** und **körperfremd** – ist nicht genetisch festgelegt, sie muss vielmehr individuell angeeignet werden.

Jede Substanz, die in der Lage ist, eine Antwort des Immunsystems hervorzurufen, wird als Antigen bezeichnet.

Ein **Antigen** (kurz von ***anti**body **gen**erator*) kann ein Virus sein, ein Bakterium, ein Pilz oder ein Teil eines Parasiten, vielleicht auch ein Stoffwechselprodukt eines dieser Organismen. Alles, was eine spezifische Immunabwehr hervorruft, wird als Antigen bezeichnet. Die Immunabwehr ist z. B. die Bildung von spezifischen Antikörpern gegen das Antigen.
Ein Antigen kann nicht als Ganzes vom Immunsystem erkannt werden, nur ein bestimmter Bereich, die **antigene Determinante** oder das **Epitop**, werden erkannt. Epitope sind Moleküle, die von der Oberfläche des Antigens abstehen. Manche Epitope bestehen nur aus vier bis sechs Aminosäureresten oder Zuckermolekülen. Die meisten Antigene tragen verschiedene Epitope. Einige dieser Epitope sind wirksamer als andere, wenn es um die Auslösung einer Immunantwort geht.

Antigene werden vom Immunsystem als fremd erkannt. Sie lösen im Körper eine Immunantwort aus.

MHC-Rezeptoren

Das Immunsystem erkennt körpereigene Zellen anhand von Zelloberflächenproteinen. Auf der Zellmembran sitzen Glykoproteine, die **MHC-Proteine** (auch HLA genannt – Humane Leukozyten-Antigene). **Die MHC-Proteine unterscheiden sich von Mensch zu Mensch, sie verraten dem Immunsystem, ob eine Zelle zum Körper gehört oder körperfremd ist, aber auch, ob eine eigene Zelle von Viren infiziert oder zu einer Krebszelle umgewandelt ist.**
MHC-Proteine werden von drei benachbarten Genen codiert, dem Haupt-Gewebsverträglichkeitskomplex (*major histocompatibility complex* – MHC). Ihr Formenreichtum (**Polymorphismus**) ist ungewöhnlich groß, denn in jeder Population gibt es viele verschiedene Allele, die immer wieder neu kombiniert werden. Durch die kodominante Genwirkung (→ S. 73) prägen sich alle Allele gleichzeitig aus. So ist es überaus unwahrscheinlich, dass zwei Menschen die gleichen MHC-Proteine tragen, es sei denn, sie sind eineiige Zwillinge.
Neben der Kennzeichnung haben die MHC-Proteine eine weitere wichtige Rolle im Immungeschehen: Sie sind **Rezeptoren**. Auf ihnen präsentieren die Zellen charakteristische Bruchstücke von eingedrungenen Viren, Bakterien und anderen fremden Organismen. Die MHC-Rezeptoren bilden eine Tasche, in der die Bruchstücke gebunden und dargeboten werden. Viele Immunzellen unterlie-

Moleküle des Haupthistokompatibilitätskomplexes (MHC) markieren Körperzellen; sie erlauben dem Körper zwischen eigen und fremd zu unterscheiden.

Die MHC-Proteine bestimmen, welche Zellen der Körper akzeptiert und gegen welche er sich wehrt.
MHC-Rezeptoren präsentieren Antigene.

gen der **MHC-Restriktion**: Nur wenn Stücke der Antigene im MHC-Rezeptor liegen, können sie einen Eindringling erkennen und bekämpfen:

- Über den **MHC-Klasse-I**-Weg werden infizierte und entartete Zellen, die körperfremde Proteine herstellen, gezielt von zytotoxischen T-Zellen identifiziert und anschließend eliminiert.
- Über den **MHC-Klasse-II**-Weg können T-Helferzellen die Produktion von spezifischen Antikörpern und die Aktivität von Phagozyten stimulieren, die Krankheitserreger in Körperflüssigkeiten inaktivieren und eliminieren (humorale Immunantwort).

4.3 Zellen des Immunsystems

Leukocyten

Die Immunantwort wird hauptsächlich von weißen Blutzellen – den Leukozyten – gegeben.

Abwehrzellen, weiße Blutkörperchen oder **Leukocyten** entwickeln sich im Knochenmark aus Stammzellen. Besonders auffällig sind die Monocyten, große Fresszellen, die selbstständig ins Gewebe auswandern können und sich zu **Makrophagen** weiterentwicklen. Neutrophile Granuloyten stellen die Hauptmenge aller weißen Blutkörperchen dar und können sich ebenfalls selbständig bewegen. Wie die Makrophagen vernichten sie die Erreger durch Phagocytose (→ S. 131).

Zytokine

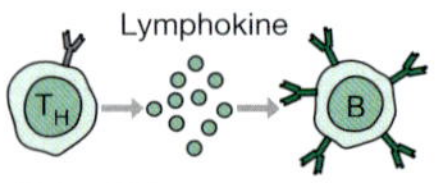

Abb. 126: Über Lymphokine können Zellen kommunizieren.

Die Zellen des Immunsystems kommunizieren durch unmittelbaren Kontakt und über chemische Stoffe: die **Zytokine**. **Zytokine sind wasserlösliche Proteine. Sie wirken, indem sie sich an Membranrezeptoren anderer Zellen heften.** T-Helferzellen regen durch Lymphokine die B-Lymphozyten zur Vermehrung an und fördern die Antikörperproduktion.
Die bekannteste Gruppe der Lymphokine sind die **Interferone**, Glykoproteine (Zucker-Eiweiß-Verbindungen), die bei Virenbefall von den Körperzellen produziert und freigesetzt werden. Sie hemmen die Vermehrung der Viren und können so ihre Ausbreitung wirksam beschränken.

T-Lymphozyten und B-Lymphozyten

T-Lymphozyten und B-Lymphozyten sind die Hauptakteure des erworbenen Immunsystems. Lymphozyten sind kleine weiße Blutzellen, die im Knochenmark gebildet und ans Blut abgegeben werden. Ihre Lebenszeit beträgt drei Tage oder viele Jahre. Jeder Mensch besitzt ungefähr eine Billion von ihnen.

Lymphozyten sind die Träger der spezifischen Abwehr.

Das Knochenmark ist reich an blutbildenden Stammzellen, die sich ständig teilen. Aus diesen bilden sich die Vorläufer aller Blutzellen. Den Stammzellen fehlen noch die Rezeptoren, mit denen die Lymphozyten ihr Angriffsziel erkennen. Lymphozyten, deren Vorläuferzellen zum Thymus wandern und dort reifen, entwickeln sich zu **T-Zellen**. Sie machen etwa 70 Prozent aller Lymphozyten aus.

T-Lymphozyten sind für die zelluläre Immunität zuständig.

Regulatorische T-Zellen – Helferzellen und Unterdrückerzellen – sorgen durch Anregung und Hemmung anderer Immunzellen für ein ausgewogenes System. Die zytotoxischen T-Zellen (Killerzellen) dagegen sind die eigentlichen Effektoren; sie bekämpfen Viren, Krebszellen und Bakterien. Die T-Helfer-Zellen mobilisieren die humorale Immunabwehr und damit die Antikörperbildung. Gleichzeitig sind sie bei der zellvermittelten Immunabwehr von Bedeutung.

Die zytotoxischen T-Zellen sorgen für die zelluläre Immunität. Sie greifen Antigene direkt an und vernichten sie. Zu ihren Zielen gehören auch Körperzellen, die durch Viren oder Mutationen verändert sind.

T-Helferzellen (T_H-Lymphozyten) sondern ein Signal-Protein ab, das B-Zellen zur Vermehrung und zur Mobilisierung ihrer Antikörper anregt und andere T-Zellen aktiviert.

Für alle T-Lymphozyten gilt die **MHC-Restriktion** (→ S. 128): Sie reagieren nur dann auf ein Antigen, wenn sie es auf einer Zielzelle zusammen mit einem körpereigenen MHC-Protein erkennen. Die Aktivitäten der T-Zellen werden von einem Molekül auf ihrer Membran kontrolliert: Alle T-Lymphozyten tragen auf ihrer Zellmembran den T-Zell-Rezeptor, der eine permanente Ausweiskontrolle vornimmt. Er tastet laufend die MHC-Proteine der Zellen ab und schlägt Alarm, wenn die Passform nicht stimmt: Dies bedeutet, dass die Zelle fremd ist oder dass ihr Stoffwechsel verändert ist.

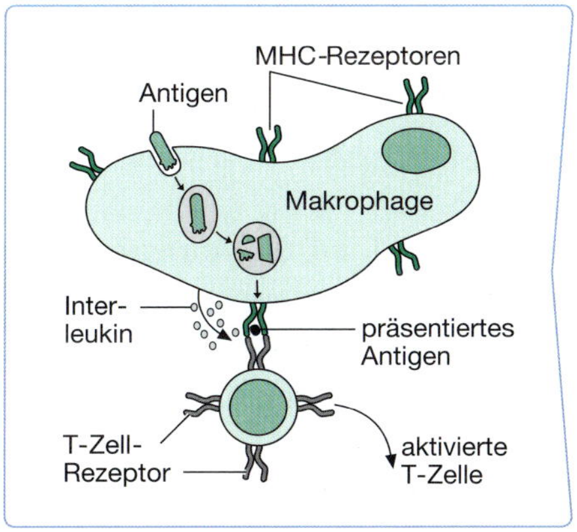

Abb. 127: T-Lymphozyten werden durch Antigene aktiviert, die von Fresszellen auf MHC-Rezeptoren präsentiert werden.

Lymphozyten, die im **Knochenmark** ihre Immunkompetenz erwerben, werden zu **B-Zellen**.

B-Zellen vermitteln die humorale Immunität. Sie und ihre Nachfolgerzellen, die Plasmazellen, bilden große Mengen von Antikörpern, die sie in die Körperflüssigkeiten abgeben.

Von den B-Lymphozyten geht die humorale Immunität aus.

B-Lymphozyten und T-Lymphozyten erkennen spezifische Antigene als ihre Ziele. Da jeder Lymphzyt nur einen einzigen Rezeptortyp, den aber in vielen

Kopien (rund 100 000) besitzt, kann er nur ein einziges Epitop erkennen. Um Platz für genügend Zellen zu haben, die zu Millionen verschiedener Eindringlingen passen, speichert das Immunsystem nur ganz wenige Exemplare von jeder Sorte. Erst wenn ein Antigen auftaucht, vermehren sich diejenigen Zellen, deren Rezeptoren exakt dazu passen, zu gewaltigen Heerscharen.

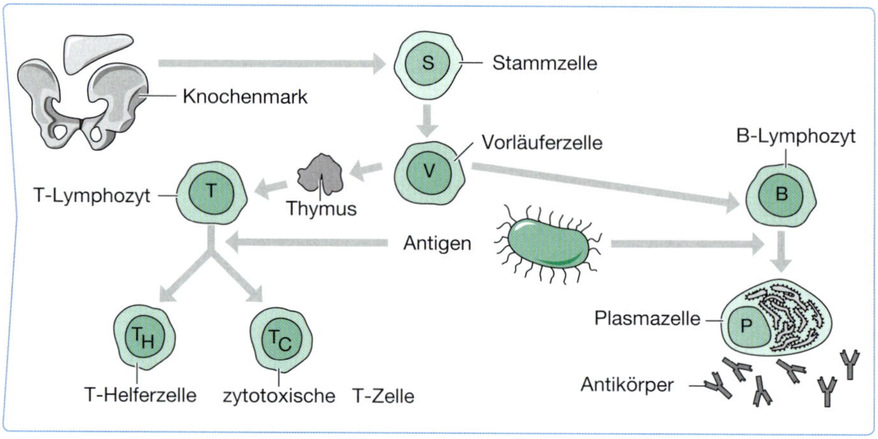

Abb. 128: B-Lymphozyten reifen im Knochenmark (*bone marrow*), T-Lymphozyten reifen im Thymus zu immunkompetenten Zellen.

B-Zell-Reifung

B-Zellen sind spezialisiert: eine Zelle – ein Antikörper.

B-Zellen sind auf die Abwehr von Bakterien spezialisiert. Jede B-Zelle ist programmiert, eine spezifische Antikörper-Sorte herzustellen. Alle Plasmazellen, die aus dieser B-Zelle hervorgehen, machen denselben Antikörper, maßgeschneidert für ein Epitop.

B-Lymphozyten bauen Antikörper in ihre Zellmembran ein, die als Antigen-Rezeptoren wirken. Als **Antigen-sensitive Zellen** wandern sie zur Milz, in die Lymphknoten, den Wurmfortsatz und die Mandeln.

Die weiteren Entwicklungsschritte laufen nur ab, wenn eine Zelle Kontakt mit einem passenden Antigen aufnimmt und zusätzlich ein Startsignal von einer T-Zelle erhält (→ S. 129). Die so aktivierte Zelle beginnt, sich zu teilen und erzeugt einen **Klon** von Tochterzellen. Die meisten dieser Tochterzellen wandeln sich zu **Plasmazellen** (PZ) und beginnen mit der Abgabe von **Antikörpern**, die untereinander und mit dem Membranrezeptor der Mutterzelle identisch sind. Plasmazellen haben eine kurze Lebensdauer. Einige Zellen des Klons differenzieren sich zu langlebigen **Gedächtniszellen** (B_M). Gedächtniszellen können lange Jahre im Körper bleiben und werden erst dann aktiv, wenn das gleiche Antigen noch einmal auftaucht: Dann wandeln sie sich sehr schnell in Plasmazellen um und stellen Antikörper her.

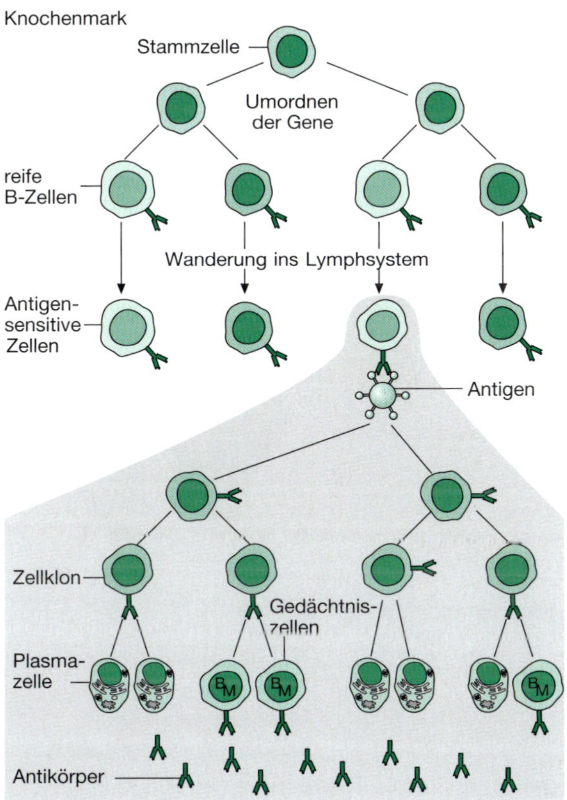

Abb. 129: Entwicklung der Plasmazellen aus Stammzellen des Knochenmarks

4.4 Die unspezifische Immunabwehr

Die unspezifische Abwehr ist das erste Schutzschild des Körpers. Sie verhindert das Eindringen von Krankheitserregern in den Körper. Dazu zählen z. B. der Säureschutzmantel der Haut, der saure pH-Wert im Magen oder auch Sekrete, die auf Schleimhautoberflächen zu finden sind. Wenn Erreger es dennoch schaffen, diese oberflächlichen Barrieren zu durchbrechen, werden die phagozytierenden Leukozyten aktiv:

Phagocytose

Phagozyten nehmen Antigene auf, verdauen sie und geben Signale weiter.

Nach dem Erkennen sorgt das Immunsystem dafür, dass fremde Erreger ausgeschaltet werden. Phagozytierende Zellen („Fresszellen“) wie die Makrophagen haben die Aufgabe, eingedrungene Mikroorganismen zu beseitigen.
Erkennt ein Phagozyt ein Antigen (ein Bakterium, eine Pilzzelle oder ein Virus), so streckt er seine Pseudopodien aus, greift und umschließt es in einem Phago-

Antigenpräsentierende Zellen lösen die spezifische Immunantwort aus.

som, das durch Einstülpung der Zellmembran entsteht (Endocytose → S. 24). Das Phagosom verschmilzt mit Lysosomen (→ S. 13), die Enzyme enthalten. Im Phagolysosom wird der Mikroorganismus enzymatisch getötet und verdaut. Die Reste können dann durch Exocytose wieder abgeben werden.

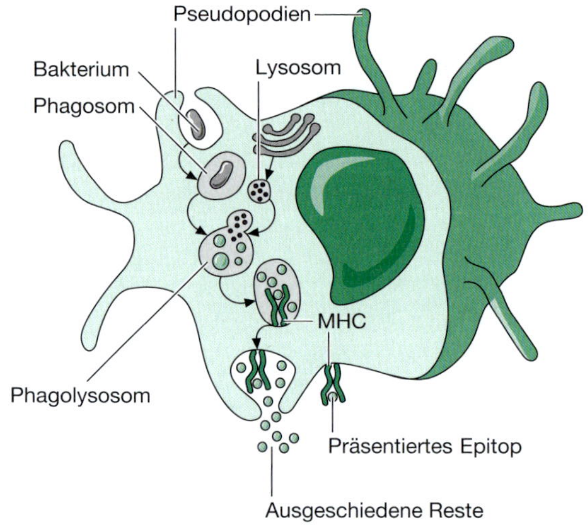

Abb. 130: Der Vorgang der Phagozytose durch einen Makrophagen

Beim Abbau von Proteinen im Phagolysosom entstehen kleine Bruchstücke. Diese Peptide werden an MHC-Moleküle geheftet, die an die Zelloberfläche wandern und dort präsentiert werden. Diese Präsentation der Antigene alarmiert die T-Zellen und leitet damit die spezifische Immunantwort ein.

Entzündungsreaktion

Schäden an den äußeren Barrieren des Körpers, z. B. eine Schnittverletzung in der Hand, lösen eine Entzündungsreaktion aus. Typische Anzeichen für eine Entzündungsreaktion sind Rötung, Erwärmung, Schwellung und Schmerzen am Infektionsort. Zunächst werden durch die zerstörten Zellen Signalstoffe wie Histamine abgegeben. Sie lösen eine verstärkte Durchblutung (Rötung) und eine Erweiterung oder Gefäßdilatation der umliegenden Blutgefäße aus. Durch die erhöhte Permeabilität können nun die Leukozyten durch Lücken in den Gefäßwänden in das betroffene Gebiet einströmen (Schwellung). Es kommt zur Phagozytose der Fremdkörper. Außerdem werden vermehrt Mastzellen in das entzündete Gewebe angeschwemmt. Diese entlassen noch mehr Histamine und können auf diese Art und Weise die Enzündungsprozesse stärken. Oft ist der Prozess von Fieber begleitet.

4.5 Die humorale Immunabwehr

Ein Bakterium tritt in den Körper ein und gelangt über Blutstrom oder Lymphe in ein lymphatisches Organ.

Trifft eine B-Zelle ein Antigen, dessen Epitope auf ihren Rezeptor passen, so nimmt sie dieses auf und verdaut es.

Bruchstücke des Antigens verbindet sie mit MHC-Rezeptoren und präsentiert sie.

Diese Kombination zieht eine passende aktivierte T-Helferzelle an, die Lymphokine ausschüttet.

Die Lymphokine erlauben es der B-Zelle, sich zu teilen. Sie lässt einen Klon von Tochterzellen entstehen, die sich innerhalb weniger Tage zu Plasmazellen entwickeln.

Der Zellklon stellt Millionen Antikörpermoleküle her, die alle die gleiche Form und Spezifität haben, und gibt sie an den Blutstrom ab.

Wenn sich der Antikörper mit dem Antigen verbindet, ist dieses zur Zerstörung markiert.

Einige der Zellen des Zellklons differenzieren sich zu Gedächtniszellen, die über Jahre hinweg im Blutstrom zirkulieren, um bei einer erneuten Infektion schnell viele Plasmazellen zu bilden.

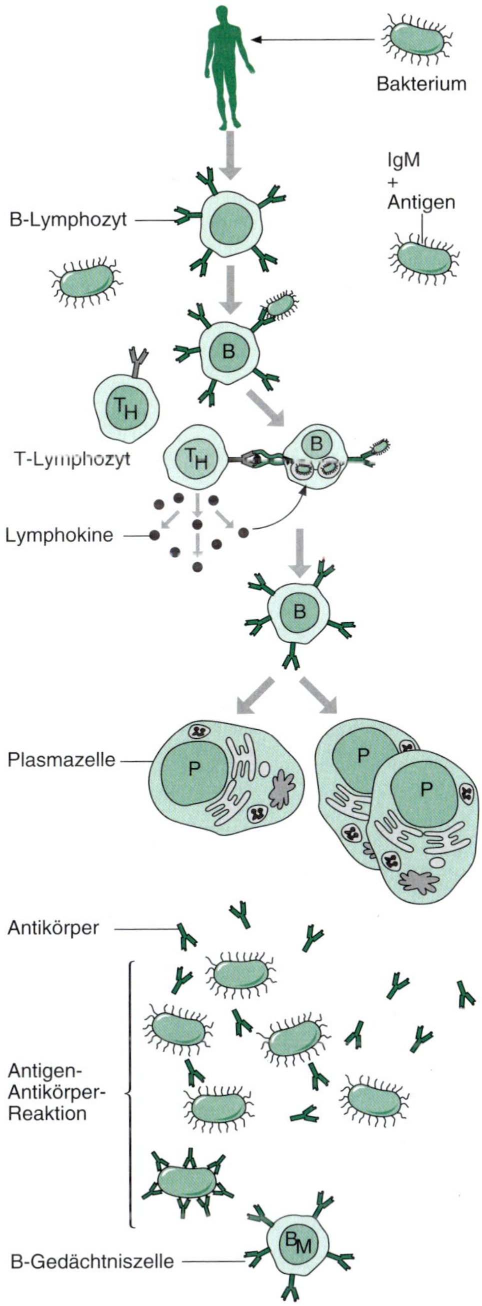

Die humorale Antwort besteht aus drei Phasen:

1. Aktivierungsphase: Das Antigen reagiert mit spezifischen Lymphozyten.

2. Differenzierungsphase: Aktivierte Lymphozyten vermehren sich und werden zu Plasmazellen.

3. Effektorphase: Die Antikörper üben ihre Wirkung aus.

Abb. 131: Verlauf der humoralen Abwehr eines Bakteriums

Humorale Immunität ist die durch Antikörper vermittelte Antwort des Immunsystems auf eine Infektion.

Die humorale Antwort zielt besonders auf Bakterien. Sie besteht aus drei Phasen (Abb. 131):

- **Aktivierungsphase**: Das Antigen reagiert mit spezifischen Lymphozyten.
- **Differenzierungsphase**: Aktivierte Lymphozyten vermehren sich und werden zu Plasmazellen.
- **Effektorphase**: Die Antikörper üben ihre Wirkung aus.

Antikörper

Antikörper sind große Proteinmoleküle, die hochspezifisch mit Antigenen reagieren.

Antikörper zählen zu einer Familie großer Proteinmoleküle (→ S. 31), die man wegen ihrer globulären Gestalt als Immunoglobuline bezeichnet.
Ein Antikörper ist aus vier Polypeptidmolekülen zusammengesetzt: Zwei identische schwere Polypeptidketten und zwei identische leichte Ketten bilden zusammen eine Ypsilon-förmige Struktur. Die Ketten sind durch Dithioether-Bindungen (= Disulfid-Brücken oder S–S-Brücken) verbunden.

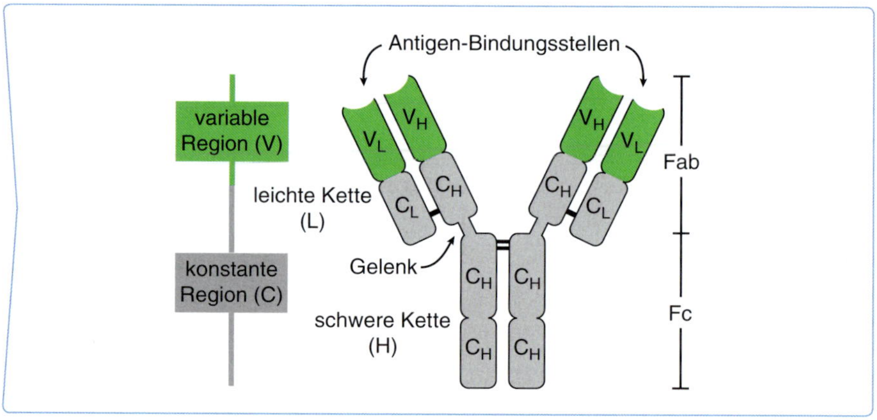

Abb. 132: Schema eines Antikörpers

Die Enden der Y-Arme unterscheiden sich stark von einem Antikörper zum anderen. Sie bilden die **variable (V) Region**. Auf jedem der Arme liegt eine Antigen-Bindungsstelle (*antigen binding fragment* = Fab), die auf ein Epitop passt und das Antigen festhält. Ein Antikörper passt zum Epitop eines Antigens wie ein Schlüssel zum Schloss. Antikörper und Antigen ergänzen sich in Form und elektrischer Ladung, die Passung ist im Allgemeinen sehr präzise. Weil jedes Antigen mehrere Epitope aufweist, und an jedes Epitop irgendeines der unzähligen Antikörper bindet, gibt es für jedes beliebige Antigen, das in den Körper eindringt, eine Reihe passender Antikörper.

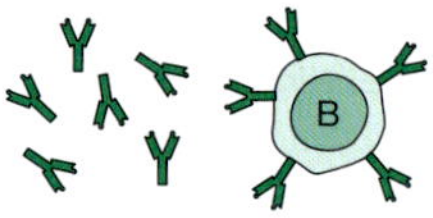

Abb. 133: Antikörper zirkulieren frei im Blut und in der Lymphe (links) oder sind membranständig auf Lymphozyten.

Der Stamm des Y – die **konstante Region** oder C-Domäne – heftet den Antikörper an andere Teile des Immunsystems. Antikörper kommen in zwei verschiedenen Zuständen vor: Sie sind entweder an die Membran einer Zelle gebunden oder sie sind frei. Als Antiserum bezeichnet man antikörperhaltiges Blutserum.

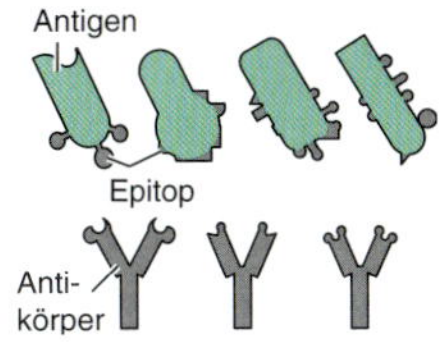

Abb. 134: Antigene und Antikörper passen wie Schlüssel und Schloss zueinander.

Monoklonale Antikörper sind untereinander identisch. Sie werden von einem Zellklon hergestellt, der von einem einzigen B-Lymphozyten stammt. Mit ihrer Hilfe kann man unter anderem Infektionen früh erkennen und gezielt bekämpfen; Substanzen reinigen, bei Krankheiten des Immunsystems wie z. B. AIDS die Zahl der Lymphozyten bestimmen.

Antikörper-Antigen-Reaktion

Die Immunreaktion beruht auf der Fähigkeit der Antikörper, Antigene zu erkennen und mit ihnen zu reagieren.

Die **spezifische Abwehr** beantwortet jeden Angriff eines Keims mit einer exakt auf den Aggressor abgestimmten Antwort. Die durch die B-Lymphozyten hervorgerufene humorale Immunantwort resultiert in einer Antikörperbildung gegen ein ganz bestimmtes Antigen.

Die spezifische Immunantwort ist exakt auf den angreifenden Erreger abgestimmt.

Bei der Immunreaktion verbinden sich Antikörper mit Antigenen kraft passender Bindungsstellen auf beiden Molekülen, die wie Teile eines Puzzles zusammenpassen. Die Reaktion beruht auf der Anziehung gegensätzlich geladener Gruppen, der Wechselwirkung zwischen polaren (hydrophilen) und unpolaren (hydrophoben) Gruppen sowie auf Van-der-Waals-Kräften.

Meist zerstören die Antikörper das Antigen nicht unmittelbar, aber sie neutralisieren dessen krankmachende Wirkung. Je nach der Natur des Antigens ist das Ergebnis der Reaktion unterschiedlich: Bakterien oder Viren werden durch die Antikörper miteinander verklumpt (**Agglutination**).

Ist das Antigen eine lösliche Substanz, z. B. ein Bakteriengift, dann kann sie als Antigen-Antikörper-Komplex ausgefällt werden: **Präzipitation**. Antikörper, die bakterielle Gifte unschädlich machen, bezeichnet man auch als **Antitoxine**. Mikroben und infizierte Zellen werden von Antikörpern ummantelt (**Opsonisierung**) und dadurch zur Aufnahme durch Fresszellen markiert. Makrophagen beseitigen schließlich die markierten Pathogene. Heften sich Antikörper an das Protein, mit dem ein Virus an die Wirtszelle andockt, so hindern sie dieses daran, in eine Zelle zu gelangen.

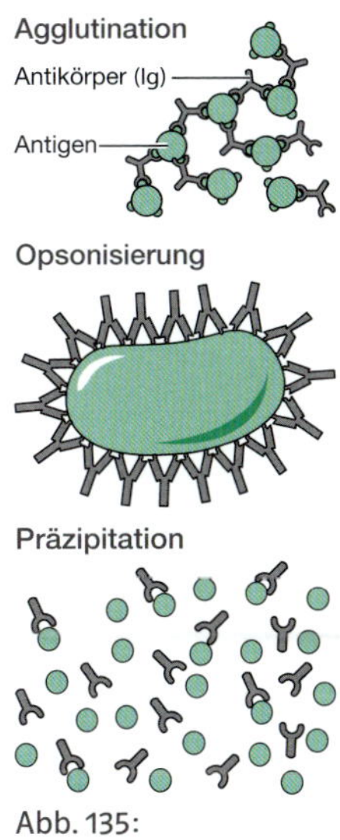

Abb. 135: Formen der Antigen-Antikörper-Reaktion:
- Agglutination,
- Opsonisierung,
- Präzipitation

Im Labor lassen sich mit Hilfe der Immunreaktion sowohl Antigene als auch Antikörper nachweisen. Immunoassays sind quantitative Verfahren zur Bestimmung von Substanzen geringer Konzentration. Im Prinzip lassen sich mit Immunoassays alle Substanzen bestimmen, gegen die Antikörper erzeugt werden.

Klonale Selektion

Antikörper können verklumpen, ausfällen, umhüllen, blockieren, immobilisieren.

Das Immunsystem kann alle möglichen Oberflächenstrukturen von Zellen und Erregern erkennen, dabei stellt jede Plasmazelle genau eine Sorte von Antikörpern her. Rund 100 Milliarden unterschiedliche Lymphozyten decken in ihrer Gesamtheit alle erdenklichen Antigene ab, denen ein Mensch im Laufe seines Lebens begegnet.

Nach der **Klon-Selektions-Theorie** wird diese Fähigkeit des Immunsystems im Laufe der Entwicklung eines Lebewesens erworben: Zunächst stellt der Körper unermesslich viele Varianten von Immunzellen her. Während der Reifung werden alle Zellen zerstört, die körpereigene Zellen erkennen; nur solche Zellen kommen in Umlauf, die eigenes Gewebe tolerieren. Die Prägephase zur Erkennung der körpereigenen Proteine liegt in den ersten Monaten unmittelbar nach der Geburt.

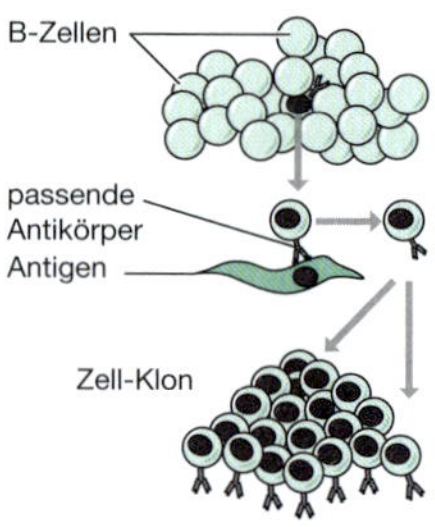

Abb. 136: Klonale Selektion: Durch Kontakt mit einem Antigen wird der B-Lymphozyt zur Vermehrung selektiert.

Kommt das Immunsystem mit einem Antigen in Kontakt, so wird genau diejenige B-Zelle aktiviert, deren Antikörper zu diesem Antigen passt. Nur dieser Lymphozyt wird zur Teilung angeregt oder selektiert. Es entsteht ein Zellklon – eine Gruppe genetisch identischer Zellen, die Antikörper mit gleichem Angriffsziel herstellen. Die Spezialisierung eines Antikörpers auf ein Epitop erfolgt also, bevor die Zelle Kontakt mit dem passenden Antigen hatte, ein Antigen wählt selbst die Zellen aus, deren Nachfahren es später vernichten werden. Die Klon-Selektions-Hypothese gilt für B- und T-Lymphozyten.

Das immunologische Gedächtnis

Phasen der Immunantwort:
1. Latenzphase
2. log-Phase
3. Plateauphase
4. Abklingphase

Beim ersten Kontakt mit einem Antigen ist erst nach 10 bis 14 Tagen eine Immunreaktion – die **Primärantwort** – erkennbar. So lange braucht der spezifische Plasmazell-Klon, um auf Angriffsstärke heranzuwachsen. Bei einer zweiten Begegnung mit demselben Antigen reagiert die Abwehr – die **Sekundärantwort** – viel rascher und bedeutend stärker. Die Sekundärantwort betrifft nur Antigene, auf die früher eine Primärantwort erfolgte.

Für das immunologische Gedächtnis sind Gedächtniszellen verantwortlich.

Die Ursache für die **erworbene Immunität** liegt darin, dass aktivierte Lymphozyten unter ihren Nachkommen auch langlebige Gedächtniszellen (B_M, *memory cells*) bilden. Kommt der Körper mit dem gleichen Antigen noch einmal in Kontakt, so beginnen die Gedächtniszellen sofort mit der Produktion von Antikörpern. Die Krankheitskeime werden vernichtet, bevor sie eine schädigende Wirkung entfalten – der Körper ist gegen diesen Erreger immun geworden.

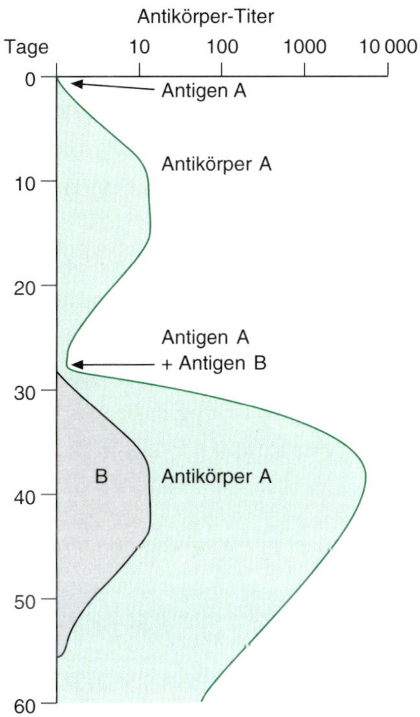

Primärantwort:
Während der Latenzphase können keine Antikörper nachgewiesen werden.
In der log-Phase steigt die Antikörper-Konzentration logarithmisch an, bis die Plateauphase erreicht ist.

Während der Abklingphase werden Antikörper abgebaut.
Die Gedächtniszellen überleben.

Sekundärantwort:
Die Latenzphase ist verkürzt, die Antikörperproduktion setzt sofort ein und steigt steiler an.
Die Plateauphase ist erhöht; die Plasmazell-Klone sind größer, die Antikörperproduktion ist stärker.

Die Zahl der Antikörper im Blutserum nimmt nur langsam ab.

Abb. 137: Verlauf der Primärantwort und der Sekundärantwort des humoralen Immunsystems.
Primärantwort: langsamer Start, geringe Antikörper-Konzentration, kurze Dauer.
Sekundärantwort: schneller Start, hohe Konzentration, anhaltend.

Immunisierung

Bei der **aktiven Immunisierung oder Schutzimpfung** werden Antigene in den Körper gebracht: Die Impfstoffe enthalten geschwächte oder abgetötete Mikroorganismen oder Teile davon. Die Antigene lösen eine Immunreaktion aus, der Körper bildet Antikörper und Gedächtniszellen. Greift später derselbe Erreger an, so entfesseln die Gedächtniszellen schnell eine heftige Reaktion des Immunsystems.

Bei der aktiven Immunisierung wird der Körper durch Gaben von Antigenen zur Bildung von Antikörpern und Gedächtniszellen angeregt. Ausmaß und Dauer der erworbenen Immunität hängen vom Typ des Antigens ab, von dessen Menge und der Art, wie es den Körper angreift. Oft reicht eine Schutzimpfung für eine lebenslängliche Immunität aus, bei anderen Erregern muss sie in bestimmten Zeitabständen wiederholt werden. Schutzimpfungen sind wichtig, um Epidemien zu verhindern: Wenn der Impfschutz in der Bevölkerung abfällt – die Grenze liegt bei 80 bis 85 Prozent Durchimpfungsgrad – muss man mit dem Auftreten von Epidemien rechnen.

Eine verstärkte Reaktion des Immunsystems gegen bekannte Erreger führt zu Immunität.
Die Schutzimpfung aktiviert und erweitert das immunologische Gedächtnis.
Eine Schutzimpfung schützt Individuen und Populationen.
Bei der passiven Immunisierung wird die Antikörperbildung einem anderen Lebewesen überlassen.

Die **passive Immunisierung** wird vor allem dann eingesetzt, wenn eine Infektionskrankheit bereits ausgebrochen ist. Dem Organismus werden Antikörper von außen zugeführt, die ihn in seinem Kampf gegen den Erreger unterstützen. Eine passive Immunisierung ist aber nur wenige Wochen wirksam, da der menschliche Körper auch gegen die fremden Serumproteine Antikörper bildet. **Bei passiver Immunisierung wird die Immunität durch Übertragung eines Antiserums erreicht.**

Das Neugeborene erhält Leihimmunität von der Mutter.

Kinder werden mit einem schwachen Immunsystem geboren. Allerdings erwerben sie im Allgemeinen früh die privilegierte Immunität. Während ihrer ersten Lebensmonate sind sie durch die Antikörper geschützt, die sie von ihrer Mutter erhalten: Antikörper wandern durch die Plazenta und immunisieren den Fötus gegen die Keime, gegen die seine Mutter immun ist. Auch die Muttermilch enthält Antikörper, die den Verdauungstrakt der Kinder vor Infekten schützen.

Blutgruppen

Das in der Transfusionsmedizin relevanteste Blutgruppensystem ist das AB0-System. Die Epitope des **AB0-Systems** sind Glykoproteine an der Oberfläche der roten Blutkörperchen. Sie werden kodominant vererbt (→ S. 73). Je nach Vorhandensein oder Fehlen der Epitope A und B lassen sich Blutgruppen des Menschen in A, B, AB oder 0 unterteilen (Tab. 4).

Blutgruppe	Epitop	Antikörper im Serum
A	A	Anti-B
B	B	Anti-B
AB	A und B	Keine
0	–	Anti-A und Anti-B

Tab. 4: Antigene und Antikörper des AB0-Systems

Die Antikörper des AB0-Systems sind schon vor dem ersten Kontakt mit anderem Blut und dessen Antigenen vorhanden. Schon im Kindesalter werden sie als Reaktion auf Darmbakterien gebildet.

Bei **Transfusionen** von nicht kompatiblem Blut kommt es zu Agglutination mit anschließender Hämolyse. Für die Bestimmung der AB0-Blutgruppen werden die Antiseren Anti-A, Anti-B und Anti-AB verwendet (Abb. 138).

Neben dem AB0-System müssen bei Blutübertragungen auch die Rhesusfaktoren von Spendern und Empfängern aufeinander abgestimmt sein. Man unterscheidet fünf Hauptantigene des Rhesus-Systems (CcDEe). Das Antigen D – einfach als Rhesus-Faktor bezeichnet – ist das wichtigste.

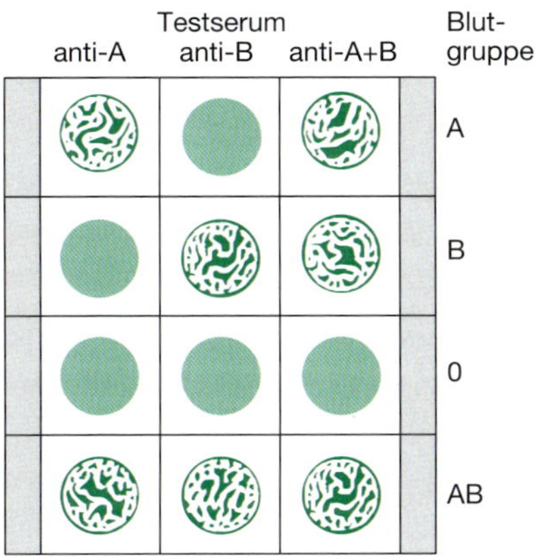

Abb. 138: Reaktion des Blutes verschiedener Blutgruppen mit Testseren

Der **Rhesusfaktor** wird autosomal vererbt und wirkt dominant (→ S. 72). Menschen, die das Rhesus-Antigen nicht besitzen (Rh⁻), bilden nach Kontakt mit diesem Antigen Anti-Rh-Antikörper. Bei wiederholtem Zusammentreffen kann das zu einer Agglutination mit anschließender Hämolyse (Auflösung der roten Blutkörperchen) führen. Der Rhesusfaktor wird während der Schwangerschaft wichtig, wenn eine Rh-negative Mutter ein Rh-positives Kind trägt. Bei etwa 0,5 % dieser Schwangerschaften treten Probleme auf: Gelangt während der Geburt des ersten Kindes oder beim Ablösen der Plazenta kindliches Blut in den Kreislauf der Mutter, so bildet diese Antikörper und Gedächtniszellen. Bei weiteren Schwangerschaften werden Antikörper gegen das Blut der Kinder gebildet, sofern auch diese Rh-positiv sind. Gelangen diese in den Kreislauf des Fötus, so können sie die kindlichen Erythrozyten zerstören.

Der Rhesusfaktor, ein anderes Antigen der roten Blutzellen, kann zu Komplikationen führen, wenn eine Rh-negative Mutter mehrere Rh-positive Kinder bekommt.

4.6 Die zelluläre Immunabwehr

Zytotoxische T-Zellen (T_C-Zellen, T-Killerzellen) sind in der Lage, Infektionen dort zu bekämpfen, wo Antikörper nichts mehr ausrichten, nämlich innerhalb von Zellen. Sie greifen dabei nicht unmittelbar die Erreger an, sondern attackieren Körperzellen, die fremd, entartet oder infiziert sind. Sie treten in intensiven Kontakt mit einer Zielzelle und setzen Zytokine frei, die die Vermehrung des Virus hemmen, durchlöchern mit dem Protein Perforin die Membran der infizierten Zelle und geben ihr Signale, sich selbst zu töten. Enzyme dringen durch die Poren ins Zellinnere und lösen die **Apoptose** aus, einen programmierten Selbstmord der Zelle.

T-Zellen bewirken die zelluläre Abwehr.

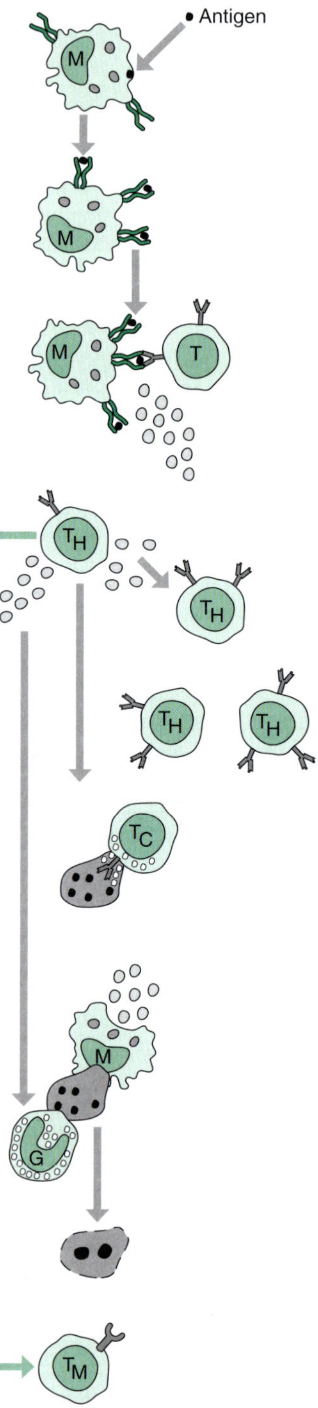

Dringt ein Virus in den Körper ein, so erscheinen Lymphozyten und Makrophagen am Invasionsort.
Die zelluläre Abwehr beginnt, wenn ein Makrophage (M) das Antigen aufnimmt, verdaut …

… und Teilstücke davon – Epitope – auf einem MHC-Rezeptor präsentiert.

T-Lymphozyten (T) mit passenden Rezeptoren binden sich an die präsentierten Epitope. Dies ist das Signal, Lymphokine zu bilden.

Unter dem Einfluss der Lymphokine wachsen die unreifen T-Lymphozyten, sie teilen sich und reifen zu T-Helferzellen.

Lymphokine locken andere Immunzellen – Makrophagen, Helferzellen und zytotoxische T-Zellen an.

Zytotoxische T-Zellen (T_C-Lymphozyten) erkennen infizierte Zellen an den MHC-Rezeptoren, die durch Virusbruchstücke verändert sind. Sie geben Zytokine ab, um die Vermehrung der Viren zu hemmen, und Proteine, welche die Plasmamembran befallener Zellen durchlöchern.
Der Tod der Wirtszelle unterbricht den Vermehrungszyklus des Virus; die freigesetzten Viruspartikel sind noch nicht infektiös. Makrophagen und Granulozyten (G) werden angezogen. Sie beteiligen sich an der Zerstörung der infizierten Körperzellen und beseitigen den Zelldetritus.

Bei der Vermehrung der T-Lymphozyten entstehen auch **T-Gedächtniszellen** (T_M), die im Kreislauf zirkulieren.

Abb. 139: Ablauf der zellulären Antwort

Abstoßung von Transplantaten

Antigen-präsentierende Zellen (APC) leiten die Abstoßungsreaktion ein.

Sie präsentieren Proteinbruchstücke des fremden Gewebes den **T-Helferzellen**, die nun Zytokine ausschütten, um andere Immunzellen zu aktivieren.

Plasmazellen stellen **Antikörper** her, die das fremde Gewebe angreifen und das Komplement – eine Gruppe von Enzymen – aktivieren.

Cytotoxische T-Zellen (T_C) erkennen den MHC-Rezeptor und die darauf präsentierten Peptide als fremd. Sie werden aktiviert, wandern in das fremde Gewebe und zerstören es.

Makrophagen (M) geben lytische Enzyme ab, lösen Entzündungen aus und nehmen Gewebsbruchstücke auf.

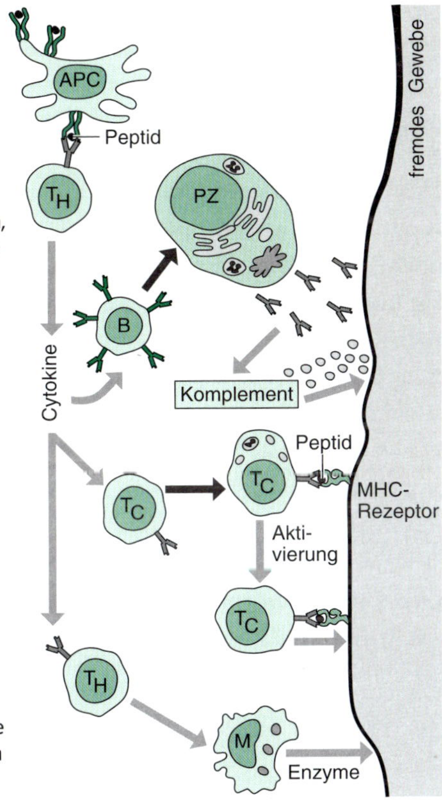

Abb. 140: Die Abstoßung von Transplantaten

Wenn eigene Organe versagen, bleibt oft nur die Übertragung von Fremdorganen, um das Leben eines Patienten zu erhalten. Das Immunsystem erkennt die Zellen des Transplantats als fremd und zerstört sie. Der Verlust eines transplantierten Organs durch **Abstoßungsreaktionen** stellt nach wie vor eines der ungelösten Probleme der **Transplantationsmedizin** dar. Innerhalb von ein bis drei Wochen nach der Transplantation treten akute Abstoßungsreaktionen auf. Je besser die Gewebedaten von Spender und Empfänger zueinander passen, desto schwächer ist die Immunreaktion. Nur bei eigenem Gewebe und bei Transplantationen zwischen eineiigen Zwillingen bleibt sie aus. Sonst bezahlt der Empfänger das neue Organ mit den Folgen einer lebenslangen Behandlung, die sein Immunsystem unterdrückt. Nach einer Organverpflanzung nimmt er Immunsuppressiva, meist eine Kombination aus mehreren Medikamenten. Dabei wird die notwendige Schutzfunktion der körpereigenen Abwehr unterdrückt. Daraus resultiert eine erhöhte Anfälligkeit gegenüber Infektionen und längerfristig ein verstärktes Auftreten von Krebserkrankungen.

Eine Transplantation ist die Übertragung lebenden Gewebes von einem Individuum auf ein anderes.
Das Immunsystem stößt fremdes Gewebe ab.

Immunsuppressiva unterdrücken die Abstoßung.

4.7 Krankheiten des Immunsystems

Wenn es zu Störungen kommt, wird das Immunsystem zum Auslöser einer Fülle von Krankheiten, dazu zählen Allergien, Arthritis, Krebs und AIDS.

Immunschwäche

Fehlen eine oder mehrere Komponenten des Immunsystems, so entsteht eine Immunmangelkrankheit.

Menschen mit Immunschwäche leiden häufig an Infektionskrankheiten. Vor allem Infektionen der Haut, der Atemwege und des Magen-Darm-Trakts kehren immer wieder.

Versagen die B-Lymphozyten, so bilden die Betroffenen keine Antikörper. Sie sind vor allem für bakterielle Infektionen anfällig. Diesem Defekt kann durch Gaben von Gamma-Globulinen erfolgreich begegnet werden.

Ist von Geburt an kein Thymus ausgebildet, so fehlt die T-Zell-vermittelte Immunität. Durch Transplantation von Thymusgewebe können diese Kinder geheilt werden, unbehandelt sterben sie früh.

Häufiger sind **erworbene Immunschwächen**, die sich als Folge einer Krankheit (z. B. Krebs), als Nebenwirkung der Therapie, eines Medikaments oder einer Droge entwickeln.

HIV und AIDS

Die häufigste und bekannteste unter den Immunschwächekrankheiten ist **AIDS** (*acquired immunodeficiency syndrome*), eine Infektionskrankheit, die durch das HI-Virus (**HIV** → S. 101) ausgelöst wird. Hauptübertragungswege des HIV sind ungeschützter Geschlechtsverkehr mit einer infizierten Person, gemeinsam benutzte Spritzen oder Übertragung verunreinigter Blutprodukte.

Wird das HI-Virus beim Geschlechtsverkehr übertragen, so tritt es durch die Schleimhaut in den Blutstrom ein. Makrophagen nehmen es auf und tragen es zu den Lymphknoten. Das Virus dringt in **T-Helferzellen** ein und wird als **Provirus** in die DNA des Zellkerns integriert. Die infizierten Zellen bilden neue Viren und geben sie ins Blut und in die Lymphe ab; dabei sterben sie ab.

Sobald das Virus in den Körper eingedrungen ist, startet die humorale Abwehr. Aber erst nach einigen Wochen bis Monaten ist die Antikörperkonzentration hoch genug, dass sie effektiv und messbar wird. Bis dahin kann sich das Virus ungehindert vermehren. Das HI-Virus zeichnet sich durch eine hohe Variabilität aus. Es mutiert schnell und schafft immer neue Epitope, das Immunsystem muss laufend neue Antikörpertypen für neue HIV-Stämme bereitstellen.

T-Helferzellen spielen eine zentrale Rolle im Immunsystem. Ihre Ausschaltung hat verheerende Folgen: Das geschwächte Immunsystem kann die Erreger nicht mehr abwehren. Mit fortschreitender HIV-Infektion treten immer häufiger Infektionen, Tumore und andere Erkrankungen auf. Die beteiligten Erreger bezeichnet man als opportunistisch, weil sie die Immunschwäche als günstige Gelegenheit für eine Infektion ausnutzen. Die häufigste **opportunistische Infektion** ist eine Lungenentzündung. Die Abwehrschwäche begünstigt auch Infektionen durch Hefepilze. Durch Zerstörung von Wachstumsregulatoren in der Zelle kann es zur Entwicklung bösartiger Tumore kommen. Das Virus beschädigt auch Gewebe des Gehirns und des Rückenmarks und verursacht eine progressive Demenz, einen geistigen Verfall.

Opportunistische Infektionen nutzen die Abwehrschwäche aus.
Das HIV zerstört T-Helferzellen.
Die Immunschwäche beruht auf dem Ausfall von T-Helferzellen.

Wichtigste Waffe des Körpers im Kampf gegen HIV ist die Zerstörung infizierter Helfer-Zellen durch zytotoxische T-Zellen. Der Körper kann die vom Virus zerstörten T_H-Zellen anfänglich schnell ersetzen. Daher zeigt eine HIV-positive Person zunächst nur schwache Symptome. Im Laufe der Jahre aber nimmt die Anzahl der Helferzellen stetig ab und führt zu einer zunehmenden Funktionsstörung des Immunsystems. Wenn die Zahl der T-Helferzellen unter 200 pro mm^3 fällt, sind verschiedene Zell-Klone unwiderruflich zerstört. Zuletzt kommt es zum Zusammenbruch des Immunsystems.

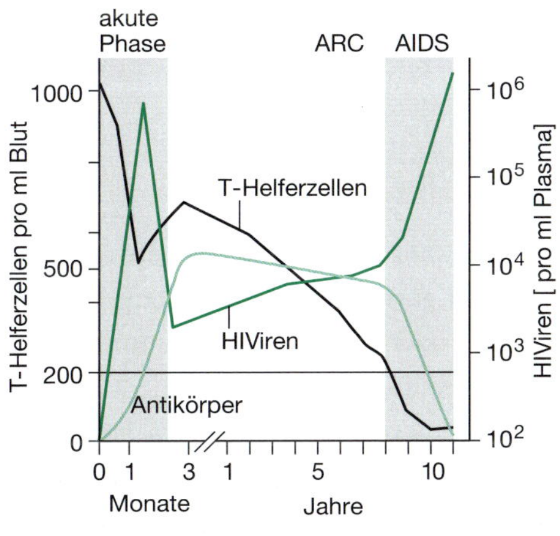

Abb. 141: Verlauf einer HIV-Infektion

Der indirekte Test auf eine HIV-Infektion erfolgt durch den Nachweis von Antikörpern, die gegen dieses Virus gebildet werden: den **ELISA-Test**. In den ersten vier bis 12 Wochen nach der Infektion ist die Konzentration der Antikörper noch zu gering, um durch diesen Test nachgewiesen zu werden.

ELISA-Test

Beim ELISA-Test (*Enzyme Linked Immunosorbent Assay* oder enzymgekoppelter Immunabsorptionstest) werden bestimmte Moleküle (z.B. Antikörper gegen den AIDS-Virus) durch passende monoklonale Antikörper gebunden und nachgewiesen. Dazu wird die Innenwand eines Nachweisgefäßes mit gereinigten HIV-Proteinen (Antigenen) beschichtet. Anschließend wird das Blutserum einer Testperson in das Nachweisgefäß gebracht. Enthält das Serum Antikörper gegen HIV, binden diese spezifisch an die fixierten Antigene. Die restlichen Serumkomponenten sowie nicht gebundene Antikörper werden in einem Waschgang entfernt.

Die gebundenen Antikörper werden nun durch Zugabe monoklonaler Antikörper (MAK), an die jeweils ein Enzym gekoppelt ist, nachgewiesen.
Diese binden spezifisch an die Antikörper gegen HIV, die wiederum an die fixierten Antigene im Nachweisgefäß gekoppelt sind. Ein anschließender Waschvorgang spült die nicht gebundenen monoklonalen Antikörper aus. Nun wird die Vorstufe eines Farbstoffes zugegeben. Dieser wird durch das Enzym in einen Farbstoff umgewandelt. Tritt eine Verfärbung auf, so ist die Testperson HIV-positiv.

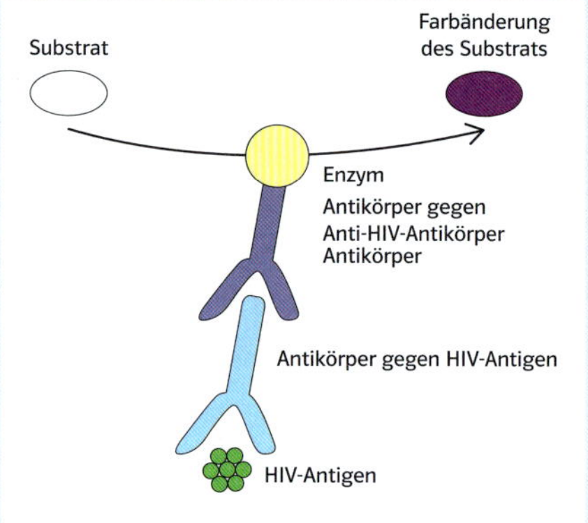

Abb. 142: Schema der Reaktionen des ELISA-Tests

Autoimmunkrankheiten

Autoimmunkrankheiten entstehen dadurch, dass die Erkennungsfunktion versagt und die Immunabwehr körpereigenes, gesundes Gewebe angreift.

Autoimmunkrankheiten sind fehlerhafte Abwehrreaktionen des Körpers, bei denen das Immunsystem gesundes, körpereigenes Gewebe oder lösliche Substanzen angreift, zerstört oder verletzt. Autoimmunkrankheiten können Behinderungen hervorrufen oder sogar tödlich enden:
Bei **Myasthenia gravis**, einer Muskelschwäche, ist die Erregungsübertragung zwischen Nerv und Muskel gestört, weil Antikörper die motorische Endplatte (→ S. 156) angreifen. Bei der **Basedow-Krankheit** werden die hormonbildenden Zellen der Schilddrüse durch Autoantikörper dauerhaft stimuliert: Der Thyroxinspiegel im Blut ist zu hoch. **Multiple Sklerose** entspringt einem Angriff auf die Myelin-Scheide, die isolierende Hülle der Nervenfasern in Gehirn und Rückenmark. Insulinabhängiger **Diabetes** (die juvenile Form der Zuckerkrankheit) entsteht, wenn die Insulin-produzierenden Zellen der Bauchspeicheldrüse zerstört werden. Bei rheumatoider **Arthritis** werden Gelenke angegriffen.
Die Immunantwort ist bei all diesen Krankheiten stark und ausgesprochen zielgerichtet – nur leider gegen Organe und Gewebe des eigenen Körpers.
Autoimmunkrankheiten beruhen auf einem Defekt im Selbstregulationsmechanismus des Systems. Der Ausleseprozess bei der Lymphozytenreifung arbeitet nicht ganz sicher, es können Lymphozyten entkommen, die auf körpereigenes

Material losgehen. Die falsch geschulten Zellen rufen Autoimmunerkrankungen hervor. Eine Ähnlichkeit zwischen einem fremden und einem körpereigenen Molekül begünstigt die Fehlreaktion.
Neben einer genetischen Veranlagung spielen wohl Umweltfaktoren eine Rolle bei der Auslösung von Autoimmunkrankheiten. Dazu gehören Sonnenlicht, Chemikalien und manche Arzneimittel.

Allergien

Allergien beruhen auf einer **Überreaktion des Immunsystems** beim Kontakt mit bestimmten fremden Stoffen. Das Abwehrsystem reagiert überempfindlich auf ein Antigen. Fast jeder Stoff aus der Umwelt kann zum **Allergen**, zum Auslöser einer Allergie, werden.

Eine Allergie ist eine unangemessene und übersteigerte Reaktion des Immunsystems auf fremde Stoffe (Allergene).

Bei einer Allergie ist die Abwehr in dreifacher Weise gestört: Harmlose und gefährliche Stoffe werden nicht richtig unterschieden; die Produktion von Abwehrstoffen schießt über das Ziel hinaus und die Antikörper führen nicht zu Immunität, sondern zu Übersensibilisierung.
Beim ersten Kontakt ruft ein Allergen keine Symptome hervor; es bereitet jedoch den Körper **durch Sensibilisierung** auf die allergische Reaktion vor. Der Kontakt mit dem Allergen löst unter Mitwirkung der T-Helferzellen die Umwandlung der B-Zellen in Plasmazellen und Gedächtniszellen aus. Die Plasmazellen bilden große Mengen von **Antikörpern der Klasse** E, die sich an die Oberfläche von Mastzellen binden können. **Mastzellen** sind besonders häufig auf der Haut und in den Schleimhäuten.
Bei einem erneuten Kontakt heftet sich das Allergen an die IgE-Antikörper auf der Mastzelle. Dabei bildet es Brücken zwischen zwei IgE-Molekülen. Diese Brückenbildung setzt Wirkstoffe frei, insbesondere das **Histamin**. Die Reaktionen des Körpers auf Histamin sind vielfältig: Die Gefäße erweitern sich, Kapillaren werden durchlässiger und Eingeweidemuskeln (z. B. Bronchialmuskeln) verkürzen sich.

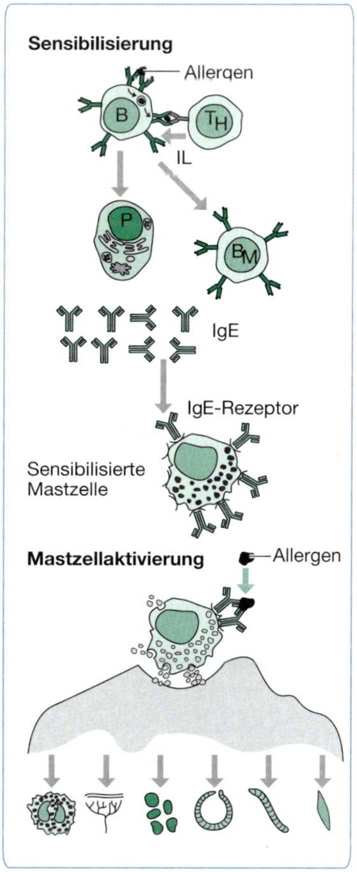

Abb. 143: Sensibilisierung und Aktivierung der Mastzellen sind die beiden Schritte der allergischen Reaktion.

Allergien entwickeln sich nach wiederholtem Kontakt mit dem Allergen.

Viele allergische Erscheinungen manifestieren sich an der Haut. Heuschnupfen wird durch Pollen ausgelöst; Symptome sind Juckreiz in der Nase, vermehrte Sekretion der Nasenschleimhaut, Niesen, Tränenfluss und Rötung der Bindehäute. Hausstaub, Tierhaare, Federn, Pollen und Schimmelpilzsporen können Asthma auslösen. Sie führen anfallsweise zu einer Verengung der kleinen Bronchien. Die glatte Muskulatur zieht sich zusammen, die Schleimhäute schwellen an und produzieren vermehrt Sekrete. Die Atmung geht schwer. Der Patient gerät in Panik und droht zu ersticken. Lebensgefährlich ist ein **anaphylaktischer Schock**. Blutgefäße weiten sich so stark, dass es zu einem bedrohlichen Blutdruckabfall kommt. Durch Verengen der Bronchien entsteht Atemnot. Auslöser sind meist Allergene, die direkt in die Blutbahn gelangen, z. B. Insektengift bei einem Stich. Die allergische Reaktion kann sofort oder erst Stunden oder Tage nach Kontakt mit dem Allergen auftreten.

Immunbiologie

Das **Immunsystem** verhindert bzw. minimiert Schädigungen durch Bedrohungen der belebten Umwelt. Es entfernt in den Körper eingedrungene Krankheitserreger und fremde Substanzen, außerdem zerstört es infizierte oder entartete Zellen.

Das Immunsystem ist ein komplexes Netzwerk aus Organen, Zellen und Molekülen.

Die **spezifische Immunabwehr** zeichnet sich durch eine erstaunliche Anpassungsfähigkeit gegenüber neuen oder veränderten Erregern aus. Immunzellen erkennen spezifische Strukturen (Antigene) der Angreifer. B-Lymphozyten sind für die **humorale Immunität** verantwortlich, die sich gegen Eindringlinge in den Körperflüssigkeiten richten und bilden spezifische Antikörper. Zytotoxische T-Lymphozyten tragen die **zellvermittelte Immunantwort**, die sich gegen infizierte und veränderte Körperzellen richtet und unterstützen die Arbeit der B-Lymphozyten. Nach überstandener Infektion bleiben Antikörper und Gedächtniszellen erhalten, um bei erneutem Kontakt mit dem Krankheitserreger eine schnellere und effektivere Abwehrreaktion zu ermöglichen. Dies macht sich die Schutzimpfung zunutze.

Moleküle des **Haupthistokompatibilitätskomplexes (MHC)** markieren Körperzellen und erlauben so dem Körper, zwischen fremd und eigen zu unterscheiden. Daneben präsentieren sie Immunzellen Fragmente von eingedrungenen Pathogenen.

Der Ersatz eines zerstörten Organs durch eine **Transplantation** ist für manche Patienten die einzige Überlebenschance. An den von Mensch zu Mensch unterschiedlichen Gewebsantigenen unterscheidet das Abwehrsystem fremde Organe von eigenen und zerstört, was es als fremd erkennt. Die Abstoßungsreaktionen stellen nach wie vor ein ungelöstes Problem in der Transplantationsmedizin dar.

Krankheiten des Immunsystems führen zu einer fehlenden oder zu schwachen Immunantwort oder zu einer zu starken, überschießenden Reaktion. Eine große Herausforderung ist die Immunschwächeerkrankung **AIDS**, deren Erreger, das HI-Virus, ausgerechnet das Immunsystem angreift. Bis heute gibt es keine Medikamente, die heilen, und es gibt keine wirksame Impfung gegen AIDS. Aufklärung und Vorsorge sind bis jetzt die einzig sicheren Maßnahmen gegen die Verbreitung von AIDS.

AUF EINEN BLICK

Das Neuron – die Nervenzelle mit ihren Fortsätzen – ist die **Bau-Einheit des Nervensystems**.

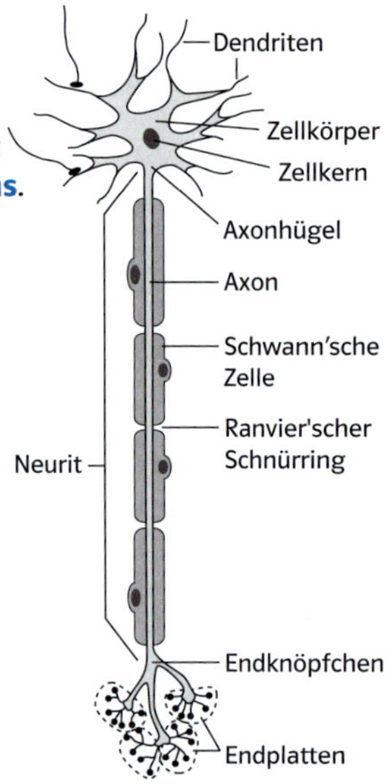

Über der Membran des ruhenden Axons liegt eine **elektrische Spannung**: Ruhespannung oder Ruhepotenzial (RP).

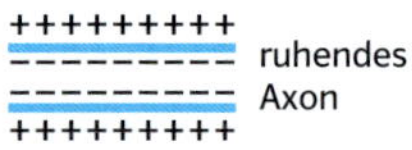

Reize bewirken eine Potenzialänderung der Membran:
Das Aktionspotenzial ist eine kurzfristige Umpolarisierung des **Membranpotenzials**.

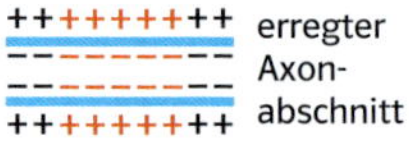

Neuron

Ruhepotenzial

Aktionspotenzial und Erregungsleitung

Axon und Myelinscheide bilden die **Nervenfaser**.

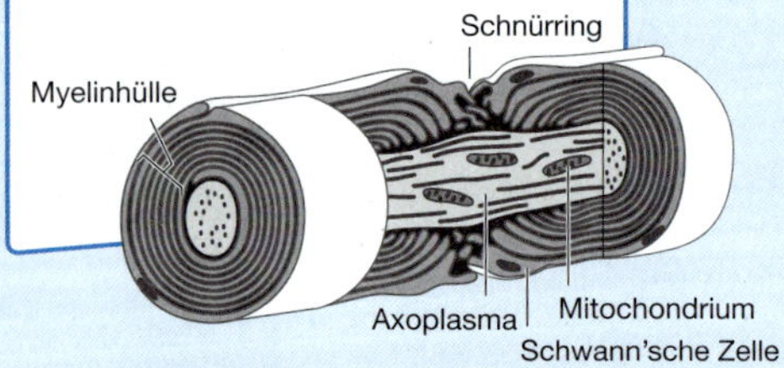

Das Ruhepotenzial ist ein **Kalium-Diffusions-potenzial**.

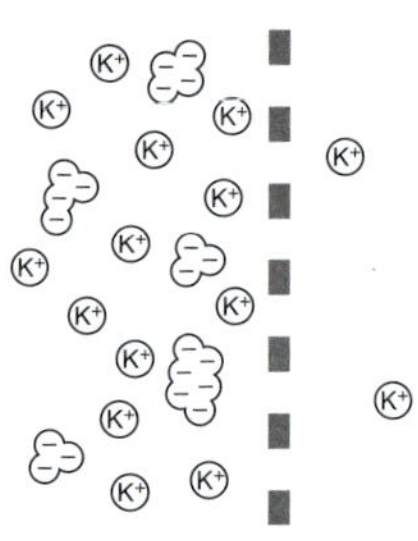

Erregungsleitung geschieht durch fortwährende **Neubildung von Aktionspotenzialen entlang des Axons**.

Jedes Aktionspotenzial ist der auslösende Reiz für ein Aktionspotenzial an einer benachbarten Membranstelle.

Synapsen geben die Erregung an die nachgeschaltete Zelle weiter. Sie schütten bei Erregung **Transmitter** aus.

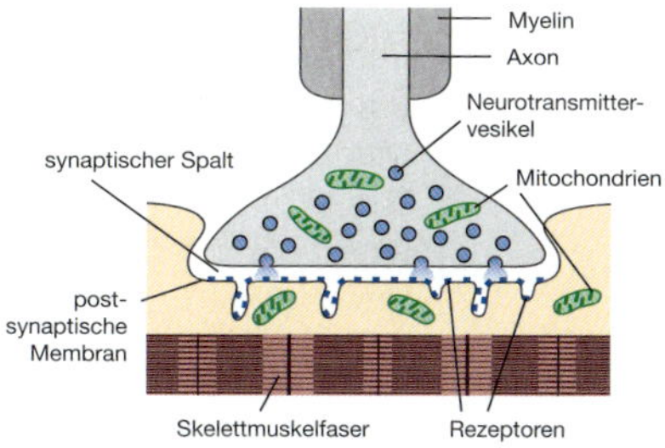

Das **Gedächtnis** ist die Fähigkeit, aufgenommene Informationen zu behalten, zu ordnen und wieder abzurufen. Das Gedächtnis teilt man ein in sensorisches Gedächtnis, Kurzzeitgedächtnis und Langzeitgedächtnis.

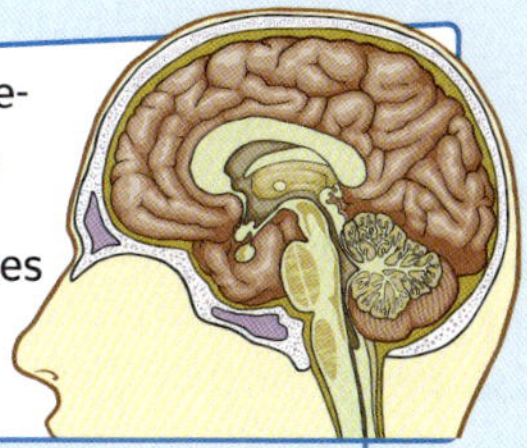

Das Axon arbeitet mit einem **Impulsfrequenzcode**.

Sinneszellen nehmen **Reize** auf und wandeln sie in **elektrische Signale** um.

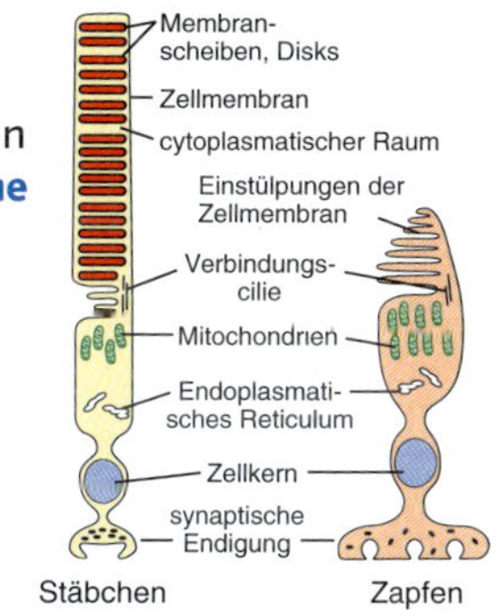

Synapse

Codierung und Verrechnung

Sensoren und Wahrnehmung

Nervensystem

Nervenzellen addieren aufeinander folgende Signale: **zeitliche Summation**.

Nervenzellen addieren gleichzeitig eintreffende Signale von verschiedenen Synapsen: **räumliche Summation**.

Die **Netzhaut** hat verschiedene Sinneszellen: **Stäbchen** dienen dem Sehen in der Dämmerung und vermitteln Grauabstufungen. **Zapfen** sind bei Tageslicht aktiv, mit ihrer Hilfe unterscheiden wir Farben.

Synapsen sind Haupt-Angriffspunkte für **Gifte** und **Drogen**.

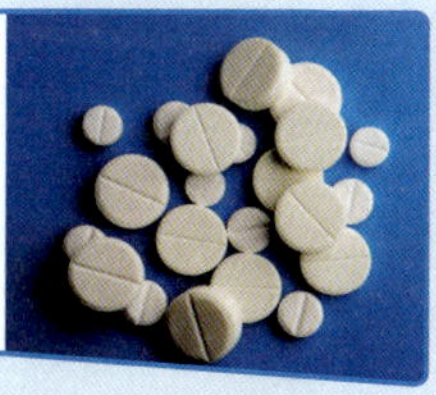

Das **vegetative Nervensystem** steuert die inneren Organe nach dem antagonistischen Prinzip: Der Sympathikus bewirkt Leistungssteigerung, der Parasympathikus Schonung.

5 Neurobiologie

- Nervensysteme können Information aufnehmen, verarbeiten und speichern.
- Das Neuron ist die strukturelle und funktionelle Einheit des Nervensystems.
- Über der Membran der Nervenzellen liegt eine elektrische Spannung, das Ruhepotenzial.
- Nervenzellen leiten Information durch elektrische Signale, Aktionspotenziale, die über die Axonmembran fließen.
- Nervenzellen kommunizieren miteinander und mit den Erfolgsorganen über Synapsen.
- Nervenzellen können Information verrechnen.
- Viele Gifte und Drogen wirken über die Synapsen.
- Sinneszellen wandeln Reize in Erregung.
- Das Nervensystem arbeitet mit verschiedenen Codes.
- Stäbchen und Zapfen der Retina haben unterschiedliche Aufgaben.
- Lernen verändert Zahl und Leistungsfähigkeit der Synapsen im Gehirn.
- Das Gedächtnis kann man nach Dauer der Speicherung und nach seinen Inhalten klassifizieren.
- Nervensystem und Hormonsystem arbeiten zusammen.
- Nikotin beeinträchtigt die Arbeit des vegetativen Nervensystems.

KURZINFO

5.1 Neuron und Erregungsleitung

Das Neuron

Das Neuron – die Nervenzelle mit ihren Fortsätzen – ist die Bau-Einheit des Nervensystems.

Hoch spezialisierte Zellen ermöglichen dem Nervensystem, Information zu codieren und sie schnell und genau weiter zu leiten. Baustein des Nervensystems ist die Nervenzelle oder das **Neuron** (Abb. 144). Von anderen Zellen unterscheidet sich das Neuron durch seine langen Fortsätze: das Axon und die Dendriten. Das **Axon** ist dünn und viel länger als die Dendriten. Das Axoplasma enthält viele Mitochondrien (→ S. 12). Oft ist das Axon von Schwann'schen Zellen umhüllt. Axon und Hülle bilden die Nervenfaser, den Neuriten.
Die Endverzweigungen des Axons sind am Ende zu Endknöpfchen verdickt. Gemeinsam mit der Membran der Nachbarzelle bilden sie Synapsen.
Dendriten sind dünne, meist reich verzweigte Fortsätze. Sie vergrößern die Oberfläche der Zelle und sind dicht besetzt mit Endknöpfchen anderer Nervenzellen, von denen sie Signale empfangen.

Im **Zellkörper** oder Soma liegen Zellkern, Mitochondrien und Nissl-Schollen – das dicht von Ribosomen besetzte endoplasmatische Retikulum (➔ S. 13). Aus dem Zellkörper entspringen Axon und Dendriten.

Die Vielfalt der Formen von Nervenzellen beruht vor allem auf der Zahl und Anordnung der Dendriten (Abb. 145): Vorderhornzellen der grauen Substanz des Rückenmarks haben viele Dendriten: Sie sind multipolar. Pyramidenzellen sind multipolare Nervenzellen des Großhirns. Bipolare Zellen haben nur einen Dendriten; sie kommen in der Netzhaut vor. Pseudounipolare Neurone ziehen von der Haut zum Rückenmark.

Nervenzellen können sich nur in Ausnahmefällen teilen oder regenerieren.

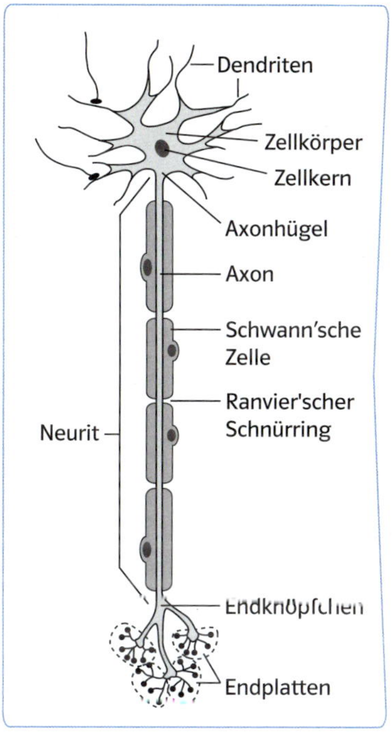

Abb. 144: Die Nervenzelle ist durch lange Fortsätze charakterisiert.

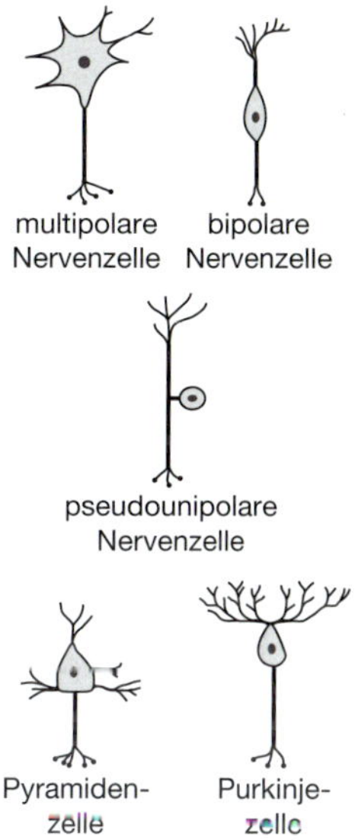

Abb. 145: Typen von Nervenzellen

Nervenfasern und Nerven

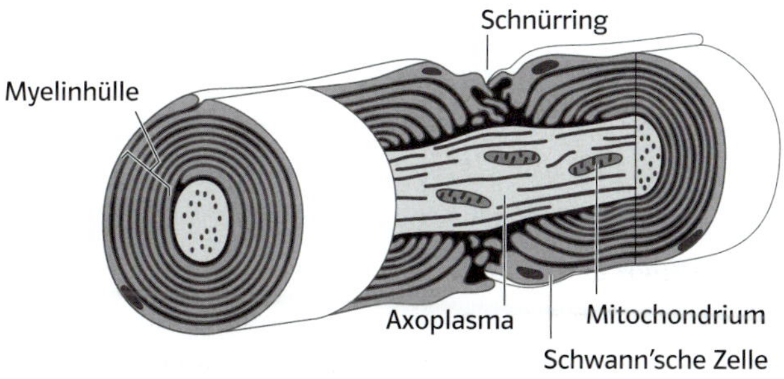

Abb. 146: Markhaltige (weiße) Nervenfasern sind durch eine Myelinschicht isoliert. Das Axon mit seiner Hülle bildet den Neuriten oder die Nervenfaser.

Gliazellen sind unerregbare Zellen des Nervensystems. Sie unterstützen die Arbeit der Neurone. Manche Gliazellen – die **Schwann'schen Zellen** – wickeln sich um die Axone und bilden die Markscheide oder **Myelinhülle** (Abb. 146). Diese Hülle besteht aus vielen Lagen der Zellmembran der Schwann'schen Zelle. Dabei wechseln sich Lipoidschichten und Proteinschichten ab. In Abständen von 1 bis 3 mm, wo zwei Schwann'sche Zellen aneinander stoßen, erscheint die

Markscheide durch einen **Ranvier'schen Schnürring** eingeschnürt (Abb. 146). Das Axon ist für ein kurzes Stück (ca. 1 µm) unbedeckt. Wenn eine Schwann'sche Zelle mehrere Axone umfasst, entstehen marklose (graue) Nervenfasern ohne Myelinhülle.

Nervenfasern sind zu Bündeln zusammengefasst und von Hüllen umgeben. **Nerven** bestehen aus einem oder mehreren Nervenfaserbündeln (Abb. 147). Das Bindegewebe der Nerven enthält Arterien, Venen und Lymphgefäße. Wegen des fetthaltigen Myelins erscheinen Nerven im Querschnitt weiß.

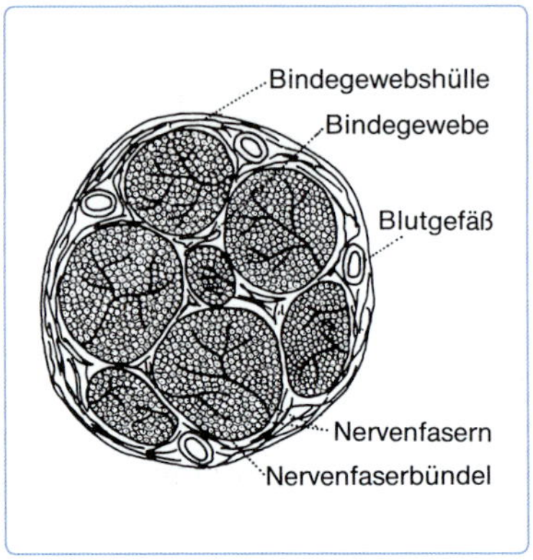

Abb. 147: Ein Nerv besteht aus Bündeln von Nervenfasern, die von Bindegewebe umgeben sind.

Das Ruhepotenzial

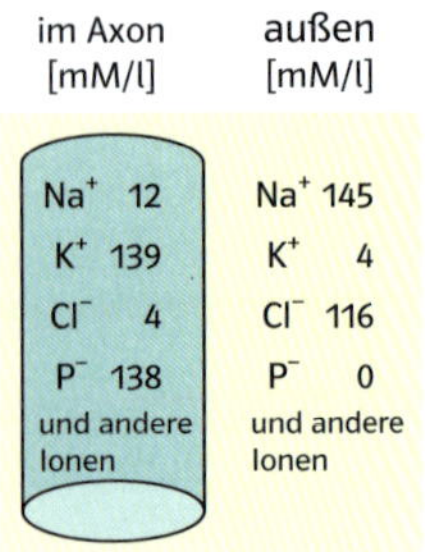

Abb. 148: Die Ionen an der Axonmembran sind ungleich verteilt.

Sticht man eine Mikroelektrode in das Axon und verbindet sie über ein Spannungsmessgerät (Voltmeter, Oszilloskop) mit einer außen angelegten Elektrode, so misst man eine Spannung von –60 mV bis –90 mV (Abb. 150 → S. 154). Das Innere der Zelle ist gegenüber der Gewebsflüssigkeit negativ geladen: Zwischen Innenseite und Außenseite der Zellmembran liegt eine Spannung, die Ruhespannung oder das **Ruhepotenzial**.

Zwei Eigenschaften der Axonmembran ermöglichen das Ruhepotenzial:

- Das **Konzentrationsgefälle über der Membran** (Abb. 148): Die Ionen beiderseits der Membran sind ungleich verteilt. Die Gewebsflüssigkeit enthält viele Natrium-Ionen (Na^+) und Chlorid-Ionen (Cl^-). Das Plasma der Zelle enthält vor allem große, negativ geladene Proteine (P^-) und Kalium-Ionen (K^+). Für das Ruhepotenzial ist vor allem der Konzentrationsgradient der **Kalium-Ionen** von Bedeutung.
- Die **selektive Permeabilität der Membran** (Abb. 149): Die Axonmembran trägt Kanalproteine, durch die Kalium-Ionen hindurch treten können, die großen Protein-Ionen hält sie jedoch zurück. Auch Natrium-Ionen und Chlorid-Ionen können nur schwer passieren.

Kationen sind positiv geladene Ionen (K^+, Na^+, Ca^{2+}), Anionen tragen negative Ladung (Cl^-, P^-)

„Chemisches Potenzial" beschreibt hier die Möglichkeit der Teilchen, sich im Raum umzuverteilen und dabei Arbeit zu verrichten.

Das chemische Potenzial der K^+-Ionen lässt diese nach außen diffundieren: Die Teilchen bewegen sich zufällig und tendieren zu gleichmäßiger Verteilung. Die negativ geladenen Anionen bleiben im Axon zurück. Durch **Ladungstrennung** (Trennung der Kationen – K^+ – von den Anionen – P^-) ist das Zellinnere nun gegenüber der Umgebung negativ geladen. Je mehr K^+-Ionen nach außen fließen, desto größer wird das elektrische Potenzial, das auf die Kationen wirkt. Wenn

Diffusionspotenzial und elektrisches Potenzial der Ionen gleich groß (und entgegengesetzt gerichtet) sind, strömen gleich viele Ionen von innen nach außen wie von außen nach innen.

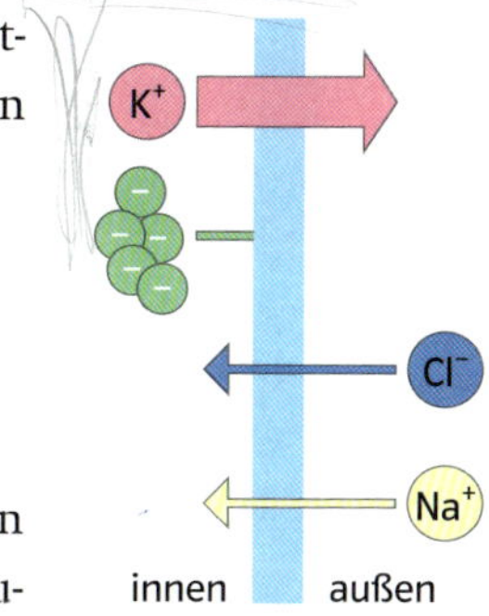

Abb. 149: Im Ruhezustand ist die Axonmembran für K^+-Ionen gut, für andere Ionen wenig oder nicht durchlässig.

Das **elektrochemische Gleichgewicht** für Kalium-Ionen ist erreicht:

- Das chemische Potenzial treibt die Kalium-Ionen nach außen,
- das elektrische Potenzial zieht sie nach innen.

Weil das **Ruhepotenzial** vor allem durch die Wanderung der Kalium-Ionen durch die Zellmembran verursacht wird, bezeichnet man es als Kalium-Diffusionspotenzial.

Ionenpumpen

In der Zellmembran des Neurons gibt es Pumpenproteine, die unter Energieverbrauch Ionen durch die Membran befördern: Die **Natrium-Kalium-Pumpe** transportiert **gegen die elektrochemischen Gradienten** Na^+-Ionen aus der Zelle und K^+-Ionen in die Zelle hinein (Antiport → S. 23). Diese Ionenpumpen bauen die ungleiche Verteilung der Ionen zu beiden Seiten der Membran auf und erhalten sie.
Die Pumpenproteine arbeiten unter erheblichem Energieverbrauch. Sie benötigen bis zu 70 % der von einer Nervenzelle verbrauchten Energie. Weil es bei seiner Arbeit ATP spaltet (→ S. 55), wird das Protein auch als **Natrium-Kalium-ATPase** oder – da pro ATP-Molekül drei Na^+-Ionen nach außen und zwei K^+-Ionen nach innen befördert werden – als „3 Na^+/2 K^+-ATPase".

Das Aktionspotenzial

Wird ein Axon gereizt, so zeigt das Oszilloskop eine sehr kurze, ein bis zwei Millisekunden dauernde Entladung an (Abb. 150). Das ursprünglich negativ geladene Innere des Axons wird kurzfristig positiv, das Membranpotenzial steigt von −70 mV auf etwa +30 mV. Eine solche Umpolarisierung der Membran nennt man **Aktionspotenzial** (**AP**), Spitzenpotenzial oder „spike".
Während eines Aktionspotenzials ändert sich die Durchlässigkeit der Membran für Na^+-Ionen schlagartig. Auf einem gereizten Axon-Abschnitt öffnen sich Protein-Kanäle, die Na^+-Ionen durchtreten lassen. Sowohl das Konzentrationsgefälle wie auch das elektrische Feld (chemisches und elektrisches Potenzial wirken in dieselbe Richtung) bewirken einen schnellen Einstrom der Na^+-Ionen ins Axon, so dass sich bald auf der Membraninnenseite mehr positiv geladene Teilchen befinden als außen. Die Membran ist **umpolarisiert**.
Die Natrium-Kanäle des Axons sind spannungsgesteuert: Sie bleiben geschlossen, solange über der Membran die Ruhespannung liegt. Wird diese abge-

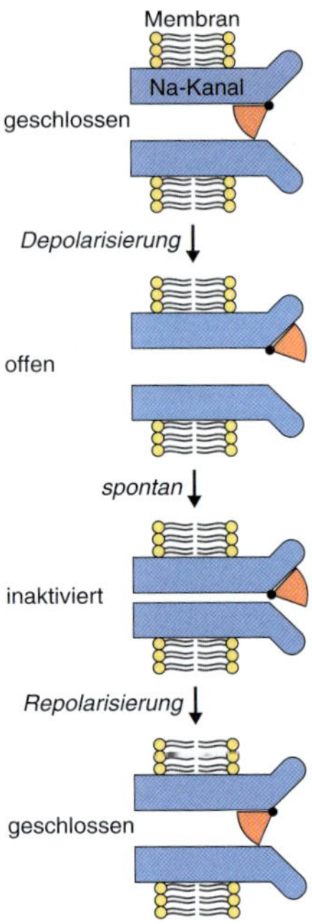

Abb. 151: Zustände des Na^+-Kanals während des Aktionspotenzials

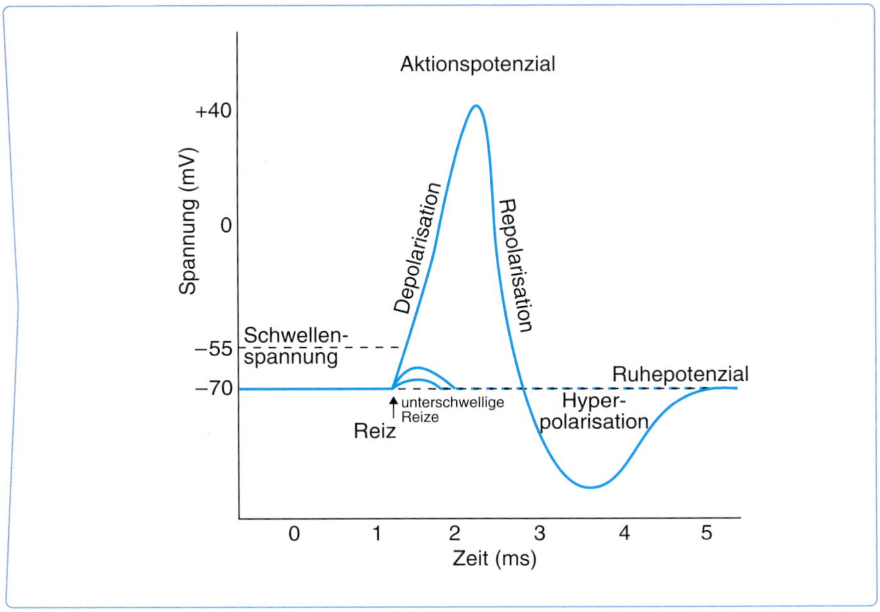

Abb. 150: Verlauf der Spannung über der Axonmembran beim Durchgang eines Aktionspotenzials

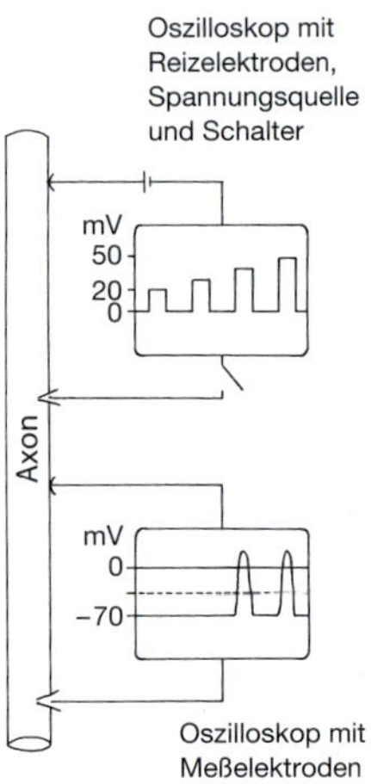

Abb. 152: Experiment zur Auslösung und Messung eines Aktionspotenzials

schwächt, so öffnen sich die Kanäle. Hat der Na^+-Einstrom einmal begonnen, so wird die Membran weiter depolarisiert. Weitere Kanäle öffnen sich. Die Durchlässigkeit der Membran für Natrium-Ionen nimmt explosiv zu, bis alle Na^+-Kanäle eines Membranabschnitts geöffnet sind: Das Aktionspotenzial verstärkt sich selbst. Die Zellmembran wird umpolarisiert, sie trägt nun innen eine positive, außen eine negative Ladung.

Ein Experiment zeigt, wie das Axon auf eine elektrische Reizung reagiert (Abb. 152): Man sticht eine Mikroelektrode in das Axon ein und legt über einen Reizgenerator eine elektrische Spannung an. Ungefähr 2 cm von der Reizelektrode entfernt sticht man eine Messelektrode ein, mit der die Reaktion des Axons geprüft wird. Am Zweistrahl-Oszilloskop kann man gleichzeitig den Reizstrom und die Antwort des Axons verfolgen: Schwache, unterschwellige Reizung löst kein Aktionspotenzial aus; stärkere, überschwellige Reize lösen ein fortgeleitetes Aktionspotenzial aus.

Das Aktionspotenzial ist ein Alles-oder-Nichts-Ereignis: Ein Reiz verursacht entweder ein Aktionspotenzial in voller Höhe oder das Ruhepotenzial bleibt bestehen.

Nach etwa 1 ms werden die Natrium-Kanäle spontan inaktiviert, sie werden für Na^+-Ionen unpassierbar. Gleichzeitig öffnen sich Kalium-Kanäle. K^+-Ionen strömen vermehrt aus dem Axon und stellen das Ruhepotenzial wieder her. Die Natriumkanäle schließen sich. Die Membran ist wieder depolarisiert; das Ruhepotenzial ist wieder hergestellt (Abb. 151). Das Nachpotenzial ist eine kurzfris-

tige, schwache Hyperpolarisation. Es kommt zustande, weil sich die Kalium-Kanäle langsamer schließen als die Natrium-Kanäle. Nach wenigen Millisekunden ist das Ruhepotenzial wieder hergestellt.
Solange die Natrium-Kanäle **inaktiviert** sind, ist die Membran nicht erregbar. Das Axon befindet sich in der absoluten **Refraktärphase**. Auf die absolute Refraktärzeit folgt eine relative Refraktärphase. Für etwa 2 ms ist die Erregungsschwelle der Axonmembran erhöht, nur eine starke Depolarisierung löst ein Aktionspotenzial aus.

Messung des Aktionspotenzials

Aktionspotenziale werden meist mit einer Mikroelektrode gemessen, die in das Axon eingestochen wird.

Die Vergleichselektrode liegt in der Gewebsflüssigkeit. Das Oszilloskop registriert den Unterschied zwischen dem intrazellulären und dem extrazellulären elektrischen Potenzial.

Mit Hilfe eines Zweistrahl-Oszilloskops kann ein Reizsignal gleichzeitig mit der Antwort der Zelle dargestellt werden.

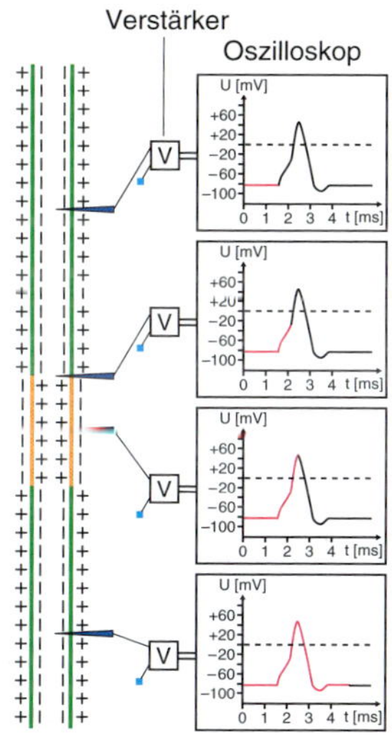

Abb. 153: Spannungsverlauf bei intrazellulärer Ableitung: Die Erregung fließt von unten nach oben und wird von vier Oszilloskopen registriert.

Erregungsleitung

Erregungsleitung geschieht durch fortwährende Neubildung von Aktionspotenzialen.

Während eines Aktionspotenzials wird ein eng umgrenzter Membranbereich umpolarisiert (Abb. 153). Zwischen der erregten Stelle und den benachbarten unerregten Membranbereichen liegt ein elektrisches Feld. Unter dessen Einfluss wird der bisher unerregte Membranbereich depolarisiert. Die spannungsgesteuerten Na^+-Kanäle öffnen sich. Na^+-Ionen fließen ein. Ein Aktionspotenzial entsteht. Da die inaktivierten Natrium-Kanäle nicht erregbar sind – die Membran ist in der Refraktärphase – kann in der Richtung, aus der das Aktionspotenzial kam, kein neues Aktionspotenzial ausgelöst werden. Erregung kann daher nur nach einer Richtung weiterlaufen.
Jedes Aktionspotenzial ist also auslösender Reiz für ein Aktionspotenzial an einer benachbarten Membranstelle. **Die Erregungsleitung geschieht durch ständige Neubildung von Aktionspotenzialen:** Die Erregung wandert in einer

Kettenreaktion ohne Abschwächung über das ganze Axon. **Kontinuierliche Erregungsleitung** findet man in marklosen Nervenfasern.

Etwas anders pflanzt sich die Erregung über markhaltige Neuriten fort. Die Myelinhülle isoliert das Axon und verhindert die Diffusion von Ionen zwischen dem Axoplasma und der Umgebung. Nur im Bereich der Schnürringe kommt die Axonmembran mit der umgebenden Gewebsflüssigkeit in Kontakt. Nur an diesen Stellen können während des Aktionspotenzials Na^+-Ionen einströmen und K^+-Ionen ausströmen (Abb. 155).

Am erregten Schnürring ist das Innere des Axons positiv, die Umgebung negativ geladen. Im Spannungsfeld zwischen erregter und unerregter Stelle wird die Membran im Bereich des nächsten Schnürrings depolarisiert. Ein Aktionspotenzial entsteht. Die Erregung ist also von einem Schnürring zum nächsten gesprungen: **saltatorische Erregungsleitung**.

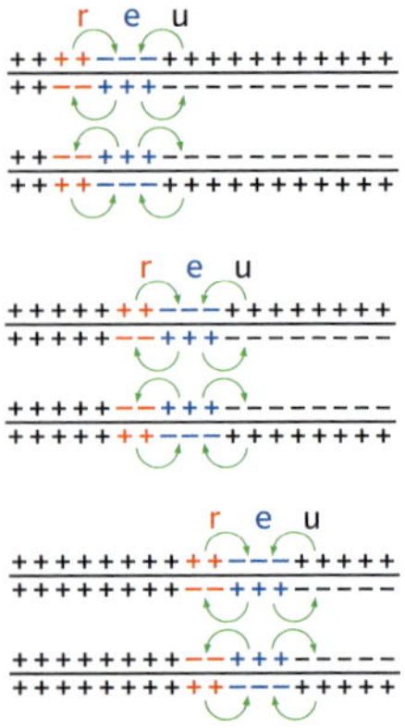

Abb. 154: Im Spannungsfeld (grün) zwischen erregten (blau) und ruhenden (schwarz) Abschnitten der Membran wird ruhende Membran depolarisiert; refraktäre Membran (rot) reagiert nicht.

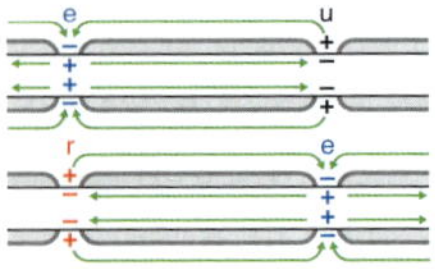

Abb. 155: Bei saltatorischer Erregungsleitung springt das Signal von Schnürring zu Schnürring.

Saltatorische Erregungsleitung hat drei entscheidende Vorteile:

- Durch die Sprünge pflanzt sich das Signal **schneller** als bei kontinuierlicher Leitung fort. Markhaltige Nervenfasern leiten mit Geschwindigkeiten von 60 bis 135 m/s, bei grauen Fasern liegt die Leitungsgeschwindigkeit zwischen 0,5 und 2 m/s.
- Saltatorische Erregungsleitung ist **energiesparend**: Da Ionen nur im Bereich der Schnürringe durch die Membran fließen, benötigt die Nervenzelle weniger Ionenpumpen und damit weniger Energie.
- Sie ist **raumsparend**: Auch in dünnen Fasern breitet sich die Erregung schnell aus.

5.2 Synapsen

Jedes Neuron nimmt Kontakt mit anderen Zellen auf: mit Nervenzellen, Muskelfasern oder Drüsenzellen. Die Kontaktstellen bezeichnet man als Synapsen. Zentrale Synapsen koppeln Nervenzellen miteinander, neuromuskuläre Synapsen verbinden Neurone mit Muskeln.

Neuromuskuläre Synapsen

Die **motorische Endplatte** ist die Verknüpfung eines Neurons mit Fasern der quergestreiften Muskulatur. Ein Neuron bildet mit allen Muskelfasern, die es innerviert, eine motorische Einheit. Im Bereich der motorischen Endplatte springt die Erregung vom Nerv auf den Muskel über. Neuron und Muskelfaser treten aber nicht unmittelbar in Kontakt miteinander (Abb. 156): Zwischen beiden liegt der **synaptische Spalt**, eine Lücke von 20 bis 40 nm.

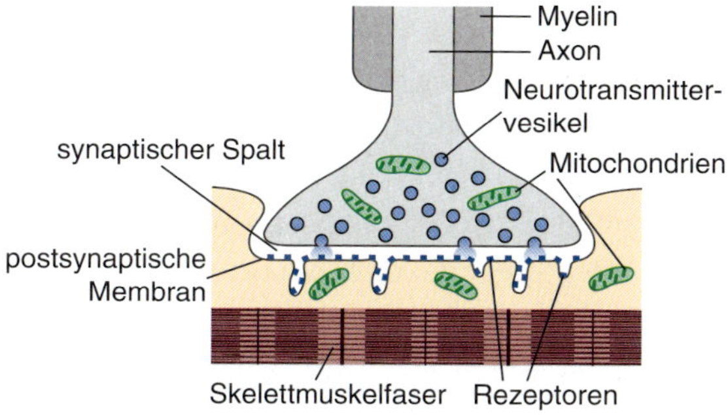

Abb. 156: Schema einer neuromuskulären Synapse

Das Endknöpfchen des Neurons – der präsynaptischen Zelle – enthält Ansammlungen von **synaptischen Vesikeln**. Diese Bläschen bilden und speichern **Neurotransmitter-Moleküle**, meist das Acetylcholin. Die Zellmembran enthält im Bereich des Endknöpfchens spannungsgesteuerte Ca^{2+}-Kanäle (Kalzium-Kanäle), durch die bei jedem Aktionspotenzial Ca^{2+}-Ionen einströmen.

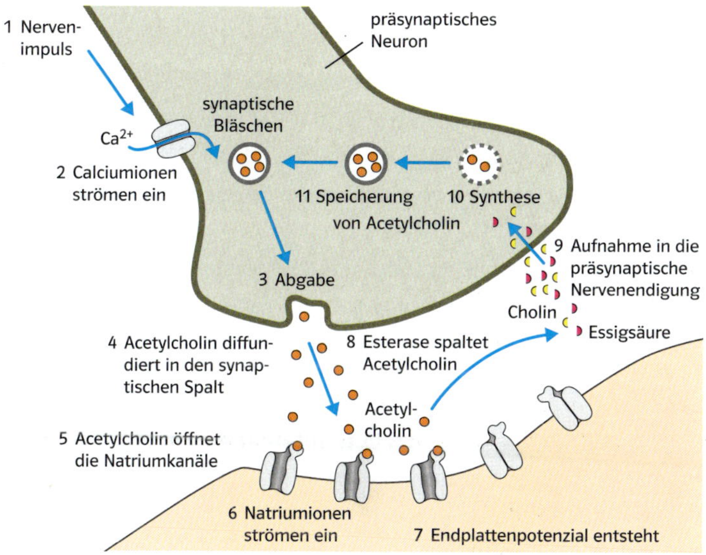

Abb. 157: Erregungsübertragung an der neuromuskulären Synapse

Die **postsynaptische Membran**, das ist der Bereich der Muskelzelle, der unterhalb der Präsynapse liegt, trägt Einfaltungen. An den Rändern der Falten liegen **chemisch gesteuerte Ionenkanäle**: An die Kanalproteine sind Rezeptoren gekoppelt. Die Transmitter-Moleküle passen zu diesen Rezeptoren wie ein Schlüssel zum Schloss. Die Rezeptoren können den Neurotransmitter binden und die Ionenkanäle öffnen.

Erreicht ein Nervenimpuls das Endknöpfchen eines Axons, so öffnen sich dort Kalzium-Ionenkanäle. Ca^{2+}-Ionen strömen in das Endknöpfchen. Sie veranlassen viele präsynaptische Bläschen, mit der Zellmembran zu verschmelzen und Transmitter-Moleküle in den synaptischen Spalt zu entleeren. Der Transmitter diffundiert durch den Spalt. Wegen der geringen Breite des synaptischen Spalts erfolgt die Diffusion sehr schnell. An der postsynaptischen Membran reagieren die Transmitter mit den Rezeptoren und öffnen Ionenkanäle (Abb. 157).
Durch den Einstrom von Na^+-Ionen entsteht über der postsynaptischen Membran ein lokales **Endplattenpotenzial** (EPP). Wenn dieses überschwellig ist, reagiert die postsynaptische Membran durch ein Aktionspotenzial. Der Muskel kontrahiert sich.
Sobald ein Transmitter-Molekül mit dem Rezeptor reagiert hat, wird es inaktiviert, das Endplattenpotenzial klingt ab. Innerhalb weniger Millisekunden kann das nächste Signal übertragen werden. An der subsynaptischen Membran befindet sich das Enzym **Acetylcholinesterase**, das Acetylcholin in Ethansäure (Essigsäure) und Cholin zerlegt. Die Präsynapse nimmt Ethansäure und Cholin auf, stellt daraus Acetylcholin her und speichert es in den synaptischen Bläschen.

Das postsynaptische Potenzial

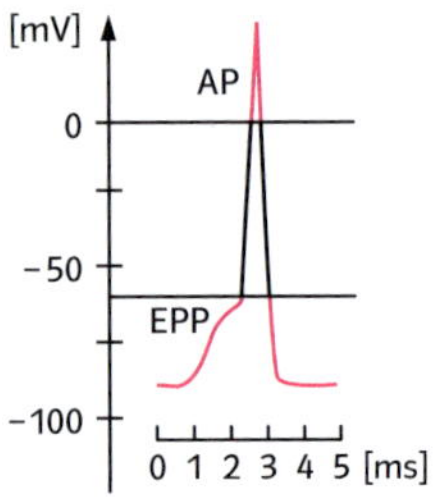

Abb. 158: Ein überschwelliges Endplatten-Potenzial führt zu einem Muskel-Aktionspotenzial.

Über der Membran einer ruhenden Muskelfaser liegt ein Ruhepotenzial von −50 bis −70 mV. Der Neurotransmitter öffnet chemisch gesteuerte Natrium-Kanäle und depolarisiert die postsynaptische Membran. Die Depolarisierung der postsynaptischen Membran einer Muskelzelle bezeichnet man als **Endplattenpotenzial** oder **EPP** (Abb. 158).
Bei ungestörter Synapsenfunktion ist das Endplattenpotenzial überschwellig. Es löst in der Membran der Muskelfaser ein Aktionspotenzial aus, das sich über die Membran ausbreitet und den Anstoß zu einer Muskelkontraktion (➔ S. 53) gibt.

Ein Endplattenpotenzial unterscheidet sich von einem Aktionspotenzial in drei Punkten:
- es dauert **länger** (rund 5 ms),
- seine Amplitude ist **kleiner**,
- es ist **gradiert**, folgt also nicht dem Alles-oder-nichts-Prinzip; seine Höhe hängt von der Menge des freigesetzten Transmitters ab.

Synapsengifte

Hauptangriffspunkte von Giften und Drogen sind die Synapsen.

Synapsen sind die wichtigsten **Angriffspunkte für Pharmaka**, die auf das Nervensystem wirken. Dazu gehört eine Reihe von Medikamenten, Giften und Drogen.

Synapsengifte können die synaptische Übertragung abschwächen (Curare), unterbrechen (α-Bungarotoxin, Botulinus-Toxin), verstärken (E 605, Eserin) oder nivellieren (Nikotin ➔ S. 170). Innerhalb der Synapse haben die Drogen verschiedene Angriffspunkte:

Sie wirken:
- auf die **Rezeptoren** der Ionenkanälchen (Curare, Bungarotoxin, Nikotin),
- auf die **Cholinesterase** (E 605) oder
- auf die **präsynaptische Membran** (Botulinus-Toxin).

Curare, ein Pfeilgift der Indianer Südamerikas, ist ein kompetitiver Antagonist des Acetylcholins: Es konkurriert mit diesem um die postsynaptischen Rezeptoren, öffnet aber die Na^+-Kanäle nicht. Damit wird das Endplattenpotenzial verkleinert, die Erregung wird nicht übertragen. Curare-Vergiftungen führen zu schlaffen Lähmungen der quergestreiften Muskulatur. Weil die Bindung von Curare an den Rezeptor reversibel ist, kann es durch hohe Konzentrationen an Acetylcholin verdrängt werden. Das Schlangengift α-Bungarotoxin bindet sich irreversibel an die Rezeptoren.

Botulinus-Toxin ist das Gift der Wurst- und Fleischvergiftung. Es wird durch das anaerobe Bakterium *Clostridium botulinum* gebildet. Botulinus-Toxin verhindert die Freisetzung von Transmittern und damit die Erregungsübertragung.
E 605 und andere **Alkylphosphate** verbinden sich mit der Esterase und machen sie wirkungslos. Acetylcholin wird nicht mehr gespalten. Die Na^+-Kanäle der Postsynapse bleiben offen und rufen eine dauernde Depolarisierung hervor. In den Muskeln kommt es zur Dauerkontraktion. Starre Lähmung und Verkrampfung der Skelettmuskeln können zum Tod führen. Gegenmittel ist Curarin.

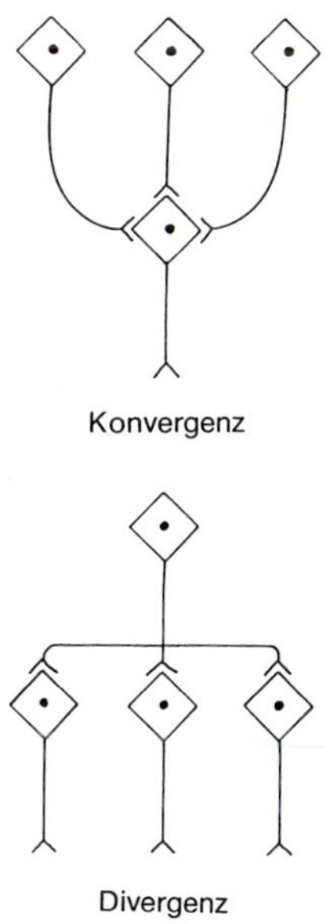

Abb. 159: Konvergente und divergente Verschaltung von Neuronen

Zentrale Synapsen

Das menschliche Nervensystem ist ein komplexes Netz aus einigen Milliarden Nervenzellen. Ein Neuron erhält Erregungen von bis zu 100 000 Neuronen (Konvergenz ➔ Abb. 159) und kann seine Erregung an ebenso viele Neurone weitergeben (Divergenz). Synapsen zwischen Neuronen (neuroneuronale Synapsen) in Gehirn und Rückenmark bezeichnet man als **zentrale Synapsen**.

Nervenfasern anderer Neuronen enden gewöhnlich auf Dendriten des nächsten Neurons: axo-dendritische Synapsen. Manche Endknöpfchen enden auf dem Soma der Empfängerzelle, sie sind axo-somatisch. Seltener endet ein Axon am Axon einer anderen Zelle und bildet eine axo-axonale Synapse.
In ihrem Bau entsprechen zentrale Synapsen etwa den neuro-muskulären Synapsen; auch sie übertragen die Erregung durch chemische Transmitter. Bei erregenden Synapsen wird die Membran des postsynaptischen Neurons durch den

Zentrale Synapsen übertragen die Erregung von einem Neuron auf ein anderes.

Postsynaptische Potenziale sind variabel, sie folgen nicht dem Alles-oder-Nichts-Gesetz.

Transmitter depolarisiert. Das **erregende postsynaptische Potenzial** (EPSP) variiert – seine Höhe hängt von der ausgeschütteten Transmitter-Menge ab. Von der Synapse bis zum Ursprung des Axons wird das EPSP ohne Verstärkung weitergeleitet. Die Leitungsverluste sind umso größer, je weiter die Synapse vom Axonursprung entfernt ist (Abb. 160).

Der Axonhügel ist die impulsauslösende Region des Neurons.

Ein EPSP steigt ungefähr 2 bis 3 ms an und fällt im Verlauf von 10 bis 12 ms wieder ab. Synaptische Potenziale breiten sich unter Abschwächung bis zum **Axonhügel** aus. Am Axonhügel entscheidet sich, ob ein Aktionspotenzial ausgelöst wird: Nur überschwellige Potenziale lösen ein Aktionspotenzial aus.

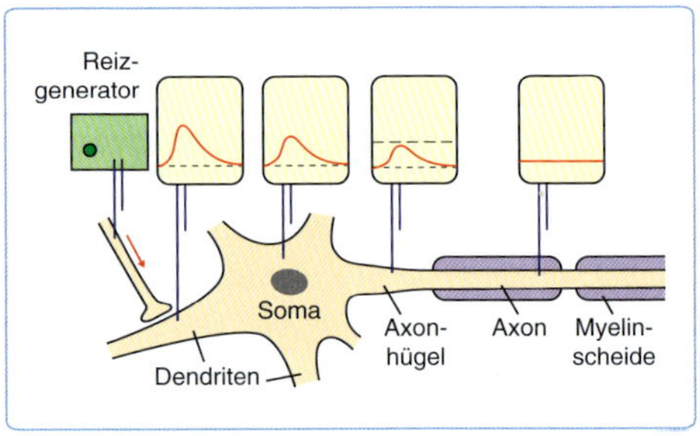

Abb. 160: Ein EPSP wird auf dem Weg von der Synapse zum Axonhügel schwächer.

Synapsen wirken im Nervensystem als Gleichrichter.

Das Axon kann Erregung in beide Richtungen leiten. Synapsen sorgen dafür, dass im Nervensystem die Erregung nur in eine Richtung weitergegeben wird; sie fungieren als Gleichrichter:

- Nur die Präsynapse schüttet Transmitter aus.
- Rezeptoren für den Transmitter und chemisch gesteuerte Ionen-Kanäle gibt es nur an der Postsynapse.

Es gibt auch elektrische Synapsen: Über *gap junctions*, Verbindungskanäle in der Zellmembran, fließt das Aktionspotenzial von einer Zelle zur anderen. Elektrische Synapsen haben große Bedeutung im Herzmuskel und bei der glatten Muskulatur.

Summation

Neurone im Gehirn verrechnen Erregungen, die an vielen tausend Synapsen eintreffen. Synapsen sind nicht nur Kontaktstellen; sie sind auch die **Rechenelemente des Nervensystems**: Die Membran des Zellkörpers kann beliebig viele lokale Potenzialänderungen (EPSPs) addieren: Die an den einzelnen Postsynapsen erzeugten postsynaptischen Potenziale breiten sich über die Membran des Neurons aus und überlagern sich. Ist die Summe der Potenziale überschwellig, so entsteht am Axonhügel ein Aktionspotenzial. Kurz nacheinander eintreffende Aktionspotenziale an einer Synapse führen zur **zeitlichen Summation** der erregenden postsynaptischen Potenziale (Abb. 161); gleichzeitig an verschiedenen Synapsen eintreffende Aktionspotenziale führen zur **räumlichen Summation**.

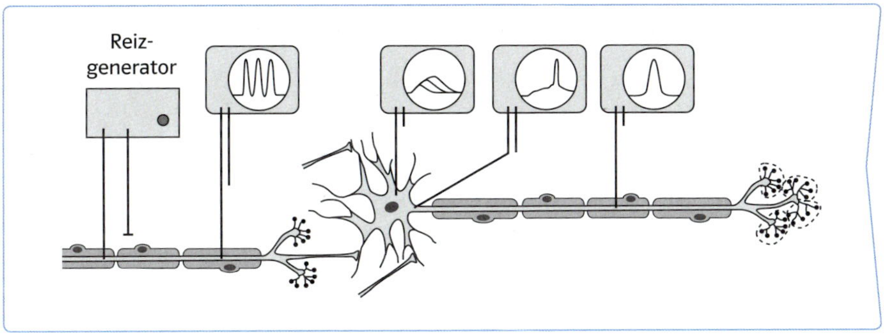

Abb. 161: Die Membran des Zellkörpers addiert die EPSPs, die durch drei kurz aufeinander folgende Erregungen ausgelöst wurden.

Hemmung

Hemmende Synapsen stabilisieren das Ruhepotenzial.

Der Neurotransmitter Gamma-Amino-Buttersäure (GABA) reagiert mit den Rezeptoren von Chloridkanälen in der postsynaptischen Membran und öffnet diese. Da die Konzentration der Chlorid-Ionen (Cl^-) außen höher ist als innen, strömen Cl^- Ionen in die Zelle und erhöhen die Spannung über der Membran des Neurons. Eine Hyperpolarisierung der postsynaptischen Membran bezeichnet man als **inhibitorisches postsynaptisches Potenzial** oder IPSP (Abb. 162).

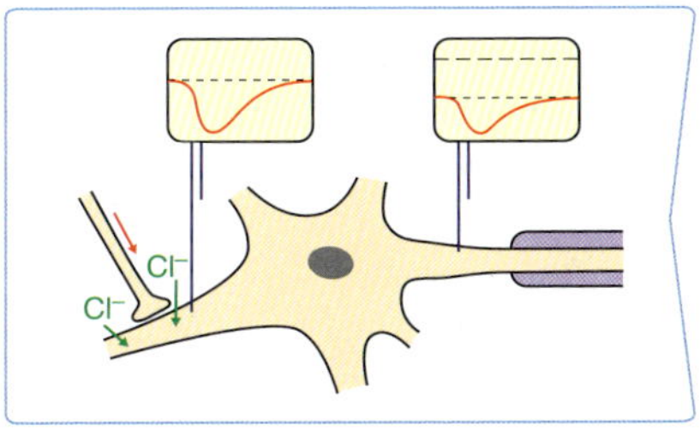

Abb. 162: Hemmende Synapsen rufen ein IPSP hervor.

Hemmende Synapsen liegen oft am Soma (Zellkörper) von Neuronen. Da sie meist näher am Axonhügel liegen als erregende Synapsen, ist ihr Einfluss auf das Potenzial am Axonhügel recht groß. Ein IPSP, das an dieser Stelle ausgelöst wird, erniedrigt das EPSP und verhindert oder erschwert die Auslösung eines Aktionspotenzials. Die Membran des Zellkörpers kann beliebig viele lokale Potenzialänderungen – EPSPs und IPSPs – addieren. Wenn die Gesamtsumme das Schwellenpotenzial überschreitet, wird ein Aktionspotenzial ausgelöst, sonst bleibt das Ruhepotenzial erhalten. Für die Arbeit des Nervensystems sind hemmende Vorgänge von großer Bedeutung.

Störung der hemmenden Synapsen verursacht Starrkrämpfe.

Gifte wie Strychnin und Tetanus-Toxin, die an den hemmenden Synapsen angreifen, machen deren Bedeutung augenfällig: Das Tetanus-Toxin aus dem Bakterium *Clostridium tetani* behindert die Freisetzung hemmender Transmitter-Substanzen. Dadurch kommt es zum Starrkrampf – zur gleichzeitigen Kontraktion antagonistisch arbeitender Muskeln. Strychnin wirkt durch kompetitive Hemmung der Rezeptoren an hemmenden Synapsen.

Neurotransmitter

Im Nervensystem gibt es verschiedene Substanzen, die als **Transmitter** wirken. Meist sind es kleine Moleküle: Acetylcholin, Monoamine und Aminosäuren. Dabei stellt jedes Neuron nur *einen* Transmitter her.
Unterschiedliche Transmitter haben verschiedene Wirkungen auf die Postsynapse: So kann die Öffnungszeit der Ionenkanäle oder die Geschwindigkeit der Reaktion unterschiedlich sein. Während Acetylcholin unmittelbar mit den Rezeptoren der Natriumkanäle reagiert, wirkt Noradrenalin über **zweite Boten**, also indirekt, auf die Membran ein. Diese Art der Signalübertragung geht etwas langsamer.
Transmitter mit hemmender Wirkung sind die Aminosäuren Gamma-Amino-Buttersäure (GABA) und Glycin. Acetylcholin, Dopamin und Noradrenalin können hemmen oder erregen, je nachdem, auf welche Rezeptoren sie treffen.
Manche Peptide wirken modulierend auf die Wirksamkeit des Transmitters: Sie stärken dessen Wirkung oder schwächen sie ab. Man bezeichnet sie als **Neuromodulatoren**.

5.3 Wahrnehmung und Codierung

Sinne

Wahrnehmung ist die Fähigkeit eines Organismus, mit seinen Sinnesorganen Informationen aufzusuchen, aufzunehmen und zu verarbeiten.

Sinne reagieren auf physikalische Reize aus der Umgebung und aus dem eigenen Körper. Zur **Wahrnehmung** gehören Aufnahme, Auswahl, Verarbeitung und Interpretation von Information.
Es ist die Aufgabe spezialisierter Zellen – der Sensoren oder Sinnesrezeptoren – Reize aufzunehmen und sie in Erregungsmuster umzuwandeln. Ein **Reiz** ist eine Zustandsänderung in der Umgebung der Zelle, die in dieser Zelle eine Antwort auslöst. Zellen oder Zellstrukturen, die Reize aufnehmen, werden **Sensoren** oder Sinnesrezeptoren genannt. Jede Form der Reizenergie wird in den Sinneszellen in Änderungen des Membranpotenzials, also in elektrische Energie umgeformt: Sensoren sind Energiewandler.
Jede Sinneszelle ist für eine spezifische Art von Reizen besonders empfindlich, sie hat für diese **adäquaten Reize** eine besonders niedrige Reizschwelle; schon ein geringer Energiebetrag löst eine Erregung aus. Für andere Reize ist sie weit unempfindlicher. Werden Sensoren von Hilfsstrukturen unterstützt, so entsteht ein Sinnesorgan. **Sinnesorgane** haben die Aufgabe, adäquate Reize gezielt zu den Rezeptorzellen zu leiten und Fremdreize fernzuhalten.

Codierung

Überschwellige Erregung einer Sinneszelle ruft im ableitenden Neuriten eine Folge von Aktionspotenzialen aus. Jedes einzelne Aktionspotenzial hat eine unveränderliche Amplitude und pflanzt sich mit konstanter Geschwindigkeit fort. Unterschiedlich starke Reize werden durch die Zahl der Impulse pro Zeiteinheit angezeigt.

Sensoren übersetzen die Reizintensität in eine Impulsfrequenz. Das Axon arbeitet mit einem **Impulsfrequenzcode**. Maßeinheit für Frequenz ist das Hertz ($1\,Hz = 1\,sec^{-1}$). Bei einer Frequenz von 100 Hz leitet ein Axon 100 Impulse pro Sekunde.

In der Nervenfaser wird die Reizintensität durch die Impulsfrequenz codiert.

Nach ihrem Adaptationsverhalten teilt man Sensoren in drei Typen ein:

- **Tonische Rezeptoren** geben während der Dauer eines Reizes Signale weiter. Je stärker der Reiz ist, desto höher ist die Impulsfrequenz.
- **Phasische Rezeptoren** reagieren auf Veränderungen. Sie signalisieren Anfang und Ende eines Reizes durch je eine kurze Impulsserie.
- **Phasisch-tonische Rezeptoren** zeigen einen neu einsetzenden Reiz durch eine hohe Impulsfrequenz an. Bleibt der Reiz für längere Zeit gleich, so sinkt die Frequenz auf ein konstantes Niveau. Die Sinneszellen adaptieren.

Sinneszellen codieren meist phasisch-tonisch, seltener tonisch oder phasisch.

Codierung	Reiz	Rezeptorpotenzial	Frequenz	Adaptation
tonisch	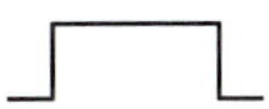			keine
phasisch			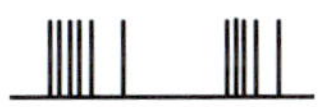	vollständig
phasisch-tonisch				teilweise

Das Nervensystem arbeitet mit verschiedenen Codes: Das Axon codiert eine Nachricht durch die Frequenz. Der Impulsfrequenzcode ist ein **digitaler Code**: Die Information wird als Folge einzelner Zeichen weitergegeben.

Dendriten und Zellkörper verwenden **analog codierte** Signale: Die Höhe der EPSPs und IPSPs entspricht der jeweiligen Erregung. Auch die Synapse benutzt analoge Signale: Die Menge des ausgeschütteten Transmitters steht in unmittelbarem Zusammenhang mit der Stärke des Reizes.

In jeder Synapse wird digital codierte Information in ein analog codierendes System umgeformt. Im Axonhügel werden die analogen Signale wieder in digitale Signale verwandelt.

Das Nervensystem arbeitet mit einem ständigen Wechsel zwischen analoger und digitaler Codierung.

Der **Inhalt einer Nachricht** wird allein dadurch bestimmt, auf welcher Nervenfaser und in welchem Areal des Zentralnervensystems die Nachricht ankommt.

Der Inhalt einer Nachricht wird durch ihre Bahn bestimmt.

Die Retina

Drei Schichten bauen den Augapfel auf: Die weiße Augenhaut (Sklera), die an der Vorderseite in die Hornhaut (Cornea) übergeht, die Aderhaut (Choroidea) und die **Netzhaut** oder **Retina** (Abb. 163).

Über den Sinneszellen liegen zwei Schichten von Nervenzellen, dazwischen liegt jeweils ein Netz von verbindenden Fasern. Die Sinneszellen liegen auf der dem Lichteinfall abgewandten Außenseite der Netzhaut: Die Retina ist invers gebaut, Lichtstrahlen müssen das gesamte Neuroepithel durchdringen, bevor sie die Rezeptoren erreichen. Die Erregung fließt von den Sehzellen über bipolare Nervenzellen zu den Ganglienzellen, deren Axone sich zum Sehnerv vereinigen.

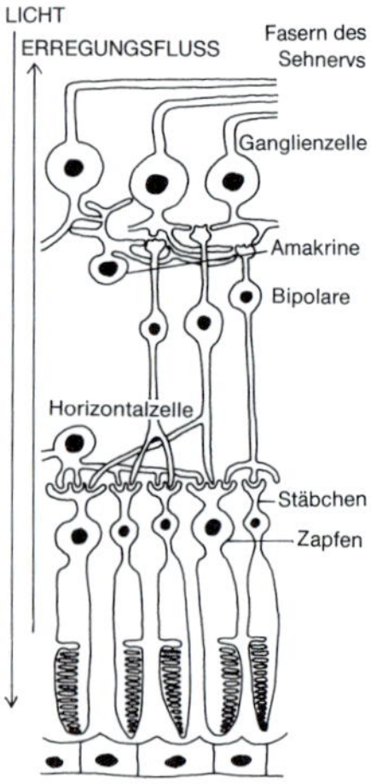

Abb. 163: Schematischer Schnitt durch die Netzhaut

- **Ganglienzellen** fassen die Erregungen der Sinneszellen, mit denen sie verbunden sind, zusammen. Die Papille ist die Stelle, an der die Nervenfasern durch die Retina treten, um den Sehnerv zu bilden. In dieser Region liegen keine Lichtsinneszellen, die Retina hat einen blinden Fleck.
- **Amakrinen** verknüpfen verschiedene Ganglienzellen.
- **Bipolarzellen** verbinden die Rezeptoren mit den Ganglienzellen.
- **Horizontalzellen** bilden Synapsen mit benachbarten Sinneszellen; sie hemmen die Nachbarn belichteter Zellen.
- **Stäbchen und Zapfen** sind Lichtsinneszellen.

Stäbchen und Zapfen sind in der Netzhaut ungleich verteilt.

Das Auflösungsvermögen oder die Sehschärfe des Auges ist die Fähigkeit, zwei nahe beieinander liegende Punkte getrennt wahrzunehmen.

Die Sehgrube oder Fovea ist das optische Zentrum des Auges. Hier liegen die Zapfen dicht gepackt. Bei Tageslicht hat die Sehgrube ein deutlich höheres Auflösungsvermögen als andere Bereiche der Netzhaut. Hier werden Formen und Farben am besten aufgelöst. Mit diesem Netzhautbereich, der kleiner ist als ein Stecknadelkopf, nehmen wir alles wahr, was wir gerade fixieren. Hier kann unser Auge zwei Punkte mit einem Abstand von 1,5 mm aus einer Entfernung von 5 m noch unterscheiden, das entspricht einem Sehwinkel von etwa einer Winkelminute.

Lichtsinneszellen

In der Retina des Menschen befinden sich zwei Arten von Photorezeptoren: Rund 120 Mio. schlanke Stäbchen und sieben Millionen kürzere, dicke Zapfen. Nach der **Duplizitätstheorie des Sehens** haben die beiden Rezeptortypen unterschiedliche Funktionen: Stäbchen dienen dem Sehen in der Dämmerung, sie vermitteln Grauabstufungen zwischen Schwarz und Weiß. Zapfen sind bei Tageslicht aktiv, mit ihrer Hilfe unterscheiden wir Farben.

Stäbchen und Zapfen sind nicht gleichmäßig über die Netzhaut verteilt: Im Mittelpunkt der Retina liegt der gelbe Fleck, in dessen Zentrum – der Sehgrube oder *Fovea centralis* – nur Zapfen liegen. Nur an dieser Stelle ist ein exaktes Wahrnehmen von Farben möglich. Andererseits ist die Fovea bei Nacht blind: Lichtschwache Objekte verschwinden in der Dämmerung, wenn man sie fixiert: Dämmerungsskotom. In der Umgebung der Fovea kommt auf zwei Stäbchen ein Zapfen. Am Rand der Retina befinden sich nur Stäbchen: Diese Zone ist farbenblind.

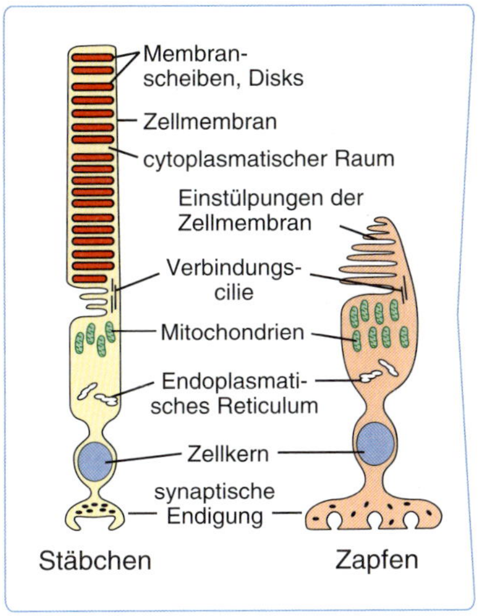

Abb. 164: Stäbchen und Zapfen sind die Lichtsinneszellen der Retina.

Der Sehvorgang

Ein **Stäbchen** (Abb. 164) hat einen Durchmesser von etwa 3 µm. Es ist in ein Außensegment und ein Innensegment gegliedert. Das Innensegment enthält den Zellkern, die Mitochondrien und weitere Organelle. Das Außensegment ist ein dünnes Röhrchen, in dem etwa 2000 Membranscheibchen (*disks*) in Form einer Geldrolle dicht aufeinander gestapelt sind.
Die Membran der Scheibchen besteht, wie jede Biomembran, aus zwei Proteinschichten und einer Lipidschicht. Als Besonderheit enthält sie den Sehpurpur, das **Rhodopsin**. Rhodopsin ist ein Chromoprotein, eine Verbindung aus dem Protein Opsin, und dem Farbstoff 11-cis-Retinal.
Das Retinalmolekül besitzt ein System konjugierter Doppelbindungen, das es dem Molekül ermöglicht, Lichtenergie zu absorbieren. Bei Belichtung ändert das Retinal seine Struktur: 11-cis-Retinal lagert sich um zu all-trans-Retinal (Abb. 165). Dabei streckt sich das Molekül, das Opsin geht in seine angeregte Form über:

[Opsin]-11-cis-Retinal ⟶ [Opsin*]-all-trans-Retinal.

In wenigen Millisekunden zerfällt das Rhodopsin in mehreren Schritten:

Rhodopsin ⟶ Opsin + All-trans-Retinal.

Diese Primärreaktion des Sehvorgangs ist als Bleichung des Sehfarbstoffs zu beobachten. Das Auge baut den verbrauchten Sehfarbstoff wieder auf: Das trans-Retinal wird zu Retinol (Vitamin A_1) umgebaut. Aus diesem wird das

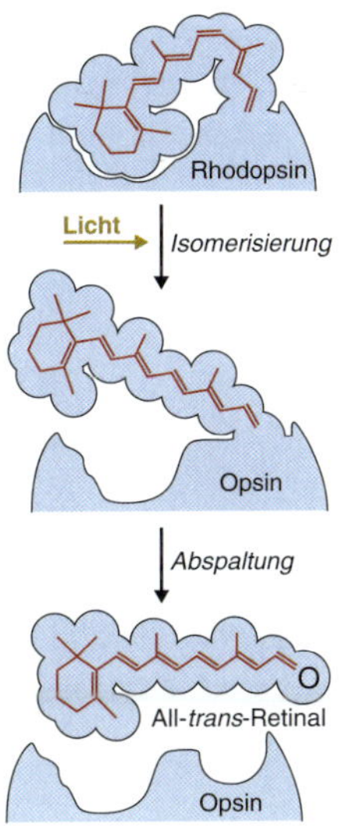

Abb. 165: Die Primärreaktion des Sehens

11-cis-Retinal zurückgewonnen und wieder an das Opsin gebunden. Mit der Nahrung aufgenommenes Vitamin A ergänzt den Rhodopsinvorrat.

Beim Zerfall des Rhodopsins ändert sich das Membranpotenzial der Lichtsinneszelle.

Als Folge der Veränderungen des Rhodopsins ändert sich die Permeabilität der Sehzellmembran für Na^+-Ionen und damit das Membranpotenzial. Das Rezeptorpotenzial breitet sich über die Membran der Lichtsinneszelle bis zur Synapse aus. Bei Dunkelheit schüttet das Stäbchen viele Transmitter-Moleküle aus, bei Belichtung nimmt die Transmitterausschüttung, je nach Höhe des Rezeptorpotenzials, ab.

5.4 Leistungen des Nervensystems

Zum ZNS gehören Gehirn und Rückenmark.

Gehirn und Rückenmark bilden das Zentralnervensystem – ZNS. Hier bilden Ansammlungen von Zellkörpern die graue Substanz; Bündel von markhaltigen Nervenfasern machen die weiße Substanz aus. Die aus Gehirn und Rückenmark austretenden Nerven stellen das periphere Nervensystem dar.

Das ZNS erfüllt verschiedene Aufgaben:

- Es integriert alle eingehenden Reize aus der Umwelt und aus dem eigenen Körper.
- Es koordiniert alle Bewegungsvorgänge.
- Es reguliert und koordiniert die Arbeit der Organe, einschließlich des Hormonhaushalts.
- Das Gehirn ist Ort des Gedächtnisses.

Das Gedächtnis

Das Gedächtnis ist die Fähigkeit, aufgenommene Informationen zu behalten, zu ordnen und wieder abzurufen. Die gespeicherten Informationen sind das Ergebnis von bewussten oder unbewussten Lernprozessen.
Nach der Dauer der Informationsspeicherung teilt man das Gedächtnis ein (Abb. 166):

- Sinnesorgane nehmen Informationen auf und speichern sie für Sekunden im **sensorischen Gedächtnis** oder Ultrakurzzeitgedächtnis;
- das **Kurzzeitgedächtnis** speichert Informationen über Minuten, danach sind sie für immer verloren;
- das **Langzeitgedächtnis** behält sie über Jahre oder für ein Leben.

Zum Langzeitgedächtnis gehören

- das **deklarative Gedächtnis**, das Fakten und Ereignisse speichert (Erinnerungen an die Kindheit, den Bau der DNA) und
- das **prozedurale Gedächtnis**, das Fertigkeiten umfasst, Bewegungsabläufe wie Fahrradfahren.

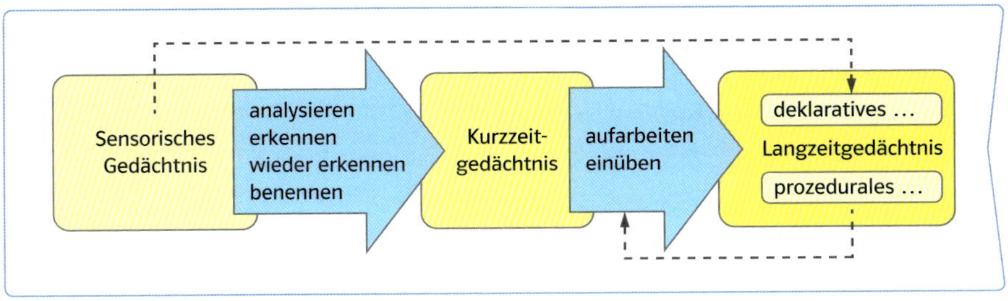

Abb. 166: Mehrspeichermodell des menschlichen Gedächtnisses

Im sensorischen Gedächtnis spielen Bewusstsein und Aufmerksamkeit keine Rolle. Diese sind jedoch bei der Übertragung der Informationen ins Arbeitsgedächtnis wichtig. Das Kurzzeitgedächtnis steht im Zentrum der bewussten Informationsverarbeitung, hat aber eine begrenzte Kapazität. Die Ergebnisse der Verarbeitung müssen in das Langzeitgedächtnis, das dauerhafte Speichersystem des Gehirns, überführt werden. Für diese Überführung und das Bewahren von Informationen ist Üben unerlässlich – ein bewusstes Abrufen von Informationen. Die Verankerung im Gedächtnis nimmt mit der Zahl der Verknüpfungen mit andern Inhalten zu und mit der Bedeutung, die einer Sache beigemessen wird.

Das Langzeitgedächtnis zeichnet sich durch vier Vorgänge aus:

- **Lernen**:
  Einspeichern neuer Information als Engramm (Gedächtnisspur).
- **Behalten**:
  Bewahren wichtiger Informationen durch regelmäßigen Abruf.
- **Erinnern**:
  Abruf von Gedächtnisinhalten.
- **Vergessen**:
  Zerfall von Gedächtnisspuren. Vergessen ist kein Kapazitätsproblem, sondern ein Schutz vor nutzlosem Wissen.

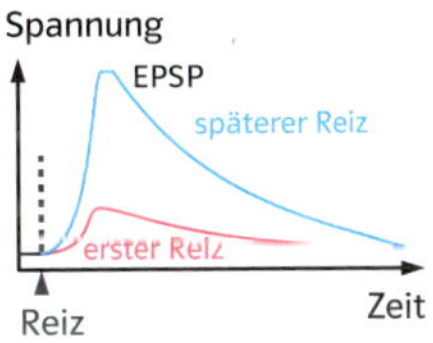

Abb. 167: Langzeitpotenzierung. Nach wiederholter Reizung einer Synapse ist der Effekt eines Reizes höher als vorher.

Ort des deklarativen Gedächtnisses ist die **Großhirnrinde**. Es gibt dort allerdings kein Gedächtniszentrum. Aber es gibt Strukturen, die für das Erinnerungsvermögen notwendig sind, am wichtigsten ist ein Bereich im Schläfenlappen: der Hippocampus. Das prozedurale Lernen findet vorwiegend in den Basalganglien und im Kleinhirn statt.

Basalganglien sind Anhäufungen von Nervenzellkörpern (Kerne), die unterhalb der Großhirnrinde liegen.

Lernen verändert Zahl und Leistungsfähigkeit der Synapsen zwischen Gehirnzellen. Wird ein präsynaptisches Neuron innerhalb weniger Sekunden mehrmals gereizt, so wird dieses bei einer späteren Reizung im nachgeschalteten Neuron ein höheres postsynaptisches Potenzial hervorrufen. Dieses Verhalten wird als **Langzeitpotenzierung** (Abb. 167) bezeichnet. Die Aktivität einer Synapse kann deren Leistungsfähigkeit kurzfristig oder anhaltend verändern. Durch Lernen können Synapsen neu entstehen oder untergehen: An Dendriten bilden sich neue Dornfortsätze (Abb. 168), die Kontakte zu anderen Nervenzellen aufnehmen. Vermehrte Synthese von Strukturproteinen, Rezeptormole-

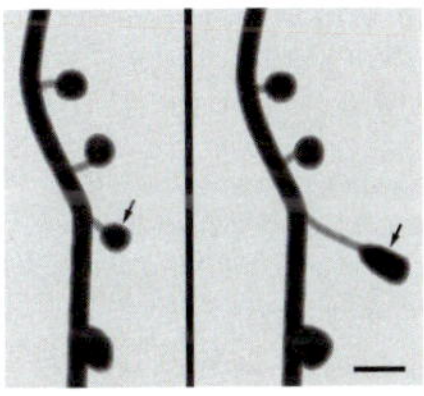

Abb. 168: Bildung von Dornfortsätzen am Dendriten durch Lernen

külen und Enzymen für den Transmitteraufbau führen zu langfristigen Veränderungen von neuralen Schaltungen. Gedächtnisinhalte sind also in einer gesteigerten Effizienz neuronaler Netze festgelegt.

Sprache

Eine besondere Leistung des menschlichen Gehirns ist seine Fähigkeit, eine Sprache zu erlernen. Für diese Leistung sind ganz besondere Zellverbände verantwortlich.

Das Sprachvermögen wird vor allem zwei Regionen des Gehirns zugeordnet, es ist allerdings nicht auf diese Areale beschränkt (Abb. 169):

- Das **motorische Sprachzentrum** oder Broca-Areal liegt seitlich am linken Stirnlappen, in unmittelbarer Nähe zu den motorischen Zentren der Sprechwerkzeuge. Eine Schädigung dieser Region ruft eine schwere Sprachstörung hervor: Motorische Aphasie äußert sich in schwerfälligem, mühsamem Sprechen und undeutlicher Aussprache. Die Sätze sind unvollständig und grammatikalisch fehlerhaft.
- Das **sensorische Sprachzentrum** oder Wernicke-Areal liegt im Schläfenlappen der linken Gehirnhälfte. Patienten mit einer Schädigung dieses Areals leiden unter einer sensorischen Aphasie: Sie können sprechen, bilden aber umständliche Sätze, in die sie unpassende Worte und sinnlose Silben einbauen. Auch beim Verstehen von Schrift und Sprache spielt das sensorische Sprachzentrum eine zentrale Rolle.

Beim lauten Lesen werden verschiedene Felder des Großhirns nacheinander aktiviert (Abb. 169).

Die Sprachzentren liegen meist in der linken Großhirnhemisphäre. Bei Linkshändern dominiert oft das rechte Großhirn.

Sprachbegabt ist nur die linke Großhirnhälfte. Sie dominiert in Bezug auf Sprechen, Lesen, Schreiben und analytisches Denken und wird daher als die dominante Hemisphäre bezeichnet. Sie verarbeitet die Information vorwiegend in zeitlicher Abfolge. Räumliches Vorstellungsvermögen, die Orientierung im Raum, die Auswertung von Bildern und Mustern, Mimik und viele ganzheitliche Leistungen gehen von der rechten Hemisphäre aus. Hier wird Information eher parallel, gleichzeitig aufgearbeitet.

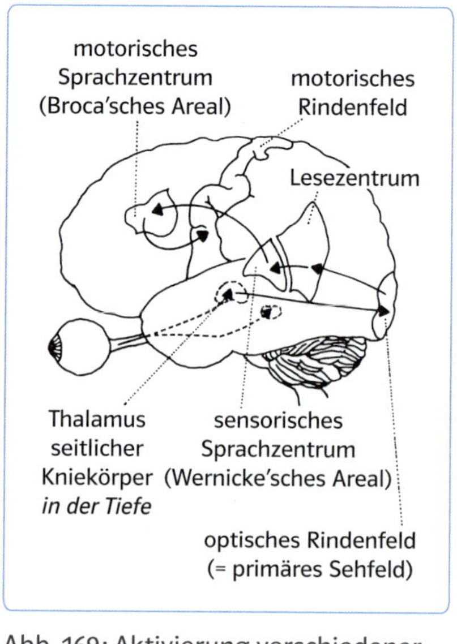

Abb. 169: Aktivierung verschiedener Großhirnfelder beim Nachsprechen eines Worts

Das vegetative Nervensystem

Zum **vegetativen Nervensystem** oder **Eingeweidenervensystem** gehören die Bahnen, die zu Drüsen, zum Herz und zur glatten Muskulatur ziehen und die zugehörigen Zentren in Gehirn und Rückenmark. Atmung, Blutkreislauf, Verdauung, Exkretion, die Funktion der Geschlechtsorgane und die Regulation des Stoffwechsels werden vom vegetativen Nervensystem gesteuert (Abb. 170).

Das vegetative Nervensystem steuert die Aktivität der inneren Organe.

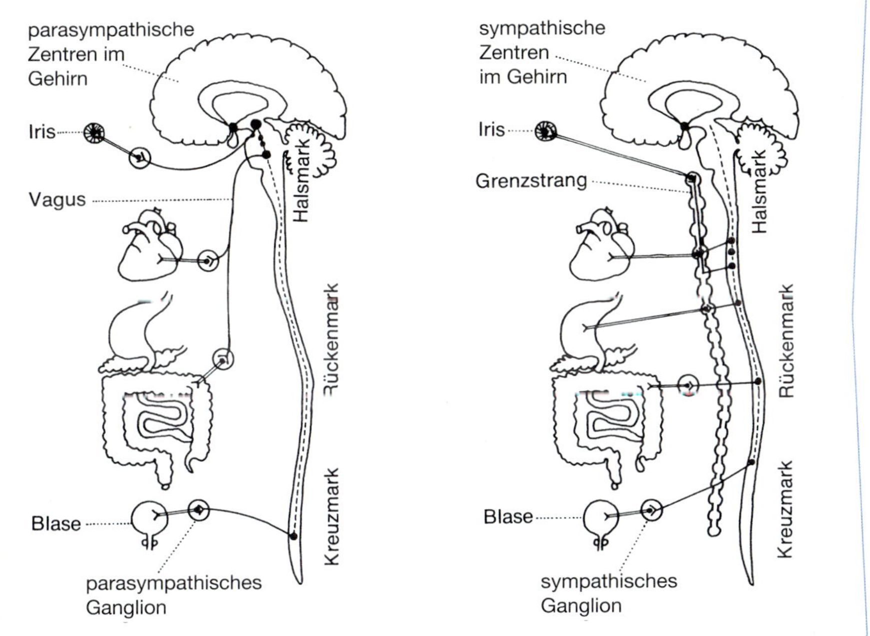

Abb. 170: Die inneren Organe werden durch das vegetative Nervensystem doppelt innerviert.

Das vegetative Nervensystem besteht aus zwei Komponenten, dem sympathischen und dem parasympathischen System und steuert die Organe nach dem antagonistischen Prinzip.

- Der **Sympathikus** wird bei Belastung des Organismus, bei Angriff, Flucht und Leistungssteigerung (*fight or flight*) aktiviert,
- der **Parasympathikus** zielt auf Schonung und Erholung (*rest and digest*).

Entsprechend werden Herz und Atmungsorgane durch den Sympathikus aktiviert, durch den Parasympathikus gehemmt; die Tätigkeit der Verdauungsorgane dagegen vom Parasympathikus gesteigert, durch den Sympathikus vermindert.

Nikotin ist chemisch dem Acetylcholin (➔ S. 157) verwandt. Es kann Acetylcholinrezeptoren besetzen und die postsynaptische Membran (➔ S. 158) depolarisieren. Dabei wirkt es bevorzugt auf die vegetativen Ganglien.

Nikotin kann das vegetative Nervensystem erregen oder hemmen.

In geringen Mengen erregt Nikotin den Sympathikus: Der Puls beschleunigt

sich, Blutgefäße kontrahieren, die Hauttemperatur sinkt. Höhere Nikotindosen hemmen das vegetative Nervensystem. Das Nikotin besetzt viele Rezeptoren, die Postsynapsen sind leicht erregt; eine stärkere Erregung wird jedoch unterbunden.
Je nach Konzentration und dem Zustand des Körpers kann also Nikotin erregen oder hemmen. Die fein abgestufte Regulation des Körpers wird dadurch beeinträchtigt. Man spricht vom „Wirrwarr der Nikotinwirkung".

Stress

Stress ist die unspezifische Reaktion des Körpers auf jede ungewöhnliche Herausforderung.

Kennzeichen der **Stressreaktion** ist, dass sie stets gleichartig, **stereotyp** abläuft, gleichgültig durch welchen Reiz sie provoziert wurde. Die Stressreaktion hat den Zweck, den Organismus reaktionsbereit und leistungsfähig zu machen, ihn auf Angriff oder Flucht vorzubereiten. Wird eine Belastung als Stressor identifiziert, so wird über den Hypothalamus der Sympathikus aktiviert, der Herzschlag und Atmung steigert, durch Verengung der Gefäße den Blutdruck erhöht und das **Nebennierenmark** anregt, das Hormon **Adrenalin** in die Blutbahn abzugeben. **Adrenalin** unterstützt den Sympathikus und schaltet alle Körperfunktionen auf Leistung nach außen: Die Herzleistung erhöht sich; Schlagvolumen, Kraft und Schlagfrequenz nehmen zu. Die Atmung wird vertieft und beschleunigt, der Blutzuckerspiegel steigt; die Verdauung wird gebremst: Alle diese Umstellungen dienen der schnellen Bereitstellung von Energie für Hochleistungen, wie sie bei Flucht oder Angriff erforderlich sind. Da Adrenalin rasch abgebaut wird, halten die Wirkungen der Notfallreaktion nicht lange an.

Nervensystem und Hormonsystem arbeiten bei der Stressreaktion zusammen.

Das Hormon Adrenalin löst die *flight or fight*-Reaktion aus.

Andauernden Belastungen passt sich der Körper an (Abb. 171):
Der **Hypothalamus** gibt das Hormon CRH ab, das die Ausschüttung von **ACTH** (adrenocorticotropes Hormon) aus der **Hypophyse** stimuliert. ACTH veranlasst die **Nebennierenrinde**, vermehrt **Corticoide** auszuschütten. Corticoide mobilisieren Zucker- und Fettreserven. Rote Blutkörperchen und Blutgerinnungsfaktoren, Cholesterol und Fettsäuren werden vermehrt ins Blut abgegeben, Sauerstoffversorgung und Wundverschluss werden dadurch verbessert. Die Antikörperbildung wird geschwächt, Entzündungen werden gehemmt.

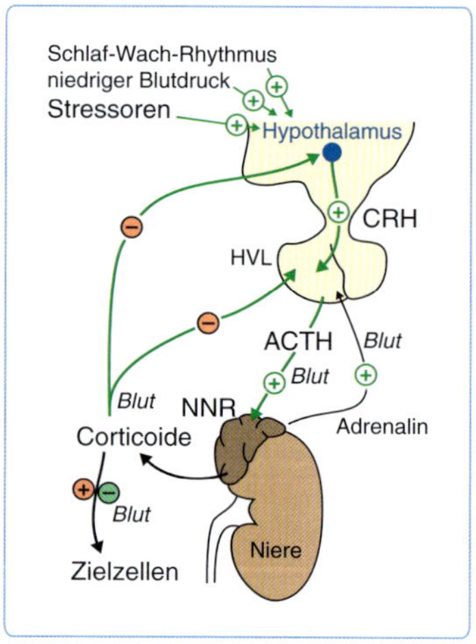

Abb. 171: Regulation der Anpassungsreaktion

Neurobiologie

Reizbarkeit ist eine der Grundeigenschaften des Lebens. Sinneszellen und Nervenzellen können durch ihre Erregbarkeit Reize in Erregung umwandeln und die Erregung fortleiten. Im Verbund können Nervenzellen Informationen verarbeiten und speichern.

Grundlage dieser Leistungen sind **bioelektrische Vorgänge**, deren Träger die Membran der Nervenzellen ist. Durch die Zellmembran finden aktive und passive Ionentransporte statt, die elektrische Signale erzeugen. Nervenzellen haben Fortsätze, die diese Signale fortleiten, mit anderen Nervenzellen, Muskelzellen und Drüsenzellen Kontakt aufnehmen und mit diesen kommunizieren. Durch chemische Botenstoffe können Nervenzellen an den Synapsen Signale empfangen und weitergeben.

Sinneszellen sind Energiewandler und Verstärker. Sie wandeln Reize der Umwelt in Erregung um, die sie in Form elektrischer Signale verschlüsseln und weitergeben.

Information wird im Nervensystem codiert:

- Der Inhalt der Nachricht wird durch die Nervenbahn vorgegeben, auf der die Erregung geleitet wird.
- Die Dauer der Reizung wird durch die Dauer einer Impulsfolge oder durch definierte Signale verschlüsselt.
- Die Intensität des Reizes wird im Axon durch die Impulsfrequenz, im Zellkörper und den Dendriten durch die Höhe der Erregung, im synaptischen Spalt durch die Konzentration der Überträgerstoffe codiert.

Der Wechsel zwischen analoger und digitaler **Codierung** ermöglicht Flexibilität und Verrechnung von Information.

Nervensystem und Hormonsystem koordinieren die Aktivitäten des Körpers und stimmen sie über die Sinne mit dem Geschehen in der Umwelt ab. Darüber hinaus ermöglicht das Nervensystem die geistigen Fähigkeiten des Körpers: Denken, Lernen und Vergessen, Wahrnehmung und Bewusstsein, Gedächtnis und Gefühle. Pharmaka können in die Arbeit dieser Systeme eingreifen.

Durch **Pharmaka und Drogen** können neurophysiologische Prozesse beeinflusst werden.

AUF EINEN BLICK

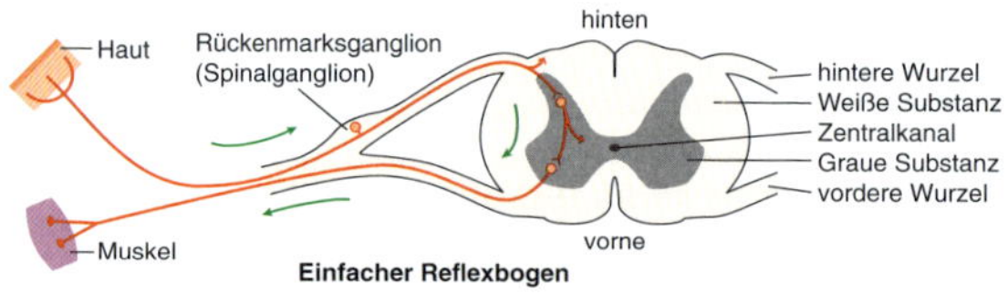

Einfacher Reflexbogen

Ein Reflex ist eine einfache, sicher und schnell ablaufende Antwort auf einen Reiz.

Unbedingte Reflexe beruhen auf festen Verschaltungen im Nervensystem.

Schlüsselreize können Instinkthandlungen auslösen.

Attrappenversuche ermöglichen die Charakterisierung von Schlüsselreizen.

Instinkthandlungen können durch **Erfahrung** modifiziert werden.

Prägung ist ein rascher Lernvorgang während einer sensiblen Phase und mit stabilem Ergebnis.

Reflexe

Bedingte Reflexe werden erlernt.

Durch **Konditionierung** wird die Bedeutung eines Reizmusters oder einer Handlung erlernt.

Instinkthandlungen

Instinkthandlungen laufen unter vergleichbaren Bedingungen immer gleich ab, sie sind **angeboren und artspezifisch**.

Zur Instinkthandlung gehören Erbkoordination und Taxis.

Lernverhalten

Konditionierung bedeutet Lernen von Reiz-Reaktions-Assoziationen.

- Bei **klassischer Konditionierung** wird eine Reaktion mit einem neuen Reiz gekoppelt.
- Bei der **operanten Konditionierung** wird ein Verhalten durch Verstärkung wahrscheinlicher.

Kooperation führt häufig zum Nutzen für alle Beteiligten.

Balz und Begattung stehen unmittelbar im Dienst der Fortpflanzung und der Weitergabe eigenen Erbguts.

Jedes Zusammenleben basiert auf **Kommunikation**, der Übertragung von Informationen vom Sender zum Empfänger. Kommunikation nützt dem Einzelnen und verursacht Kosten.

Sozialverhalten

Fortpflanzungsverhalten

Aggressives Verhalten dient der Durchsetzung eigener Ziele. Viele Verhaltensweisen dienen der **Aggressionskontrolle**.

Altruistisches Verhalten kann dem indirekten Fortpflanzungserfolg dienen.

Brutpflegeverhalten dient dem Schutz und der Ernährung der Nachkommen.

6 Verhaltensbiologie

KURZINFO

- Reflexe sind durch feste neuronale Schaltungen vermittelte Reaktionen auf Reize.
- Schlüsselreize lösen Instinkthandlungen aus; auslösender Reiz und Motivation bestimmen das Ausmaß einer Handlung.
- Aufzucht unter Erfahrungsentzug gibt Auskunft über angeborene und erworbene Verhaltensanteile.
- Erfahrung kann den Verlauf von Verhaltensweisen beeinflussen.
- Prägung ist dauerhaftes Lernen in einer sensiblen Phase.
- Durch Konditionierung wird die Bedeutung eines Reizmusters oder einer Handlung erlernt.
- Tiere kommunizieren durch verschiedene Sinneskanäle.
- Artgenossen sind Konkurrenten und Kooperationspartner.
- Kosten und Nutzen aggressiven Verhaltens hängen vom Verhalten der anderen ab; die Kosten können durch Aggressionskontrolle begrenzt werden.
- Altruistisches Verhalten erhöht die Gesamtfitness.
- Balzverhalten dient der Partnerfindung und der Partnerbindung.
- Fortpflanzungsstrategie und Brutfürsorge sind an die Lebensweise einer Art angepasst.
- Deprivation im Kindesalter verursacht Verhaltensstörungen.

6.1 Genetisch bedingte Verhaltensweisen

Ein Reflex ist eine unwillkürliche Antwort auf einen Reiz: eine Reiz-Reaktions-Koppelung.

Ein Reflex ist eine stereotype Reaktion des Organismus auf einen Reiz, die beim Überschreiten einer Reizschwelle unabdingbar ist. Reflexe beruhen auf der Zusammenarbeit von Sinnesorganen, Nerven und Muskeln. Sie laufen meist unbewusst ab. Reflexe, die nicht gelernt werden müssen, nennt man unbedingte Reflexe. Bedingte Reflexe sind Ergebnisse von Lernvorgängen (→ S. 184). Die Funktion von Reflexen liegt im Ausführen schneller Bewegungen, die meist dem Schutz dienen und die kein Nachdenken erfordern. Reflexe sind entweder bereits bei der Geburt voll ausgebildet oder sie reifen im Verlauf der Entwicklung.

> Schlägt man einer Versuchsperson, die mit frei hängendem Unterschenkel sitzt, auf die Kniesehne, so schnellt fast augenblicklich der Unterschenkel nach vorne: Diese Reaktion bezeichnet man als Kniesehnenreflex.

Der Kniesehnenreflex ist ein **Eigenreflex**: Sensoren (Muskelspindeln) und die Effektoren (Muskelfasern) sind Teile desselben Organs (des Streckmuskels). Der Reflex wird durch die Dehnung eines Muskels ausgelöst; er ist über Afferenzen monosynaptisch auf ein Motoneuron im Rückenmark verschaltet und führt über die Efferenzen (motorische Neurone) zu einer Zuckung des zuvor gedehnten Muskels: **Eigenreflexe sind monosynaptische Reflexe**. Die Erregung fließt zurück zu dem Organ, von dem sie ausging, allerdings mit umgekehrtem Vorzeichen: Die Dehnung wird als Verkürzung reflektiert, daher der Name „Reflex". Durch den Eigenreflex kann die Muskellänge auch bei Störungen konstant gehalten werden.

Das Rückenmark ist ein Reflexzentrum.

Afferente Fasern leiten Information vom Körper zum ZNS, efferente Fasern vom ZNS zum Körper.

Eigenreflexe sind über eine zentrale Synapse geschaltet.

Berührt man die Bauchhaut eines Menschen, so kontrahiert sich die Bauchmuskulatur.

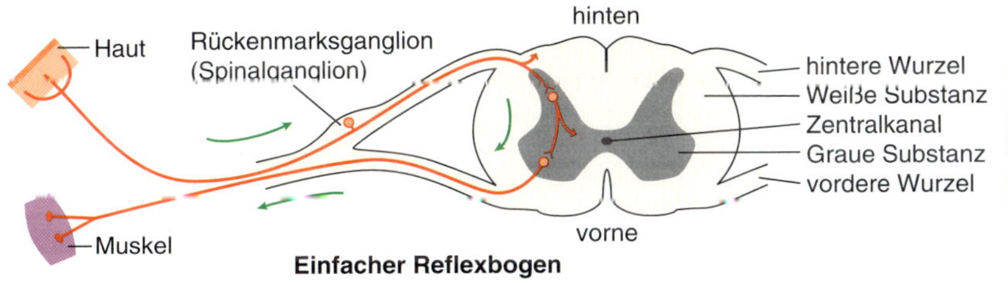

Abb. 172: Reflexbogen beim Bauchdeckenreflex

Beim Bauchdeckenreflex liegen die Sensoren in der Haut, Effektor ist ein quergestreifter Muskel des Rumpfes. Beim **Fremdreflex** liegen Sensor und Effektor in unterschiedlichen Organen, der Körper reagiert an einer anderen als der gereizten Stelle. Im Reflexbogen der Fremdreflexe sind zwischen afferente und efferente Neurone mehrere Synapsen eingeschaltet, daher werden sie **polysynaptische Reflexe** genannt. Über Zwischenneurone aktiviert ein sensibles Neuron mehrere Motoneurone gleichzeitig. Fremdreflexe sind teilweise Schutzreflexe: Bauchdeckenreflex, Husten- und Niesreflexe, Lidschluss- und Pupillenreflex. Andere sind für die Nahrungsaufnahme von Bedeutung: Schluck- und Speichelsekretionsreflex, bei Kleinkindern der Saugreflex.

Bei Fremdreflexen (polysynaptischen Reflexen) erfolgt die Reflexantwort nicht im reizwahrnehmenden Organ.

Schlüsselreiz und Auslösemechanismus

Viele Verhaltensweisen werden von ganz einfachen Reizen – den Schlüsselreizen – ausgelöst. **Als Schlüsselreiz kann jedes vom Organismus wahrnehmbare Merkmal dienen, das kennzeichnende Funktionen erfüllt**. Schlüsselreize können Einzelmerkmale (Farben oder Formen, Töne, Gerüche) sein, aber auch komplizierte Gestaltmerkmale oder Bewegungsmuster kommen vor. Meist handelt es sich um einfache, auffällige und einprägsame Muster, die ein Objekt hinreichend kennzeichnen.

Schlüsselreize sind Außenreize, die eine Reaktion in Gang setzen.

Attrappen sind experimentell gesetzte Reizquellen.

Mit **Attrappen** lässt sich ermitteln, welche Reize als Schlüsselreize wirken.

Abb. 173: Die rote Kehle wird als Schlüsselreiz erkannt.

> Ein männliches Rotkehlchen reagiert bei der Revierverteidigung auf das rote Brustgefieder, nicht aber auf die Gestalt seines Rivalen. Ein rotes Federbüschel wird bedroht, eine naturgetreue Attrappe ohne Rot bleibt unbeachtet.

Tiere haben bei ihren Reaktionen kein Bild des Konkurrenten, Partners oder Feindes gespeichert. Die Antwort gilt dem Objekt, das den Schlüsselreiz aussendet. Viele Verhaltensweisen können durch verschiedene Reize ausgelöst werden; Schlüsselreize können sich gegenseitig vertreten, im Zusammenwirken verstärken sie sich. Bietet man mehrere Schlüsselreize gleichzeitig an, so reagieren die Versuchstiere stärker als auf den einzelnen Reiz: **Reizsummation**.

Abb. 174: Der Austernfischer beantwortet bevorzugt den „überoptimalen" Reiz.

> Der Austernfischer holt aus dem Nest gefallene Eier wieder zurück. Für das Zurückholen des Eis sind Größe, Farbe und Fleckenmuster wichtige Merkmale. Bietet man neben seinem eigenen ein künstliches Riesenei, so versucht er zuerst das Riesenei einzurollen (Abb. 174). Ein großes Ei wirkt stärker als ein kleines, ein geflecktes stärker als ein ungeflecktes. Am besten wirkt eine Attrappe, die mehrere auslösende Merkmale vereint.

Tiere reagieren auf Schlüsselreize auf zweckmäßige Weise, ohne diesem Muster je vorher begegnet zu sein: Kohlmeisen, die noch nie Kontakt mit Artgenossen hatten, ducken sich beim ersten Hören des Warnrufes einer Kohlmeise. Ähnliche Laute rufen keine Reaktion hervor. Da Tiere auf manche Reize reagieren, auf andere aber nicht, geht man davon aus, dass ihr Nervensystem die Meldungen der Sinnesorgane verarbeitet, eine bestimmte Signalkombination als Schlüsselreiz erkennt und die Antwort auslöst. Das Teilsystem des ZNS (➔ S. 166), das dies leistet, bezeichnet man als Auslösemechanismus (AM):

Schlüsselreiz und Auslösemechanismus bilden ein Erkennungssystem.

Ein Auslösemechanismus ist der Bereich des Nervensystems, der Reize filtert, den passenden erkennt und die zugehörige Verhaltensweise auslöst.
Wie bei Schlüssel und Schloss gibt es eine Passung zwischen einem Reizmuster, dem Schlüsselreiz, und einer Verhaltensweise. Reize, die zum zugehörigen Auslösemechanismus passen, lösen eine Verhaltensweise aus.

Instinkthandlung

Eine Erbkoordination ist eine Bewegungsfolge, die nach festen Mustern abläuft.

Eine koordiniert ablaufende, wiedererkennbare Verhaltensweise bezeichnet man als **Erbkoordination**. Andere gebräuchliche Begriffe sind Ablaufkoordination, Instinktbewegung oder *fixed action pattern*.
Eine Erbkoordination ist eine stereotype, geordnete und artspezifische Bewegungsfolge. Sie kann durch Schlüsselreize ausgelöst oder spontan aktiv werden. Vom Reflex unterscheidet sich die Erbkoordination durch komplexere Bewegungsfolgen. Außerdem tritt sie nur dann auf, wenn das Tier motiviert ist.

Der Zungenschlag der Erdkröte (Abb. 175), wenn sie eine Fliege schnappt, ist eine einfache Erbkoordination. Man kann fünf Phasen unterscheiden: Die Kiefer öffnen sich, die Zunge schnellt heraus, die Zungenspitze rollt nach außen und ergreift die Fliege, die Zunge wird eingezogen, die Kiefer schließen sich. Bei dieser Bewegungsfolge arbeiten Muskeln der Zunge und des Kiefers in fein koordinierter Weise zusammen.

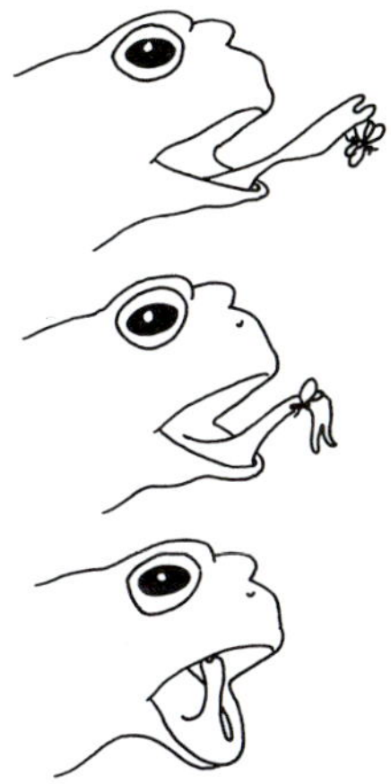

Abb. 175: Der Zungenschlag der Erdkröte folgt einem genetisch festgelegten Bewegungsmuster.

Der Erbkoordination liegt ein festes Bewegungsprogramm zugrunde, das durch eine Neuronenschaltung festgelegt ist. Die Handlung wird, einmal begonnen, von Anfang bis zum Ende durchgeführt.

Die **Taxis** oder **Orientierungsreaktion** ist eine Bewegung, die der räumlichen Orientierung dient. Mit ihrer Hilfe richtet ein Tier seine Stellung oder seine Bewegungen relativ zum Reiz aus: Es richtet sich zum Reiz hin (positiv) oder vom Reiz weg (negativ). Oft wirkt derselbe Reiz als Schlüsselreiz und als richtender Reiz.

Der Anblick der Maus löst bei der Katze die Beutefanghandlung aus, sie gibt auch die Richtung für das Anschleichen und den Sprung vor.

Nur selten lassen sich auslösende und richtende Reize trennen.

Unmittelbar nach Öffnen der Augen löst bei frisch geschlüpften Amseln ein optischer Reiz das Sperren aus, richtender Reiz ist jedoch die Schwerkraft.

Die Taxis dient der Orientierung im Raum.

Taxien teilt man nach der Natur des richtenden Reizes ein: Bewegt sich ein Strudelwurm auf eine Beute zu, die er mit seinen chemischen Sinnesorganen wahrnimmt, so nennt man das positive Chemotaxis. Die Orientierung der Amselnestlinge gegen die Schwerkraft ist ein Beispiel für negative Geotaxis.

Instinkthandlungen bestehen aus Erbkoordination und Taxis.

Taxien treten oft zusammen mit Erbkoordinationen auf. Lorenz und Tinbergen nannten dieses Zusammenspiel **Instinkthandlung**. Instinkthandlungen sind stereotyp, sie treten bei allen Exemplaren einer Art auf – auch bei isoliert aufgezogenen Tieren und solchen, die zuvor an der Ausführung der Bewegung gehindert wurden.

Handlungsketten

Folgen mehrere Instinkthandlungen in fester Reihenfolge aufeinander, so entsteht eine Handlungskette.

Instinkthandlungen können zu Folgen aneinandergereiht sein und so ganze Verhaltensmuster aufbauen. Häufig führt eine Bewegung einen neuen Reiz ins Blickfeld, der die nächste Verhaltensweise in Gang setzt.

Handlungsketten, an denen zwei Tiere beteiligt sind, spielen eine große Rolle beim Balzverhalten und bei ritualisierten Zweikämpfen. Die Instinkthandlung eines Individuums ist dabei Auslöser für die Instinkthandlung des anderen. Ein gut untersuchtes Beispiel für eine doppelte Handlungskette ist die Balz des Stichlings (Abb. 176).

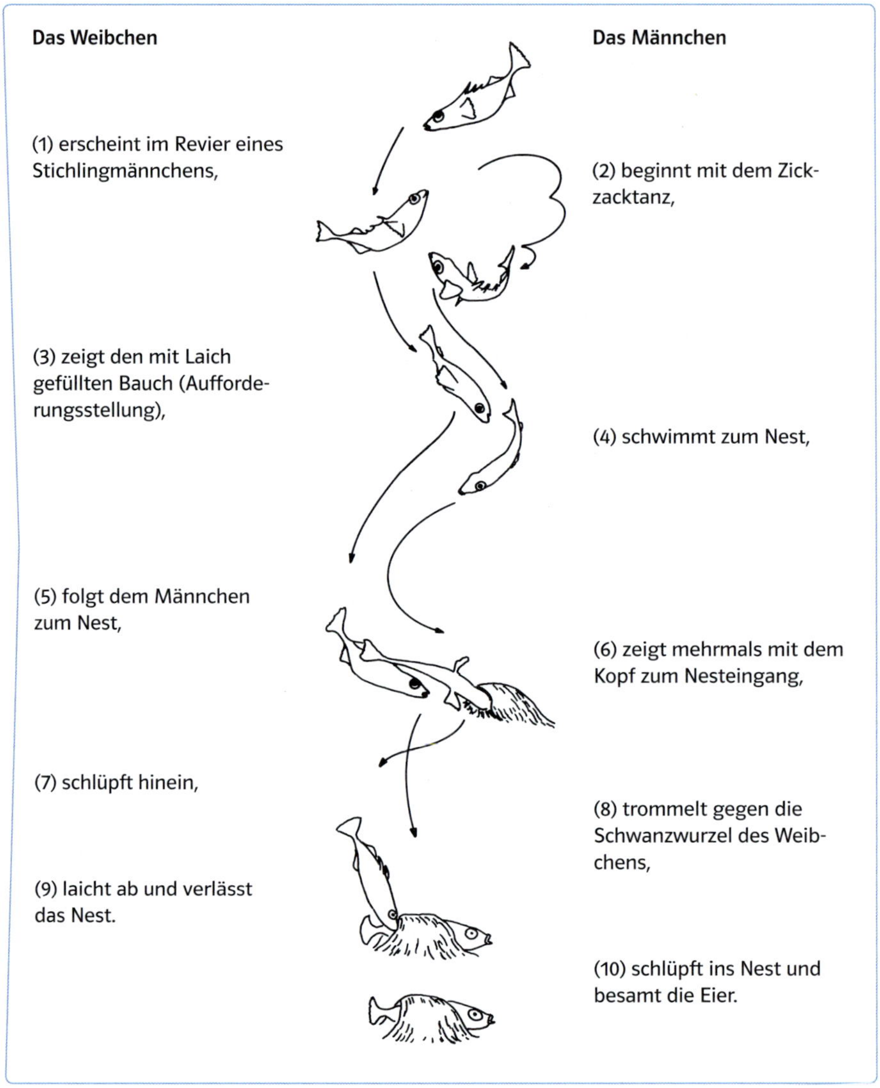

Abb. 176: Die Balz des Stichlings ist eine Handlungskette.

Bleibt die Reaktion eines Partners aus, so kann der andere eine Teilhandlung wiederholen, sonst bricht die Handlungskette ab:
Hindert man das Stichlingmännchen am Schwanztrommeln, so schlüpft das Weibchen aus dem Nest ohne abzulaichen. Trommelt man aber mit einem Stäbchen gegen die Schwanzwurzel des Weibchens, so beginnt es mit dem Ablaichen.

Motivation

Während Reflexe mit großer Sicherheit auf den zugehörigen Reiz antworten, löst ein Schlüsselreiz nicht in jedem Fall eine Handlung aus. Die Bereitschaft zur Reaktion ändert sich nach den Bedürfnissen.

Nur motivierte Tiere zeigen Instinkthandlungen.

Rotkehlchen greifen eine Attrappe mit roter Brust nur während der Brutzeit an – und auch dann nur in ihrem Revier.

Am Zustandekommen einer Instinkthandlung ist neben den auslösenden Reizen auch ein innerer Zustand beteiligt, den man als **Handlungsbereitschaft** oder **Motivation** bezeichnet. Sie ist dafür verantwortlich, dass ein Tier zu verschiedenen Zeiten auf den gleichen Reiz unterschiedlich antwortet.

Jeder Instinkthandlung kann eine eigene Handlungsbereitschaft zugeordnet werden: Jede der Beutefanghandlungen der Katze wie Lauern, Anschleichen, Anspringen und Haschen hat einen eigenen Antrieb. Der übergeordneten Handlungsbereitschaft „Beutefangverhalten" sind unterschiedliche Handlungsbereitschaften nachgeordnet. Wenn eine Katze in Jagdstimmung ist, treten die dazugehörigen Verhaltensweisen in geordneter Folge auf. Die Motivation zur Jagd erhöht die Bereitschaft zu allen Bewegungen, die zu diesem Verhaltenskreis gehören.

Die Motivation setzt Prioritäten im Verhalten.

Handlungsbereitschaften desselben Niveaus hemmen sich gegenseitig. So schließen sich Brutpflege und Balz gegenseitig aus (Prinzip der gegenseitigen Hemmung).

Handlungsbereitschaften sind einander hierarchisch über- und untergeordnet.

Prinzip der doppelten Quantifizierung

Ob eine Erbkoordination ausgelöst wird, hängt sowohl von der **Handlungsbereitschaft** als auch vom **auslösenden Reiz** ab. Meist wird auch die Intensität der Bewegung durch diese beiden Größen bestimmt: Je höher die Handlungsbereitschaft ist, desto schwächer können die auslösenden Reize sein. Verschiedene Attrappen können das Beutefangverhalten von Kröten auslösen: Sehr hungrige Kröten wenden sich sogar einem Quadrat zu. Je geringer der Hunger ist, desto selektiver wird die Reaktion auf Beuteattrappen. Satte Tiere reagieren selbst auf Wurmattrappen nur noch selten mit Fangverhalten.

Die Intensität einer Erbkoordination ergibt sich aus der Reizstärke und aus der Höhe der zugehörigen Handlungsbereitschaft: Prinzip der doppelten Quantifizierung.

Das von Konrad Lorenz entworfene **hydraulische Instinktmodell** zeigt bildhaft, in welchem Verhältnis auslösende Reize und Handlungsbereitschaft zueinander stehen.

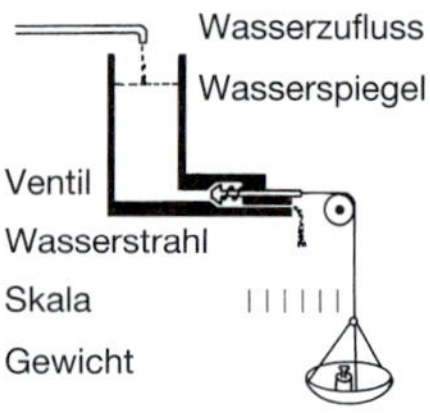

Abb. 177: Schema des hydraulischen Instinktmodells

Modell	Deutung
Ein Tank ist bis zu einer bestimmten Höhe mit Wasser gefüllt.	Ein Tier hat für jede Instinkthandlung eine bestimmte Handlungsbereitschaft.
Von oben tropft fortwährend Wasser zu.	Die Motivation wird ständig aufgeladen.
Ein Ventil verhindert das Ausfließen des Wassers.	Der Auslösemechanismus (AM) blockiert die Instinkthandlung.
Das Ausfließen kann auf zweierlei Weise erreicht werden:	Ein Verhalten kann auf zweierlei Weise ausgelöst werden:
Wirkt eine Kraft auf das Ventil, so schießt Wasser aus dem Ausfluss.	Ein passender Schlüsselreiz löst die Verhaltensweise aus.
Ist der Wasserstand hoch, so wird der Druck des Wassers so groß, dass schon bei geringem Zug am Ventil Wasser ausläuft.	Wenn die Handlungsbereitschaft groß ist, kann die Handlung durch Ersatzobjekte ausgelöst werden oder im Leerlauf ablaufen.
Je höher der Wasserstand, desto geringer ist die Kraft, die man aufwenden muss, um das Ventil zu öffnen.	Je höher die Bereitschaft, desto schwächer kann der Schlüsselreiz sein, der eine Handlung auslöst.
Wenn Wasser ausgelaufen ist, dauert es einige Zeit, bis der ursprüngliche Wasserspiegel wieder hergestellt ist.	Nach einer Instinkthandlung ist die Handlungsbereitschaft geringer als vorher: reaktionsspezifische Ermüdung.

Sicher sind die Zusammenhänge viel komplexer als im Modell dargestellt, vor allem bei Tieren mit hoch entwickeltem Gehirn, daher hat Lorenz es später abgeändert und verfeinert. Das Modell hat den Vorteil, einprägsam zu sein und die Auslösung vieler Verhaltensweisen nach einem einfachen Muster zu erklären.

Spontanes Verhalten und Appetenz

Eine spontane Aktion wird allein durch den inneren Antrieb aktiv.

Die Suche nach dem Schlüsselreiz bezeichnet man als Appetenzverhalten.

Nicht jede Bewegung ist Antwort auf einen Reiz, Tiere sind oft aus eigenem Antrieb aktiv. Aus innerem Antrieb aktives Verhalten nennt man **Spontanverhalten**.

Viele Tiere zeigen, wenn Umweltreize fehlen, eine charakteristische Unruhe, sie suchen: Ein hungriger Tiger durchstreift sein Jagdrevier, ein jagender Hecht bezieht eine Warteposition, das Grillenmännchen zirpt und wartet auf ein Weibchen. Wenn ein Schlüsselreiz gefunden ist, wird die Suche abgebrochen. Dieses Suchen wird als Appetenzverhalten bezeichnet. Die auf das Appetenzverhalten folgenden Verhaltensweisen nennt man Endhandlung. **Ziel des Appetenzverhaltens ist die auslösende Reizsituation und der Ablauf der Endhandlung.**

6.2 Lernen

Lernen und Lerndisposition

Wenn ein Tier lernt, so verändert sich sein Verhaltensrepertoire. Dabei werden die auslösenden Reize, die ausgeführten Bewegungsmuster oder die Verbindung von Reiz und Antwort abgeändert. Ergebnis von Lernprozessen sind beständige Verhaltensänderungen, die auf Engrammen – Gedächtnisspuren im Nervensystem – beruhen (→ S. 167).

Lernen ist Verhaltensänderung durch Erfahrung.

Lernen zeigt sich in einer dauerhaften Verhaltensänderung, die nach wiederholter Reizsituation auftritt.

Lernen muss nicht unmittelbar zu Verhaltensänderungen führen, es kann auch als eine Erweiterung des Verhaltensrepertoires aufgefasst werden. Nicht zum Lernen gehören Verhaltensänderungen, die im Prozess der Reifung der Individuums ablaufen. Durch Lernen kann das Verhalten des Individuums an die Umwelt angepasst werden:

Lernen ist eine Verhaltensanpassung zur Verbesserung künftiger Umweltinteraktionen.

> Eine Kröte wird die erste Wespe, der sie begegnet, als Beute verschlingen.
> Die zweite wird sie melden.

Das Tier hat eine Information über die Umwelt aufgenommen, diese eingespeichert und kann sie bei Bedarf abrufen.

Die Fähigkeit zu lernen ist im Tierreich weit verbreitet. Das menschliche Leben ist zu einem großen Teil vom Lernen bestimmt. Die meisten Lernvorgänge sind reversibel: Vergessen ist möglich.

Das Lernvermögen hat Grenzen, die genetisch vorgegeben sind. Die meisten Tiere sind vorprogrammiert, bestimmte Dinge auf eine bestimmte Weise zu erlernen. Nach erfolgter Informationsaufnahme läuft die Verhaltensweise wie bei einem geschlossenen Programm ab. **Eine genetisch festgelegte Lernfähigkeit bezeichnet man als Lerndisposition.**

Von der Bedeutung für das Überleben eines Individuums her unterscheidet man **obligatorisches Lernen**, das artspezifisches Verhalten erst möglich macht, vom **fakultativen Lernen**, das die Anpassung an die Umwelt verbessert, aber nicht unabdingbar ist.

Aufzucht unter Erfahrungsentzug

Ein Weg festzustellen, welche Verhaltensweisen ererbt und welche erworben werden, ist die Deprivationsforschung: Tiere werden in einer Umgebung aufgezogen, die ihnen keinerlei Erfahrungen ermöglicht. Unter Erfahrungsentzug aufgezogene Tiere nennt man Kaspar-Hauser-Tiere. Viele Kaspar-Hauser-Tiere zeigen arttypische Verhaltensweisen:

Kaspar-Hauser-Tiere wurden unter Erfahrungsentzug aufgezogen.

> Lachmöwenküken, die im dunklen Brutkasten schlüpfen, reagieren bevorzugt auf Schnabelattrappen, die rot sind wie der Schnabel ihrer Eltern.

Abb. 178: Ein Eichhörnchen, das noch nie eine Nuss gesehen hat, versucht sie zu öffnen, kann die Aufgabe aber nicht gezielt bewältigen.

Treten trotz Erfahrungsentzugs arteigene Verhaltensweisen in der korrekten Situation auf, so beruhen diese auf einem genetischen Programm. Tritt eine Verhaltensweise nicht auf, so kann man nicht mit Sicherheit auf erfahrungsbedingtes Handeln schließen, denn bei Isolation treten Verhaltensstörungen auf wie Teilnahmslosigkeit, Bewegungsunruhe oder Unfähigkeit zu normalem Sozialverhalten: Hospitalismus (→ S. 194).
Versuche zeigen, dass sich viele Instinkthandlungen nach Erfahrungsentzug auslösen lassen. Die Fähigkeit, einzelne Verhaltensweisen zu einem sinnvollen Ganzen zusammenzusetzen, muss jedoch häufig erlernt werden. **Bei vielen Tierarten besteht fast jede Verhaltensweise aus angeborenen und erlernten Anteilen** (Instinkt-Lernverschränkung → Abb. 178).
Bei Menschen verbieten sich Kaspar-Hauser-Versuche aus ethischen Gründen. Taubblind geborene Kinder zeigen eine ganze Reihe von Ausdrucksbewegungen: Sie lächeln oder lachen, wenn sie sich freuen; sie ballen ihre Fäuste und zeigen Zornesfalten im Gesicht, wenn sie zornig sind.

Gewöhnung

Die Wirkung wiederholter Reize lässt nach.

Bietet man ein bestimmtes Reizmuster wiederholt an, so spricht ein Tier immer schwächer und zuletzt gar nicht mehr an: Es hat gelernt, nicht zu reagieren. Gewöhnung beruht meist nicht auf einer Ermüdung der Muskulatur, eher auf einer Veränderung des Auslösemechanismus. Ein neuer Reiz kann die Reaktion wieder voll auslösen:

> Das Sperren junger Buchfinken lässt sich sowohl durch Erschütterungen des Nestes als auch durch den Lockruf der Eltern auslösen. Löst man das Sperren mehrfach durch Erschüttern aus, so reagieren sie einige Zeit nicht mehr darauf. Bietet man jedoch den Lockruf, so sperren sie wieder.

Als Gewöhnung oder Habituation bezeichnet man die abnehmende Reaktion eines Tieres auf wiederholt dargebotene Reize.
Die Gewöhnung ist ein einfacher Lernvorgang. Häufig auftretende Reizmuster werden ausgeblendet, unnütze Reaktionen werden erspart.

> Junge Truthühner verstecken sich vor am Himmel gleitenden Objekten. Im Laufe ihres Lebens verlieren sie diese Reaktion gegenüber Objekten, die häufig erscheinen. Sehen sie regelmäßig fliegende Gänse, so reagieren sie nicht mehr auf Attrappen mit langen Hälsen und kurzen Schwänzen. Werden die Attrappen in umgekehrter Richtung bewegt, so lösen sie Feindreaktion aus.

Hält man nach Eintritt der Gewöhnung den entsprechenden Reiz lange genug fern, so erholt sich die Reaktionsbereitschaft des Tieres (**Dishabituation**).

Prägung

Die auslösenden Reize für manche Verhaltensweisen können nur in einem bestimmten Lebensabschnitt, der sensiblen Phase, erlernt werden. Das Ergebnis einer solchen Prägung ist sehr stabil und durch andere Erfahrungen nur schwer oder nicht mehr rückgängig zu machen.

Prägung ist nur innerhalb kurzer sensibler Phasen möglich.

> Die Nachfolgeprägung lässt sich bei Gänsen beobachten: Die Küken verlassen das Nest sofort nach dem Schlüpfen und folgen ihrer Mutter, die den „Gang-gang-Ruf" aussendet. Das Bild des Muttertieres prägen sie sich ein. Im Experiment können sie auf andere Tiere, Menschen oder bewegte Attrappen geprägt werden; deren Merkmale werden zum Auslöser für die Nachfolgereaktion. Die sensible Phase für die Nachfolgeprägung dauert etwa 24 Stunden (Abb. 179). Ist diese Zeit ohne Prägung verstrichen, so löst selbst das Elterntier eine Fluchtreaktion aus.

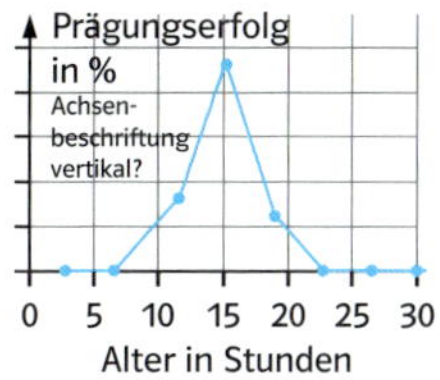

Abb. 179: Sensible Phase der Nachfolgeprägung bei Gänseküken

Prägung ist ein rascher Lernvorgang in einer frühen sensiblen Phase mit stabilem Ergebnis.
Auch Menschen haben im Säuglingsalter eine sensible Phase, in der sie sich an die betreuende Person binden. Diese Bindung ist jedoch nicht starr.
Bei einigen Tierarten entscheidet die sexuelle Prägung lange vor der Geschlechtsreife darüber, welche Art später umworben wird. Im Experiment kann man Fehlprägungen erzielen, die bewirken, dass die Prägeart vor Artgenossen bevorzugt wird.

Sexuelle Prägung fixiert Merkmale des Geschlechtspartners.

> Ein von Menschenhand aufgezogener Zebrafink balzt die Hand seines Pflegers an.

Auch Ortstreue wird oft durch Prägung erworben (Ortsprägung).
Prägung zeichnet sich durch zwei Eigenschaften aus: Sensibilität während einer frühen Phase und anschließende Stabilität.
Wird der Zeitpunkt der Prägung versäumt, so kann sich das betreffende Verhalten nicht mehr normal entwickeln.

Klassische Konditionierung

Klassische Konditionierung lässt sich einfach am Lidschlussreflex durchführen:

> Bläst man einen schwachen Luftstrom auf das Auge, so schließen sich die Augenlider reflektorisch. Ein leiser Pfeifton hat diese Wirkung nicht. Lässt man wiederholt unmittelbar nach einem Pfeifton den Luftstrom auf das Auge treffen, so führt der Ton allein zum Lidschluss.

Bei der klassischen Konditionierung wird ein ursprünglich neutraler Reiz mit einem auslösenden Reiz verknüpft und kann diesen ersetzen. Es entsteht ein bedingter Reflex.

Die Faktoren bei dieser klassischen Konditionierung sind der Luftstrom, ein **unbedingter Reiz** (US = *unconditioned stimulus*), der die Reflexhandlung auslöst; der Lidschlag, die **unbedingte Reaktion** (UR = *unconditioned reaction*) und der Pfeifton, ein **neutraler Reiz** (NS). **Dieser löst zunächst keine Reaktion aus. Das wiederholte zeitliche Zusammentreffen** (**Koinzidenz**) **beider Reize führt zu einer Verknüpfung der beiden.** Der anfänglich neutrale Reiz wird zum **bedingten Reiz** (CS = *conditioned stimulus*) und kann für sich allein die **bedingte Reaktion** (CR = *conditioned reaction*) auslösen. Ein neuer Reflexzusammenhang ist entstanden (Abb. 180).
Klassische Konditionierung geht auf den russischen Physiologen Iwan Petrowitsch Pawlow zurück.

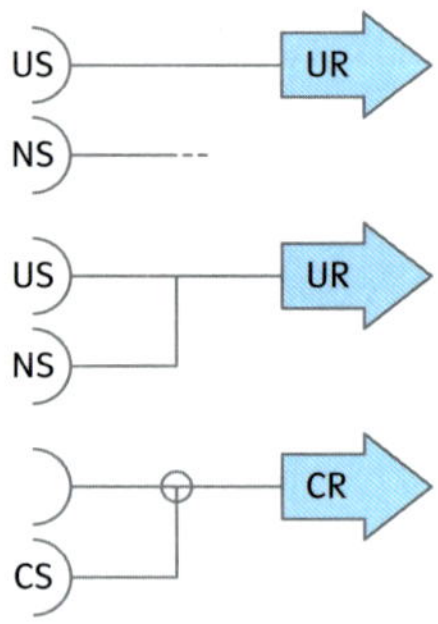

Abb. 180: Schaltbilder zur klassischen Konditionierung

> Pawlow spannte einen hungrigen Hund in ein Geschirr. In den Ausgang einer Speicheldrüse setzte er einen Schlauch ein, um den abgesonderten Speichel zu sammeln und zu messen. Bemerkt der Hund das Futter, so beginnt sein Speichel zu fließen. Pawlow ließ, kurz bevor es etwas zu fressen gab, eine Glocke ertönen. Nach einigen Wiederholungen kam bei den Hunden bereits auf das Glockenzeichen hin – auch ohne Anblick des Futters – der Speichelfluss in Gang.

Bedingte Reaktionen erlöschen, wenn sich die Koppelung zwischen unbedingtem und bedingtem Reiz nicht von Zeit zu Zeit wiederholt. Wird die Speichelsekretion des Hundes über längere Zeit ohne Futtergabe durch das Klingelzeichen ausgelöst, so verschwindet die Reaktion: **Extinktion**. Auch die Extinktion ist ein Lernvorgang. Nach einer Extinktion wird die bedingte Reaktion schneller erlernt als bei der ersten Konditionierung. Vermutlich wird das Gelernte nicht vergessen, sondern unterdrückt.

Operante Konditionierung

Operante Konditionierung dient dem Erlernen einer Handlung.

Bei der operanten Konditionierung wird gelernt, dass einer Aktion eine Konsequenz folgt. Tiere lernen ein Verhaltensmuster durch Versuch, Irrtum und Erfolg.
Bei der operanten Konditionierung wird das Tier trainiert, eine Aufgabe auszuführen, um eine Belohnung zu erhalten. Klassisches Beispiel ist die Dressur von Tauben oder Ratten in einer „Skinner-Box“ – einem Käfig, der unkontrollierte Reize fernhält. Die Futtergabe wird vom Verhalten des Tieres abhängig gemacht. Eine hungrige Taube muss in der Skinner-Box auf ein beleuchtetes Feld picken, um Futter zu erhalten. Zunächst sind ihre Bewegungen ziellos. Pickt sie zufällig auf das beleuchtete Feld, so wird sie sofort durch ein Korn belohnt. Wiederholt sich dieses Muster, so wird die Taube immer wieder auf das Feld picken, um ein Korn zu erhalten.

Eine andere Versuchsanordnung ist das Labyrinth: Eine Maus durchläuft ein Labyrinth. Anfänglich läuft sie, um zu entkommen. Am Ziel wird sie mit Futter belohnt. Schon im nächsten Lauf wird sie gezielt nach Futter suchen – ihre Handlungsbereitschaft zum Durchlaufen des Labyrinths wurde verstärkt. Sie läuft jetzt, um belohnt zu werden.

Beim operanten Konditionieren wird eine Handlungsbereitschaft vorausgesetzt, die Belohnung folgt nach der Aktion. Bei wiederholtem Erfolg stellt das Tier eine Verknüpfung zwischen Aktion und Belohnung her. Eine Verhaltensweise mit positiven Folgen erhöht die Wahrscheinlichkeit für ihr zukünftiges Auftreten, das Verhalten wird verstärkt.

Eine Erfahrung, die zum häufigeren Auftreten eines Verhaltens führt, ist ein Verstärker.

Wichtig ist es, geeignete Verstärker zu finden: Hungrige Tiere werden durch Nahrung verstärkt. Schüler kann man durch Befriedigung ihrer Neugier (primär) oder durch Lob und gute Noten (sekundär) motivieren.

Der Lernerfolg hängt stark vom Belohnungsmuster ab.

Auch das Vermeiden einer Strafe wirkt als Verstärkung. Handlungen, die bestraft werden, werden seltener (bedingte Hemmung). Allgemein ist positive Verstärkung wirksamer als negative; nur sie ermöglicht das Lernen komplexer Aufgaben. Durch Strafen kann die Lernsituation als Ganzes furchterregend werden.

Komplizierte Aufgaben wird ein Tier nicht spontan ausführen. Sie werden daher in kleine Lernschritte aufgeteilt. Beim **Prinzip der schrittweisen Annäherung** belohnt der Experimentator das Tier anfangs schon dann, wenn es das gewünschte Verhalten nur ansatzweise zeigt: Eine Taube, die das Tanzen lernen soll, wird für eine leichte Kopfdrehung belohnt. Beherrscht sie diese Bewegung, so wird sie nur noch belohnt, wenn der Körper die Bewegung mitmacht. Der Experimentator verstärkt zunehmend präziseres Verhalten. Schließlich wird die Taube dazu gebracht, sich im Kreise zu drehen.

Komplexe Verhaltensweisen werden schrittweise konditioniert.

6.3 Sozialverhalten

Kommunikation

Die Kommunikation der Tiere beruht überwiegend auf genetisch fixierten Signalen. Schlüsselreize, die im Dienste der Verständigung stehen, nennt man **Auslöser**.

- **Mechanische Signale** eignen sich für Kommunikation über kurze Entfernungen: Bienen verständigen sich im Stock durch Tänze.
- **Akustische Signale** breiten sich nach allen Richtungen aus, umgehen Hindernisse und werden in großer Entfernung und bei Dunkelheit wahrgenommen. Beispiel: Singvögel markieren ihr Revier durch Gesang.

Tiere nutzen verschiedene Kanäle zur Kommunikation: Berührung, Schall, Licht, Düfte.

- **Optische Signale** sind einfach lokalisierbar. Das ist vorteilhaft für die Verständigung, hat aber den Nachteil, dass Feinde sie orten können. Korallenfische signalisieren mit großen Flecken in satten Farben ihre Anwesenheit.
- Nachtaktive Tiere senden häufig **chemische Signale**. Diese umgehen Hindernisse und haben andauernde Wirkung. Manche Duftstoffe wirken in unvorstellbar großer Verdünnung und sind über große Entfernungen wahrzunehmen. Wegen ihrer Analogie zu Hormonen werden sie als **Pheromone** bezeichnet. Auch bei den meisten Säugetieren ist die Verständigung durch Geruchsignale wichtig.

Pheromone sind Botenstoffe, die innerartliche Signalfunktion haben.

Signale haben vielfältige Funktionen: Sie locken Partner an oder wehren Rivalen ab, sie signalisieren Anwesenheit, informieren über die Zugehörigkeit zu einer Art und einem Geschlecht, geben Auskunft über Stärke und Rang innerhalb der Gruppe; sie signalisieren die Bereitschaft zu einer Verhaltensweise wie Angriff, Flucht, Paarung oder Spiel, lösen aggressive Handlungen aus oder hemmen solche; sie markieren Territorien oder warnen vor Feinden.
Ahmt ein Lebewesen das Signal einer anderen Art nach, so kann der Signalempfänger die beiden verwechseln. Eine Signalfälschung nennt man **Mimikry** (→ S. 225).

Von Kommunikation spricht man, wenn ein Lebewesen durch sein Verhalten ein anderes zu einer Verhaltensänderung veranlasst.

Kooperation

Soziales Verhalten führt Artgenossen zusammen und regelt das Zusammenleben. Viele Tiere leben mit Artgenossen in einer Gemeinschaft zusammen. Die Mitglieder einer Gruppe sind oft miteinander verwandt.

Das Verhalten in der Gruppe ist von Kooperation und Konkurrenz geprägt.

> Das Löwenrudel ist eine Familie verwandter Weibchen mit ihren Jungen. Tiere eines Rudels teilen ihre Beute. Gemeinsame Jagd ermöglicht es, große und schnelle Beutetiere zu reißen. Gemeinsam schützen sie ihre Jungen. Das Rudel verteidigt ein Territorium mit genügend Nahrung und Wasser und gibt es an die Töchter weiter. Bei der gegenseitigen Fellpflege säubern sie sich von Blut und Parasiten. Der männliche Löwe ist kein dauerhaftes Rudelmitglied, er kann ein Rudel und dessen Territorium einige Zeit verteidigen, bevor er beides an ein stärkeres Männchen verliert.

Artgenossen sind die schärfsten Konkurrenten eines Tieres, weil sie dieselben Ansprüche an die Umwelt haben.

Aber das Leben in der Gruppe bringt auch Vorteile mit sich:

- Die Gruppe gibt **Schutz** vor Gefahren. Ein Feind wird schneller erkannt und gemeinsam abgewehrt (Abb. 181).
- Der **Nahrungserwerb** kann durch gemeinsame Jagd erfolgreicher werden.
- Jungtiere können von den Erfahrungen der Älteren **lernen**.
- Oft gibt es **Arbeitsteilung** in einer Gruppe.

Abb. 181: Jungtiere genießen den Schutz der Gruppe

Bei vielen Tierarten ist der Nutzen des Lebens in der Gruppe höher als die Kosten: Die **Kosten-Nutzen-Bilanz** ist positiv.

Aggression

Zum aggressiven Verhalten gehören Kampf und Drohung, aber auch Beschwichtigung, Demut und Tötungshemmung. Die Bereitschaft, auf Außenreize durch Drohen oder Kämpfen zu reagieren, nennt man Aggressivität.

Verhalten, das eigenes Überleben oder Wohlbefinden auf Kosten und gegen den Widerstand anderer zum Ziel hat, ist Aggression.

Die meisten aggressiven Handlungen eines Tieres gelten Artgenossen: Innerartliche Aggression. Artgenossen konkurrieren um Lebensraum, Nahrung, Geschlechtspartner und die Position in der Rangordnung. Angriffe auf Beutetiere zählt man nicht zur Aggression, weil sie dem Nahrungserwerb dienen.

Eine **Kosten-Nutzen-Rechnung** ergibt gewaltige Kosten aggressiven Verhaltens: Kämpfe verbrauchen Zeit und Energie. Kämpfende und erschöpfte Tiere fallen Feinden leicht zur Beute. Die Kämpfer können verwundet oder getötet werden. Aber auch der Lohn der Aggression kann groß sein: Aggressive Tiere haben mehr Nahrung, attraktivere Reviere und durch einen höheren Rang leichteren Zugang zu Geschlechtspartnern und damit mehr Nachkommen. Ihre Fitness (→ S. 221) ist deutlich erhöht.

Die Kosten-Nutzen-Rechnung für aggressives Verhalten sieht, je nach Lebensweise, für jede Tierart anders aus: Die Kohlmeise muss für ihre Nestlinge etwa alle 30 Sekunden ein Beutetier finden. Für sie sind die Kosten für Rivalenkämpfe hoch: Mehr als die Verletzungsgefahr fällt der zeitliche Aufwand ins Gewicht.

Innerartliche Aggression tritt auf, wenn Artgenossen um Nahrung, Geschlechtspartner, Territorien oder gesellschaftlichen Rang konkurrieren.

Die Gewinnprämie eines siegreichen Löwenmännchens ist ein Revier und ein Rudel von Weibchen. So sind die Rivalenkämpfe heftig, großer Zeitaufwand und Verletzungen werden in Kauf genommen.
In verschiedenen Zusammenhängen wie Revierverteidigung, Schutz der Jungen oder Reaktion auf Schmerzen, wird aggressives Verhalten von jeweils anderen Gehirnzentren gesteuert und durch unterschiedliche Nervenbahnen und Hormondrüsen vermittelt. Eine Katze, die Junge verteidigt, greift einen Feind blitzschnell ohne Warnung an und verfolgt den fliehenden Angreifer. Dem Rivalenkampf der Kater dagegen geht ritualisiertes Drohimponieren voraus, der fliehende Gegner wird nicht verfolgt.

Abb. 182: Impala-Böcke kämpfen um ein Paarungsrevier.

Zur Erklärung der **Aggression beim Menschen** wurden verschiedene Theorien entwickelt:

- Nach der Instinkttheorie sind aggressive Handlungen angeboren; sie treten als Reaktion auf Außenreize oder spontan auf.
- Die Frustrations-Aggressionstheorie geht davon aus, dass aggressives Verhalten eine Folge frustrierender Erlebnisse ist.
- Nach der Lerntheorie der Aggression ist aggressives Verhalten erlernt – durch Belohnung aggressiver Handlungen oder durch Nachahmung von Verhaltensweisen, die man selbst erfährt oder beobachtet.
- Interaktionsmodelle gehen davon aus, dass je nach Situation eine andere Erklärung zutrifft.

Auch beim Menschen liegt dem Konfliktverhalten eine angeborene Disposition zugrunde. Diese liegt jedoch als offenes, durch Lernen beeinflussbares Programm vor. Sein Verstand gibt ihm die Möglichkeit, sein Verhalten zu kontrollieren.

Beschwichtigung

Kämpfe zwischen Artgenossen werden meist unblutig als Turnier- oder **Kommentkampf** ausgefochten. Sie laufen ritualisiert – nach festen Spielregeln – ab. Die gefährlichsten Waffen – Gebiss, Geweih, Krallen, Hufe – werden dabei nicht eingesetzt: Giftschlangen setzen beim Rivalenkampf ihre Giftzähne nicht ein; sie entscheiden Duelle im Ringkampf. Giraffen kämpfen gegen Rivalen mit den Hörnern, gegen Raubfeinde mit den Hufen.
Oft wird ein Kampf durch **Imponierverhalten** vermieden: Die Angriffshaltung wird eingenommen, ohne wirklich anzugreifen. Das Tier vergrößert seinen Umriss durch Aufblasen, Aufrichten von Haaren, Abspreizen von Federn oder Flossen. Dazu kann Knurren, Fauchen oder Schnarren kommen.
Kommentkämpfe haben überwiegend die Vorteile aggressiven Verhaltens, während die Kosten minimiert werden. Tierarten mit scharfem Gebiss oder anderen gefährlichen Waffen haben oft Tötungshemmungen. Es gibt aber auch Tiere, die Artgenossen im Kampf umbringen: Wölfe können sich bei Rangordnungskämpfen tödlich verletzen. Wenn der Kampf trotzdem unblutig endet, so deshalb, weil der Unterlegene flieht oder durch Demutsgesten seine Niederlage anerkennt.

Intensitätsstufen der Aggression sind:
- Imponieren,
- Drohen,
- Kommentkampf,
- Beschädigungskampf.

Negative Folgen der Aggression werden oft durch Droh- oder Beschwichtigungsgebärden abgewendet.

Revierverhalten

Viele Säugetiere und Vögel leben in einem Revier. Dort bekunden sie durch auffälliges Verhalten ihre Anwesenheit. Sie behandeln und verteidigen ihr Revier gegen Artgenossen wie ihr Eigentum. Singvögel markieren ihr Revier akustisch, Säugetiere meist durch Duftspuren. Das Revier hat eine große Bedeutung im Leben der Tiere, vor allem für ihre Fortpflanzung und Ernährung. Viele Tiere verlassen ihr Revier nie.

Reviere werden abgegrenzt, markiert und gegen Artgenossen verteidigt.

Reviere …
- sichern als **Nahrungsrevier** eine ausreichende Nahrungsmenge;
- sichern als **Fortpflanzungsrevier** Störungsfreiheit für die Fortpflanzung;
- legen eine Obergrenze der **Bevölkerungsdichte** fest;
- sorgen für weiträumige **Verteilung** der Tiere;
- begrenzen Aggression, **Konflikte** sind auf ein Minimum bei der Reviergründung beschränkt;
- ermöglichen durch **Vertrautheit** ein rasches Fliehen und sicheres Verbergen und schützen damit vor Feinden.

Besitzergreifung und Verteidigung des Reviers sind allgemein Sache der Männchen. Für die meisten Vogelmännchen ist der Besitz eines Reviers notwendig, um den Bruterfolg zu sichern.

Rangordnung

Rangordnungen strukturieren Tiergruppen und begrenzen die Aggressivität.

Wenn lernfähige Wirbeltiere zusammenleben, so bildet sich zwischen ihnen ein **Verhältnis von Überordnung und Unterordnung – eine Rangordnung –** aus. Die typische Rangordnung ist linear mit einem dominanten Alphatier an der Spitze und einem Omega-Tier am Ende. In größeren Verbänden sind nur die Spitzenpositionen klar abgegrenzt. Alphatier ist entweder das stärkste Männchen (Wildpferde) oder ein Weibchen (Wildesel). Beim Wolf bildet sich je eine Rangordnung unter den Weibchen und unter den Männchen aus. Bei Haushühnern gibt es eine feste Hackordnung: Die überlegene Henne hackt alle anderen, der zweite hackt alle bis auf die erste usw.

Neben den im Kampf erworbenen gibt es abgeleitete soziale Stellungen: Bei Dohlen und Affen rücken Weibchen in die Stellung des Männchens auf, mit dem sie eine Verbindung eingehen. Bei Huftieren erben Jungtiere die Stellung der Mutter, bei Graugänsen die des Vaters. Schimpansen verbessern ihre Stellung durch Freundschaft mit einem ranghohen Männchen.
Im Allgemeinen genügen Drohgebärden der Ranghohen und Beschwichtigungsgebärden der Unterlegenen, um die Ordnung zu stabilisieren. Bei Primaten spielt körperliche Stärke eine geringe Rolle, wichtiger sind Organisationstalent und Initiative.
Ranghohe Tiere erhalten bevorzugt Zugang zu knappen Gütern wie Nahrung und Schlafplatz, oft pflanzen sich nur ranghohe Tiere fort. Im Wolfsrudel zeugt nur der α-Rüde mit der ranghöchsten Fähe Nachkommen. Ranghohe Tiere agieren häufig als Führer und Beschützer der Gruppe; rangtiefe genießen ihren Schutz.

Altruistisches Verhalten

Altruismus ist die Bereitschaft, anderen auf eigene Kosten zu helfen.

Jede Wechselbeziehung zwischen zwei Lebewesen beeinflusst die Überlebens- und Fortpflanzungschancen sowohl des Handelnden als auch des Empfängers der Handlung. **Handlungen, bei dem ein Lebewesen zu seinem eigenen Nachteil den Vorteil eines anderen sucht, sind altruistisch.** Altruismus ist ein wesentliches Merkmal menschlichen Verhaltens, kommt aber auch in der Tierwelt vor.
Altruismus kommt regelmäßig im Bereich der Brutpflege und Brutfürsorge vor. Vögel und Säugetiere füttern ihre Jungen mit großem Aufwand und verteidigen sie unter erheblichem Risiko für ihr eigenes Leben.
Zwischen erwachsenen Tieren ist Altruismus seltener und bezieht sich meist auf vier Verhaltensbereiche: Altruisten teilen ihre Nahrung, sie helfen kranken Artgenossen, warnen oder verteidigen andere vor Feinden oder verzichten zugunsten anderer auf eigene Nachkommen.

Zur Erklärung altruistischen Verhaltens gibt es vier Hypothesen:

- **Prinzip des Eigennutzes**:
  Das Verhalten ist nur scheinbar altruistisch, bei genauer Betrachtung egoistisch:

> Im Vogelschwarm stößt ein Vogel beim Anblick eines Feindes einen Warnruf aus. Er macht den Feind auf sich aufmerksam, ermöglicht dabei dem Schwarm die Flucht. Er selbst kann sich in Sicherheit bringen, solange die Schar auffliegt.

- **Prinzip der Gegenseitigkeit** oder „Wie-du-mir-so-ich-dir"-Strategie:
  Das Verhalten beruht auf wechselseitigem (reziprokem) Altruismus. Wer anderen hilft, kann selbst auf Hilfe zählen.
- **Prinzip der Gruppenselektion**:
  Altruisten fördern die Artgenossen oder Gruppenangehörigen und nützen damit ihrer Art oder ihrer Gruppe.
- **Prinzip der Verwandtenselektion**:
  Altruisten helfen nahen Verwandten mit teilweise gleichem Erbmaterial. Durch ihr Verhalten sorgen sie für die Weitergabe eigener Gene.

Die **Soziobiologie** geht von der Annahme aus, dass jedes Lebewesen so handelt, dass ein möglichst großer Teil eigenen Erbguts an folgende Generationen weitergegeben wird. Brutpflegehandlungen dienen unmittelbar der Fitness eines Individuums, denn die Brutpflege sichert die Weitergabe des Erbguts an die nächste Generation.

Die Soziobiologie geht davon aus, dass dem Altruismus ein genetischer Egoismus unterliegt.

Altruistisches Verhalten wurde in Gruppen beobachtet, deren Angehörige eng verwandt sind: in Löwenrudeln, Delphinschulen und Insektenstaaten.

> Arbeiterinnen von Honigbienen stechen den Angreifer und verteidigen damit ihre Nestgenossinnen. Da der Stachel nicht zurückgezogen werden kann, bezahlt die Arbeiterin diesen Akt mit ihrem Leben.

Die Hilfe kommt immer Verwandten zugute. Die direkte Fitness (direkter Fortpflanzungserfolg (→ S. 221) wird gemessen an der Zahl eigener Nachkommen. Die indirekte Fitness wird bestimmt durch die Nachkommenschaft der Blutsverwandten. Beide Anteile addieren sich zur Gesamtfitness (= inklusive Fitness). **Altruistisches Verhalten gegenüber nahen Verwandten dient der Gesamtfitness des Handelnden, weil es der Ausbreitung eigener Gene dient.**

Gesamtfitness bezieht die Weitergabe eigener Gene durch Verwandte mit ein.

Je näher verwandt zwei Individuen sind, desto mehr gemeinsame Gene haben sie. Wenn man die Kosten und Nutzen des Verhaltens hinsichtlich des Fortpflanzungserfolgs berechnet, so ergibt sich, dass Altruismus gegenüber Verwandten ein günstiger Selektionsfaktor ist.

Verwandtenselektion als Evolutionsmechanismus maximiert die Gesamtfitness.

6.4 Fortpflanzungsverhalten

Abb. 183: Das Triumphgeschrei der Graugänse ist das wichtigste Band zwischen den Partnern.

Balz und Paarung

Zur sexuellen Fortpflanzung müssen zunächst geeignete Geschlechtspartner zusammenfinden. **Die Balz dient dem Finden und Anlocken eines Partners** durch Lockstoffe (Pheromone), Balzgesänge, Balzflüge, Balztänze oder ein besonderes Hochzeitskleid. Für die meisten Tierarten gilt das Prinzip der „Damenwahl“: Die Männchen imponieren, die Weibchen wählen.

Die Balz verhindert, dass sich artfremde Individuen paaren. Dazu werden Erkennungsmerkmale – Farbmuster, Lautfolgen, Instinktbewegungen – vorgezeigt. Komplizierte Rituale machen einen Irrtum unwahrscheinlich. Das Balzverhalten ist damit ein wichtiger Isolationsfaktor (→ S. 227). Ebenso wichtig ist das Erkennen des Geschlechts. Bei manchen Tieren sehen Männchen und Weibchen gleich aus; die Balz stellt sicher, dass sich Tiere verschiedenen Geschlechts paaren.

Ein Erdkrötenmännchen springt im Frühjahr jedem Tier passender Größe auf den Rücken. Erwischen sie ein Männchen, so wehrt sich dieses; ein Weibchen trägt sie zum Laichplatz.

Abb. 184: Erdkröten bei der Paarung

Balz dient auch der Synchronisation: Sie macht beide Partner gleichzeitig bereit zur Abgabe von Keimzellen oder zur Paarung.

Brutpflege und Elternaufwand

Jungtiere der meisten Tierarten kommen nie in Berührung mit ihren Eltern. Wenn sie aus dem Ei schlüpfen, sind ihre Eltern an einem anderen Ort oder schon tot. Aber auch sie kommen in den Genuss **elterlicher Vorsorge**: Die Eizellen enthalten Dotter, für die Eiablage wurde ein geeigneter Ort gewählt, der Schutz und gegebenenfalls Nahrung bietet. Eindrucksvoll ist die Brutvorsorge der Vögel: Vor dem Ablegen der Eier bauen sie Nester; später schaffen sie Nahrung heran. Säugetiere versorgen ihre Kinder mit Milch. Die höchstentwickelte Form der Keimversorgung ist die Ernährung des Embryos bei den Plazentatieren: Über die Plazenta wird der Keim mit Nährstoffen und Sauerstoff ver-

Abb. 185. Elefanten geben ihrem Nachwuchs jahrelang Begleitung und Schutz.

sorgt, Kohlenstoffdioxid und Stoffwechselendprodukte werden entsorgt, die Fruchtblase bietet Schutz und Wärme.
Warnen, Verteidigung und frühzeitige Flucht bieten den Jungtieren Schutz: Viele Tiere sind, wenn sie Junge führen, angriffslustiger als sonst.
Jungtiere können von ihren Eltern oder anderen Gruppenmitgliedern lernen und Traditionen übernehmen. Bei den Primaten hält die Bindung an den Familienverband lange Zeit an. Kinder wachsen im Schutz der Gruppe heran und lernen viele Verhaltensweisen durch Nachahmung.

Paarungssysteme und Fortpflanzungsstrategien

Art und Dauer des Zusammenlebens von Geschlechtspartnern sind meist typisch für eine Art: **Monogame Tiere** bleiben für eine Brutsaison oder für das ganze Leben (Graugänse) beieinander und teilen die Brutpflege. Elternfamilien sind bei Vögeln die Regel – die Fütterung der Brut erfordert die Aktivität beider Eltern –, kommen aber auch bei Fuchs, Wolf und bei Gibbons vor. Oft übernehmen die Elternteile verschiedene Rollen: Beim Kaiserpinguin brütet das Männchen bei eisiger Kälte, das Junge wird jeweils für einige Wochen abwechselnd von Vater und Mutter gefüttert und gewärmt. Bei Greifvögeln fängt das Männchen die Beute, das Weibchen zerlegt sie und füttert die Jungen.
Häufig ist die **Polygynie**: Ein Männchen verpaart sich mit mehreren Weibchen. Seltener tritt **Polyandrie** auf – ein Weibchen paart sich mit mehreren Männchen. Von Polygamie spricht man, wenn sich beide Geschlechter mit verschiedenen Partnern paaren, z. B. Schimpansen.

Vaterfamilien gibt es beim Stichling und beim Seepferdchen: Männliche Seepferdchen tragen am Bauch eine Brusttasche, in der die Weibchen ihre Eier ablegen. Dort schlüpfen die Jungen und verlassen sie etwa vier Wochen später. Häufiger ist die **Mutterfamilie**, in der das Weibchen die Pflege der Jungen übernimmt. Mutterfamilien sind bei Säugetieren die Norm – bei ihnen sind die Jungtiere völlig von der Muttermilch abhängig.

r steht für hohe Reproduktionsrate, K steht für Kapazitätsgrenze.

Die Summe der Anstrengungen und Risiken, die Eltern für ihren Nachwuchs aufbringen, bezeichnet man als Elternaufwand. Manche Arten verteilen ihren Aufwand auf möglichst viele Nachkommen (**r-Strategen** ➔ S. 283), während andere ihre Fürsorge auf wenige Kinder (**K-Strategen**) konzentrieren. Eine Tendenz zu kleiner Nachkommenzahl und intensiver Brutpflege gibt es in vielen Tiergruppen, z. B. bei Elefanten, Walen und Gorillas, bei Vögeln und Buntbarschen.

Tiere mit intensiver Brutpflege (K-Strategen) haben weniger Nachkommen als solche ohne oder mit geringer Brutpflege (r-Strategen).

Bei einigen sozialen Tierarten, z. B. bei Mäusen und einigen Affenarten, wurde Infantizid beobachtet: Männchen töten den Nachwuchs anderer Väter, um dann selber Nachwuchs zu zeugen. Löwenmännchen, die ein neues Rudel übernehmen, töten die Jungtiere. Bald danach werden die Löwinnen des Rudels empfängnisbereit.

Das Töten arteigener Jungtiere stützt die These der Soziobiologie, nach der Verhalten allein der Fitness des Handelnden dient. Die Kindstötung erhöht den Fortpflanzungserfolg und damit die Fitness des Täters.

Deprivation

Verhaltensstörungen, die als Folge sozialer Isolation im frühen Kindesalter auftreten, fasst man als Deprivationssyndrom zusammen.

Das Aufwachsen im Familienverband hat große Bedeutung für die Entwicklung des Verhaltens. Tiere, die ohne Kontakt mit Artgenossen aufgezogen wurden (Kaspar-Hauser-Tiere ➔ S. 181 f.), zeigen oft schwere Verhaltensstörungen.

> Rhesusaffen, die ohne Mutter aufwuchsen, sind unsicher und furchtsam. Sie zeigen kaum Neugier- und Erkundungsverhalten. Ihre Bewegungen sind oft zwanghaft. Oft sitzen sie zusammengekauert in einer Ecke und umklammern ihren Leib. Sie entwickeln kein normales Sozialverhalten und bleiben Außenseiter. Die Männchen sind unfähig zu kopulieren; die Weibchen sind ihren Kindern gegenüber gleichgültig oder aggressiv.

Auch für Menschen ist beim Heranwachsen die Bindung an eine Person von großer Bedeutung. Die Qualität dieser Beziehung stellt Weichen für die weitere Entwicklung des Kindes, für seine Gefühlsentwicklung und seine Selbständigkeit. Das Deprivationssyndrom, das z. B. nach längeren Krankenhausaufenthalten auftreten kann, bezeichnet man als Hospitalismus.

Verhaltensbiologie

Die Verhaltensbiologie erforscht und beschreibt das Verhalten von Tieren und Menschen, sie gibt Einblicke in deren Aktivitäten und die Organisation ihres Zusammenlebens.

Wichtige **Methoden** der Verhaltensforschung sind Beobachtung und Beschreibung, Experiment und Modellbildung. Die Verhaltensbiologie beschreibt und analysiert die inneren und äußeren Faktoren, die das Verhalten auslösen und steuern. Schließlich erstellt sie Modelle, die helfen, das Verhalten zu erklären.

Die Verhaltensbiologie stellt Vergleiche zwischen Individuen und Arten an und versucht das **Entstehen von Verhaltensweisen** im Verlauf der Stammesgeschichte zu erklären. Grundlage der Erklärungen ist die Evolutionslehre, die evolutionäre Anpassung des Verhaltens an spezifische Umweltbedingungen.

Eine Annäherung an die Ursachen des Verhaltens ist auf zwei Wegen möglich:
- Die **klassische Verhaltenslehre** (Ethologie) setzt sich vor allem mit angeborenem, d.h. genetisch weitergegebenem, Verhalten auseinander in seiner Abhängigkeit von der Situation, den Besonderheiten des Körperbaus, der Körperfunktionen und der Datenverarbeitung im Nervensystem. Dies entspricht den proximaten, den unmittelbaren Ursachen des Verhaltens.
- Die **Verhaltensökologie** untersucht die Auswirkungen des Verhaltens auf das Überleben und die Fortpflanzung der Handelnden. Jede Verhaltensweise bringt Kosten und Nutzen und hat somit einen bestimmten selektiven Wert. Die Zweckmäßigkeit von Verhaltensweisen wird unter dem Gesichtspunkt der Gesamtfitness bewertet. Schwerpunkt liegt auf der ultimaten, evolutionären Perspektive.

Die **Fähigkeit zu lernen** ist für Tiere und Menschen eine Grundvoraussetzung dafür, sich den Gegebenheiten des Lebens und der Umwelt anpassen zu können und darin sinnvoll zu handeln. Durch Lernen werden neue Fähigkeiten und Fertigkeiten erworben, die es dem Lebewesen ermöglicht durch Änderung seines Verhaltens auf seine Umwelt angemessen zu reagieren. Viele Verhaltensweisen entspringen aus eng miteinander verflochtenen genetischen und lernbedingten Teilen.

Die **Übertragung** von Beobachtungen und Erkenntnissen von einer Tierart auf eine andere oder eine Verallgemeinerung von Modellen ist in der Verhaltensbiologie besonders problematisch. Schon sehr nah verwandte Arten zeigen ganz unterschiedliche, artspezifische Verhaltensweisen. Noch behutsamer muss man vorgehen, will man Erkenntnisse von Tierbeobachtungen zur Deutung menschlichen Verhaltens heranziehen. In der Vergangenheit wurden in der klassischen Ethologie immer wieder Beobachtungen an bestimmten Tierarten zu kritiklos auf den Menschen übertragen.

AUF EINEN BLICK

Geschichte der Evolutionsbiologie

Carl von Linné geht von der Konstanz der Arten aus.

George Cuvier sieht keine Übergänge zwischen den Arten, er nimmt Katastrophen als Ursache für einen erdgeschichtlichen Faunenwechsel an.

Jean Baptiste de Lamarck formuliert eine schlüssige Evolutionstheorie.

Charles Darwin findet Belege für die Evolution. Er begründet die Selektionstheorie.

Ernst Mayr und andere begründen die synthetische Evolutionstheorie.

Evolutionsbeleg Homologie

Verwandte Organismen haben homologe – nach gleichem Muster gestaltete – Organe, Grundbaupläne und Verhaltensweisen.

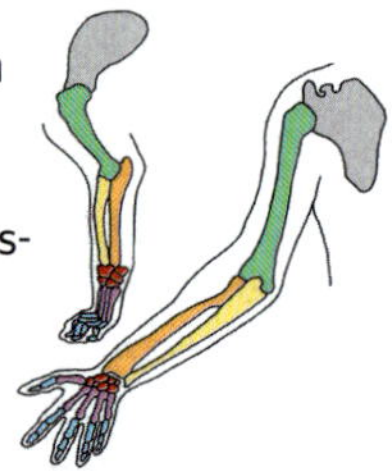

Baustoffe und Wirkstoffe verwandter Arten sind homolog, manche sind **universell** – sie sind allen Lebewesen gemeinsam.

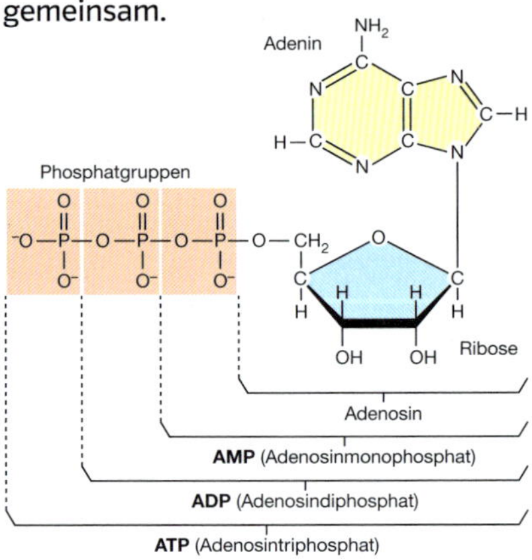

Evolutionsbelege aus Paläontologie und Embryologie

Fossilien sind Spuren von Lebewesen vergangener Erdzeitalter.

Die Formen der Lebewesen haben sich im Laufe der Erdgeschichte kontinuierlich verändert. Sie können in **Abwandlungsreihen** geordnet werden.

Embryonen verwandter Arten gleichen einander.

Gene, die bei der **Keimesentwicklung** verschiedener Tiere aktiv sind, gleichen einander.

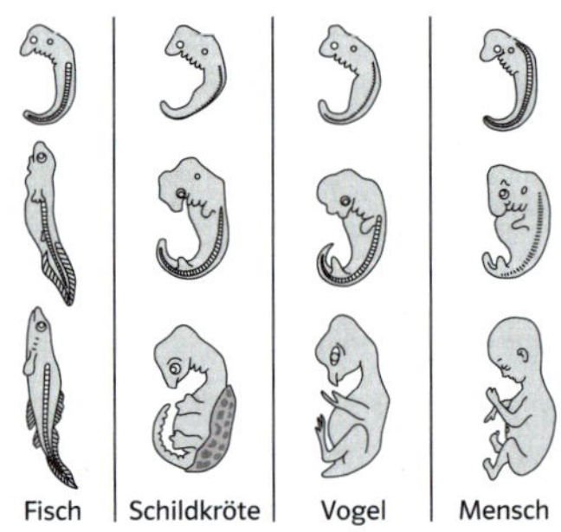

7 Evolutionsbiologie

Durch **Verzweigung der Stammbäume** entsteht die biologische Vielfalt.

Erster Schritt der Aufspaltung eines Stammbaums ist die Artbildung (Speziation).

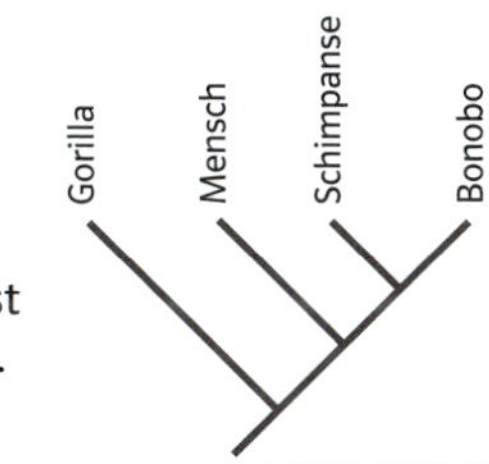

In einem Gebiet, das die Bildung neuer Nischen ermöglicht, können relativ schnell viele neue Arten durch **adaptive Radiation** entstehen.

Je besser ein Lebewesen an seine **Umwelt** angepasst ist, desto höher sind seine Chancen zu überleben und sich fortzupflanzen.

Anpassung

Aufspaltung und Artbildung

adaptive Radiation und Koevolution

Evolutionsfaktoren, die zur Anpassung führen, sind
- Mutation,
- genetische Rekombination,
- Selektion (künstliche, natürliche und sexuelle Selektion),
- Gen-Drift.

Besondere Formen der Anpassung sind **Konvergenz** und **Mimikry**.

Evolutionsfaktoren, die zur Verzweigung der Stammbäume und zur **Bildung neuer Arten** führen, sind
- Separation (geografische Isolation),
- Fortpflanzungsisolation,
- Einnischung (ökologische Isolation).

Neben der allopatrischen Artbildung gibt es auch die sympatrische Artbildung.

Koevolution ist die Evolution zweier nicht verwandter Arten oder Gruppen in wechselseitiger Abhängigkeit.

7 Evolutionsbiologie

- Viele Erscheinungen in der Natur können nur durch die Evolutionsbiologie sinnvoll erklärt werden.
- Homologe Strukturen (Organe, Moleküle, Stoffwechselwege, Verhaltensweisen) lassen sich auf gemeinsame Grundformen zurückführen.
- Analogie ist eine auf gleicher Funktion beruhende Ähnlichkeit.
- Dokumente vergangenen Lebens bezeichnet man als Fossilien.
- Im Laufe der Erdgeschichte haben sich die Lebewesen allmählich in kleinen Schritten verändert.
- Brückenformen verbinden Tierklassen.
- Embryonen verwandter Arten ähneln einander.
- Carl von Linné ordnet die Lebewesen in ein System und geht von der Konstanz der Arten aus.
- Jean Baptiste de Lamarck stellt eine zusammenhängende Evolutionstheorie vor. Er hält durch Gebrauch oder Nichtgebrauch erworbene Eigenschaften für erblich.
- Georges Cuvier erklärt die Entstehung der Fossilien durch Naturkatastrophen.
- Charles Darwin begründet die moderne Evolutionsbiologie. Er legt Belege für den Artenwandel vor und entwirft die Selektionstheorie.
- Die synthetische Theorie der Evolution stellt die Population in den Mittelpunkt. Sie sieht die Evolution als Prozess in zwei Schritten: Variation und Selektion. Die Systemtheorie betont die Wirkung innerer Selektionsfaktoren bei der Embryonalentwicklung.
- Durch Mutation entstehen neue Gene. Mutationen treten zufällig und regellos auf.
- Genetische Rekombination ist die Hauptquelle der Variabilität einer Population.
- Selektion ist ein Wettbewerb um den höchsten Reproduktionserfolg.
- Selektion kann Populationen verändern, stabilisieren oder spalten.
- Eine Art ist eine potenzielle Fortpflanzungsgemeinschaft.
- Neue Arten entwickeln sich meist aus isolierten Populationen.
- Neue Typen entstehen durch Addition vieler kleiner Evolutionsschritte.
- Koevolution ist die gemeinsame Evolution verschiedener Arten, Familien oder Klassen.

KURZINFO

Deutung von Naturphänomenen durch Evolution

Evolution vollzieht sich in Zeiträumen, die aus dem Blickwinkel der menschlichen Lebensspanne unvorstellbar lang sind, der unmittelbaren Beobachtung ist sie nur in kleinen Ausschnitten zugänglich. Jedoch gibt es in der Natur viele Tatsachen, die nur durch die Evolutionsbiologie sinnvoll erklärt werden. Zunächst zusammenhanglose oder seltsam anmutende Naturphänomene werden klar und verständlich, wenn man ihre stammesgeschichtliche Entstehung verfolgt. Solche Phänomene kann man als **Evolutionsbelege** bezeichnen.

„Wohin man in der lebenden Welt auch immer blickt, überall trifft man auf Erscheinungen, die keinen Sinn ergeben, wenn man sie nicht durch die Brille der Evolution betrachtet."
Ernst Mayr

7.1 Homologie

Homologe Strukturen

Homologien sind strukturelle Ähnlichkeiten zwischen Körperteilen evolutionsgeschichtlich verwandter Arten.

Homologe Strukturen sind nach gleichem Muster gebaut.

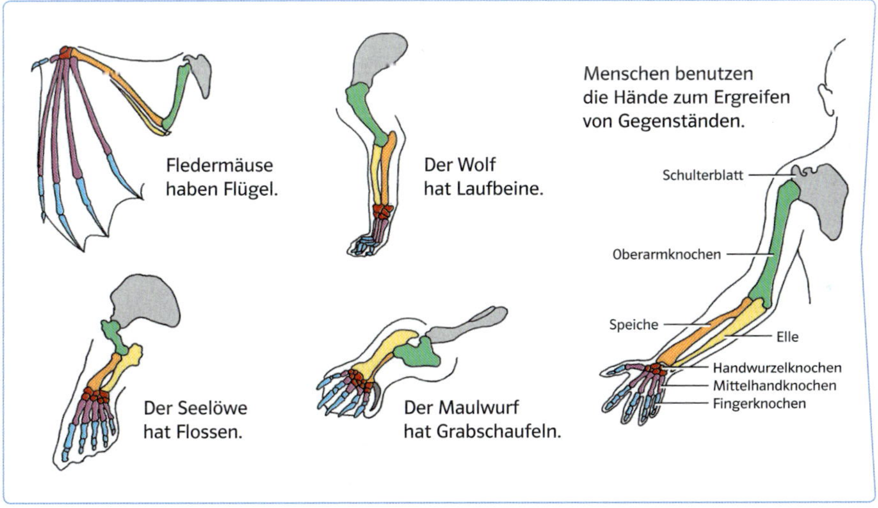

Abb. 186: Die Vordergliedmaßen von Säugetieren sind homologe Strukturen.

Die Vorderbeine verschiedener Säugetiere haben ganz unterschiedliche Aufgaben zu erfüllen. Dementsprechend sehen sie auch unterschiedlich aus (Abb. 186). Trotz der unterschiedlichen Formen und Funktionen zeigen Knochen, Gelenke und Muskeln überraschend **ähnliche Muster**. Wer die Knochen der menschlichen Hand kennt, kann ohne Mühe alle Knochen der Flosse einer Robbe oder eines Pferdebeins benennen. Kein Ingenieur würde einen Flügel, eine Schaufel, eine Schiffsschraube und einen Greifarm nach derselben Planskizze und mit derselben **Anzahl und Anordnung der Bauelemente** entwerfen. In der Natur ist ein solches Vorgehen die Regel:

Giraffe, Wal und Mensch haben jeweils genau sieben Halswirbel.

Tulpe und Maiglöckchen werden von Insekten bestäubt, Agaven teilweise von Vögeln und Fledermäusen, Binsen durch den Wind. Trotzdem sind ihre Blüten nach dem gleichen Muster konstruiert.
Die Verdauungsorgane aller Wirbeltiere sind in Mund – Speiseröhre – Magen – Darm – After gegliedert.

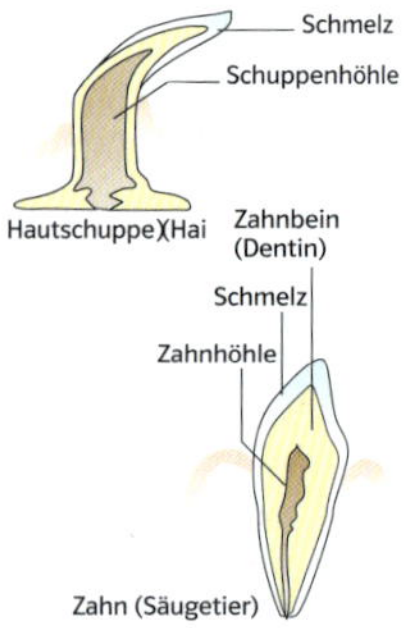

Abb. 187: Haischuppen und Zähne sind homologe Organe.

Homologe Strukturen gehen auf gemeinsames Erbgut und damit auf gemeinsame Vorfahren zurück.

Die Organe einer Art – Beine, Augen, Blüten – sind nie revolutionäre Neuentwicklungen, sondern evolutionäre Abwandlungen des bereits bei ihren Vorfahren Vorhandenen.

Organe, die äußerlich unähnlich sein können und unterschiedlichen Funktionen dienen, aber nach gleichem Muster gebaut sind und sich an ähnlichen Stellen des Körpers befinden, nennt man homolog.

Die Ähnlichkeit homologer Strukturen wird erklärbar durch die Annahme, dass sie sich von einer gemeinsamen Ausgangsform herleiten. Neue Formen entstanden Schritt für Schritt durch Abwandlung alter Muster. Weitergegeben werden jedoch nicht die Muster als solche – diese werden in jeder Generation neu geschaffen –, sondern deren Plan in Form genetischer Information. Die Ähnlichkeit homologer Strukturen ist also bedingt durch Ähnlichkeiten in der DNA-Sequenz.

Übereinstimmungen, die auf gemeinsamer Erbinformation und damit auf gemeinsamer Abstammung beruhen, sind homolog.

Gemeinsamer Bauplan

Wenn zwei Organismen einzelne homologe Strukturen aufweisen, so sind auch alle anderen Organe homolog: **Prinzip der Korrelation homologer Strukturen.** Lebewesen, deren Organsysteme homolog sind, gehören demselben **Bauplantyp** an.

- Bei Säugetieren sind nicht nur die Gliedmaßen homolog gebaut, sondern auch das übrige Skelett, das Nervensystem, das Kreislaufsystem, die Haut und die Fortpflanzungsorgane. Säugetiere teilen etwa 100000 homologe Strukturen miteinander, sie haben alle denselben Grundbauplan.
- Insekten sind durch einen einheitlichen Bauplan charakterisiert: Sie atmen mit Tracheen, haben ein Außenskelett aus Chitin, der Körper ist in Kopf, Brust und Hinterleib gegliedert, der Brustabschnitt trägt drei gegliederte Beinpaare, der Blutkreislauf ist offen, das Herz ist langgestreckt und liegt dorsal, das Strickleiternervensystem liegt auf der Bauchseite und die Komplexaugen sind aus vielen Einzelaugen zusammengesetzt.

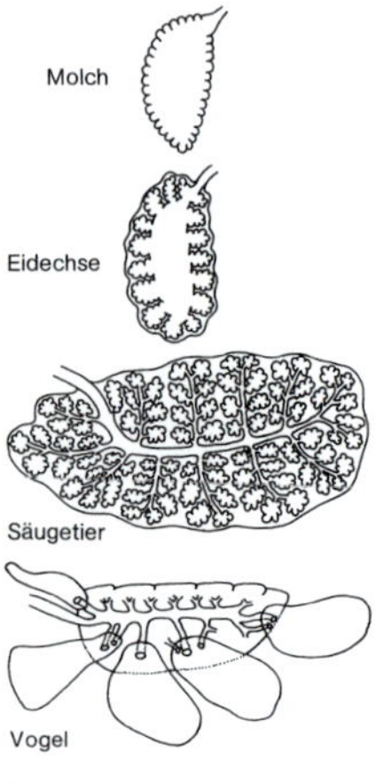

Abb. 188: Progressionsreihe der Lungen verschiedener Wirbeltierklassen

Abwandlungsreihen

An **Progressionsreihen** lässt sich die Entwicklung von einfachen zu komplexen Strukturen verfolgen: Landwirbeltiere atmen durch Lungen. Dort erfolgt der Gasaustausch zwischen dem Luftraum und dem Blut. Nach dem Grad der Oberflächenvergrößerung und der Intensität des Gasaustausches können die Lungen in eine Reihe wachsender Leistungsfähigkeit – eine Progressionsreihe – gebracht werden (Abb. 188).

Abwandlungsreihen sind keine Stammbäume, sondern Reihen homologer Formen, die modellhaft zeigen, wie die Evolution einer Struktur abgelaufen sein könnte.

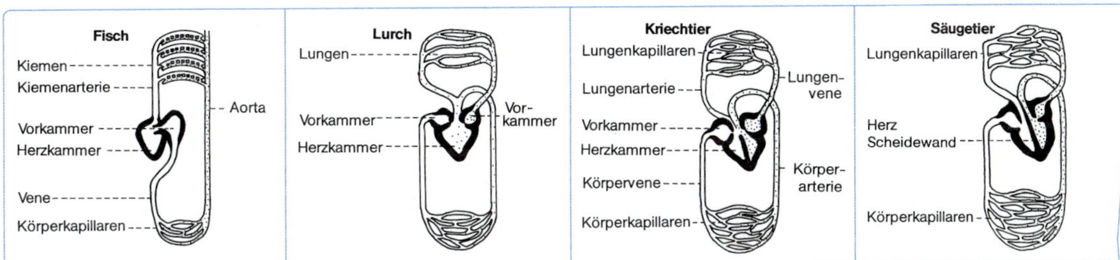

Das Herz der Fische besteht aus einer Vorkammer und einer Hauptkammer. Das Blut wird durch Kiemenarterien in die Kiemen gepumpt. Dort nimmt es Sauerstoff auf.	Erwachsene Amphibien bilden einen Lungenkreislauf aus. Das Herz besteht aus zwei Vorkammern und einer Hauptkammer. In dieser mischen sich arterielles und venöses Blut.	Das Reptilienherz ist durch eine muskulöse Trennwand weitgehend geteilt. Arterielles und venöses Blut werden zum Teil gemischt.	Bei Vögeln und Säugetieren sind Lungenkreislauf und Körperkreislauf vollständig getrennt. Die Herzkammern sind durch die Herzscheidewand separiert.

Abb. 189: Progressionsreihe des Kreislaufsystems bei verschiedenen Wirbeltierklassen

Regressionsreihen sind Abwandlungsreihen, bei denen homologe Organe Schritt für Schritt einfacher oder in ihrer Zahl reduziert werden. Beispiele sind die Gebisse verschiedener Wale im Vergleich mit Landsäugetieren oder die Zahl der Staubgefäße bei Lilien und Orchideen.

Am Ende von Regressionsreihen stehen oft **rudimentäre Organe**, das sind Strukturen ohne erkennbare Funktion, deren Vorhandensein sich mit Hilfe der Evolutionsbiologie erklären lässt. Das Steißbein des Menschen besteht aus drei oder vier verkümmerten Knochen. Auch der Blinddarm, die Körperbehaarung, die Weisheitszähne des Menschen sind rudimentäre Organe. Einige Walarten haben Becken- und Oberschenkelknochen, obwohl sie keine Beine besitzen. Der Greifreflex menschlicher Kleinkinder wird als rudimentäre Verhaltensweise gedeutet.

Funktionslose, rückgebildete Strukturen nennt man rudimentär.

Bei einzelnen Individuen können durch Mutationen **Atavismen** auftreten, das sind Merkmale, die von Vorfahren der Art bekannt sind: Bei Pferden kann an einem der rudimentären Zehen ein überzähliger Huf entstehen. Bei Menschen kann der Körper behaart bleiben oder Halsfisteln, Reste von Kiemenspalten, treten auf.

Analogie und Homologie

Analogie ist eine auf gleicher Funktion beruhende Ähnlichkeit.

Die Flügel von Vögeln und Insekten sind nicht homolog: Sie sind nicht nach gleichem Muster gebaut, sie sind nicht durch Zwischenformen verbunden und die Körper der beiden Tiergruppen gehören unterschiedlichen Bauplänen an. Insektenflügel entstehen in der Keimesentwicklung als Ausstülpungen der Haut, Vogelflügel sind Gliedmaßen. Die Ähnlichkeit ist ausschließlich auf die Anforderungen des Fliegens zurückzuführen, es handelt sich um Analogie.

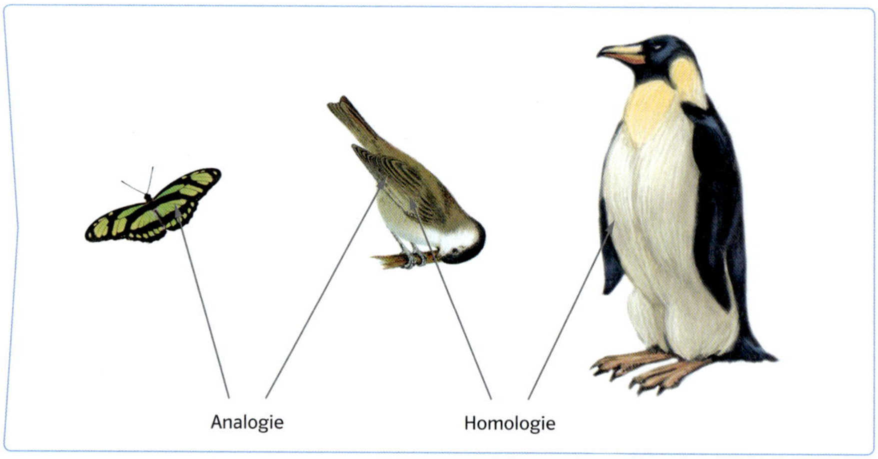

Abb. 190: Die Flügel von Singvogel und Pinguin sind homolog, die von Vogel und Schmetterling analog.

Abb. 191: Analoge Körperformen bei Delfin, Ichthyosaurus und Hai

Ähnlichkeit beruht nicht immer auf gemeinsamer Abstammung. Strukturen und Verhaltensweisen können sich auch dann gleichen, wenn sie als Anpassungen an ähnliche Umweltbedingungen – durch konvergente Entwicklung – entstanden. **Eine Anpassungsähnlichkeit nennt man Analogie.**
Delfin, Ichthyosaurus und Hai haben stromlinienförmige Körper mit paarigen und unpaaren Flossen. Körperform, Flossen und Fortbewegungsweise wurden unabhängig voneinander als Anpassung an das schnelle Schwimmen erworben. Die Strukturen sind analog.

Um analoge und homologe Organe sicher unterscheiden zu können, wurden drei **Hauptkriterien für Homologie** entwickelt:

- **Kriterium der spezifischen Qualität**:
  Homologe Organe sind nach dem gleichen Muster gebaut.
- **Kriterium der Lage**:
  Homologe Organe befinden sich an gleicher Stelle in vergleichbaren Organismen.
- **Kriterium der Kontinuität**:
  Auch unähnliche Organe sind homolog, wenn sie durch eine Reihe homologer Zwischenformen miteinander verbunden sind.

Homologe Moleküle und Stoffwechselwege

Aus der Biochemie lassen sich unzählige Beispiele für die abgestufte Ähnlichkeit von Molekülen bei verwandten Tiergruppen und Pflanzengruppen anführen.

Das Hormon **Insulin** ist ein Eiweiß aus 51 Aminosäureresten. Rinderinsulin unterscheidet sich von dem des Schafs durch einen Säurerest. Rind und Schwein unterscheiden sich an zwei; Rind und Mensch an drei Positionen. Rinderinsulin und Schweineinsulin entfalten im Stoffwechsel des Menschen dieselbe Wirkung wie menschliches Insulin.

Cytochrom c ist ein Enzym-Protein, das in allen atmenden Lebewesen vorkommt. Es ist in der Atmungskette wirksam. Mehr als ein Drittel aller Aminosäuren sind bei allen Organismen identisch. Abb. 192 ermöglicht einen Vergleich der Cytochrom-Moleküle verschiedener Lebewesen. Auch hier ist die Ähnlichkeit der Moleküle ein Maß für die Verwandtschaft; sie erlaubt die Konstruktion eines Stammbaums.

Hämoglobin ist der rote Blutfarbstoff, der für den Sauerstofftransport verantwortlich ist. Neben dem eisenhaltigen Häm besteht es aus vier Eiweißketten: zwei α-Ketten und zwei β-Ketten. Die β-Kette aus 146 Aminosäuren ist bei Mensch und Schimpanse identisch. Gorillas unterscheiden sich durch eine Aminosäure.

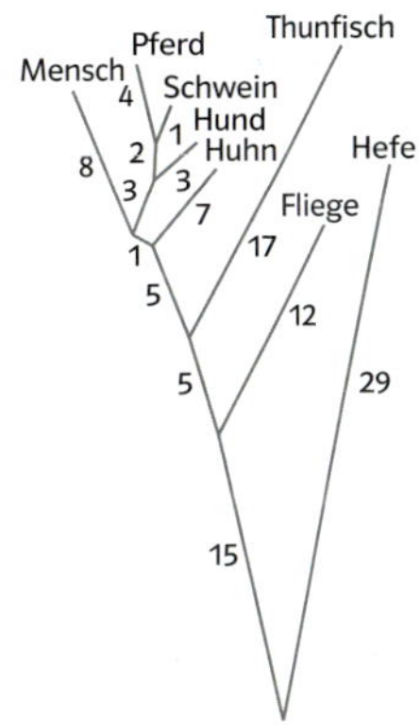

Abb. 192: Unterschiede im Bau des Cytochroms verschiedener Organismen.
Die Summe der Zahlen auf den Verbindungslinien zwischen zwei Arten gibt die Zahl der unterschiedlichen Aminosäurereste an: sechs zwischen Schwein und Hund, 61 zwischen Hefe und Huhn.

So verschiedene Lebewesen wie Bakterien, Säugetiere und Blütenpflanzen benutzen in ihren Zellen ganz ähnliche Wirkstoffe. Dem entsprechend verlaufen **alle grundlegenden Stoffwechselvorgänge gleich**:

- Der Übertragung von Energie dient das ATP-ADP-System (➔ S. 43 f.).
- Enzyme aller Lebewesen sind aus α-L-Aminosäuren aufgebaut und zwar immer aus den 20 gleichen (➔ S. 31 f.).
- Erbmaterial ist bei allen Lebewesen die DNA, die stets aus denselben vier Nukleotiden besteht (➔ S. 80 f.).
- Die 64 Tripletts des genetischen Codes sind universal (➔ S. 90 f.).
- Die innere Atmung läuft bei allen aeroben Lebewesen gleich (➔ S. 45 ff.).

DNA-Stammbäume

DNA-Hybridisierung ist eine andere Methode, die Verwandtschaft zwischen Arten zu messen. Dabei wird das Erbgut verschiedener Arten miteinander verglichen, indem man den **Anteil der nicht komplementären DNA-Basen** bestimmt. Zunächst wird aus den zu vergleichenden Organismen die DNA isoliert und deren Schmelzpunkt bestimmt. Artreine DNA schmilzt bei ca. 80° bis 90 °C: Beim Schmelzen werden die Wasserstoff-Brücken zwischen den komplementären Basen gespalten; DNA-Einzelstränge entstehen.

Art	ΔT_{50}
Mensch	0,0
Schimpanse	1,8
Gorilla	2,4
Orang-Utan	3,6
Gibbon	5,2
Meerkatze	6,3
Galago (Halbaffe)	28

Tab. 5: ΔT_{50}-Werte bei 88,2 °C beim Schmelzen der Hybrid-DNA von Mensch und einem anderen Primaten

Nun werden DNA-Proben verschiedener Arten gemischt und erwärmt. Beim Abkühlen bilden sich Doppelstränge, darunter auch Hybrid-DNA: Doppelstränge aus artverschiedener DNA. Da nicht alle Basen gepaart sind, gibt es weniger Wasserstoffbrücken, die Doppelhelix trennt sich leichter in Einzelstränge. Je näher die Schmelzpunkte der Hybrid-DNA und artreiner DNA beieinander liegen, desto näher verwandt sind die DNA-Spender. Die Differenz der beiden Schmelzpunkte, der ΔT_{50}-Wert, ist ein Maß für die genetische Verwandtschaft der Arten (Tab. 5).
Eine weitere Möglichkeit für die Erstellung eines Stammbaums ist der **Vergleich der Basen-Abfolge** in einem Gen, das bei vielen Arten vorkommt (Abb. 192).

Homologe Verhaltensweisen

Tiere, die sich aufgrund einer Reihe homologer Organe als verwandt erweisen, sind sich meist auch im Verhalten ähnlich:

> Verwandte Singvogelarten haben ähnlich strukturierte Gesänge.
> Sowohl bei afrikanischen als auch bei indischen Arten der Nashornvögel mauern sich die Weibchen während der Brutzeit in Baumhöhlen ein.
> In verschiedenen afrikanischen Seen gibt es Maulbrüter, Fische, die ihre Eier und Jungtiere in der Mundhöhle schützen. Alle Maulbrüter gehören zur Familie der Buntbarsche, sind also nahe verwandt.

Oft kann man homologe Verhaltensweisen in Progressionsreihen anordnen und so die Evolution von einfachen zu komplizierteren Verhaltensweisen verfolgen.

> Vom Futterlocken des Haushahns gibt es eine Reihe von Übergangsformen über den Jagdfasan und den Glanzfasan zur Balz des Pfaus.

Das natürliche System

Wohl der schlagkräftigste Beleg für die Evolution ist die Tatsache, dass sich die gewaltige Vielfalt der Organismen zwanglos und eindeutig ordnen lässt. Es gibt ein **natürliches System**, das auf **Homologien**, also auf stammesgeschichtlicher Verwandtschaft beruht. Morphologische, anatomische, molekularbiologische, embryologische und ethologische Erkenntnisse ergeben ein übereinstimmendes, widerspruchsfreies Ordnungssystem, in das sich alle lebenden und ausgestorbenen Lebewesen einordnen lassen.

Reich:	Tiere
Stamm:	Chordatiere
Unterstamm:	Wirbeltiere
Klasse:	Säugetiere
Unterklasse:	Plazentatiere
Ordnung:	Primaten
Familie:	Menschenaffen
Gattung:	*Homo*
Art:	*Homo sapiens*

Tab. 6: Einordnung des Menschen in ein natürliches System

7.2 Paläontologie

Fossilien und ihre Datierung

Aufgrund besonderer Umstände zerfällt der Körper mancher Lebewesen nach ihrem Tod nicht vollständig, sondern bleibt ganz oder teilweise vor der Zersetzung bewahrt und wird zum **Fossil**. Die Anzahl der bekannten fossilen Tiere und Pflanzen ist groß genug, um die Flora und Fauna verschiedener Erdzeitalter rekonstruieren zu können.

Jedes Zeichen von Leben in der geologischen Vergangenheit bezeichnet man als Fossil.

Um Fossilien ordnen zu können, ist es wichtig zu wissen, wann sie entstanden. **Relative Datierung** beruht auf der Stratigraphie, der Lehre von der Abfolge und Bildung der Gesteinsschichten. Bei der Ablagerung von Sedimenten lagert sich i. A. eine Schicht über die andere. In ungestörten Schichtpaketen ist daher die älteste Schicht die unterste (liegende), sie wird von jüngeren (hangenden) Schichten überlagert. Um Gesteine, die in größerer Entfernung voneinander liegen, vergleichen zu können, muss man

Relative Datierung sagt aus, ob ein Fossil älter oder jünger ist als ein anderes.

- Schichten nach charakteristischen Gesteinsmerkmalen (auffallende Farbe, seltene Mineralien) verfolgen: **Lithostratigraphie**; oder
- den Fossil-Inhalt von Schichten vergleichen: **Biostratigraphie**.

Man geht davon aus, dass Schichten mit gleichen Fossilien gleich alt sind. Meist arbeiten Geologen mit **Leitfossilien**; das sind Arten, die möglichst kurze Zeit auftraten, während dieser Zeit aber weit verbreitet waren. Findet man das gleiche Leitfossil an verschiedenen Orten der Erde, so geht man davon aus, dass die Gesteine gleich alt sind.

Die wichtigsten **Methoden zur absoluten Datierung** bedienen sich radioaktiver Isotope. Radioaktive Elemente zerfallen mit konstanter Geschwindigkeit. Der Zerfall wird nicht durch Temperatur oder andere Umweltfaktoren beeinflusst. Durch die Bestimmung der Menge der zerfallenen oder der neu gebildeten Isotope kann das Alter eines Fossils oder einer Schicht ermittelt werden.

Die Radiokarbon-Methode

Durch kosmische Strahlung entsteht in der Atmosphäre das Kohlenstoffisotop ^{14}C (Kohlenstoff 14), wenn ein Neutron mit einem Atom ^{14}N (Stickstoff 14) kollidiert.

Das Isotop ^{14}C ist instabil: Es zerfällt wieder in ^{14}N und sendet dabei β-Strahlen (e^-) aus. Die Halbwertszeit dieses radioaktiven Zerfalls beträgt 5730 (± 40) Jahre.

In der Atmosphäre liegen 10^{-10} % CO_2 als $^{14}CO_2$ vor. Da sich Bildung und Zerfall die Waage halten, ist das Verhältnis $^{14}CO_2 / ^{12}CO_2$ konstant.

Bei der Fotosynthese bauen die Pflanzen $^{14}CO_2$, das sich chemisch nicht von $^{12}CO_2$ unterscheidet, in ihre Körpersubstanz ein, und zwar im gleichen Verhältnis $^{14}C/^{12}C$, wie es in der Atmosphäre vorliegt.

Durch die Nahrungsaufnahme gelangt das ^{14}C – wieder im selben Verhältnis – in den tierischen und menschlichen Körper.

Nach dem Tod eines Lebewesens beginnt die Kohlenstoffuhr zu ticken: Der Zerfall des ^{14}C geht weiter, neues ^{14}C kommt jedoch nicht in den Körper. Die ^{14}C-Konzentration sinkt stetig. Damit sinkt auch die Strahlungsintensität. Durch Messung der Strahlung kann das Alter eines Fossils bestimmt werden.

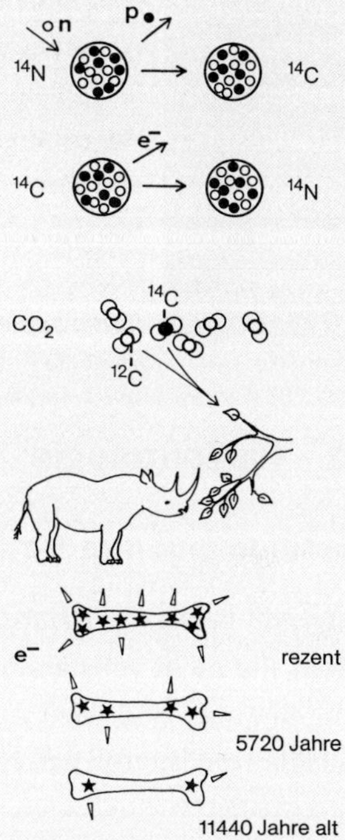

Abb. 193: Die Radiokarbon-Methode

Die Kalium-Argon-Methode

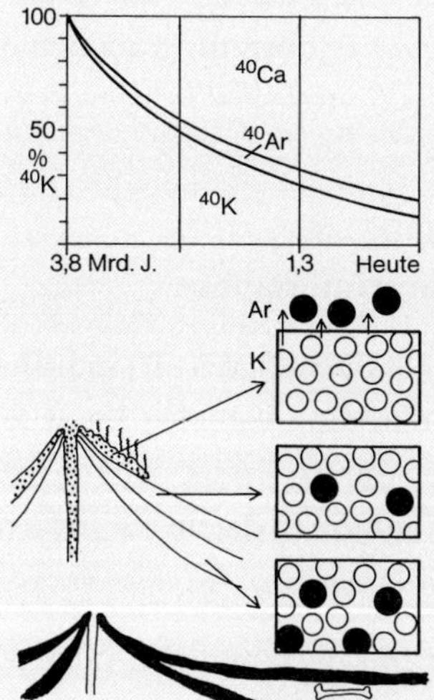

Abb. 194: Die Kalium-Argon-Methode

Kalium kommt in vielen Gesteinen vor, ein Teil davon als ^{40}K. ^{40}K ist radioaktiv, es zerfällt mit einer Halbwertszeit von $1{,}28 \times 10^9$ Jahren. Dabei entstehen zwei Isotope: ^{40}Ca und ^{40}Ar (Kalzium 40 und Argon 40).

Da Argon aus glutflüssiger Lava vollständig entweicht, stammt alles Argon, das später im Gestein zu finden ist, aus dem Zerfall von ^{40}K. Die Kalium-Argon-Uhr beginnt in einem Gestein mit dem Zeitpunkt des Erstarrens zu ticken.

Je älter das Gestein ist, desto mehr Argon enthält es. Aus dem Verhältnis $^{40}Ar/^{40}K$ kann das Alter des Gesteins errechnet werden. In einer Basaltschicht, die vor 1,28 Mrd. Jahren entstanden ist, sind 50 % des ^{40}K zerfallen, 11 % davon zu ^{40}Ar. Das Verhältnis $^{40}Ar/^{40}K$ beträgt 0,11.

Wenn zwischen zwei Schichten vulkanischen Gesteins eine Fossillagerstätte liegt, lässt sich das Alter der Fossilien eingrenzen und abschätzen.

Dendrochronologie

Stammquerschnitte von Bäumen zeigen Jahresringe: Im Frühling wird das großporige Frühholz, im Sommer das dichtere Spätholz gebildet.

Die Jahresringe sind als Folge von Klimaschwankungen ganz unterschiedlich gestaltet und ergeben in ihrer Abfolge ein charakteristisches, unverwechselbares Muster. Um Holz unbekannten Alters zu datieren, wird die Jahresringfolge lebender Bäume durch stufenweise Überlappungen mit älteren Stämmen nach rückwärts verlängert. Die Eichenchronologie in Süddeutschland reicht zur Zeit bis 4089 v. Chr. zurück.

Die Dendrochronologie erlaubt eine Prüfung der mit der Radiokarbonmethode erhaltenen Daten: Man kann das Alter eines Holzstücks nach beiden Methoden untersuchen und die Ergebnisse vergleichen.

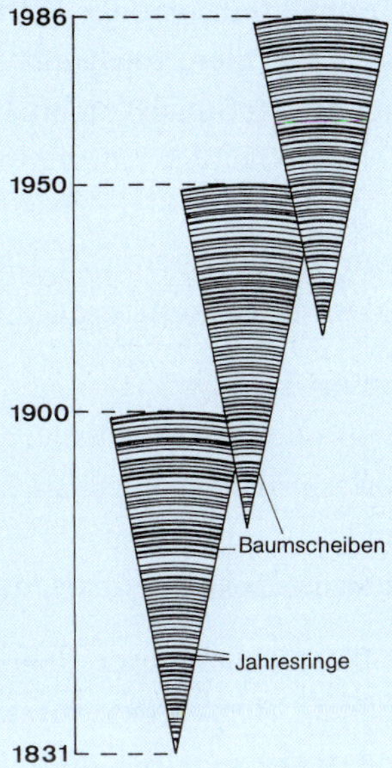

Abb. 195: Dendrochronologie

Formenwandel

Fossilien, die man in Sedimenten unterschiedlichen Alters findet, sind nicht zufällig verteilt. Ihre Anordnung in den verschiedenen Schichten kann mit folgenden Regeln beschrieben werden:

Ex libro lapidum historia mundi: Die Geschichte der Lebewesen der Erde ist im Buch der Sedimentgesteine niedergeschrieben. Fossilien kann man in Stammbäume einordnen.

- Je älter eine Schicht ist, umso stärker weichen die in ihr gefundenen Fossilien von den Pflanzen und Tieren der Gegenwart ab.
- Fossilien aus aufeinanderfolgenden Schichten sind sich ähnlicher als Fossilien aus weit auseinanderliegenden Schichten.
- Die Fossilien eines Kontinents ähneln den lebenden Formen dieses Kontinents mehr als denen anderer Erdteile. So gehören in Australien nicht nur die meisten lebenden, sondern auch die meisten fossilen Säugetiere zu den Beuteltieren.

Alle fossilen Formen lassen sich in **Reihen abgestufter Ähnlichkeit** anordnen (Fossilreihen-Ablagerungsgesetz). Von manchen Familien, z. B. den Rüsseltieren, Pferden und Walen sind lückenlose Reihen erhalten, die die Rekonstruktion reich verzweigter Stammbäume ermöglichen (Abb. 214 → S. 232).

Abb. 196: Die fünf Klassen der Wirbeltiere

Archaeopteryx (griech.) = „alte Feder“

Fossile Brückenformen

Traditionell teilt man die **Wirbeltiere in fünf große Klassen** ein: Fische, Amphibien, Reptilien, Vögel und Säugetiere (Abb. 196). Jede dieser Klassen ist durch bestimmte Merkmalskombinationen charakterisiert, so dass die lebenden Wirbeltiere problemlos eingeordnet werden können. Es gibt jedoch Fossilien, die nicht eindeutig zu einer dieser Klassen gehören, die vielmehr Merkmale zweier Klassen in sich vereinigen. Diese **Brückentiere oder Übergangsformen** belegen, dass die Abgrenzung der Tierklassen nicht immer so klar und scharf war.

Brückentiere zeigen …
- ursprüngliche Merkmale, die sie mit der älteren Gruppe gemeinsam haben;
- fortschrittliche Merkmale, die zu der neu entstehenden Gruppe hinführen und
- intermediäre Merkmale, die zwischen den Klassen vermitteln.

Weil die Körper dieser Übergangsformen mosaikartig aus Merkmalen verschiedener Tiergruppen zusammengesetzt scheinen, bezeichnet man sie auch als Mosaikformen. Bekannte fossile Brückentiere sind *Ichthyostega* (➔ S. 242), *Seymouria* und *Cynognathus* (➔ S. 243).

Bekannteste Mosaikform ist der Urvogel *Archaeopteryx lithographica*, dessen Fossilien in Weißjuraschichten von Solnhofen in der Fränkischen Alb gefunden wurden.

Bei einem frühen Fund des *Archaeopteryx* waren keine Abdrücke der Federn erhalten: Er wurde als Reptil klassifiziert. Der Skelettbau war der eines kleinen Dinosauriers. Bei neueren Fossilfunden sind jedoch deutliche Abdrücke von Federn erhalten. Nach diesen Funden wurde *Archaeopteryx* den Vögeln zugeordnet.
Ursprüngliche Merkmale sind z. B. die kegelförmigen Zähne, Bauchrippen, die lange Schwanzwirbelsäule, unverschmolzene Beckenwirbel und Beckenknochen, die drei Fingerklauen sowie das Fehlen eines knöchernen Brustbeins. Vogelmerkmale sind die Schwungfedern, die zu einem Gabelbein verschmolzenen Schlüsselbeine und der Fuß mit vier Zehen, von denen eine rückwärts orientiert ist.

Abb. 197: Archaeopteryx lithographica

Übergangsformen, deren Existenz man vermutet, die man aber noch nicht kennt, werden oft als *missing link* bezeichnet. Wiederholt wurden *missing links* lange Jahre nach ihrer Beschreibung aus dem Fossilbericht (*Ambulocetus*, Abb. 214 ➔ S. 232) oder sogar als lebende Organismen bekannt (*Latimeria*, Abb. 198).

„Lebende Fossilien"

Neben den ausgestorbenen gibt es auch eine ganze Reihe lebender Mosaikformen, Tiere und Pflanzen, die zwischen zwei großen systematischen Gruppen vermitteln. Man bezeichnet solche Lebewesen oft als **„lebende Fossilien"**.
Das Wort „Fossil" ist definiert für Reste von Lebewesen der erdgeschichtlichen Vergangenheit. Der Begriff „Lebendes Fossil" ist also ein Widerspruch in sich. Er zeigt aber sehr anschaulich, was damit gemeint ist:

„Lebende Fossilien" haben sich über lange Zeiträume nur wenig verändert.

„Lebende Fossilien" sind Lebewesen, die ...

- einer Familie oder Ordnung angehören, deren Blütezeit längst vorbei ist, und die bis auf wenige Arten ausgestorben ist;
- in entlegenen Gebieten (Wälder, Tiefsee, Inseln) überlebt haben und
- viele Merkmale einer urtümlichen Gruppe beibehalten haben.

Wie fossile Brückenformen, so weisen auch die „Lebenden Fossilien" darauf hin, dass die systematischen Gruppen wie Farne und Samenpflanzen oder Fische und Landwirbeltiere nicht immer als unterschiedliche, streng getrennte „Typen" nebeneinander standen, sondern dass es Übergänge zwischen ihnen gab und gibt. Wenn heute zwei Tiergruppen oder Pflanzengruppen klar voneinander abgegrenzt werden können, so ist dies durch das Aussterben der Übergangsformen zu erklären.

Ginkgo biloba, ein Baum aus Westchina, erinnert an Samenfarne des Erdaltertums. Die Befruchtung geschieht durch bewegliche Samenzellen wie bei Moosen und Farnen. Seine Blätter haben gegabelte Nerven. Im Erdmittelalter waren Ginkgogewächse formenreich und weit verbreitet.

Latimeria chalumnae, ein Fisch der Tiefsee, unterscheidet sich nur wenig von den im Erdaltertum lebenden Quastenflossern.
Latimeria hat Fischmerkmale wie Schuppenkleid, Kiemenatmung und Flossen. Die Flossen sind muskulös und haben ein Skelett, das dem der Amphibien nicht unähnlich ist.

Das **Schnabeltier** (*Ornithorhynchus anatinus*) ist eine Mosaikform, die zwischen Reptilien und Säugetieren vermittelt. Das Haarkleid, der Bau von Mittelohr und Kiefergelenk, das Herz und das Gehirn kennzeichnen es als Säugetier. Schnabeltiere legen Eier; die Jungtiere werden von der Mutter gesäugt, sie lecken die Milch aus dem Milchfeld im Brustbereich des Muttertieres auf. Auch die nicht ganz konstante Körpertemperatur und der Bau des Schultergürtels erinnern an Reptilien.

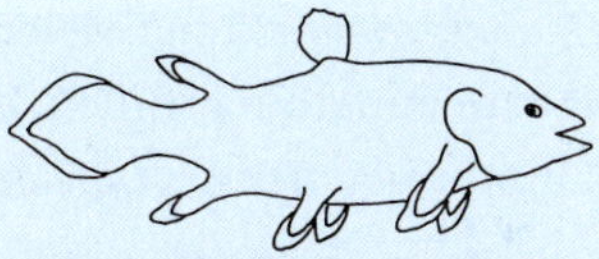

Lebendes Fossil: Latimeria chalumnae (Quastenflosser).

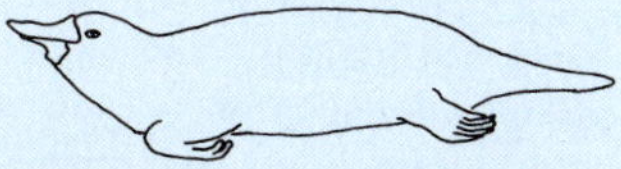

Schnabeltier Ornithorhynchus anatinus

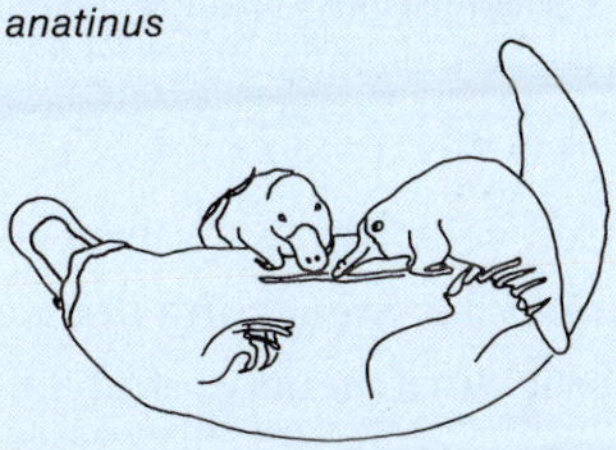

Die jungen Schnabeltiere lecken Milch aus dem Milchfeld des Muttertieres.

Abb. 198:
Beispiele „lebender Fossilien"

7.3 Embryologie

Hinweise aus der Keimesentwicklung

Lange bevor die Evolutionsbiologie begründet wurde, hatte Ernst von Baer (1792–1876) beobachtet, dass die **Keimesentwicklung** zweier Tierarten umso ähnlicher verläuft, je näher diese miteinander verwandt sind.

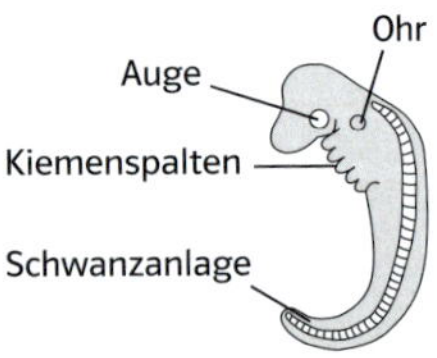

Abb. 199: Menschlicher Embryo, etwa drei Wochen alt mit Kiemenspalten und Schwanzanlage

Die ersten Entwicklungsschritte – Furchung und Gastrulation – verlaufen bei allen Vielzellern nach dem gleichen Muster. Junge Embryonen von Huhn, Schwein und Mensch lassen sich nur schwer unterscheiden: Den Anlagen der Vordergliedmaßen ist nicht anzumerken, ob daraus ein Laufbein, eine Greifhand oder ein Flügel wird. Gleiches gilt für Pflanzen: Keimlinge von Kakteen sehen aus wie die anderer Blütenpflanzen. Diese Beobachtungen werden zusammengefasst im **Gesetz der Embryonenähnlichkeit** (Baer'sches Gesetz): **In einem Kreis verwandter Tiere ähneln sich die Embryonen mehr als die ausgewachsenen Tiere.**

Der Vergleich früher Entwicklungsstadien verwandter Tiere führte Ernst Haeckel (1834–1919) dazu, das „**biogenetische Grundgesetz**" zu formulieren: „Die Keimesentwicklung ist eine kurze und schnelle Wiederholung der Stammesgeschichte." Heute ist klar, dass diese Formulierung vereinfacht ist. Allerdings kommt es oft vor, dass ein Organ oder ein Organsystem in seiner Ausbildung **Umwege** macht, die nur aus der Stammesgeschichte zu erklären sind: Im Laufe der Keimesentwicklung vieler Arten werden Organe angelegt, die nie eine erkennbare Funktion erfüllen, die dem erwachsenen Individuum fehlen und die für Ahnformen der Art typisch waren:

> In einem bestimmten Embryonalstadium bilden Landwirbeltiere – Reptilien, Vögel und Säugetiere – Kiementaschen aus. Niemals werden funktionsfähige Kiemen daraus.
>
> Herz und Kreislauf eines einen Monat alten menschlichen Embryos gleichen weitgehend dem der Fische (Abb. 189 → S. 201). Das Herz hat noch keine Scheidewand. Das Blut fließt aus dem Herzen nach vorne in Arterien, die durch die Kiementaschen verlaufen. Dies steht im Einklang mit der Annahme, dass sich alle Landwirbeltiere aus kiemenatmenden, fischähnlichen Vorfahren entwickelt haben.

Hox-Gene sind die Hauptschalter für die Verwirklichung der Baupläne aller Tiere. Sie legen während der Embryonalentwicklung die Verteilung von Zellen und Zellgruppen im Körper fest.

In den vergangenen Jahren stießen Forscher auf immer mehr **Gemeinsamkeiten bei der Steuerung der Keimesentwicklung**. Gene, welche die Embryonalentwicklung steuern, sind außerordentlich stark konserviert. Versionen derselben Hox-Gene kommen bei allen vielzelligen Tieren vor und prägen die Entwicklung von Tieren ganz unterschiedlicher Stämme. Sie legen die Körperproportionen fest und bestimmen bei so unterschiedlichen Embryonen wie Fliege, Maus und Mensch wo hinten und wo vorne ist.

7.4 Direkte Evolutionsbeweise

Neben den indirekten Evolutionsbelegen gibt es eine Reihe direkter Evolutionsbeweise; Beobachtungen, die zeigen, dass die Evolution heute noch aktiv ist und dass sie viel schneller ablaufen kann, als es sich Darwin vorstellen konnte.

- Ein globales Problem ist die schnelle Evolution von Antibiotika-Resistenzen bei Mikroorganismen (→ S. 99).
- Laufend werden neue Rassen und Arten von Kulturpflanzen und Nutztieren durch künstliche Selektion gezüchtet.
- Überraschend schnelle evolutive Anpassungen wurden bei vielen heute lebenden Tiergruppen und Pflanzenarten beobachtet und untersucht.

Der **Dreistachlige Stichling**, der vor rund 150 Jahren ins Bodenseegebiet eingeschleppt wurde, hat erste Schritte zur Aufspaltung in zwei Arten getan:
Die Fische im See unterscheiden sich in vielen Merkmalen von den Populationen in den Bodenseezuflüssen.

Hauptursache ist wohl der unterschiedliche Feindfaktor: Im See gibt es viele Fische, die Stichlinge fressen. Diese wehren sich mit langen Stacheln, die sie bei Gefahr aufrichten, und breiten Knochenplatten auf der Haut. Die Stichlinge sind vergleichsweise groß und haben im dritten Lebensjahr Nachwuchs. In den Zuflüssen sind große Libellenlarven die Hauptfeinde der Stichlinge. Diese lassen sich von Stacheln und Knochenplatten wenig abschrecken, entsprechend sind die Stichlinge deutlich kleiner, haben reduzierte Knochenplatten und Stacheln; sie vermehren sich schon im zweiten Lebensjahr. Die DNA der Populationen unterscheidet sich in rund 40 Regionen, die sich auf 20 Chromosomen verteilen.

Im Bodensee kann man zuschauen, wie eine neue Art entsteht.

7.5 Evolution der Evolutionsbiologie

Carl von Linné

Der schwedische Naturforscher **Carl von Linné** (1707–1778) ordnete Pflanzen und Tiere nach Übereinstimmungen und Unterschieden in ein System graduell abgestufter Ähnlichkeiten. Er nahm an, dass alle Arten seit der Schöpfung unverändert geblieben sind: These von der **Konstanz der Arten**.

Abb. 200: Carl von Linné (1707–1778) erdachte ein System der Lebewesen.

„Es gibt so viele Arten, wie das unendliche Wesen von Anfang an verschiedene Formen hervorgebracht hat, so dass wir jetzt nicht mehr Arten vorfinden, als von Anfang an gewesen sind."

Obwohl Linné die Idee einer Evolution zunächst ablehnte, leistete er einen wesentlichen Beitrag zur Abstammungslehre: Sein System gibt in groben Zügen die natürliche Verwandtschaft der Organismen wieder, wie sie sich aus dem Verlauf der Stammesgeschichte rekonstruieren lässt.

Jean Baptiste de Lamarck

Lamarck stellt eine widerspruchsfreie Evolutionstheorie auf.

Ideen zur Evolution gab es schon in der Antike, aber erst im 18. Jahrhundert nahm die Evolutionsbiologie Gestalt an. Die erste **widerspruchsfreie Evolutionstheorie** stellte der französische Naturphilosoph **Jean Baptiste de Lamarck** (1744–1829) auf. Er nahm an, dass Tiere und Pflanzen im Laufe der Erdgeschichte aus andersartigen Vorfahren hervorgegangen sind. Diese Abwandlung ging langsam und allmählich vonstatten. Als einen Motor der Evolution nimmt Lamarck einen **Vervollkommnungstrieb** an, der die Lebewesen durch allmähliche Veränderungen immer komplexer werden lässt.

Nicht von Lamarck stammt das Beispiel mit dem Hals der Giraffe, es gibt aber einen Teil seiner Überlegungen anschaulich wieder: Über Generationen hinweg streckten die Vorfahren der Giraffen auf der Suche nach Nahrung ihre Köpfe in die Kronen der Bäume. Im Laufe der Zeit verlängerte sich ihr Hals. Von Generation zu Generation vererbten die Giraffen ihren – immer länger werdenden – Hals weiter.

Zusätzlich hat jedes Lebewesen das **Bedürfnis und die Fähigkeit zur Anpassung** an seine Umwelt: Durch Veränderungen der Umwelt entstehen neue Bedürfnisse, auf die es durch verändertes Verhalten reagiert. Neue Gewohnheiten wiederum verursachen gezielte Veränderungen im Bau einzelner Organe und schließlich eine Umformung des Organismus. Die Anpassung des Körperbaus an die Bedürfnisse und Gewohnheiten erklärt Lamarck mit zwei Prinzipien:

- **Prinzip des Gebrauchs und Nichtgebrauchs**:
  Jedes Organ wird durch häufigen Gebrauch gestärkt und durch Nichtgebrauch geschwächt. So werden die Organe der Umgebung und den Gewohnheiten eines Lebewesens angepasst.

> „Bei jedem Tier … stärkt der häufigere und dauernde Gebrauch eines Organs dasselbe allmählich, entwickelt, vergrößert und kräftigt es proportional der Dauer dieses Gebrauchs; der konstante Nichtgebrauch eines Organs macht dasselbe unmerkbar schwächer, verschlechtert es, vermindert seine Fähigkeiten und lässt es endlich verschwinden."

Die Anpassung eines Lebewesens an seine Umwelt geschieht durch Gebrauch und Nichtgebrauch von Organen.

- **Prinzip der Vererbung erworbener Eigenschaften**:
  Die durch Gebrauch oder Nichtgebrauch erworbenen Eigenschaften sind erblich. Die Anpassungen werden also von Generation zu Generation weitergegeben und können ständig verbessert werden.

> „Alles, was die Individuen durch den Einfluss der Verhältnisse, denen ihre Rasse lange Zeit hindurch ausgesetzt ist, und folglich durch den Einfluss des vorherrschenden Gebrauchs oder konstanten Nichtgebrauchs eines Organs erwerben oder verlieren, wird durch die Fortpflanzung auf die Nachkommen vererbt."

Unter **Lamarckismus** versteht man heute die Anschauung, dass während des Lebens erworbene Anpassungen vererbt werden. Zu Lamarcks Zeit war diese Annahme jedoch allgemein akzeptiert.

Die wesentlichen Aussagen des Lamarckismus sind:

- Die **Umwelt** ändert sich.
- Neue **Bedürfnisse und Gewohnheiten** entstehen.
- Durch **Gebrauch oder Nichtgebrauch** von Organen passen sich die Lebewesen an.
- Gebrauchte Organe werden **gestärkt**, nicht gebrauchte **geschwächt** oder rückgebildet.
- Erworbene Eigenschaften werden an die Nachkommen **vererbt**.

Georges Cuvier

Widersacher Lamarcks war George Cuvier (1769–1832). Cuvier lehnte den Evolutionsgedanken ab.

Cuvier lehnte den Evolutionsgedanken ab.

„Wenn die Arten sich nach und nach geändert hätten, müsste man Spuren von diesen stufenweisen Umwandlungen finden, wovon sich aber bis jetzt noch nicht ein Beispiel gezeigt hat."

Cuvier gilt als **Begründer der Paläontologie**. Fossilien deutete er als Reste ausgestorbener Lebewesen. Er bemerkte, dass die Fossilien den heute lebenden Formen umso unähnlicher sind, je tiefer die Fundschicht liegt. Seine Untersuchungen waren auf das Pariser Becken beschränkt. Dort folgen sechs Schichten mit unterschiedlichen Fossilien ohne Übergänge aufeinander. Offensichtlich war hier das Land wiederholt vom Meer überflutet worden. Diese Erklärung verallgemeinerte Cuvier zur **Katastrophentheorie** (Kataklysmentheorie): Gesteinsschichten und die in ihnen enthaltenen Fossilien entstanden durch erdgeschichtliche Umwälzungen. Bei diesen Katastrophen gingen die meisten Tiere einer Region zugrunde. Andersartige Tiere wanderten aus verschont gebliebenen Nachbargebieten ein.

Cuvier schloss aus den Lücken im Fossilbericht auf globale Katastrophen.

„Das Leben ward aber auf dieser Erde häufig durch schreckliche Ereignisse gestört. Zahllose Lebewesen waren die Opfer dieser Katastrophen."

Darwins Weltreise

Von 1831 bis 1836 nahm Charles Darwin als Naturforscher an einer **Weltreise auf dem britischen Forschungsschiff Beagle** teil. Die bei dieser Reise gemachten Beobachtungen wurden Grundlagen seiner späteren Arbeiten. Darwin nutzte jeden Aufenthalt des Schiffes, um auf Landausflügen Tiere und Pflanzen zu beobachten, zu messen und zu sammeln. Viele Jahre danach war er beschäftigt, seine Sammlungen zu ordnen und die Ergebnisse zu interpretieren.

Abb. 202: Charles Darwin (1809 – 1882) revolutioniert die Biologie.

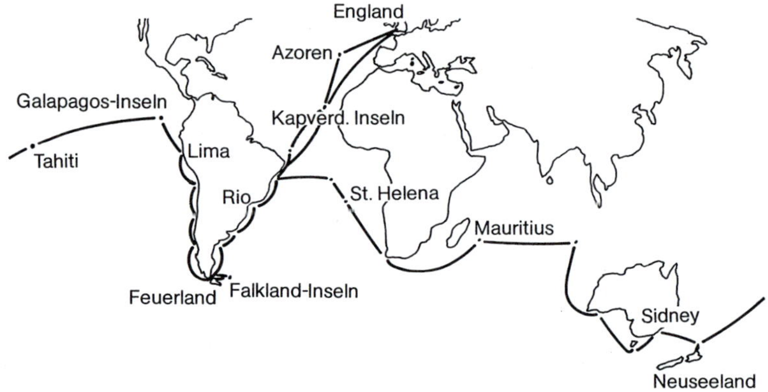

Abb. 201: Reiseroute der Beagle

Isolierte Inseln beherbergen nur wenige verschiedene Typen von Tieren und Pflanzen; diese sind mit denen des benachbarten Kontinents verwandt. Aber von jedem Typus gibt es einen großen Reichtum an Arten und Rassen, die sonst nirgends auf der Welt vorkommen. So gehören von den wenigen Vogelarten der Galapagos-Inseln allein 13 zur Unterfamilie der Darwinfinken (Abb. 212 → S. 230). Die Wahrnehmung dieser **abgestuften Ähnlichkeit** wurde zur Voraussetzung für die Formulierung der Evolutionslehre.

Fossile und lebende Formen eines Gebiets ähneln sich sehr: In Patagonien fand Darwin fossile Reste von Gürteltieren, deren Panzer dem der heute lebenden Gürteltiere ähneln. Auch die fossilen Riesenfaultiere Südamerikas haben ihre nächsten Verwandten unter den lebenden Faultieren Südamerikas.

Schließlich unterscheiden sich auch die Lebewesen eng benachbarter Inseln in Form und Lebensweise voneinander, wenn auch die Unterschiede manchmal nur dem auffallen, der genau beobachtet:

> Auf den Galapagos-Inseln lebten 15 verschiedene Schildkrötenformen. Diese sind einander so ähnlich, dass sie alle zu einer Art gezählt werden, doch unterscheiden sie sich in Form und Lebensweise, ja sogar im Geschmack eindeutig.
> Schildkröten der trockeneren Inseln sind leichter; haben längere Beine und einen langen Hals. Der vorne aufgewölbte Panzer erlaubt ihnen, den Hals zu strecken, um Blätter von Büschen abzuweiden.

Darwin beobachtet abgestufte Ähnlichkeiten bei Tieren benachbarter Inseln.

Als einzig sinnvolle Erklärung für die von ihm beobachtete Verteilung der Tierarten und Tierrassen nahm Darwin an

- dass die einander ähnelnden Formen von einer gemeinsamen Ahnform abstammen: daher die **Übereinstimmung** der grundlegenden Merkmale,
- und sich in Anpassung an ihre Umgebung verändert haben: daher die **Unterschiede** in vielen Details.

7.6 Die Selektionstheorie

Die wesentlichen Aussagen der Evolutionsbiologie sind:

- Die Welt und die in ihr lebenden Wesen verhalten sich nicht statisch, sie sind vielmehr in stetiger Veränderung begriffen. Universum, Erde und Lebewesen haben eine Geschichte.
- Die heute lebenden Tierarten und Pflanzenarten gingen aus anderen, oft einfacher gebauten Organismen hervor. Der Ablauf der Stammesgeschichte geht über weite Strecken mit einer Steigerung der Komplexität einher. Manchmal erhöhen auch Vereinfachungen die Leistungsfähigkeit eines Organismus.
- Die Veränderungen im Bau und Verhalten der Lebewesen laufen allmählich ab; es gibt keine großen Sprünge oder plötzlichen Veränderungen.
- Alle Lebewesen haben einen gemeinsamen Ursprung, sie sind miteinander verwandt.

Darwins Evolutionslehre

Erst 23 Jahre nach seiner Rückkehr – am 24. November 1859 – veröffentlichte Darwin sein Werk „***On the Origin of Species by Means of Natural Selection***, *or the Preservation of Favoured Races in the Struggle for Life*" (1859; deutsch *Über den Ursprung der Arten durch natürliche Zuchtwahl oder die Erhaltung bevorzugter Rassen im Kampf ums Dasein*). Die deutsche Übersetzung erschien 1860. In diesem Buch entwickelte Darwin eine der genialsten Theorien, die je erdacht wurden: Die **Theorie der Evolution durch natürliche Zuchtwahl** oder kurz: **die Selektionstheorie**.

1859 veröffentlicht Darwin sein Werk *On the Origin of Species*.

Darwin und Wallace entwerfen die Selektionstheorie.

Die These, dass verschiedene Arten von gemeinsamen Vorfahren abstammen, hatten andere schon vor Darwin aufgestellt. Darwin errichtete jedoch seine Theorie auf dem Fundament jahrzehntelanger sorgfältiger Forschungen und untermauerte sie durch Erkenntnisse aus verschiedenen Wissenschaftsgebieten. **Als Beleg für die Wandelbarkeit der Arten dienten ihm in erster Linie Merkmale gegenwärtiger Lebewesen und deren Verteilung auf der Erde.** Durch die Annahme einer gemeinsamen Abstammung konnte er die Ähnlichkeit der Tiere von Inseln mit denen des nächstgelegenen Festlands erklären. Bei der Auswertung von Fossilien erkannte Darwin bemerkenswerte Gesetzmäßigkeiten, z.B. dass sich Fossilien umso stärker von heutigen Lebewesen unterscheiden, je älter sie sind, und dass fossile und rezente Arten eines Kontinents einander oft sehr ähnlich sind.

Zeitgleich mit Alfred Russel Wallace entwarf Darwin die Theorie der Evolution durch natürliche Selektion. Nach dieser Theorie ist die **Selektion die treibende Kraft der Evolution**. Darwin sprach von „***survival of the fittest***", dem „Überleben des Tauglichsten". Er sah die Auslese als positives Ereignis: Nicht der Tod der Unangepassten steht im Mittelpunkt, sondern das Überleben des Angepassten. Das Wirken der Selektion besteht darin, dass die Organismen an die herrschenden Lebensbedingungen angepasst werden.

Die Züchtung von Haustieren ist ein Modell für die Wirkung der natürlichen Selektion.

Als Modell für die Selektion diente ihm die **Züchtung von Haustieren** (künstliche Selektion). Der Züchter nimmt einen erheblichen Einfluss auf Aussehen und Verhalten der von ihm gezüchteten Tiere. Grundlage dieses Einflusses ist die Zuchtwahl: Der Züchter wählt den schnellsten Hund, die Kuh mit der höchsten Milchleistung, das größte Weizenkorn zur Vermehrung aus und verändert so langfristig das Aussehen seiner Herde und den Ertrag seiner Felder.
In der Natur übernimmt die Umwelt die Rolle des Züchters; sie wählt diejenigen Organismen aus, die innerhalb ihrer Umgebung am geeignetsten sind.

„Von zwei Raubtieren in einer Notzeit kann man buchstäblich sagen, dass sie miteinander darum kämpfen, wer Nahrung und damit sein Leben erhält. Aber ebenso spricht man von einer Pflanze, die am Rande einer Wüste gegen die Trockenheit um ihr Leben kämpft, obwohl man passender sagen sollte, dass sie auf Feuchtigkeit angewiesen ist."
Charles Darwin

Zusammenfassung von Darwins Selektionstheorie

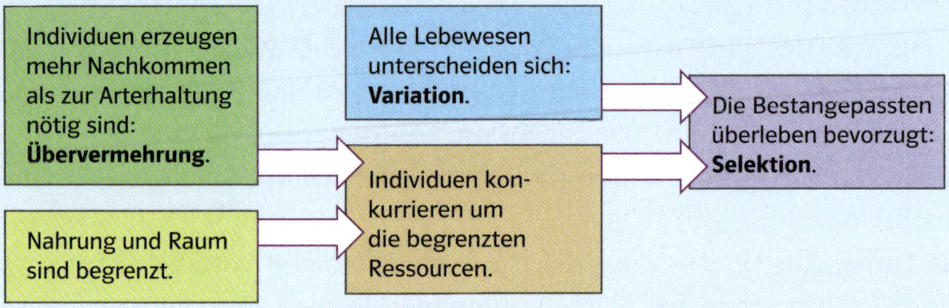

Neodarwinismus

Erworbene Anpassungen (Modifikationen) werden nicht vererbt.

Als um 1900 Mendels Arbeiten wieder entdeckt wurden, konnten sich die Evolutionsforscher mit der Genetik auseinandersetzen. August Weismann (1834–1914) zeigte, dass sich bei vielen Organismen die Vorläufer der Keimzellen schon früh gesondert vom übrigen Gewebe entwickeln: **Keimbahntheorie**. Umwelteinflüsse auf den Körper und dessen Anpassungen beeinflussen die Keimzellen nicht, sie haben keine Folgen für zukünftige Generationen. Die Genotypen sind vielmehr unmittelbare Produkte der Rekombination. Quelle der Variation ist die Neukombination der Erbanlagen bei Meiose und Befruchtung (→ S. 66 f.).
Die Vererbung erworbener Merkmale wurde später auch durch die Molekulargenetik widerlegt: Der Informationsfluss in der Zelle geht im Allgemeinen von der DNA über die RNA und die Proteine zu den Phänen.

Die **Epigenetik** geht davon aus, dass Lebewesen auf Umweltveränderungen – Lebensumstände, Ernährung, Populationsdichte – durch **Aktivierung und Deaktivierung von Genen** reagieren und diese Veränderungen zum Teil an ihre Nachkommen weitergeben. Dabei wird nicht die DNA-Sequenz geändert, vielmehr wird die Aktivität der Gene durch Methylierung der DNA beeinflusst (→ S. 94 f.).

Die synthetische Theorie der Evolution

Der Evolutionsbiologe Ernst Mayr (1904–2005) und seine Kollegen verschmolzen die Selektionstheorie mit der Genetik und Erkenntnissen der Zellforschung, Ökologie und Populationsbiologie zur synthetischen Theorie der Evolution. Wichtigste Neuerung ist eine Schwerpunktverlagerung: Nicht das Individuum steht im Mittelpunkt der Evolution, sondern die Population. Entsprechend wird der Begriff Evolution definiert:
Evolution ist eine Änderung der Allelhäufigkeiten im Genpool einer Population.

Die synthetische Theorie der Evolution vereinigt die Selektionstheorie mit der Genetik.

Evolution wird als Änderung der Genhäufigkeiten definiert.

Die synthetische Theorie sieht diese Änderung der Allelhäufigkeiten als zweistufigen Prozess:

- **In der ersten Stufe entsteht die genetische Vielfalt.** Jedes Lebewesen, jede Lebensgemeinschaft ist einmalig. Mutation und Rekombination erzeugen laufend neue Gene und Genkombinationen; sie erhöhen die Variabilität einer Population.
- **Zweite Stufe ist die Selektion.** Alle Lebewesen setzen mehr Nachkommen in die Welt, als zur Erhaltung ihrer Art notwendig sind (Überproduktion). Lebensraum und Nahrung dagegen sind begrenzt, also können nicht alle Individuen einer Art zur Vermehrung kommen. Nur wer überlebt, kann Nachkommen haben und sein Erbgut weitergeben. Maß für die Eignung ist der Fortpflanzungserfolg (*reproduction of the fittest*).

Anpassung verläuft in zwei Schritten: Variation und Selektion.

Ergänzt wird die Wirkung der Selektion durch die **Gen-Drift**, einen Vorgang, bei dem die Zahl der Genotypen nach dem Zufallsprinzip vermindert wird (→ S. 226 f.). Für die Aufspaltung einer Art in zwei Tochterarten ist als weiterer Evolutionsfaktor die **Isolation** erforderlich (→ S. 227 f.).

Die **Systemtheorie der Evolution** betont, dass die äußere Selektion durch eine innere Selektion ergänzt und erweitert wird. Eine **zunehmende Unabhängigkeit von der Umwelt** kennzeichnet die Evolution. Ein Lebewesen muss in Bezug auf die Funktion seiner Organe und Strukturen in sich stimmig und harmonisch sein – und zwar in allen Entwicklungsstadien, da es sonst nicht überlebensfähig wäre.

7.7 Anpassung

Anpassung ist *ein* Aspekt der Evolution: Sie erklärt die Veränderung von Populationen im Laufe der Zeit, also die vertikale Komponente der Evolution. Ein noch auffälligeres Phänomen ist das Entstehen des Formenreichtums durch **Verzweigung der Stammbäume**. Im Laufe der Erdgeschichte gingen aus einer Stammform immer wieder verschiedene neue Arten hervor.

Populationen

Individuen können ihr Aussehen und ihr Verhalten im Laufe ihres Lebens ändern, ihr genetisches Programm bleibt jedoch bestehen. Individuen zeigen also keine Evolution. Will man die Evolution verstehen, so muss man Gemeinschaften von Individuen untersuchen, die sich miteinander fortpflanzen und dabei ihre Gene laufend neu kombinieren. Solche Gemeinschaften nennt man Populationen.

Die Population ist eine Fortpflanzungsgemeinschaft. Zu einer Population gehören alle Individuen, die zur gleichen Art gehören und zur selben Zeit im gleichen Gebiet leben.

Jeder Angehörige einer Population unterscheidet sich in seinem Genotypus von allen anderen – ist also einzigartig. **Die Gesamtheit aller Allele, die die Angehörigen einer Population besitzen, bezeichnet man als Genpool.**

Der Genpool einer Population ist nicht stabil. Er ändert sich laufend, durch …

- **Migration**:
  Tiere aus benachbarten Populationen derselben Art wandern ein oder Tiere der Population wandern ab;
- **Mutation**:
  Das Erbgut verändert sich zufällig und richtungslos;
- **Gen-Drift**:
  Allelhäufigkeiten erfahren zufällige Schwankungen;
- **Selektion**:
  In Abhängigkeit von ihrer Eignung haben Individuen unterschiedliche Lebensdauer und Nachkommenzahl;
- **sexuelle Selektion**:
  Unter den Individuen der Population gibt es ungleiche Paarungswahrscheinlichkeit.

Die **Populationsgenetik** untersucht die Häufigkeitsverteilung von Genen in Populationen und deren Änderungen und versucht die Ursachen dieser Änderungen zu ergründen.

Das **Konzept der Idealen Population** geht von einer fiktiven Population aus, in der keine Evolution – keine Änderung des Genpools – stattfindet. Die „Ideale Population" ist unendlich groß (Zufall spielt keine Rolle), es gibt keine Selektion, keine Migration, keine Mutation, Paarungen sind rein zufällig. In dieser Population folgt die Zusammensetzung der Population statistischen Gesetzen, wie sie durch das Hardy-Weinberg-Gesetz beschrieben werden. Alle Einflüsse, die die Ideale Population stören, sind **Evolutionsfaktoren**.

Mutation als Quelle der Variation

Durch Mutationen entstehen neue Allele.

Vererbung beruht auf der identischen Verdoppelung und der exakten Aufteilung und Weitergabe des Erbmaterials von einer Generation auf die andere. Nur selten kommt es vor, dass bei der Verdoppelung oder der Aufteilung der Erbanlagen ein Fehler geschieht: eine Mutation. Hat sich eine Mutation ereignet, so wird sie Bestandteil des Erbmaterials. **Mutationen sind bleibende Veränderungen des Erbguts** (→ S. 69 ff.).

Die genetische Vielfalt innerhalb eines bestimmten biologischen Formenkreises wird fortwährend durch Mutationen erhöht. Durch das Entstehen neuer Erbfaktoren oder Gene wird der Genpool einer Population vergrößert; ihre Variabilität wird erhöht.

Für jedes einzelne Gen ist die Mutationsrate klein: Sie wird auf 10^{-4} bis 10^{-6} pro Gen und Generation geschätzt. Betrachtet man jedoch eine ganze Population, so erscheint sie recht hoch: Wenn eine Population aus 100 Individuen besteht und jedes Individuum 100 Gene besitzt, so treten in einer Generation zwischen 10 000 und einer Million Mutationen auf. Mutationen von Regulationsgenen können zu neuen Strukturen und Entwicklungsvorgängen in Organismen führen.

Duplikationen vermehren das Erbmaterial und schaffen die Grundlage für neue Gene.

Auch **Duplikationen** (→ S. 71) sind für die Evolution von großer Bedeutung. Bei der Duplikation wird ein Chromosomenstück verdoppelt. Ein oder mehrere Gene sind nun in derselben Zelle doppelt vorhanden. Zunächst sind die so erzeugten Gene identisch, durch Punktmutationen können sie jedoch unterschiedlich werden: So entstehen Gene, die ähnliche Eiweißstoffe erzeugen.

Myoglobin und Hämoglobin sind zwei Moleküle mit ähnlichem Bau und ähnlicher Aufgabe. Myoglobin speichert Sauerstoff in Muskelzellen, Hämoglobin transportiert Sauerstoff im Blutkreislauf. Wahrscheinlich sind die Gene dieser beiden Moleküle durch Duplikation und spätere Punktmutationen aus einem Gen entstanden (Abb. 32 → S. 32).

Mutationen treten zufällig und regellos auf.

Mutationen sind zufällige Ereignisse. Zwischen der Umwelt und den Mutationen, die zur Anpassung an diese Umwelt führen, besteht kein Zusammenhang. Erst nachträglich wird sich erweisen, dass Träger einer bestimmten Mutation besser angepasst sind als die Eltern.

Rekombination als Quelle der Variation

Abb. 203: Bei der sexuellen Fortpflanzung werden Gene nur kombiniert. Hier ein Paarungsrad der Libellen.

Durch genetische Rekombination werden immer neue Allele kombiniert und damit neue Phänotypen erzeugt.

Ein Transposon ist ein DNA-Abschnitt, der seinen Ort im Genom verändern kann.

Unter Rekombination versteht man die Neuverteilung des Erbguts während der Meiose und der Befruchtung:

- Interchromosomale Rekombination ist die zufällige Verteilung der homologen Chromosomen bei der Meiose (→ S. 66 ff.).
- Intrachromosomale Rekombination ist der Austausch von Abschnitten der Chromosomen durch Crossing over (→ S. 69).

Die Rekombination macht es unmöglich, dass zwei identische Nachkommen gezeugt werden. Darin liegt der große Vorteil der geschlechtlichen vor der vegetativen Vermehrung: Sie sorgt für eine große, sich ständig erneuernde Vielfalt. Durch Rekombination können viel mehr verschiedene Genkombinationen und Formen erzielt werden, als die Erde je beherbergen kann: **Der Vorrat an Variabilität ist unbegrenzt.** Oft wird die Wirkung einer Mutation erst durch Rekombination manifest: Ein rezessives Allel kann über viele Generationen ohne sichtbare Auswirkungen weitergegeben werden; erst wenn zwei rezessive Allele zusammentreffen, wirkt sich die Mutation auf Aussehen und Verhalten eines Organismus aus. Erst jetzt zeigt sich, ob sich die Mutation in der gegebenen Umwelt als schädlich, neutral oder nützlich erweist.

Auch innerhalb des Genoms gibt es Rekombinationen, welche die genetische Variabilität erhöhen: Transposons („springende Gene") sind DNA-Abschnitte, die sich im Genom bewegen können. Dabei können sie Gene inaktivieren oder Teile des Genoms umstrukturieren.

Im Gegensatz zum Evolutionsfaktor Mutation wird durch Rekombination der Genpool nicht unmittelbar verändert, die Gene werden lediglich neu zusammengestellt.

Natürliche Selektion

Selektion ist eine ständige Eignungsprüfung.

Darwin beschrieb die natürliche Auslese oder Selektion mit dem Begriff *„struggle for existence"* als Kampf ums Dasein. Dieser Ausdruck wird oft als brutales Kräftemessen zwischen zwei Individuen verstanden. Darwin verstand unter „struggle for existence" etwas anderes:

Der „Kampf ums Dasein" ist ein Wettbewerb um begrenzte Vorräte an lebenswichtigen Dingen wie Raum oder Nahrung.

Die Umwelt wählt aus einer großen Anzahl von Varianten einer Population diejenigen aus, die den bereits vorhandenen Formen ebenbürtig oder überlegen sind. Es überlebt nicht der Stärkste, sondern der, der am besten in seine Umwelt hineinpasst (*„who fits"*).

> „Die Mistel ist auf den Apfelbaum … angewiesen, aber man kann das nur im hergeholten Sinne „Kampf" mit diesen Bäumen nennen: denn wenn zu viele dieser Schmarotzer auf demselben Baum wachsen, verkümmert er und stirbt. Aber von mehreren Mistelsämlingen, die nahe beieinander auf demselben Zweig wachsen, kann man mit sehr viel mehr Recht sagen, dass sie gegeneinander kämpfen. Da die Mistel von Vögeln ausgesät wird, … kann man sagen, sie kämpft mit anderen fruchttragenden Pflanzen darum, Vögel dazu zu bringen, ihre und nicht andere Samen zu fressen und so zu verbreiten. In diesen unterschiedlichen Bedeutungen, die ineinander übergehen, gebrauche ich der Einfachheit halber den allgemeinen Ausdruck „Kampf ums Dasein"."
>
> Charles Darwin

Heute wird Selektion als ein statistisch erfassbarer Vorgang betrachtet: Manche Individuen hinterlassen mehr Nachkommen als andere. Wenn die unterschiedliche Nachkommenzahl eine Folge unterschiedlicher Gen-Ausstattung ist, spricht man von Selektion. Selektion ist also eine beobachtbare und messbare Tatsache.

Selektion ist eine Tatsache, die beobachtet und gemessen werden kann.

Selektion bedeutet, dass Träger bestimmter Genotypen mehr Nachkommen erzeugen als andere.

Als Folge der Selektion werden manche Gene in der nächsten Generation häufiger, andere seltener auftreten. Während die Mutation laufend neue Allele erzeugt, Rekombination die Allele neu zusammenstellt, prüft die Selektion, welche Allel-Kombination ihre Träger mehr bzw. weniger geeignet macht, in der gegebenen Umwelt zu leben und sich fortzupflanzen.

Fitness

Die entscheidende Größe für die **Eignung oder Fitness** eines Individuums ist sein Fortpflanzungserfolg. Diesen zu optimieren, ist die Hauptaufgabe eines Lebewesens.

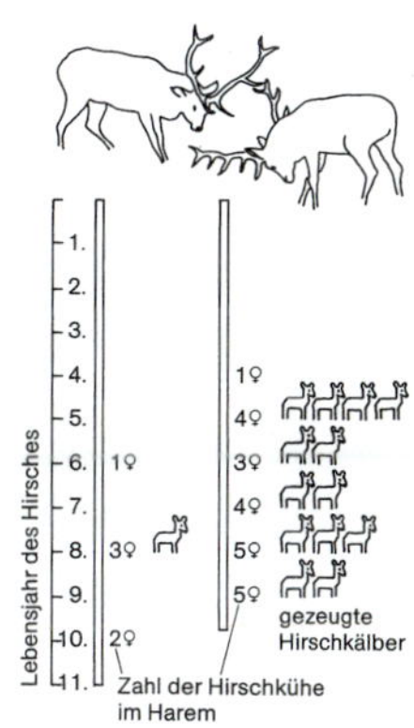

Abb. 204: Unterschiedliche Fitness zweier männlicher Hirsche

Der Fortpflanzungserfolg kann in vier Komponenten zerlegt werden:

- Grundlegend ist das **Überleben** des Individuums. Die Zahl der Nachkommen hängt zum großen Teil von der Lebensdauer ab.
- Die Notwendigkeit, einen **Geschlechtspartner** zu finden. Für Männchen vieler Arten bedeutet Fitness in erster Linie sich mit möglichst vielen Weibchen zu paaren und fortzupflanzen.
- Die **Zahl der Nachkommen**, die erzeugt werden. Ein Grasfrosch legt 3000 Eier im Jahr, eine Auster 500 Mio. Bei einer so großen Zahl an Nachkommen kann jedoch für den einzelnen nur wenig Energie aufgewandt werden: Der Nahrungsvorrat im Ei ist gering, Brutpflege gibt es nicht: r-Strategie (→ S. 283).
- Das **Überleben der Nachkommen** bis ins fortpflanzungsfähige Alter. Tiere mit der **K-Strategie** erzeugen relativ wenige Nachkommen, sie schützen

und pflegen diese jedoch und versorgen sie mit Nahrung (→ S. 283). Extreme Beispiele für die K-Strategie sind die großen Menschenaffen: Sie bringen nur alle fünf bis sechs Jahre ein Junges zur Welt, das über viele Jahre hinweg geschützt und versorgt wird.

Sexuelle Selektion

Abb. 205: Sexualdimorphismus bei Stockenten

Bei den meisten Tierarten treffen Weibchen die Entscheidung, mit welchem Männchen sie sich verpaaren und mit wem sie Nachkommen haben (→ S. 192). Ihre Partnerwahl orientiert sich an bestimmten Eigenarten der Männchen. **Sexuelle Selektion** ist eine Auslese von Männchen mit bestimmten Merkmalen durch die Weibchen derselben Art. Entsprechend werden bei Männchen solche Merkmale oder Verhaltensweisen selektiert, mit denen sie Weibchen auf sich aufmerksam machen oder gegen Konkurrenten Erfolg haben. Diese Merkmale verhelfen den Männchen in der Konkurrenz um die Weibchen zu einem Vorteil. So entstehen **Sexualdimorphismen**, Unterschiede im Aussehen der Geschlechter. Auffällige Beispiele sind das Federkleid des Pfaus oder das Geweih der Hirsche. Vorlieben bei der Wahl des Partners können der Umweltselektion entgegenlaufen: Ein männlicher Pfau ist bei der Flucht vor Feinden benachteiligt; ein Geweih ist schwer und zehrt an Kräften und Mineralstoffen.

Auslesefaktoren

Ein Selektionsfaktor ist ein Umweltfaktor, der den Fortpflanzungserfolg eines Individuums beeinflusst.

Nur selten hängt die Fitness primär von der Körperkraft eines Individuums ab. Die Umwelt stellt an jedes Lebewesen eine Reihe von Anforderungen, die über seine Eignung entscheiden. Diese kann man in einzelne Faktoren zerlegen, die als **Selektions- oder Auslesefaktoren** wirken: Einflüsse der unbelebten Natur (abiotische Auslesefaktoren) und Einflüsse von anderen Lebewesen (biotische Auslesefaktoren).

Abb. 206: Mimese: Die Stabheuschrecke ist hervorragend getarnt.

[Im Kapitel Ökologie werden im Abschnitt Umweltfaktoren auf den Seiten 259 bis 265 einzelne Auslesefaktoren und ihre Auswirkungen auf die Anpassung der Lebewesen beschrieben]

Die Eignung wird bei jeder Art nach anderen Maßstäben gemessen. Außergewöhnliche Schnelligkeit kann die Fitness eines Hasen, nicht die eines Igels erhöhen; Kampfkraft mag für den Hirsch, nicht aber für eine Schwalbe von Vorteil sein. Ob ein Körpermerkmal oder eine Verhaltensweise erhöhte Fitness verleiht, hängt davon ab, in welchem Lebensraum eine Art lebt und wie sie ihre Umwelt nutzt, also von ihrer ökologischen Nische (→ S. 266 f.). Am geeignetsten erweisen sich in jeder Population diejenigen Individuen, die auf die Anforderungen ihrer Umwelt die besten Antworten gefunden haben.

Extreme Trockenklimate lassen nur Pflanzen überleben, deren Verdunstung außerordentlich herabgesetzt ist, die Wasser speichern können oder ihre Entwicklung in wenigen Tagen nach einem episodischen Regen durchlaufen können.

Ein gut untersuchter biotischer Auslesefaktor ist der Feindfaktor. Jedes Lebewesen hat eine Strategie entwickelt, sich vor seinen Feinden zu schützen: Gazellen entkommen ihren Feinden durch Flucht, Nashörner sind wehrhaft und verteidigen sich, der schlecht schmeckende Marienkäfer und die wehrhafte Hornisse warnen ihre Feinde durch auffällige Farbmuster, Grasfrösche sind durch ihre Färbung getarnt.

Abb. 207: Bei Gazellen ist die Schnelligkeit ein wichtiger Auslesefaktor.

Transformierende und stabilisierende Selektion

Jede natürliche Population besteht aus einer Fülle an Formen. Die Selektion wirkt nicht auf alle Individuen in gleichem Maß. Folge der Selektion ist eine Veränderung der Populationsstruktur.

Formal lassen sich dabei drei Modelle entwerfen, die zu unterschiedlichen Ergebnissen führen:

Selektion führt zur Anpassung an die Umwelt.

- Wenn sich die Umwelt ändert oder eine Population einen neuen Lebensraum besiedelt, sind Formen bevorzugt, die vom Durchschnitt abweichen. Durch die Selektion verändert sich nun der Genpool in Richtung auf eine bessere Anpassung an die neuen Bedingungen. Neu auftretende Selektionsfaktoren können Tausende von Genorten gleichzeitig betreffen: **richtende oder transformierende Selektion**.
- Meist sind extreme Varianten schlechter an ihre Umwelt angepasst als Durchschnittsformen. Letztere können sich also bevorzugt durchsetzen: Die **Selektion wirkt stabilisierend**, sie hält die Population konstant. Ein ständiger Selektionsdruck bewirkt also nicht nur die Fortentwicklung, sondern auch die Aufrechterhaltung von Anpassungen.

- Bei disruptiver Selektion werden die extremen Formen bevorzugt. Die Bildung einer zweigipfligen Verteilung kann zur Spaltung einer Population und zur Bildung neuer Rassen oder Arten führen. (Bildung zweier Ökotypen beim dreistachligen Stichling → S. 211)

Das bekannteste Beispiel für die **Anpassung an eine sich ändernde Umwelt durch transformierende Selektion** ist das Phänomen des Industriemelanismus. Bis zur Mitte des 19. Jahrhunderts war der Birkenspanner *Biston betularia* nur als hellgrauer Schmetterling bekannt. Der Nachtfalter ist hervorragend getarnt, wenn er den Tag schlafend auf den mit Flechten bewachsenen Baumstämmen verbringt. Um 1850 tauchten in England schwarze Mutanten (Melanos) auf. 1950 waren in einigen Industriegebieten alle Birkenspanner schwarz; in ländlichen Räumen dagegen überwogen die hellen Tiere. Im Laufe der letzten Jahre wurden auch in Industriegebieten die hellen Formen wieder häufiger.

Man nahm an, dass die Zunahme der Melanos mit der durch die industrielle Revolution verursachten Luftverschmutzung zusammenhing. Abgase brachten die Flechten zum Absterben, die dunklen Schmetterlinge waren nun besser getarnt als die hellen.

Um die Hypothese zu testen, dass die Zunahme der dunklen Formen eine Folge der Selektion durch Fressfeinde ist, wurden folgende Versuche durchgeführt:
Tausend markierte Tiere wurden ausgesetzt und später wieder eingefangen. Während in ländlichen Gebieten 14,6 % der hellen und 4,7 % der dunklen Tiere wieder eingefangen werden konnten, waren es in Industriegebieten 13 % der hellen, 27,5 % der dunklen Falter.

Aus Verstecken wurde beobachtet und gefilmt, welche Schmetterlinge von Vögeln bevorzugt erbeutet wurden. Tatsächlich fielen in Industriegebieten wesentlich mehr helle, auf dem Land mehr dunkle Formen ihren Feinden zum Opfer.

Selektion wirkt opportunistisch.

Evolutionsprozesse können simuliert werden.

Bei anderen Tierarten und Pflanzenarten wurden ähnliche Beobachtungen gemacht. Damit ist dokumentiert, dass nicht eine gezielte Mutation, sondern die Auslese der Evolutionsfaktor ist, der eine Anpassung an die Umwelt bewirkt; dass Evolution zwar **ohne Plan – aber nicht zufällig** – verläuft. Da die Selektion immer nur von der augenblicklichen Situation ausgeht, ohne in die Zukunft zu schauen, spricht man vom **Opportunismus der Selektion**.

Selektion und Evolutionstechnik

Der Selektionsgedanke ist ungewöhnlich fruchtbar. Er kann nicht nur die Evolution der Organismen erklären, auch die Arbeit unseres Immunsystems wirkt nach dem Selektionsprinzip (→ S. 136). Wo immer es Einheiten gibt, die variieren und Merkmale in Abhängigkeit von ihrem Erfolg weitergeben können, findet Evolution statt.

Die **Evolutionstechnik** entwickelt technische Systeme nach Regeln der biologischen Evolution. So wie über Millionen von Jahren jeder Organismus einer scharfen Auswahl unterworfen war, so verändern Ingenieure ein Produkt zufällig und wählen danach die Variante aus, die dem gewünschten Ziel am nächsten kommt; diese ist die Basis für den folgenden Entwicklungsschritt. Nach mehreren Wiederholungen findet sich ein Produkt, an dem unter gegebenen Bedingungen nichts mehr zu verbessern ist.

Die Forschung in Medizin und Industrie bedient sich der **Evolutionsstrategie**: Damit lassen sich Flugzeugflügel optimieren, Fachwerke gewichtsminimal gestalten und zeitsparende Routenplanungen durchführen, Brücken konstruieren, Objektive berechnen, Computerprogramme erarbeiten und Kaffeemischungen zusammenstellen. Im Unterschied zur biologischen Evolution wird bei der technischen Evolution das Entwicklungsziel vom Planer vorgegeben.

Technische wie biologische Evolution haben drei **Voraussetzungen**:
- Replikatoren sind vorhanden,
- eine schwankende Kopiergenauigkeit erzeugt Variation,
- es besteht eine unterschiedliche Wahrscheinlichkeit der Varianten, in die Auswahl zu gelangen, aus der die folgende Population zusammengesetzt wird: Selektion.

Computersimulationen durchlaufen eine **virtuelle Evolution** mit erstaunlichen Parallelen zur biologischen Evolution. Das bietet die Möglichkeit, grundlegende Gesetze der Evolution zu untersuchen. Künstliche Evolution zeigt auch den Erfolg der Koevolution auf (→ S. 233): Die Entwicklung künstlicher Kreaturen erfolgt schneller, wenn sie sich der Angriffe von Gegnern erwehren müssen, die sich ihrerseits entwickeln.

Mimikry

Das Phänomen Mimikry ist ein klassischer Prüfstein für die Selektionstheorie. Eine Tierart oder Pflanzenart gewinnt eine täuschende Ähnlichkeit zu einer anderen, oft nicht näher verwandten, Art. Diese Ähnlichkeit bringt der nachahmenden Art, manchmal auch beiden Arten, Vorteile.

Von Mimikry spricht man, wenn zwei Arten Signale aussenden, auf die Empfänger in gleicher Weise reagieren.

Abb. 208: Eine Schwebfliege imitiert die Warntracht einer Wespe.

Bei vielen Insekten dient eine schwarz-gelbe Bänderung als Warnsignal für Insektenjäger. Viele wehrhafte Insekten tragen dieses Signal, so die meisten Wespen. Durch ihre Ähnlichkeit sind sie alle vor Feinden geschützt: Mit der Zahl ähnlicher wehrhafter Insekten wächst die Wahrscheinlichkeit, dass ein Jäger durch Erfahrung lernt, Tiere mit diesem Muster zu meiden (Müller'sche Mimikry). Aber auch harmlose Insekten machen sich dieses Warnsignal zunutze. Einige wehrlose Fliegen- und Schmetterlingsarten tragen die gelb-schwarze Bänderung und entgehen damit vielen Fressfeinden (Bates'sche Mimikry).

Putzerfische reinigen andere Fische darunter auch große Raubfische von Parasiten und Schleim. Sie werden von ihren Klienten nicht gefressen (Symbiose). Nun gibt es einen Nachahmer, der sich unter der Maske des Putzerfisches nähert, um größeren Fischen Löcher in Flossen und Haut zu beißen. Dabei werden nicht nur Form und Farbe des Putzers nachgeahmt, sondern auch dessen Verhaltensweisen.

Wildroggen gedieh als Unkraut in Weizenfeldern. Unbeabsichtigt wurde er mit dem Weizen zusammen geerntet und ausgesät. Je ähnlicher die Roggenpflanzen dem Weizen wurden, desto größer war ihre Überlebenschance. So glichen sich die Roggenpopulationen in den Weizenfeldern durch fortgesetzte Auslese dem Weizen in Wuchs, Erntezeit und Ertrag immer mehr an.

Konvergente Evolution

Abb. 209: Kakteen (oben) und Wolfsmilchgewächse haben unabhängig stachelige, wasserspeichernde Sprosse entwickelt.

Wenn verschiedene Organismen ähnlichen Selektionsfaktoren ausgesetzt sind, so können diese ganz ähnliche Strukturen ausbilden: **analoge Strukturen** (→ S. 202). Hier sind nicht gemeinsame Vorfahren, sondern konvergente Entwicklung die Ursache der Ähnlichkeit.

Der Hai, ein Knorpelfisch; *Ichthyosaurus*, ein Reptil des Erdmittelalters; der Pinguin, ein Vogel und der Delphin, ein Säugetier, haben ähnliche Strukturen zur Fortbewegung entwickelt (Abb. 191 → S. 202). Eine biegsame, spindelförmige Gestalt, eine breite Schwanzflosse und steuernde Seitenruder bieten offensichtlich die besten Voraussetzungen dafür, Fische des Ozeans als Nahrungsquelle zu nutzen. Aufbau und Anordnung der inneren Organe, die Art der Fortpflanzung, auch der innere Bau der Fortbewegungsorgane ist sehr unterschiedlich.

Beispiele für Konvergenz im Pflanzenreich sind die Kakteen Süd- und Mittelamerikas und die Wolfsmilchgewächse (Euphorbien) Afrikas, die sich zum Verwechseln ähneln (Abb. 209). Der Bau von Blüten und Früchten, die chemische Zusammensetzung zeigen, dass die beiden Pflanzengruppen nur ganz entfernte Verwandte sind.
Die Ähnlichkeit der Körperform ist als Antwort auf gleichgerichteten Selektionsdruck zu deuten: Auf Hitze und Wassermangel antworten sie durch kleine Oberflächen, Reduktion der Blätter, Wasser speichernde Gewebe. Gegen Fressfeinde wehren sie sich durch Stacheln.

Allerdings gibt es in der Natur auch Beispiele, die zeigen, dass ganz verschiedene Antworten auf gleichartigen Selektionsdruck möglich sind.

Känguru und Pferd sind in Körperbau, Fortbewegungsweise, im Bau ihrer Verdauungsorgane und im Verhalten sehr unähnlich, obwohl beide Formen an ähnliche Lebensräume angepasst sind und sich ähnlich ernähren, also einander entsprechende Nischen bilden (Stellenäquivalenz).

Gen-Drift

Zufällige Änderungen des Genpools bezeichnet man als Gendrift.

Nicht immer ist es die Selektion, die für die Zunahme oder Abnahme eines Allels in einer Population verantwortlich ist. Manchmal spielen zufällige Ereignisse eine große Rolle. Seltene Gene können verloren gehen oder häufig werden. **Ändert sich der Genpool durch Zufall, so spricht man von Gen-Drift oder Allel-Drift.**
Gen-Drift kann in verschiedenen Situationen einer Population als Evolutionsfaktor wirksam werden:

- **Zufallsereignisse in kleinen Populationen**: Stirbt ein Individuum, das ein seltenes Allel trägt, zufällig, bevor es sich fortpflanzen kann, so kann sich in einer sehr kleinen Populationen (auf einer Insel oder in einem kleinen See) die Genfrequenz einschneidend verschieben.

- **Starke Schwankungen der Populationsgröße**: Manche Populationen schwanken sehr stark in ihrer Größe (Abb. 262 → S. 284). Die Restpopulation, die nach einem Zusammenbruch übrig bleibt, ist genetisch meist anders zusammengesetzt als die Ausgangsgruppe. Allele, die vorher selten waren, können jetzt häufig sein, andere verschwinden. Insgesamt lässt dieser „Flaschenhalseffekt" die Population genetisch verarmen.
- **Der Gründereffekt**: Ein neuer Lebensraum (Insel, See) wird von einer sehr kleinen Teilpopulation besiedelt. Die Auswahl der Gründerindividuen, die den Ursprung des Genpools einer neuen Population bilden, ist oft rein zufällig.

7.8 Isolation und Artbildung

Isolation

Voraussetzung für die Entstehung der Artenvielfalt ist die Isolation, die Verhinderung der genetischen Rekombination zwischen Populationen einer Art.

Isolation ermöglicht die Evolution der Artenvielfalt.

Solange Populationen die Möglichkeit haben, ihre Gene durch Rekombination zu mischen, solange bleibt der einheitliche Genpool einer Art erhalten. Wenn der Genfluss zwischen ihnen unterbrochen ist, können sich zwei Populationen in unterschiedliche Richtungen entwickeln.

Wird eine Teilpopulation vom Rest der Populationen ihrer Art räumlich getrennt, so ist kein Genaustausch mehr möglich: Die Population ist geographisch isoliert oder separiert. **Separation** geschieht z. B., wenn ein Kontinent zerbricht, wenn ein steigender Meeresspiegel Inseln vom Festland abtrennt oder wenn abgelegene Inseln oder Seen besiedelt werden.

Geografische Isolation oder Separation ist die räumliche Trennung von Populationen.

Für eine divergente Entwicklung in isolierten Arealen sind vor allem drei Evolutionsfaktoren verantwortlich:

- Die **Gründerindividuen** tragen eine zufällige Auswahl des Genpools der Stammpopulation (Gen-Drift → S. 226).
- **Mutationen und Rekombinationsereignisse** in der isolierten Population verlaufen anders als in der Stammpopulation.
- Im isolierten Areal herrschen andere **Selektionsfaktoren**.

Ist der Genfluss zwischen Tochterpopulation und Stammpopulation für lange Zeit unterbrochen, so sammeln sich genetische Unterschiede an. Die Genpools unterscheiden sich immer stärker. Der entscheidende Schritt bei der Entstehung von zwei Arten ist dann erreicht, wenn sich zwei Populationen nicht mehr miteinander fortpflanzen, auch wenn sie im gleichen Gebiet leben: **Allopatrische Artbildung**.

Sommergoldhähnchen und Wintergoldhähnchen bewohnen unterschiedliche Lebensräume, trotzdem treffen immer wieder Tiere beider Arten aufeinander. Sie paaren sich nie: Die unterschiedlichen Balzgesänge verhindern ein gegenseitiges Erkennen.

Schwarzer Holunder und Traubenholunder können sich nicht gegenseitig befruchten, weil sie nicht gleichzeitig blühen: Wenn der schwarze Holunder Ende Mai aufblüht, sind die Blüten des Traubenholunders bereits verwelkt.

Wenn sich Individuen zweier Populationen nicht paaren, obwohl sie nicht räumlich getrennt sind, spricht man von **Fortpflanzungsisolation** oder reproduktiver Isolation.

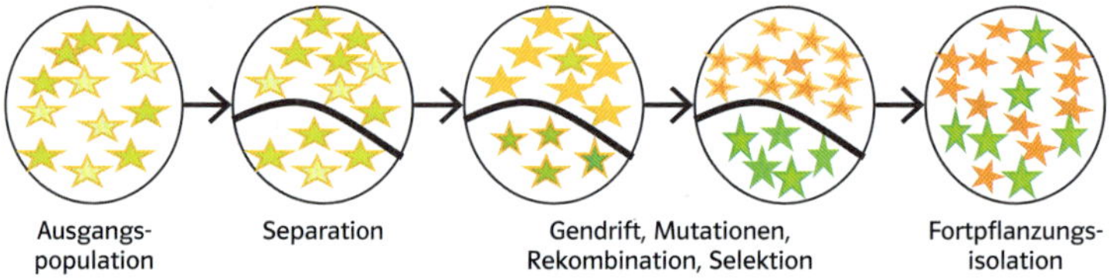

Abb. 210: Schema zur allopatrischen Artbildung

Fortpflanzungsisolation besteht auch, wenn Bastarde unfruchtbar oder weniger vital sind: Pferd und Esel können sich paaren und Nachkommen erzeugen: Maultiere und Maulesel. Diese aber sind unfruchtbar. Wegen der unterschiedlichen Chromosomensätze werden keine Keimzellen gebildet („Mauleselsterilität"). Mischpopulationen können nicht entstehen.

Eine Artbildung ist auch ohne vorherige Separation von Teilpopulationen, also im gemeinsamen Lebensraum, möglich: **sympatrische Artbildung**. Wenn verschiedene Populationen einer Art im selben Gebiet leben, die Ressourcen des Areals auf unterschiedliche Weise nutzen z. B. durch Besiedlung unterschiedlicher Biotope, spricht man von **ökologischer Isolation**.

Eine unterschiedliche **Chromosomenzahl** ist ein wirksamer Isolationsmechanismus: So kann aus einer diploiden Pflanze durch eine Genommutation eine tetraploide Pflanze entstehen. Diese pflanzt sich mit der diploiden Form nicht mehr fruchtbar fort, denn die Bastarde sind triploid und damit unfruchtbar. Durch einen einzigen Mutationsschritt sind also Teilpopulationen entstanden, die voneinander genetisch isoliert sind.

Der Artbegriff

Die meisten volkstümlichen Namen für Tiere oder Pflanzen bezeichnen jeweils eine Art: Löwe, Maikäfer, Kohlmeise, Sonnenblume. Auch in der Biologie ist der Begriff „Art" (= Species) einer der am meisten verwendeten Fachausdrücke. Da die belebte Natur in ständiger Veränderung begriffen ist, ist die Definition des Artbegriffs nicht immer einfach:

Der **morphologische Artbegriff** bezeichnet eine Gruppe von Lebewesen, die so viele unverwechselbare Merkmale gemeinsam haben, dass sie von anderen Lebewesen abgrenzbar sind. Der **biologische Artbegriff** beschreibt eine Art als potenzielle Fortpflanzungsgemeinschaft:

„Alles was sich paart und schart, gehört zu einer Art“

Alle Individuen, die sich unter natürlichen Bedingungen miteinander paaren und fruchtbare Nachkommen zeugen können, gehören zu einer Art.
Kriterium für die Definition der Art ist nicht die Zahl der Unterschiede, sondern die Schärfe der Abgrenzung.
Die Definition der Art als Fortpflanzungsgemeinschaft hat einen Nachteil: Nur sympatrisch – im gleichen Areal lebende – Pflanzen und Tiere können eindeutig zugeordnet werden. Populationen, die räumlich isoliert sind, haben nicht die Möglichkeit sich zu kreuzen. Bei solchen Populationen kann man oft nur vermuten, was geschehen würde, wenn sie aufeinander treffen würden:

> Der Bison ist der große Büffel Nordamerikas. In Europa lebt ein naher Verwandter, der Wisent. Die Populationen sind voneinander isoliert seit vor rund zwei Millionen Jahren das Bering-Meer überflutet wurde. Im Zoo kreuzen sie sich fruchtbar. Das Experiment, ob frei lebende Populationen verschmelzen würden, hat die Natur noch nicht gemacht. Eine eindeutige Aussage, ob Bison und Wisent zwei Arten sind oder zwei Rassen einer Art, ist daher nicht möglich.

Abb. 211: Bison (oben) und Wisent sind Arten, die in Entstehung begriffen sind.

Einnischung

Zu den Merkmalen einer Art zählen nicht nur Körperbau und Verhalten, sondern auch die Wechselwirkungen zwischen der Art und ihrer Umwelt. Das gesamte Beziehungssystem zwischen einer Art und ihrer Umwelt nennt man **ökologische Nische** (→ S. 266). Zwei Arten, die exakt dieselben ökologischen Ansprüche stellen, können nicht koexistieren. Auf lange Sicht wird sich eine der beiden Arten durchsetzen, die andere wird verdrängt: **Konkurrenzausschluss.**

Arten, die dieselben ökologischen Ansprüche haben, können nicht dauerhaft koexistieren.

Einnischung oder Annidation bedeutet, dass sich eine Art auf eine ökologische Nische spezialisiert. Zur Sicherung des eigenen Überlebens weicht einer der Konkurrenten auf eine ökologische Nische aus, in der die Konkurrenz mit anderen Arten vermindert ist:

Einnischung vermindert die Konkurrenz.

> Meisen vermeiden bei der Suche nach Nistplätzen Konkurrenz: Die Sumpfmeise zieht ihre Brut in Baumhöhlen oder zwischen Baumwurzeln auf, die Weidenmeise hackt Nisthöhlen in morsche Stämme.

Bei der Einnischung konkurrierender bzw. nahe verwandter Arten kann man häufig das Phänomen der Konstrastbetonung beobachten. Im Überlappungsbereich zweier Arten unterscheiden sich diese stärker als in Gebieten, in denen nur eine der beiden Arten lebt:

Grünspecht und Grauspecht suchen ihre Nahrung meist am Boden. Dort plündern sie mit Vorliebe Ameisenhaufen. In Gebieten, in denen beide Arten sympatrisch vorkommen, weicht der kleinere Grauspecht häufig in Wälder aus und sucht Bäume und weiches Holz nach Futter ab.

Zusammenfassung: allopatrische Entstehung neuer Arten

- Eine Teilpopulation wird räumlich isoliert: **Separation**
- Die Teilpopulation besitzt nur einen Ausschnitt des Genpools: **Gen-Drift**.
- **Mutationen**, **Rekombination** und Zufallsereignisse verlaufen in den Teilpopulationen anders als in der Stammpopulationion.
- Im neuen Lebensraum gibt es andere **Selektion**sfaktoren.
- Im isolierten Gebiet entstehen andere Nischen: **Einnischung**.
- Beim Aufeinandertreffen der Populationen gibt es keine oder unfruchtbare Bastarde: **Fortpflanzungsisolation**.

Adaptive Radiation und Aussterben

Wenn aus einer Population in relativ kurzer Zeit mehrere unterschiedliche Arten, Gattungen oder Familien hervorgehen, die sich an verschiedene Lebensbedingungen anpassen, so spricht man von **adaptiver Radiation**.

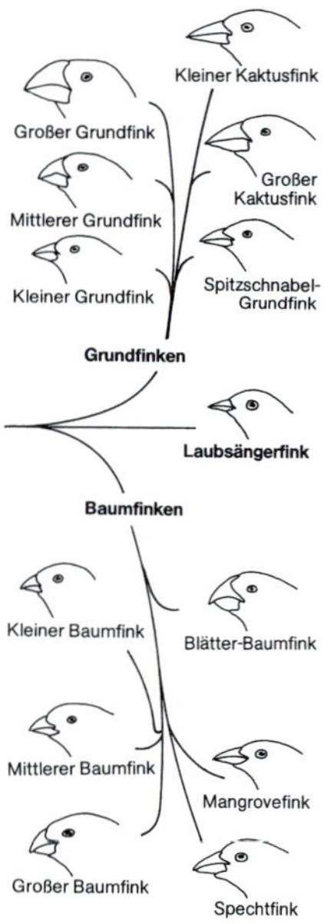

Abb. 212: Die Darwinfinken sind ein Modellbeispiel für adaptive Radiation.

Auf den Galapagos-Inseln leben 13 Arten von **Darwinfinken**: Sperlingsgroße, graubraun bis schwarz gefärbte Vögel, die sich im Aussehen, im Balz- und Nestbauverhalten und ihren Rufen auffallend ähneln. Aber in der Form und Größe ihrer Schnäbel unterscheiden sie sich signifikant. Jede Insel beherbergt drei bis zehn Finkenarten, aber nie trifft man zwei Arten mit gleichen Schnäbeln auf einer Insel (Konkurrenzausschluss).

Die Grundfinken leben hauptsächlich von Samen. Sie haben kurze, dicke Schnäbel. Sympatrisch lebende Grundfinken ernähren sich von Körnern unterschiedlicher Größe und Härte. Der Laubsängerfink hat einen kurzen, dünnen Schnabel, vergleichbar mit dem Fliegenschnäpper Mitteleuropas. Er lebt auf Bäumen und ernährt sich von Insekten. Die Baumfinken nehmen Körner und Insekten auf; eine Art verzehrt Laubblätter, eine andere verletzt Seevögel und trinkt deren Blut, eine dritte beseitigt Zecken aus der Haut von Schildkröten. Die bemerkenswertesten Darwinfinken sind Spechtfink und Mangrovenfink, die Insekten aus der Borke von Bäumen holen.

Die Nische des Spechtfinken ist mit derjenigen der Spechte vergleichbar. Im Unterschied zu diesen hat er keine lange Zunge, um die Larven aus ihren Gängen zu ziehen, stattdessen benützt er Zweigstücke oder Kaktusstacheln als Werkzeuge.

Auf der Kokosinsel gibt es nur eine Darwinfinken-Art, den insektenfressenden Kokosfink. Dort gab es keine Möglichkeit zu geografischer Isolation, eine Radiation war daher nicht möglich.

Adaptive Radiation wird immer dann möglich, wenn eine Population die Gelegenheit hat, neue Nischen zu bilden; anders ausgedrückt: Wenn in einem Areal „ökologische Lizenzen" frei sind, die eine Art auf Grund ihrer genetischen Variabilität ausfüllen kann. Das ist der Fall, wenn z. B.

- ein bisher unbewohntes Gebiet besiedelt wird;
- eine Gruppe von Lebewesen ausgestorben ist;
- in einer Population ein neues Schlüsselmerkmal auftritt, mit dessen Hilfe sie neue Herausforderungen bewältigen kann (→ S. 242);
- die Evolution einer anderen Art oder Lebensform neue Möglichkeiten zur Verfügung stellt (Koevolution → S. 233).

Abb. 213: Adaptive Radiation der Gattung *Aeonium* auf den kanarischen Inseln

So stammen alle Insekten, alle Vögel, alle Säugetiere jeweils von einer Ausgangspopulation ab, die neue Lebensmöglichkeiten entwickelt hat.

Adaptive Radiation ist die Auffächerung der Nachkommen einer wenig spezialisierten Stammform durch Herausbildung vielfältiger Anpassungen.

Naturkatastrophen beeinflussen den Verlauf der Evolution entscheidend. In der Erdgeschichte kam es zu mehreren globalen **Massenextinktionen**. Schon am Ende des Kambriums starben rund 80 % aller Tierarten und Pflanzenarten aus. Am Ende des Perm vor 250 Millionen Jahren erloschen 80 bis 90 % aller Arten. Danach wurden die Dinosaurier zur dominanten Gruppe der Landwirbeltiere; am Ende der Kreide verschwanden sie wieder. Zwischen Kreide und Tertiär vor 65 Mio. Jahren starb etwa die Hälfte aller Arten auf der Erde aus, darunter alle Ammoniten und Belemniten und alle Saurier-Gruppen außer den Vögeln. Als Ursache dieser Massenextinktion gilt der Einschlag eines Meteoriten für äußerst wahrscheinlich.
Auf Aussterbeereignisse folgt eine Phase der Expansion der überlebenden Organismen durch adaptive Radiation. Diese Ausbreitung neuer Arten markiert neben dem Fehlen bestimmter Organismen den neuen erdgeschichtlichen Zeitabschnitt. Wenn eine große systematische Gruppe erlosch, hinterließ sie freie Lizenzen, in die sich andere Tiergruppen einnischen konnten: **ökologischer Ersatz**.

> Nach dem Aussterben der Saurier am Ende der Kreidezeit nahmen Säugetiere deren Nischen zum großen Teil ein. So setzte bald nach dem Erlöschen der Dinosaurier die Radiation der Säugetiere ein.

Additive Typogenese

In der Erdgeschichte traten immer wieder neue Typen auf, das sind Formen, die sich in ihrer Organisation von allen vorher lebenden Wesen unterscheiden: Im Silur erschien der Typus des vierbeinigen Landwirbeltiers (→ S. 241). Im Tertiär entstanden mit den Huftieren, Fledermäusen oder Walen Typen, die vom Grundbauplan der Säugetiere stark abweichen.

Additive Typogenese ist die Evolution neuer Typen durch Addition vieler kleiner Evolutionsschritte.

Die Veränderung der Organisation eines neuen Typus geschieht durch schrittweise Umwandlung einzelner Eigenschaften: additive Typogenese. Dabei ändern sich einzelne Strukturen zu unterschiedlichen Zeiten. Verschiedene Typen sind immer durch kontinuierliche Reihen von Zwischenformen miteinander verbunden. Je mehr Fossilfunde von einer systematischen Gruppe gemacht werden, desto klarer kommt der schrittweise Wandel zum Vorschein.

Die Evolution der Wale ist ein gut belegtes Beispiel für **additive Typogenese**:

Innerhalb von acht Millionen Jahren erfolgte die Evolution der Wale aus vierfüßigen Landtieren. Die Umgestaltung betraf nicht nur den Bewegungsapparat, sondern auch das Gehör und die Organe der Atmung und der Nahrungsaufnahme. Der Fossilbericht wird durch anatomische, molekularbiologische und immunologische Ergebnisse bestätigt.

Die nächsten lebenden Verwandten der Wale sind die Flusspferde. Vor 50 Millionen Jahren lebte an Gewässern der Vierfüßler *Pakicetus*, dessen Schädel die für Wale typische Gehörregion zeigt. Wichtigste Übergangsform ist der 49 Millionen Jahre alte *Ambulocetus natans*, der bis zu vier Meter lang wurde. Er hatte vier kräftige Beine und lebte im Brackwasser. Die Schnauze war langgestreckt mit weit oben liegenden Nasenlöchern und Augen. Der kräftige Schwanz diente zur Fortbewegung. *Ambulocetus* ernährte sich von Wassertieren des Uferbereiches.

Vor 45 Millionen Jahren lebten Arten, die deutlich stärker an das Leben im Wasser angepasst sind. *Rodhocetus* war hochseetüchtig. Der Rumpf war stromlinienförmig und hatte eine bewegliche Wirbelsäule. Zwischen Handknochen und Fußknochen war eine Schwimmhaut gespannt. An Land bewegte er sich eher schwerfällig.

Dorudon war ein Wal mit kleinen Hinterbeinen. Heute kennt man Fossilien von etwa tausend Arten, die in der Mehrzahl verschwunden sind, aber deren etwa 80 Nachfolger heute (noch) alle Ozeane bevölkern.

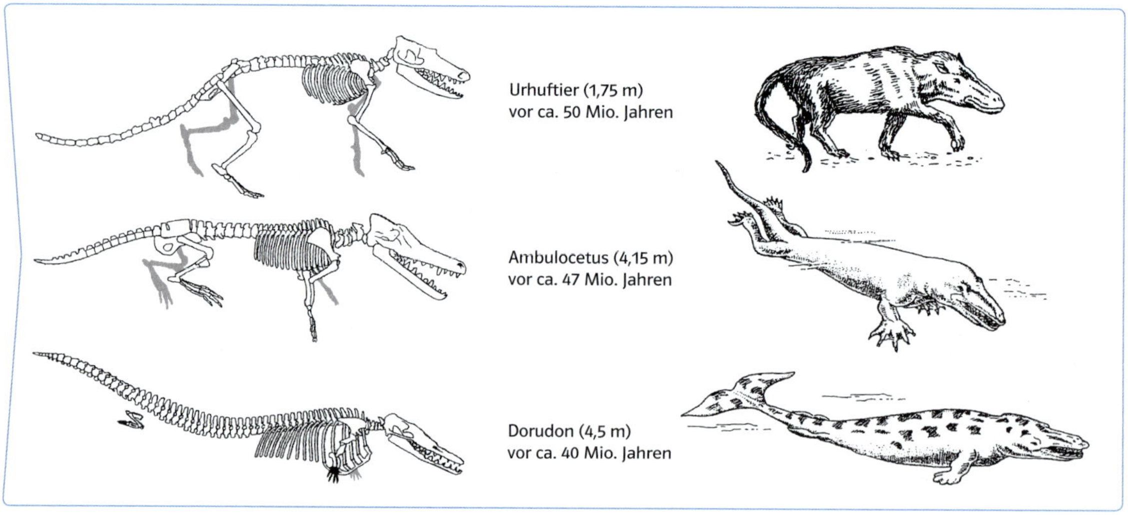

Abb. 214: Evolution der Wale durch additive Typogenese

Koevolution

Neben der Konkurrenz haben **Zusammenspiel**, **Symbiose** (➔ S. 268 ff.) und das **Prinzip der Gegenseitigkeit** die Entwicklung des Lebens geprägt: Tierzellen und Pflanzenzellen entstanden durch Symbiosen von Archaeen und Bakterien (➔ S. 240). Tiere und Pflanzen können nur zusammen leben und konnten nur gemeinsam entstehen. Viele sind in ferner Vergangenheit enge Verbindungen mit Lebewesen anderer Arten eingegangen. Koevolution findet statt, wenn sich zwei Arten in enger Abhängigkeit voneinander entwickeln und sich in Bau und Lebensweise aneinander anpassen und ergänzen: **Koadaptation**. Die gemeinsame Evolution verschiedener Gruppen von Lebewesen ist sehr bedeutsam für jede Lebensgemeinschaft und beinahe jedes Lebewesen.

„Das Leben eroberte den Erdball nicht durch Kampf, sondern durch Vernetzung."
Lynn Margulis

Oft kommt es zur **Koevolution ganzer Tierklassen und Pflanzenklassen**. Dabei verändert eine Gruppe einen Lebensraum und gibt einer anderen Gruppe neue Lebensmöglichkeiten; diese wiederum ermöglicht die Radiation der ersten Gruppe.

Als vor 150 Mio. Jahren die Blütenpflanzen entstanden, trat die Evolution der Insekten in eine explosive Phase ein. Die Zusammenarbeit ermöglichte die Radiation beider Gruppen, die heute die artenreichsten Tierklassen und Pflanzenklassen sind. Einige Arten spezialisierten und perfektionierten die Symbiose zwischen Blüte und Bestäuber.
Pflanzen entwickelten Mechanismen, die nur eine oder wenige Arten zu ihren Blüten gelangen lassen und Konkurrenten fernhalten.
Im Gegenzug passten sich die Insekten in Körperbau und Verhalten „ihren" Arten an. Die Rhythmen der Blütezeit und der Brutbiologie wurden synchronisiert.

Die Entwicklung der Gräser ermöglichte die Radiation der Huftiere, die durch Abweiden und Niedertreten hoher Vegetation wiederum die Evolution der Gräser förderten. Parallel zur Evolution der Wirbeltiere erfolgte eine spektakuläre Radiation parasitischer Würmer.

Es gibt auch viele Formen **antagonistischer Koevolution**. So können Räuber-Beute-Beziehungen im „evolutionären Wettrüsten" gipfeln: Die Beuteorganismen intensivieren fortlaufend ihre Verteidigungsmöglichkeiten und -strategien, der Räuber verbessert seine Jagdmethoden. Extreme Spezialisierungen auf ihren Wirtsorganismus findet man bei Parasiten (➔ S. 271). Auch zwischen Parasiten und ihren Wirten kann es zu Wettrüsten kommen, oft aber passen sich Parasiten und ihre Wirte durch Koevolution einander so weit an, dass sich ein Gleichgewicht ausbildet, bei dem der Parasit profitiert, ohne den Wirt mehr als nötig zu schädigen oder ihn gar zu vernichten.

„In einem Ökosystem ist Evolution nicht auf die Anpassung der Organismen an ihre Umwelt beschränkt, denn diese Umwelt ist ja selber ein Gewebe von Lebewesen, die kreativ und anpassungsfähig sind. Wer passt sich also an wen an? Alle an alle. Und das ist Koevolution."
Fritjof Capra

Evolutionsbiologie

Die Evolutionsbiologie beschreibt und erklärt die **Entstehung der Vielfalt** des Lebendigen. Formenvielfalt und Angepasstheit der Lebewesen sind das Ergebnis stammesgeschichtlicher Entwicklungsprozesse.

Die Evolutionstheorie ist eine **bewährte Theorie**, die das ganze Gebäude der Biologie zusammenhält, von den Molekülen bis zu den Menschen. In jedem Zweig der Biologie gibt es Erscheinungen, die nur durch die Evolution befriedigend erklärt werden können. Die Belege für die Evolution sind so umfassend, dass man sie heute als erwiesene Tatsache betrachtet.

Ein wichtiger Beleg für die Verwandtschaft von Lebewesen ist die **Homologie**. Sie beschreibt die grundlegende Übereinstimmung von Organen, Körperstrukturen, Molekülen oder Verhaltensweisen zweier Lebewesen oder Gruppen von Lebewesen. Homologe Merkmale gehen auf Merkmale des gemeinsamen Vorfahren zurück. Der Grundbauplan – dieser beschreibt die wesentlichen Strukturen eines Lebewesens – stimmt bei Angehörigen einer systematischen Gruppe überein.

Während die Homologie eine auf gemeinsamer Abstammung beruhende Ähnlichkeit ist, beruht die Ähnlichkeit bei **Analogie** auf gleicher Funktion. Homologiekriterien ermöglichen eine Unterscheidung zwischen beiden.

Die **Paläontologie** liefert Dokumente für die Stammesgeschichte. Fossilien sind Spuren von Lebewesen der geologischen Vergangenheit. Sie lassen sich mit Methoden der relativen und der absoluten Datierung zeitlich einordnen und zeigen, wie die Pflanzengruppen und Tiergruppen nacheinander auftraten. Auch „Lebende Fossilien" dokumentieren die Verwandtschaft verschiedener Pflanzengruppen und Tiergruppen. Übergangsformen oder Mosaikformen zeigen Merkmale zweier biologischer Gruppen. Sie geben Hinweise darauf, wie eine systematische Gruppe aus einer anderen hervorging.

Protein- und DNA-Analysen leisten einen wichtigen Beitrag zur Erstellung von Stammbäumen. Der Bau der DNA ist – wie viele Stoffwechselreaktionen – allen Lebewesen gemeinsam. Die Ähnlichkeit der Nukleotidsequenzen ist ein Maß für die Verwandtschaft der Lebewesen.

In der **Keimesentwicklung** werden oft Organe angelegt, die im ausgewachsenen Organismus fehlen. Oft macht die Keimesentwicklung Umwege, die aus der Stammesentwicklung erklärbar sind. Hox-Gene, die Hauptschalter für die Realisierung der Baupläne, kommen in allen bisher untersuchten vielzelligen Tieren vor.

Direkte **Evolutionsbeweise** zeigen, dass Evolution unmittelbarer Beobachtung und Messung zugänglich ist.

Der Evolutionsgedanke hat eine lange Entwicklung durchgemacht. Jean Baptiste de Lamarck schlug das Konzept des Artenwandels vor, Charles Darwin verhalf dem Evolutionsgedanken zum Durchbruch. Die moderne Evolutionsbiologie basiert auf Darwins **Selektionstheorie**.

Die **synthetische Theorie der Evolution** ergänzte Darwins Evolutionstheorie durch Erkenntnisse aus diversen Teildisziplinen der Biologie wie der Genetik, Biochemie, Morphologie und Anatomie, der Ökologie, Paläontologie, Verhaltensbiologie und Entwicklungsbiologie. Die Systemtheorie der Evolution berücksichtigt zusätzlich die gegenseitige Beeinflussung von Strukturen und Funktionen in einem Organismus.

Evolution kann als **Veränderung von Allelfrequenzen in einer Population** definiert werden. Evolution wird als zweistufiger Prozess gesehen:

- Im ersten Schritt erhöhen Mutation und Rekombination die Vielfalt an Genen und Phänen;
- im zweiten Schritt wird die Variation durch Selektion und Gen-Drift vermindert. Dabei ist die Selektion der orientierende Faktor. Durch das Wechselspiel von Zufall und Auslese wird im Genpool einer Art eine Fülle genetischer Information über die Umwelt angesammelt und gespeichert.

Neue Gene entstehen durch **Mutation**. Von besonderer Bedeutung für die Evolution sind Veränderungen von Aktivitätsmustern der Gene. Hauptquelle der Variation ist die Rekombination bei der sexuellen Fortpflanzung. Durch die Rekombination entstehen in jeder Generation neue Eigenschaftsmuster.

Selektion beruht darauf, dass Individuen einer Population unterschiedlichen Fortpflanzungserfolg – unterschiedliche Fitness – haben. Über Generationen führt dieser Vorgang der Selektion zur Veränderung der Angepasstheit. Umweltbedingungen, die auf die Fitness der Individuen einwirken, sind Selektionsfaktoren.

Isolation ist eine Triebfeder für die Entstehung neuer Arten: Geografische Isolation ist die räumliche Trennung von Populationen einer Art, ökologische Isolation ist die Besetzung verschiedener ökologischer Nischen. Entscheidend ist die Fortpflanzungsisolation, die Unterbindung des Genaustauschs zwischen Populationen einer Ursprungsart, die zur Bildung von zwei neuen Arten führt. Zur adapativen Radiation kommt es, wenn sich die Nachkommenschaft einer Art durch Einnischung auffächert.

Neue Grundmuster von Lebewesen entstehen durch schrittweise Abwandlungen vorhandener Merkmale: **additive Typogenese**. Auch kompliziert zusammenwirkende Strukturen bilden sich durch Addition sehr kleiner Evolutionsschritte aus, von denen jeder einzelne die Fitness des Organismus in seinem Lebensraum erhöht.

Neben der Konkurrenz ist **Kooperation** ein entscheidender Motor des Evolutionsgeschehens. Jede evolutionäre Veränderung einer Art wirkt sich auf andere Arten des Ökosystems aus. Koevolution verschiedener Arten oder ganzer Pflanzengruppen und Tiergruppen kann völlig neue Lebensmöglichkeiten erzeugen.

AUF EINEN BLICK

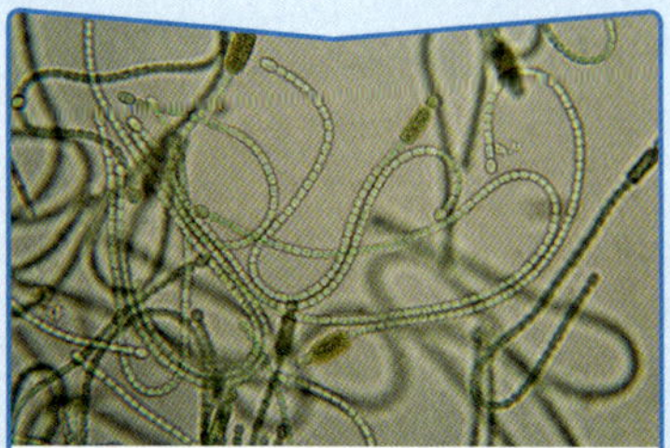

Das Leben auf der Erde entstand vor etwa 3,5 Mrd. Jahren, vermutlich an Hydrothermalquellen der **Tiefsee**.

Die Evolution fotosynthetisch aktiver Cyanobakterien veränderte Ozeane und Atmosphäre durch die **Anreicherung molekularen Sauerstoffs**.

Entstehung des Lebens

Vor etwa 1,4 Mrd. Jahren schlossen sich verschiedene Prokaryontenzellen zur **Eukaryontenzelle** zusammen.

Im **Karbon** gingen die ersten Wirbeltiere an Land. Durch additive Typogenese entstanden die **Tetrapoden**.

Stammesgeschichte der Wirbeltiere

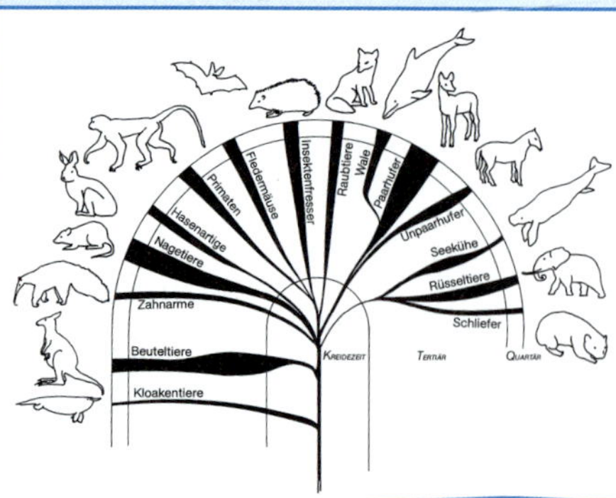

Nach dem Verschwinden der Saurier entfalteten sich die **Säugetiere**.

Primaten sind an das **Leben auf Bäumen** angepasst.

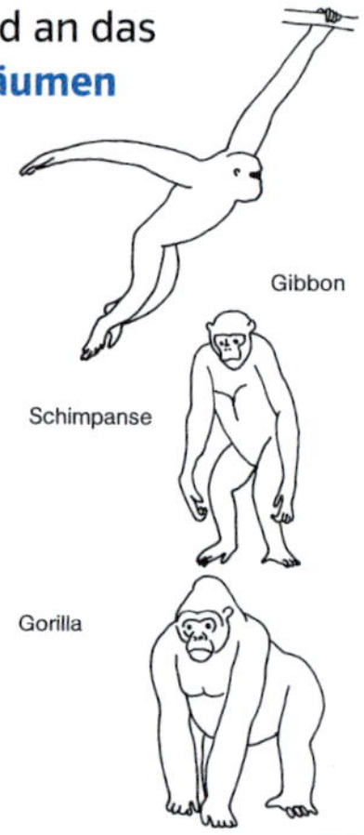

Primaten

Viele Besonderheiten des Menschen sind **Präadaptationen**, die im Zusammenhang mit dem Leben auf Bäumen entstanden.

Alle Vormenschen bewegten sich **aufrecht auf zwei Beinen**: Der aufrechte Gang ist das erste spezifisch menschliche Schlüsselmerkmal.

Eine **Werkzeugkultur** zeigt vorausschauendes Planen an. Sie gilt als Kriterium für die Zuordnung zur **Gattung *Homo*** – also zu den Menschen.

Der moderne Mensch (*Homo sapiens*) entwickelte sich in **Afrika**. Die ältesten Funde sind 300 000 Jahre alt.

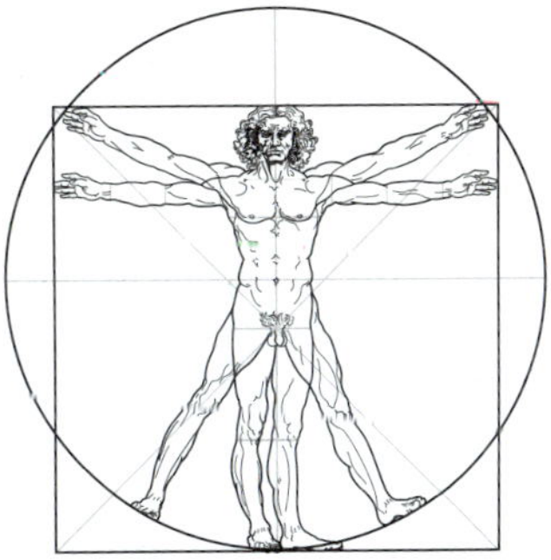

Vormenschen

Frühmenschen

Jetztmenschen

***Australopithecus*-Arten** waren auf zwei Beinen gehende Primaten mit kleinem Gehirn. Sie lebten in Afrika.

Frühmenschen lebten als Sammler und Jäger; sie nutzten das Feuer. Die **Neandertaler** sind die Bewohner Europas während der letzten Eiszeit.

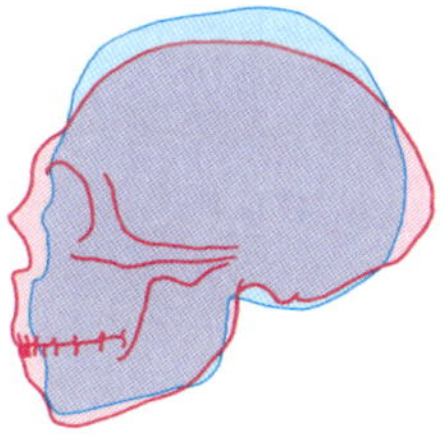

Kunst und Musik kennen die Menschen seit 40 000 Jahren. Die ältesten **Kunstwerke und Musikinstrumente** stammen von der Schwäbischen Alb.

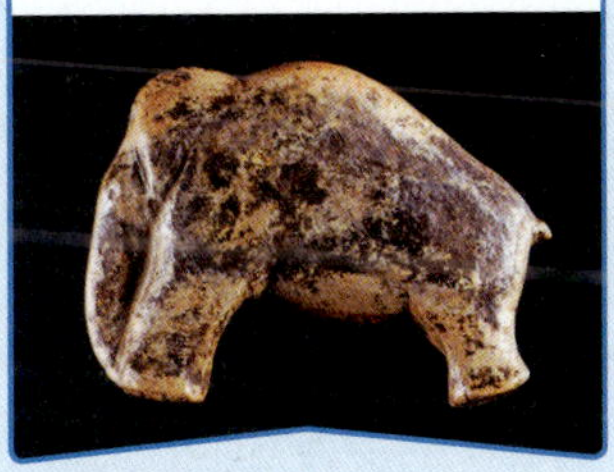

8 Stammesgeschichte

- Vor dreieinhalb bis vier Milliarden Jahren begann das Leben auf der Erde.
- Ursprungsorte des Lebens waren wahrscheinlich hydrothermale Quellen der Tiefsee.
- Erste Lebensformen waren die einfachen Zellen der Archaebakterien.
- Durch Fotosynthese bildete sich eine sauerstoffhaltige Atmosphäre.
- Die Eukaryontenzelle entstand durch mehrere Endosymbiosen.
- Landtiere entwickelten sich schrittweise aus Wasserbewohnern.
- Katastrophale Aussterbeereignisse beeinflussen den Verlauf der Evolution.
- Reptilien haben beschalte Eier mit einer Amnionhöhle. Sie können sich auf dem Festland fortpflanzen.
- Säugetiere kauen ihre Nahrung, haben ein Haarkleid und säugen ihre Jungen.
- Primaten sind auf das Leben in Bäumen spezialisierte Säugetiere.
- Greifhände, Farbensehen und räumliches Sehen sind unser Erbe von baumlebenden Primaten.
- Menschwerdung geschah durch additive Typogenese innerhalb von etwa sieben Millionen Jahren.
- Der aufrechte Gang ist das erste Schlüsselmerkmal der Menschwerdung.
- Das große Gehirn entstand erst spät in der Menschheitsgeschichte.
- Über viele Millionen Jahre lebten in Afrika mehrere Arten von Vormenschen und Menschen nebeneinander.
- Menschen unterscheiden sich von anderen Primaten vor allem dadurch, dass sie unabhängig von konkreten Situationen für zukünftige Ereignisse vorsorgen und die Welt nach ihren Bedürfnissen gestalten.
- Der aus Afrika kommende *Homo sapiens* löste in Europa den Neandertaler ab. Die ältesten Funde stammen aus Marokko und Äthiopien.
- Alle heute lebenden Menschen gehören zur Art *Homo sapiens* und sind eng verwandt.
- Vor etwa 40 000 Jahren wurde die biologische Evolution des Menschen durch die kulturelle Evolution abgelöst. Die Menschen kannten Kunst und Musik. Zu den ältesten Kunstwerken der Menschheit gehören die Skulpturen aus den Höhlen der Schwäbischen Alb.

KURZINFO

8.1 Entstehung des Lebens

Chemische Evolution

Unser Wissen über die **Entstehung des Lebens** ist gering. Die wenigen fossilen Dokumente müssen durch hypothetische Überlegungen und Simulationsexperimente so miteinander verknüpft werden, dass eine in sich logische Entstehungsgeschichte geschrieben werden kann. Die Entstehung der ersten organischen Verbindungen nennt man **chemische Evolution**.

Chemische Evolution ist die Bildung erster organischer Moleküle in der Erdgeschichte.

Zur Frage, wo und wie das Leben begann, werden mehrere Hypothesen diskutiert:

- Die Versuche von Urey und Miller (Abb. 215) in den 1950er Jahren führten zur Vermutung, dass das Leben im Ozean, in einer „**Ursuppe**" entstand: In einer Uratmosphäre aus Wasserdampf, Wasserstoff und Kohlenmonoxid bildeten sich demnach bei hoher Temperatur, ungefilterter UV-Strahlung und heftigen Gewittern eine Reihe organischer Verbindungen, darunter Aminosäuren, Purine und Zucker. Heute weiß man, dass die Atmosphäre anders zusammengesetzt war, auch reagieren organische Moleküle, die im Ozean verteilt sind, nicht zu Kettenmolekülen.
- An den **schwarzen Rauchern der Tiefsee** lebt heute eine vielfältige Fauna. Die Lebensgemeinschaft nutzt die Oxidation von Schwefelwasserstoff, um durch Chemosynthese Primärproduktion zu ermöglichen. Archaeen bilden die Basis für eine reiche Lebensgemeinschaft. Manche Wissenschaftler suchen hier den Ort für die Entstehung erster Lebewesen.
- Heute wird eine Entstehung des Lebens an **Tiefsee-Hydrothermalquellen** des Typs „Lost City" diskutiert. Dort gibt es Schlote, die wasserstoffreiches warmes Wasser aus dem Erdinneren nach oben befördern. Die chemischen Bedingungen dort sind für die Umwandlung von CO_2 in organische Substanzen – die Bausteine des Lebens – förderlich. Im porösen Gestein konnten organische Stoffe konzentriert werden, die für die Bildung von Nukleinbasen notwendig sind.

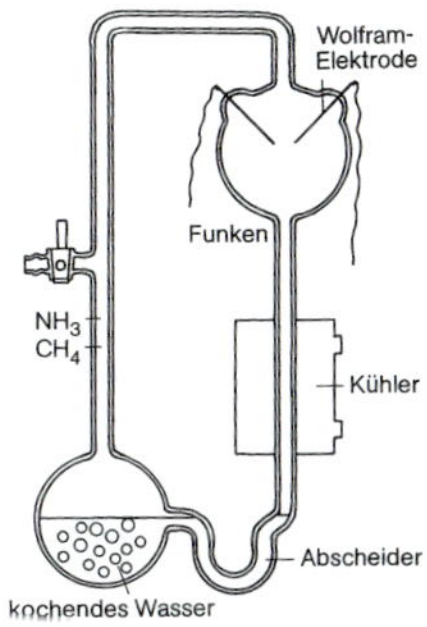

Abb. 215: Aufbau des Experiments von Urey und Miller. Durch elektrische Entladungen konnten organische Moleküle aus anorganischen Ausgangsstoffen erzeugt werden.

Die ältesten bekannten Fossilien sind 3,9 Mrd. Jahre alt. Erste Lebensformen waren einzellig, sie ähneln heutigen Stäbchen-Bakterien. Archaeen (Archaebakterien) sind Modelle der ersten Lebewesen.

Archaeen unterscheiden sich von Bakterien durch den Ablauf der DNA-Replikation und den Bau von Zellwand und Zellmembran.

Früher Stoffwechsel

Vor 3 Mrd. Jahren nutzten erste Lebewesen die Sonne als Energiequelle zur **Fotosynthese**. Elektronenquelle war – wie heute bei den Roten Schwefelbakterien – nicht Wasser, sondern Schwefelwasserstoff. Frühe Organismen oxidierten mit Hilfe des Sonnenlichtes Schwefelwasserstoff (H_2S) zu Schwefel. Dabei gewannen sie Wasserstoff, den sie zur Reduktion von Kohlenstoffdioxid und zum Aufbau von Kohlenhydraten nutzen.

Cyanobakterien sind die ersten Lebewesen, die bei der Fotosynthese molekularen Sauerstoff herstellen und abgeben.

Vor 2,5 Mrd. Jahren erschienen **Cyanobakterien** („Blaualgen"), die Wasserstoff aus der Photolyse des Wassers gewannen. Abfallprodukt war Sauerstoff (O_2). Das Auftreten von **Sauerstoff** im Wasser und in der Atmosphäre leitete eine tiefgreifende Umwälzung in der Geschichte des Lebens ein: Die meisten Organismen dürften damals ausgestorben sein, sie wurden vom Sauerstoff vergiftet. Einige anaerobe Bakterien (z. B. *Clostridium*) überdauern in sauerstofffreien Lebensräumen bis heute. Anderen gelang es, sich an eine sauerstoffhaltige Umgebung anzupassen. Sie entwickelten die Atmung.

Evolution der Zelle und der Vielzeller

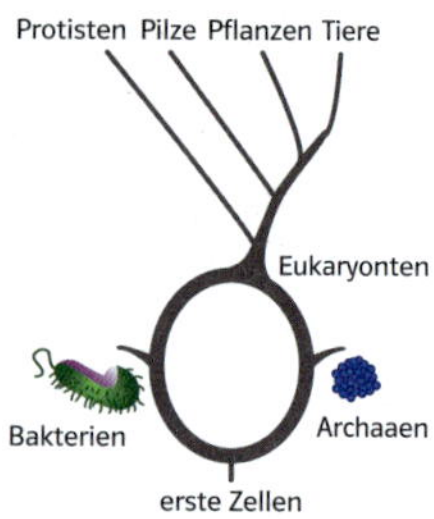

Abb. 216: Eukaryonten entstanden durch Zusammenschluss von Archaeen und Bakterienzellen.

Rund zwei Milliarden Jahre lang lebten nur Archaeen und Bakterien auf der Erde. Bakterien sind bis heute von ihrer Zahl und ihrer Verbreitung her die erfolgreichsten Organismen der Erde. Vor etwa 1,4 Milliarden Jahren entstand die Eucyte durch Zusammenschluss mehrerer Prokaryontenzellen (Endosymbiontenhypothese → S. 18).

Prokaryonten sind ausnahmslos einzellige Lebewesen. Zwei der drei großen Domänen der Organismen weisen den prokaryotischen Zelltyp auf: Die Archaeen und die Bakterien. Prokaryonten sind in Bezug auf Ernährung und Stoffwechsel extrem vielfältig.

Die dritte Domäne der Organismen sind die Eukaryonten (Eukaryoten). Ihre Zellen sind in zahlreiche Kompartimente unterteilt, sie haben einen durch Membranen abgegrenzten Zellkern. Zu den Eukaryonten gehören neben einer Fülle einzelliger Formen auch alle vielzelligen Organismen.

Mehrmals im Laufe der Evolution haben sich vielzellige Lebewesen aus Einzellern entwickelt. Offensichtlich hat der vielzellige Aufbau in vielen Lebensräumen Selektionsvorteile: Die Größe nimmt zu und es gibt Arbeitsteilung zwischen verschiedenen Zelltypen, die eine Vielfalt von Formen und Bewegungsweisen ermöglicht.

Die **Eukaryonten** werden traditionell in vier Reiche eingeteilt:

- Einzellige Eukaryonten bilden das Reich der **Protisten**; dazu zählen grüne, fotosynthetisch aktive und nicht grüne, sich heterotroph ernährende Einzeller.
- **Pflanzen** sind Vielzeller, die sich autotroph, durch Fotosynthese, ernähren. Zu den Pflanzen zählen die Moose und die Gefäßpflanzen.
- **Pilze** ernähren sich heterotroph, überwiegend als Saprophyten (Fäulnisbewohner) und Parasiten, ihre Zellen haben Zellwände.
- Auch **Tiere** leben heterotroph von anderen Organismen, sie haben keine Zellwände.

8.2 Stammesgeschichte der Wirbeltiere

Besiedelung des Festlandes

Pflanzen und alle Tierstämme haben ihren Ursprung im Wasser. Das Festland blieb lange unbewohnbar. Erst als der Sauerstoffanteil in der Ozonschicht hoch genug war, wurde genügend UV-Strahlung absorbiert, um Leben an Land zu ermöglichen.

Im Erdaltertum besiedelten erst Pilze und Pflanzen, später Tiere das Festland.

Besonders gut lässt sich die Evolution landlebender Formen am Stamm der Wirbeltiere verfolgen:

- Früh im Erdaltertum traten die **Fische** auf,
- die **Amphibien** (Lurche) entwickelten sich aus Fischen mit einfachen Lungen und muskulösen Flossen,
- **Reptilien** (Kriechtiere, z. B. Saurier, Krokodile) kennen wir aus dem Karbon, sie dominierten im Erdmittelalter.
- **Säugetiere** und Vögel traten im Erdmittelalter auf und verbreiteten sich stark in der Erdneuzeit;
- der **Mensch** erscheint im Quartär, spät in der Erdneuzeit.

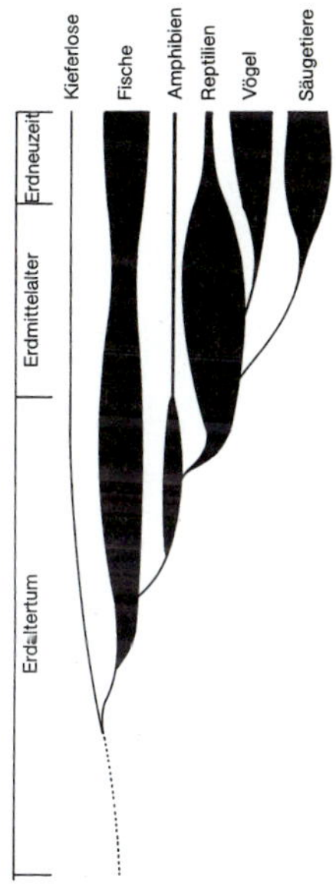

Abb. 217: Stammbaum der Wirbeltiere

Fossilfunde belegen nicht nur, dass die Wirbeltierklassen nacheinander auftraten, sondern auch, dass sie auseinander hervorgingen. Fossile Übergangsformen (→ S. 208) demonstrieren Schritt für Schritt, wie die Anpassungen an das Leben auf dem trockenen Land erworben wurden.

Präadaptionen

Unter einer **Präadaptation** (Präadaption) oder Prädisposition versteht man das Vorhandensein von Merkmalen, die sich bei einer späteren Veränderung der Umweltbedingungen als Selektionsvorteil erweisen.

Präadaptationen sind keine Vorausanpassungen an zukünftig zu bildende Nischen. Sie entstehen vielmehr als Anpassungen an die konkrete Situation, durch aktuelle Selektionsfaktoren. Erst im Rückblick kann man feststellen, dass diese Anpassungen das Potenzial hatten, im neuen Lebensraum neue Aufgaben zu übernehmen.

Eine Präadaptation kann auch deshalb vorhanden sein, weil viele Merkmale verschiedene Funktionen haben: So trug eine Gruppe der Dinosaurier schon vor der Entwicklung des Vogelflugs Federn. Die ersten Federn stellten Signale bei der Partnersuche dar, später diente das Federkleid auch der Wärmeisolierung. Mit der Evolution des Flügels ermöglichten die Federn zusätzlich das Fliegen.

Abb. 218: Brückentiere wie Tiktaalik vereinen Merkmale von Fischen und Tetrapoden.

Beim Übergang vom Wasserleben zum Landleben durchliefen die Wirbeltiere eine Phase, während der sie sich in beiden Lebensräumen aufhalten konnten. Der Übergang erfolgte durch **additive Typogenese** (→ S. 231): Schritt für Schritt wurden die für das Landleben wichtigen Funktionen intensiviert und die dafür gebrauchten Organe abgewandelt. Zwischen den Fischen und den landlebenden Vierbeinern (**Tetrapoden**) gibt es eine Reihe fossiler Zwischenglieder, so dass der Übergang lückenlos dokumentiert ist.

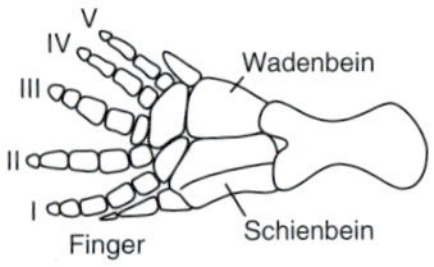

Abb. 219: Das Bein- und Fußskelett von *Ichthyostega* lässt die fünffingerige Extremität erkennen.

Ichthyostega, ein Amphib aus dem Devon Grönlands, hat einen walzenförmigen Körper mit fischähnlichem Schwanz; die schmale Rückenflosse, der schwere abgeflachte Schädel und Reste von Kiemendeckelknochen erinnern an die Fisch-Vorfahren. Die vier stummelförmigen, seitwärts abgespreizten Beine konnten den Körper vorwärts schieben, jedes Bein hatte fünf Finger (Abb. 219); das Tier atmete durch Haut und Lungen.

Amphibien können sich zwar an Land bewegen, sind aber auf feuchte Lebensräume angewiesen: Ihre Haut darf nicht austrocknen, die Eier werden im Wasser befruchtet; im Wasser wachsen auch die Larven auf.

Die **Reptilien** haben die Besiedlung des Festlandes bewältigt. Ihre Schlüsselmerkmale sind die schuppige Haut, die sie vor dem Vertrocknen schützt, die innere Befruchtung und das **amniotische Ei**, das auch für die Vögel charakteristisch ist: Die Schale ist durchlässig für Atemgase; der Embryo liegt geschützt in der flüssigkeitsgefüllten Amnionhöhle, die ihm den Tümpel ersetzt.

Katastrophen

Immer wieder in der Erdgeschichte kam es zu katastrophalen Umwälzungen, die einen großen Teil der Pflanzenwelt und der Tierwelt auslöschten. Einige dieser Katastrophen gingen von den Lebewesen selbst aus, wie das Auftreten des Sauerstoffs in der Erdatmosphäre, der für die meisten der damals existierenden Lebewesen ein tödliches Gift war.
Andere kamen aus dem Weltraum, wie der gewaltige Meteorit, der mit seinem Einschlag das Ende des Erdmittelalters einleitete und einen großen Teil der Organismen, darunter die Saurier, auslöschte.
Jede Katastrophe war auch eine Chance: So ermöglichte erst das Verschwinden der Dinosaurier die Radiation der Säugetiere.

Erscheinen der Säugetiere

Die Schlüsselmerkmale der Säugetiere sind nur im Zusammenhang zu verstehen: Das **Haarkleid** steht in enger Verbindung mit der Temperaturregulation, das Aufrechterhalten der **Körpertemperatur** erfordert ein gutes Verwerten der Nahrung und damit ein Gebiss, das die Nahrung gründlich aufbereitet. **Kauen** wird durch einen einheitlichen Unterkieferknochen und Mahlzähne möglich. Eine intensive Atmung wird durch das sekundäre Gaumendach und das Zwerchfell ermöglicht. Die gleichmäßige Körpertemperatur und der wirkungsvolle Sauerstofftransport durch einen doppelten Blutkreislauf und kernlose rote Blutzellen ermöglichen wiederum die Entwicklung eines hoch differenzierten **Gehirns**.

Die **Radiation der Säugetiere** begann vor 100 bis 75 Millionen Jahren, sie beschleunigte sich nach dem Untergang der Dinosaurier. Heute leben etwa 4500 Säugetierarten, die in drei Unterklassen eingeordnet werden:

- Die eierlegenden **Kloakentiere** haben sich früh von den eigentlichen Säugern getrennt. Heute leben noch Schnabeltier (Abb. 198 → S. 209) und Schnabeligel.
- Die **Beuteltiere** verdanken ihren Namen der Tatsache, dass die unreif geborenen Jungen in einem Beutel auf der Bauchseite der Weibchen beherbergt und genährt werden. Charakteristische Vertreter sind Känguru und Koala. Die Abspaltung Australiens von der Antarktis vor rund 40 Millionen Jahren bewahrte sie dort lange Zeit vor der Konkurrenz mit den Plazentatieren.
- Die **Plazentatiere** haben eine leistungsfähige Ernährungsverbindung zwischen Mutter und Embryo, die Plazenta (Mutterkuchen), ausgebildet. Die Jungen werden in einem fortgeschrittenen Stadium geboren. Zu den Plazentatieren gehören weitaus die meisten Säugetiere, darunter auch die Primaten.

Abb. 220: *Cynognathus*, ein räuberisch lebendes Tier von der Größe eines Wolfes, ist eine Mosaikform zwischen Reptilien und Säugetieren. Seine Zähne unterscheiden sich in Schneidezähne, Eckzähne und Backenzähne. *Cynognathus* hat also seine Beute zerschnitten und gekaut wie moderne Raubtiere.

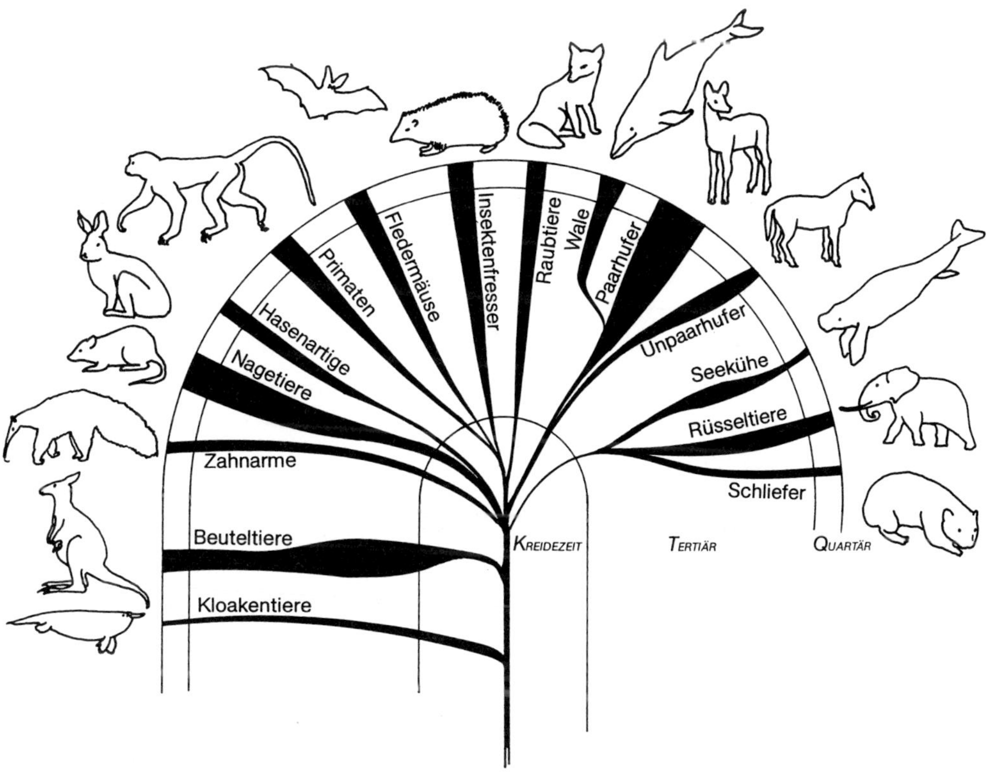

Abb. 221: Radiation der Säugetiere

8.3 Evolution des Menschen

Das Erbe der Primaten

Die Primaten – das ist die Säugetierordnung, zu der neben den Halbaffen und Affen auch der Mensch gezählt wird – passte sich fortschreitend an das Leben auf Bäumen an. Ihre Großnische ist der Wald.

Abb. 222: Spitzhörnchen (*Tupaia*)

Wie die Anpassung an das Leben auf den Bäumen Schritt für Schritt vor sich ging, kann modellhaft an einigen heute lebenden Arten gezeigt werden:

- **Spitzhörnchen** (*Tupaia*, Abb. 222) sind wohl die nächsten Verwandten der Primaten. Sie beleuchten, wie die Vorfahren der Primaten zu Beginn des Tertiärs aussahen: Ihre Hände haben lange, bekrallte Finger. Die Großzehe kann abgespreizt, aber nicht gegenübergestellt werden. Gehirn und Augen sind relativ groß. Wichtigste Sinnesmodalität ist der Geruchssinn.
- Lemuren, die **Halbaffen** Madagaskars, haben Tasthaare, einen feuchten Nasenspiegel und nach vorne gerichtete Augen. Das binokulare Sehen erleichtert das Abschätzen von Entfernungen und damit das Springen von Ast zu Ast. Mit Händen und Füßen ergreifen sie Äste, die sie mit gegenständigen (opponierbaren) Daumen und Großzehen umklammern. Finger und Zehen tragen überwiegend flache Nägel.
- **Affen** sind Augentiere, die anderen Sinne treten gegenüber dem Gesichtssinn zurück. Die Gesichtsfelder beider Augen überschneiden sich. Die Finger werden zum Ergreifen und Untersuchen von Gegenständen benutzt. Die Koordination zwischen Augen und Hand ist sehr fein und genau. Der Gesichtsschädel liegt weitgehend unter dem Gehirnschädel. Die Großhirnrinde ist ausgedehnt, damit verbunden ist eine gute Lernfähigkeit. Makaken, Paviane und Meerkatzen gehören zu den **Altweltaffen**. Die etwas kleineren **Neuweltaffen** leben von Mexiko bis Argentinien. Ihre Daumen sind den übrigen Fingern nicht opponierbar. Viele Arten haben einen Klammerschwanz.
- Orang-Utan, Gorilla, Schimpanse und Bonobo sind **Menschenaffen**, zusammen mit dem Menschen bilden sie die Familie der Hominiden (Früher stellte man die Menschenaffen als *Pongidae* den Menschen als *Hominidae* gegenüber und bezeichnete beide zusammen als *Hominoidae*). Menschenaffen sind große Primaten. In den Bäumen schwingen sie sich von Ast zu Ast, man nennt diese Art der Fortbewegung **Schwinghangeln** (Abb. 223 oben). Ihre Arme sind lang; ein Schwanz fehlt. Auf dem Erdboden gehen Gibbons und Orang-Utan auf zwei Beinen (biped), Gorillas und Schimpansen meist auf allen Vieren; die Hände stützen sie mit den Fingerknöcheln auf (Knöchelgang, Abb. 223 unten). Die durch das Leben in Bäumen erworbenen Fähigkeiten erschließen ihnen neue Möglichkeiten.

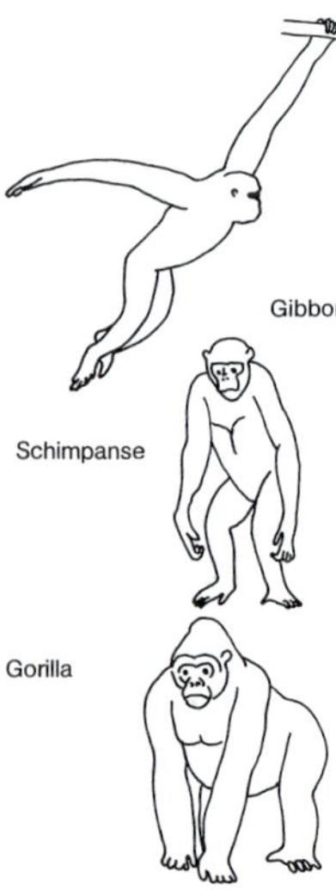

Abb. 223: Unterschiedliche Bewegungsweisen bei Menschenaffen:
- Gibbon schwinghangelnd,
- Schimpanse
- biped,
- Gorilla
- im Knöchelgang

Halbaffen	Affen		
	Neuweltaffen	Altweltaffen	
			Menschenartige
z. B. Lemuren	*Kapuzineraffen*	*Meerkatzen*	*Gibbons, Menschenaffen (inkl. Mensch)*

Tab. 7: Vereinfachtes System der Primaten

Viele der Veränderungen, die bei den Primaten im Verlauf des Tertiärs auftraten können als **Präadaptationen** (→ S. 241) für die Evolution des Menschen aufgefasst werden:

- die Zunahme der Körpergröße;
- das binokulare Gesichtsfeld durch die nach vorne gerichtete Augenstellung ermöglicht das Abschätzen von Entfernungen, eine Raumtiefen- und Gestaltwahrnehmung;
- die Entwicklung der Farbwahrnehmung;
- die Greifhand, die sich schrittweise über den abspreizbaren Daumen, den opponierbaren Daumen zum Präzisionsgriff entwickelte;
- das Verwenden der Hände zur Nahrungsaufnahme;
- die Entwicklung eines Kehlkopfs mit Stimmbändern;
- die Vergrößerung des Gehirns.

Mensch und Schimpanse

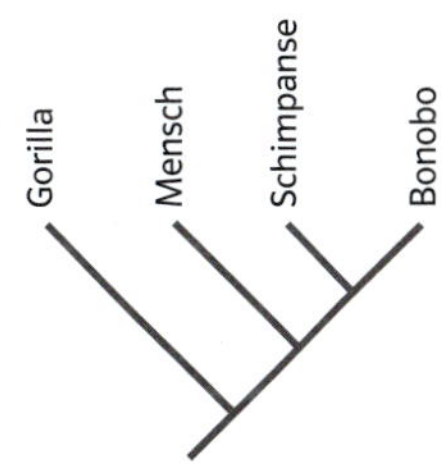

Abb. 224: Stammbaum der Hominiden

Vergleichende Untersuchungen zeigen, dass Schimpanse und Mensch näher verwandt sind als Schimpanse und Gorilla (Abb. 224). So zeigen die Ergebnisse der **DNA-Hybridisierung** (→ S. 203 f., Tab. 5) die enge Verwandtschaft der beiden Arten Mensch und Schimpanse. Das Erbgut des Menschen unterscheidet sich von dem des Schimpansen nur in 13 von 1000 Basen der DNA. Übereinstimmungen zeigt auch der Vergleich der **Karyogramme**: 44 der 46 Chromosomen des Menschen sind in Form und Größe mit denen des Schimpansen identisch und weisen ein weitgehend übereinstimmendes Bandenmuster auf.

Auch in der **Anatomie** der beiden Arten gibt es große Übereinstimmungen, aber auch einige Unterschiede:

Das **Hinterhauptsloch**, das *Foramen magnum*, verbindet die Schädelhöhle mit dem Wirbelkanal. Hier gehen Rückenmark und Gehirn ineinander über. Beim Menschen liegt das Hinterhauptsloch in der Mitte der Schädelbasis, so dass sich der Schädel bei aufrechter Haltung in einer günstigen Schwerpunktlage befindet. Der Gesichtsschädel liegt weitgehend unter dem großen Gehirnschädel, dessen Volumen etwa 1450 cm^3 groß ist. Die Stirn ragt fast senkrecht nach oben. Der Schimpansenschädel zeigt eine deutliche Schnauze. Das Hinterhauptsloch

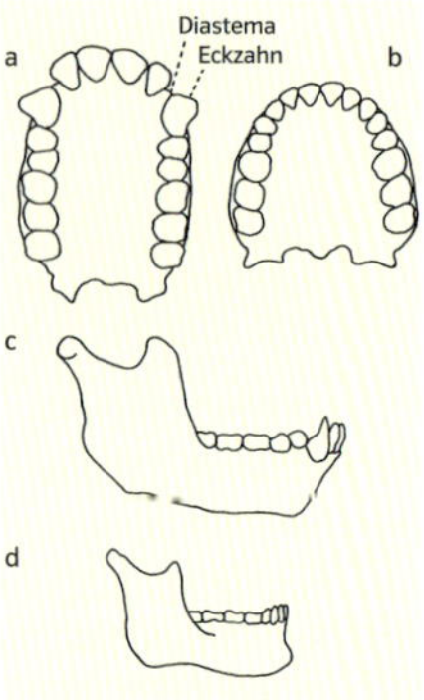

Abb. 225: Kieferform und Bezahnung von Hominiden:
a und c: Schimpanse;
b und d: Mensch;
a, b: Oberkiefer,
c, d: Unterkiefer

liegt weit hinten. Das Gehirn hat ein Volumen von ca. 370 cm³. Die Stirn ist fliehend, die Augen sind durch Überaugenwülste vor Verletzungen geschützt. Die **Kiefer** von Schimpansen sind in der Aufsicht U-förmig, die des Menschen parabelförmig (Abb. 225). Den stark entwickelten Eckzähnen der Schimpansen steht jeweils eine Zahnlücke – das Diastema – gegenüber. Beim Menschen sind die Eckzähne nicht größer als die anderen Zähne, gegenüberliegende Zahnlücken fehlen.

Menschen besitzen im Verhältnis zur Körpermasse das größte **Gehirn** aller Lebewesen. Es ist Voraussetzung für die typisch menschlichen Fähigkeiten, z. B. die Lernfähigkeit, das komplexe Sozialverhalten und die Kommunikation durch Sprache. Aber auch Schimpansen verfügen über herausragende Fähigkeiten: Sie kommunizieren über Mimik, Gestik und Laute. Schimpansenkinder haben eine lange Lernphase und erlernen den Gebrauch von Werkzeugen und die Beziehungen innerhalb der Gruppe. Für eine artikulierte Sprache fehlen ihnen die anatomischen Voraussetzungen.

Menschwerdung und aufrechter Gang

Viele Merkmale des Menschen entstanden als Anpassungen an das Baumleben.

Der aufrechte Gang war das erste spezifisch menschliche Merkmal.

Eine Reihe von Schlüsselmerkmalen (→ S. 231) charakterisieren den Menschen und heben ihn von den übrigen Säugetieren ab. Viele dieser Merkmale waren **Präadaptationen** (→ S. 241). Sie sind unser Erbe von den baumlebenden Primaten: Die Greifhände, die Dominanz des Gesichtsinns mit Farbensinn und räumlichem Sehen, die lange Kindheit und die enge Mutter-Kind-Bindung. Auch die aufgerichtete Körperhaltung ist für hangelnde Baumbewohner typisch.
Das erste spezifisch menschliche Schlüsselmerkmal war **der aufrechte Gang**. Das Skelett des Menschen mit seinen langen Beinen ist an den aufrechten, zweibeinigen Gang angepasst. Der Fuß ist gewölbeförmig und federt Erschütterungen ab. Die Kniegelenke sind hoher Belastung gewachsen. Das Becken ist schüsselförmig, kurz und breit. Die Wirbelsäule ist doppelt-S-förmig gekrümmt und kann Druck und Scherbelastungen gut aufnehmen. Der Brustkorb ist breit und hat eine geringe Tiefe. Dadurch liegt der Schwerpunkt auf der Körperachse. Ein Mensch braucht für seine Fortbewegung nur ein Viertel der Energie, die ein Schimpanse benötigt.

Der anatomische Umbau des Skeletts vollzog sich schon im Lebensraum Wald. Die ersten Vormenschen, die wir von Fossilfunden kennen, gingen aufrecht; sie behielten wohl die aufrechte Körperhaltung ihrer schwinghangelnden Vorfahren bei.

Der aufrechte Gang auf dem Erdboden hatte tiefgreifende Folgen: Er befreite die Hände von der Funktion der Fortbewegung, war also eine Voraussetzung für den Werkzeuggebrauch und -transport und damit für die starke Vergrößerung des Großhirns. Die Haarlosigkeit dürfte eine Anpassung an ausdauerndes Laufen bei tropischen Temperaturen sein. Nackte Haut ermöglicht starkes Schwitzen und erleichtert die Temperaturregulation.

Ahnengalerie: Vormenschen

In den vergangenen sechs Millionen Jahren lebten höchst unterschiedliche **Vormenschen** und **Urmenschen** in **Afrika** und laufend werden neue Funde gemacht, die unsere Ahnengalerie erweitern:
Der sechs Millionen Jahre alte „Millenium Mensch“, ***Orrorin tugenensis*** aus Kenia stammt etwa aus der Zeit der Trennung der Schimpansenartigen und Menschenartigen (Hominiden). Er lebte im Wald, hielt sich wohl meist in Bäumen auf, konnte aber auch auf zwei Beinen gehen. Neue Funde aus dem Tschad, *Sahelanthropus tchadensis* und *Australopithecus bahrelghazali* erweiterten den Stammbaum. ***Ardipithecus ramidus*** aus Äthiopien gehört möglicherweise einem ausgestorbenen Seitenzweig an.

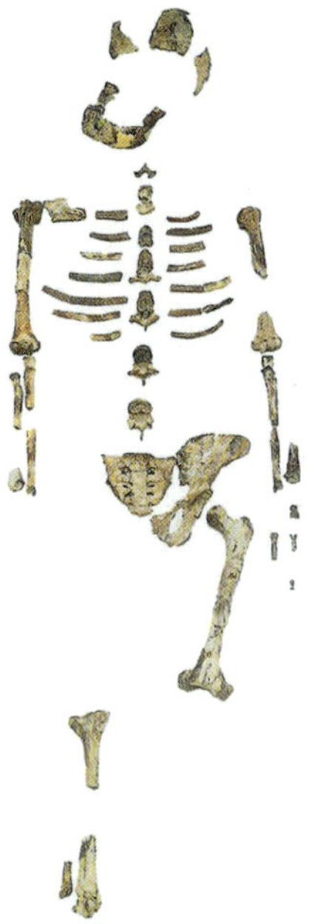

Abb. 226: Das Skelett von Lucy ist in großen Teilen erhalten. Andere Teile können symmetrisch ergänzt werden.

Das Team des Anthropologen Johanson entdeckte 1974 in der Afarsenke (Äthiopien) hominide, zur menschlichen Linie gehörende Knochen. Zunächst fanden sie das Skelett einer etwa 25-jährigen Frau (Abb. 226). Nach einem Lied der Beatles erhielt sie den Namen „Lucy“; ihr wissenschaftlicher Name ist ***Australopithecus afarensis***. Später wurden Reste von 13 Individuen derselben Art gefunden.

Das Gehirnvolumen von *Australopithecus afarensis* entspricht mit 300–400 cm^3 dem der Schimpansen. Er war 1,10 bis 1,30 m groß, 25–50 kg schwer. Die Männchen waren größer und kräftiger als die Weibchen (Geschlechtsdimorphismus). Das Becken gehört eindeutig einem aufrecht gehenden Wesen. Kniegelenk, Fuß und Wirbelsäule sind menschlich. Einige Körpermerkmale erinnern an Menschenaffen: Die Beine sind relativ kurz, die Arme lang. Zehen und Mittelfußknochen sind lang und etwas gebogen.

Abb. 227: Dreieinhalb Millionen Jahre alte Fußspuren von drei Australopithecinen

In Laetoli (Tansania → Abb. 227) hinterließen Hominide vor 3,6 Millionen Jahren Fußabdrücke in vulkanischer Asche – ein direktes Zeugnis des aufrechten Gangs.

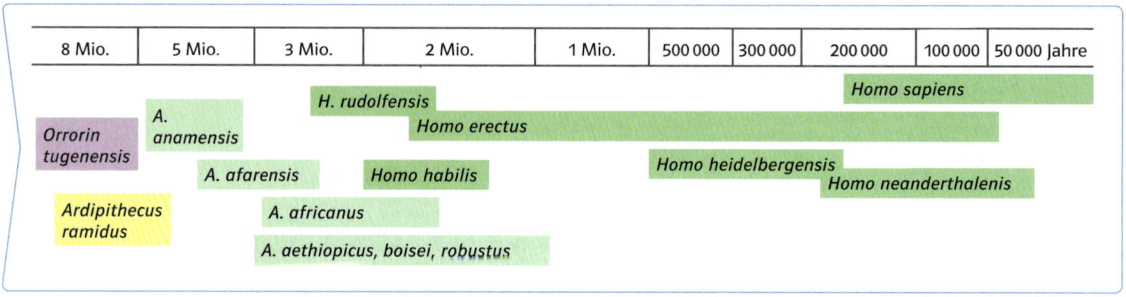

Abb. 228: Ungefähre zeitliche Einordnung einiger Hominiden-Arten

Australopithecinen waren aufrecht gehende Hominide mit kleinem Gehirn.

Die **Australopithecinen** waren eine Gruppe von Primaten, die vor 4,2 bis 1 Million Jahren in Ostafrika und in Südafrika lebten. Sie waren auf zwei Beinen gehende Primaten mit kleinem Gehirn.

Vor etwa 3 Mio. Jahren lebten in Südafrika zwei Arten von Australopithecinen: *A. robustus* ist charakterisiert durch den Scheitelkamm, der als Ansatz der leistungsfähigen Kaumuskulatur diente. Der Kauapparat war zum Zermahlen harter und faseriger Pflanzenteile geeignet; der Schädelinhalt liegt bei 500 cm^3. Schon 1924 wurde in einem Steinbruch in Taung (Südafrika) der Schädel eines sechsjährigen Kindes mit vollständigem Milchgebiss gefunden. Der Entdecker nannte das Fossil ***Australopithecus africanus***: „afrikanischer Südaffe" (Abb. 229). Der Gehirnschädel ist klein, aber das Hinterhauptsloch liegt an der Unterseite des Schädels: Dies zeigt eine aufrechte Haltung an. Das Gebiss ist das eines Menschen: Der Zahnbogen ist parabolisch, es gibt kein Diastema (Abb. 225). Der leichtere Bau von Schädel und Unterkiefer deutet auf eine gemischte Ernährungsweise hin. In frühen Populationen dieser Art vermuten viele Anthropologen die Vorfahren der Menschen.

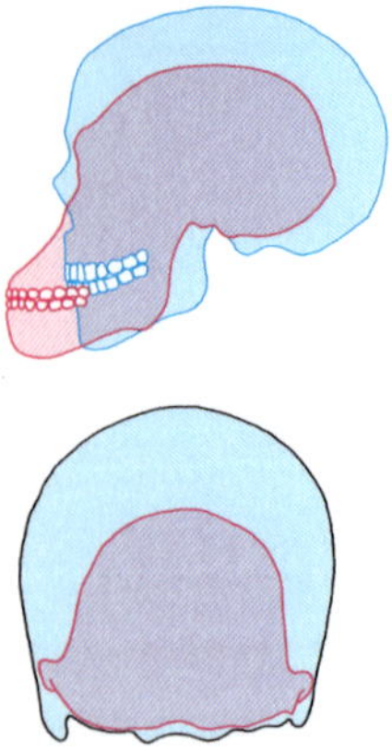

Abb. 229: Schädelumrisse von *Australopithecus africanus* (rot) und *Homo sapiens* (blau)

Die ersten Menschen

Die ersten Menschen lebten in Afrika.

Aus grazilen Australopithecinen entwickelte sich vor etwa 2,5 Millionen Jahren die **Gattung *Homo***, die ersten Menschen. Wie ihre Vorfahren waren sie relativ klein. Die wichtigsten Unterschiede betrafen den Kopf: Der Gehirnschädel war runder, das Gesicht war kleiner. ***Homo habilis*** hat ein um rund 30 % größeres Hirnvolumen und kleinere Zähne als *Australopithecus*.

In Ostafrika lebten zwischen 2,6 und einer Million Jahren verschiedene Arten von Hominiden – Australopithecinen und Menschen – nebeneinander.

Die ersten Menschen stellten Werkzeuge her.

Den bisher ältesten Überrest eines Menschen fand der Paläontologe Friedemann Schrenk im Jahr 1991 am Malawisee. Er ordnete den etwa 2,5 Mio. Jahre alten Unterkiefer der Art ***Homo rudolfensis*** zu, deren erste Exemplare am Turkanasee (früher Rudolfsee) gefunden wurden. Seine Zähne ähneln denen des *Homo erectus*, die Kieferform ist die eines *Australopithecus*. Das Gehirn ist mit 600 bis 800 cm^3 deutlich größer als das der Australopithecinen. Er stellte scharfkantige Abschläge von Steinen her, mit denen er harte Schalen knackte, Fleisch zerlegte oder Knochen öffnete.

Trotz vieler neuer Funde sind die Anthropologen noch weit von einer endgültigen Rekonstruktion unserer Ahnenreihe entfernt, von einigen Arten sind nur Teile des Skeletts, einzelne Knochen, Kieferbruchstücke oder Zähne erhalten.

Etwa zwei Millionen Jahre lang lebten gleichzeitig mehrere Menschenarten auf der Erde. Vor rund 60 000 Jahren verschwand der *Homo floresiensis*, eine kleinwüchsige Menschenart, die auf der indonesischen Insel Flores lebte. Seither gibt es nur noch eine Menschenart – den *Homo sapiens*.

Homo erectus

Vor 1,8 Millionen Jahren trat in Afrika eine neue Menschenart auf, der ***Homo erectus***. Die ältesten bekannten Exemplare stammen vom Turkanasee im Norden Kenias.
Die ersten Fossilien von *Homo erectus* wurden schon 1891 auf Java gefunden: Eine niedrige Schädeldecke mit fliehender Stirn und ein Oberschenkelknochen, der einem modernen Menschen gehören könnte. Dieser Mensch ging zweifellos aufrecht. Der Entdecker gab ihm zunächst den Namen *Pithecanthropus erectus*: „aufrechter Affenmensch“. Andere berühmte Funde stammen aus Zhoukoudian bei Beijing: Peking-Mensch.
Unterhalb des Halses sah *Homo erectus* aus wie ein Jetztmensch. Er wurde 1,50 – 1,65 m groß, hatte eine flache Stirn, starke Wülste über den Augen und massive Kiefer mit nur einer Andeutung von Kinn. *Homo erectus* ist der erste Hominide, der sich über Afrika, Asien und Europa ausbreitete und anderthalb Millionen Jahre lang überlebte – er war damit die langlebigste Menschenart. Er beherrschte das Feuer, bewohnte Felshöhlen und war Sammler und Jäger. Wahrscheinlich konnte er sprechen.

Homo erectus hinterließ Feuerstellen.

Heidelberger Menschen und Neandertaler-Menschen

Der Art ***Homo heidelbergensis*** werden Fossilien aus dem eiszeitlichen Europa zugeordnet, die 600 000 bis 200 000 Jahre alt sind. Der Name erinnert an den Fundort eines Unterkiefers in einer Sandgrube bei Heidelberg. *Homo heidelbergensis* entwickelte sich in Europa zum Neandertaler weiter. Da es keine klaren Trennungslinien gibt, ist die Zuordnung vieler Funde umstritten.
In **Steinheim a.d. Murr** bei Stuttgart wurde ein Oberschädel gefunden, der deutlichen Mosaik-Charakter hat, er ist vermutlich eine Übergangsform von *Homo heidelbergensis* zum Neandertaler. Der Steinheimer-Schädel ist ca. 250 000 Jahre alt, seine Form ist lang und schmal. Überaugenwülste erinnern an die Neandertaler, der abgerundete Hinterkopf gleicht eher modernen Menschen. Der Schädelinhalt von 1100 cm^3 liegt etwa in der Mitte zwischen *Homo erectus* und dem Jetztmenschen.

Abb. 230: Unterkiefer des *Homo heidelbergensis* von Mauer bei Heidelberg

Die **Neandertaler** (*Homo neanderthalensis*) sind die Bewohner Europas während der letzten Eiszeit. Fossilien sind von vielen Fundorten bekannt: Der erste Fund stammt aus dem Neandertal bei Düsseldorf. Später wurden in Europa und Vorderasien weit besser erhaltene Fossilien gefunden.

Neandertaler hatten eine gedrungene Gestalt mit breitem Gesicht. Ihr Schädel ist gekennzeichnet durch ein flaches, langes Schädeldach, eine fliehende Stirn und einen starken, durchgehenden Überaugenwulst (Abb. 231). Der Unterkiefer hat keinen Kinnvorsprung. Das Gehirn war mit 1450 ccm^3 etwa so groß wie das des Jetztmenschen, teilweise sogar etwas größer.

„Die Menschen haben immer sozial gelebt, und soziales Leben bedeutet Leben nach Regeln. Darin sehe ich den Ursprung der Moral – sie kann unmittelbar einen Evolutionsvorteil schaffen."
Jürgen Bereiter-Hahn

Neandertaler lebten in fest gefügten Horden, die große Tiere wie Wisent, Mammut und Pferd jagten. Sie beherrschten das Feuer, fertigten kunstvolle Steingeräte (Mousterien-Kultur) und bestatteten ihre Toten. Rätselhaft ist ihr Verschwinden vor knapp 30 000 Jahren; wahrscheinlich wurde er vom modernen Menschen verdrängt und teilweise in dessen Populationen integriert. Etwa 3 % des Erbguts der heutigen Europäer stammen vom Neandertaler, dies zeigt, dass sich Neandertaler und moderne Menschen vermischt haben.

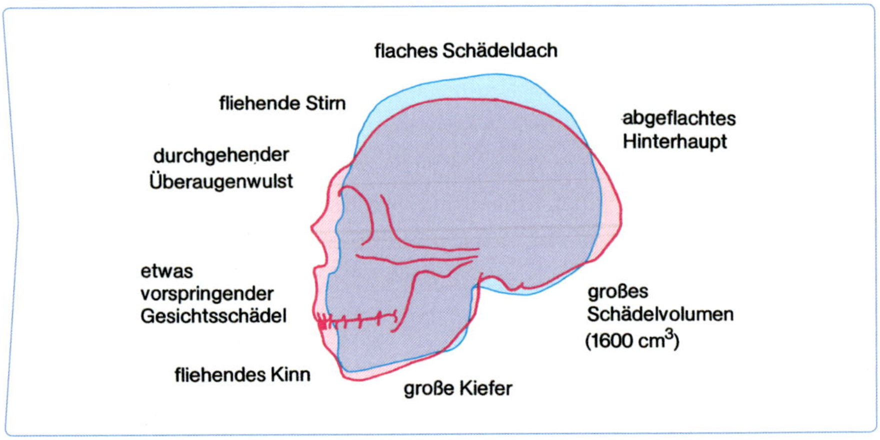

Abb. 231: Schädelumrisse eines Neandertalers (rot) und eines Jetztmenschen (blau)

Jetztmenschen

Ziemlich unvermittelt trat vor 40 000 Jahren während einer sehr kalten Phase der letzten Eiszeit in Europa der **Jetztmensch** (***Homo sapiens***) auf. Nach einem Fossilfundort in der Dordogne (Südwest-Frankreich) bezeichnet man den eiszeitlichen Jetztmenschen auch als *Crô-magnon*-Menschen.

Nach der heute überwiegend akzeptierten *Out of Africa*-Hypothese entwickelte er sich in Afrika und besiedelte von dort aus die übrigen Kontinente. Die ältesten *Homo sapiens*-Fossilien stammen aus Marokko und sind 300 000 Jahre alt. Die Schädelhöhe des modernen Menschen zeigen 200 000 Jahre alte Funde aus Äthiopien. Von seinen Vorfahren unterscheidet er sich vor allem durch kleinere Zähne,

einen Unterkiefer mit vorstehendem Kinn, einen hoch gewölbten Gehirnschädel und einen grazilen, hohen Körperbau – vor allem aber durch seine Kultur.
Der erste Versuch der modernen Menschen vor 100 000 Jahren, Europa zu besiedeln, scheiterte wohl am Widerstand der Neandertaler. Der zweite Anlauf gelang. Vor etwa 43 000 Jahren erreichten sie den Balkan und 3000 Jahre später zogen sie in Süddeutschland ein.

Das Gehirn des Menschen

Wichtigstes Schlüsselmerkmal der Gattung *Homo* ist **das große Gehirn**. Dessen Volumen hat sich innerhalb von vier Millionen Jahren in mehreren Sprüngen nahezu vervierfacht. Der Schädelinhalt von *Homo rudolfensis* war – bei etwa gleicher Körpergröße – rund doppelt so groß wie der eines *Australopithecus* oder eines Schimpansen. Das Gehirn eines heutigen Menschen liegt bei rund 1360 cm^3 (Frauen) bis 1450 cm^3 (Männer).

Das Gehirnvolumen des Menschen hat eine Spannweite von rund 1000 bis 2000 cm^3; es ist durchschnittlich etwas kleiner als das der Steinzeitmenschen. Ein Zusammenhang zwischen Gehirngröße und Intelligenz ist nicht nachweisbar.

Zunächst leitete eine Reihe von **Mutationen** die Gehirnvergrößerung ein, darunter waren mehrere Genverdoppelungen (Duplikationen), die weiteren Mutationen den Weg bereiteten. Eine Mutation vor 2,4 Millionen Jahren führte zu einer markanten Verkleinerung der Kaumuskulatur, eine Voraussetzung für die Vergrößerung des Hirnschädels.
Unser Gehirn macht 2 % des Körpergewichts aus, verbraucht aber rund 20 % der Stoffwechselenergie. Das wachsende Gehirn bei Embryonen und Kleinkindern benötigt sogar bis zu 70 % der verfügbaren Energie. Ein so energieaufwendiges Organ konnte sich nur entwickeln, wenn gleichzeitig die verfügbare Nahrung zunahm.

„Ein großes Hirn ist ein Vorteil, aber es ist auch unheimlich teuer, das muss man sich erst mal leisten können."
Philipp Gunz

Wachstum des Gehirns und Verhaltensänderungen des Menschen waren wohl über mehrere Rückkoppelungsprozesse miteinander verbunden:

- Ernährten sich die Frühmenschen überwiegend von Aas, so wurde bei *Homo erectus* die Jagd wichtiger. Die Neandertaler waren – wie der frühe *Homo sapiens* – Großwildjäger, die ihren Speisezettel mit Beeren, Pilzen und Früchten bereicherten.
- Durch verbesserte Werkzeuge und Methoden jagten die Menschen zunehmend erfolgreicher, so dass sich ihr Nahrungsangebot erweiterte.
- Auch die Entstehung der Sprache, die Verwendung von Werkzeugen und das Leben in zunehmend besser vernetzten Gruppen förderte vermutlich die Entwicklung großer Gehirne.
- Eine weitere wichtige Errungenschaft war die Bändigung des Feuers. Vorher ungenießbare Dinge wurden essbar, die Zeit für die Nahrungsaufnahme verkürzte sich. Gekochte Nahrung liefert mehr Energie, der Darmtrakt konnte sich verkürzen; so verringerte sich auch der Energieverbrauch für die Verdauung.

„Menschenrassen“

Abb. 232: Die Genpools unterschiedlicher Populationen sind durch verschiedenfarbige Kreise symbolisiert: Der weitaus größte Teil der Variationen ist allen Populationen gemeinsam.

Als **Rasse** oder Unterart bezeichnet man in der Biologie eine Gruppe von Lebewesen, die sich durch ihre Erbanlagen von anderen Artangehörigen unterscheiden. Im Gegensatz zum *Homo erectus* sind die Populationen des Jetztmenschen von Anfang an relativ einheitlich. Die verschiedenen Populationen sind jung und in ihrer Trennung recht unscharf, so dass die Biologen eine Einteilung der Menschheit in verschiedene Rassen ablehnen.

Früher teilte man die Menschen nach oberflächlichen Merkmalen wie Hautfarbe in drei Rassenkreise ein: Europide, Mongolide und Negride. Molekularbiologische und populationsgenetische Forschungen zeigten, dass eine Unterteilung der Menschen in Rassen ihrer Vielfalt und den fließenden Übergängen zwischen den geographischen Populationen nicht gerecht wird. Geographische Gruppen lassen sich zwar in den Häufigkeitsverteilungen einer Reihe genetisch bedingter Merkmale unterscheiden, in vielen Populationen jedoch ist der Genpool so variabel, dass sie nur schwer in eine „Rasse“ eingegliedert werden können. Der größere Teil genetischer Unterschiede ist *innerhalb* von Populationen zu finden. Alle heute lebenden Menschen gehören nicht nur zu einer Art, sondern auch zur selben Unterart: *Homo sapiens sapiens*. Allerdings haben europäische Populationen im Gegensatz zu afrikanischen Populationen Gene des Neandertalers in ihrem Genpool.

Rassismus – eine Anschauung, die davon ausgeht, dass Menschen unterschiedlicher Populationen sich in ihrem Wert unterscheiden – hat mit Biologie nichts zu tun.

8.4 Kulturelle Evolution

Werkzeugkultur

Bis zum Auftreten der Gattung *Homo* verlief die Evolution des Menschen grundsätzlich gleich wie die anderer Lebewesen: Auf Änderungen seiner Umwelt reagierte er durch evolutive Anpassung – so bildeten verschiedene Arten des *Australopithecus* unterschiedliche Nischen. Mit dem Erreichen der humanen Phase jedoch begann etwas Neues: Menschen begannen ihre Umgebung zu verändern, um sie ihren Bedürfnissen anzupassen. Sie entwickelten eine Kultur.

Kultur ist die Erfindung und Weitergabe von Verhaltensweisen.

Unter **Kultur** verstehen wir alle erlernten Verhaltensweisen, die als Tradition von einer Generation zur nächsten weitergegeben werden (nichtmaterielle Kultur: Sprache, Ideen, Religion), und deren Produkte (materielle Kultur: Werkzeuge und Kunstgegenstände).

Während die Zeitmarken der biologischen Evolution durch Knochenfunde belegt werden, wird die kulturelle Evolution durch Kulturfossilien markiert: Werkzeuge, Reste von Wohnplätzen, Grabstätten oder Kunstgegenstände.

Die kulturelle Evolution des Menschen erstreckt sich über einen Zeitraum von zweieinhalb Millionen Jahren. Gelegentlichen Werkzeuggebrauch findet man bei einigen Tieren (→ S. 230), so bei allen Menschenaffen. Man hat sich darauf geeinigt, dann von einer **Werkzeugkultur** zu sprechen, wenn Werkzeuge auf Vorrat hergestellt werden. **Der Mensch unterscheidet sich von anderen Primaten dadurch, dass er unabhängig von einer konkreten Situation für zukünftige Ereignisse vorsorgt und beginnt, die Welt nach seinen Bedürfnissen umzuwandeln.** Die ersten bearbeiteten Steinwerkzeuge sind 2,5–2,6 Millionen Jahre alt und wurden in Ostafrika gefunden: Von Geröllen wurden Splitter abgeschlagen (*pebble tools*), daraus entstanden Klingen oder Schaber, die eine Bearbeitung von Fleisch und Knochen ermöglichten. Seit mindestens 500 000 Jahren verwenden Menschen planvoll das Feuer.

Eine **kognitive Revolution** ereignete sich vor rund 70 000 Jahren. Die geistigen Fähigkeiten – Lernfähigkeit, Gedächtnis, Kommunikationsfähigkeit – des Menschen nahmen deutlich zu. Komplexe und anspruchsvolle Werkzeuge, Schmuck und Malereien tauchten auf. Durch verbesserte Kommunikation entstanden Mythen und Religionen, "soziale Konstrukte", die es den Menschen ermöglichten, in größeren Gruppen zusammenzuarbeiten und flexibel auf neue Herausforderungen zu reagieren.

Sprache

Wie die biologische Evolution, so beruht auch die kulturelle Evolution auf der **Weitergabe, Vermehrung und Abwandlung von Information**. Das grundlegend Neue ist der Modus der Informationsweitergabe: Genetische Information wird nur an direkte Nachfahren weitergegeben; kulturelle Information kann gezielt an viele gleichzeitig oder auch später lebende Menschen weitergereicht werden. Es ist vor allem die Sprache, die eine schnelle Verbreitung von Information ermöglicht und damit die Entwicklung einer Kultur beschleunigt. Mit dem Entstehen der Sprache konnte die Kapazität des Gehirns und die Geschicklichkeit der menschlichen Hand voll ausgenützt werden; Menschen konnten Kenntnisse zusammentragen, Wissen akkumulieren und komplexe Sozialstrukturen bewältigen. Das Mehr an Wissen machte die Ernährung einer größeren Bevölkerung möglich. Ältere Menschen erwiesen sich trotz körperlicher Schwäche als wertvoll, weil sie Kenntnisse der Gruppe an die nächste Generation weitergeben konnten. Allerdings ist Sprache auch ein wirksamer **Isolationsmechanismus**, der unterschiedliche Menschengruppen trennen kann.

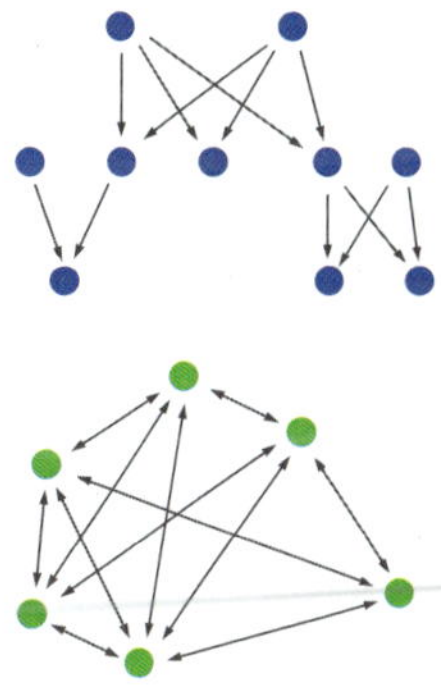

Abb. 233: Genetische Information wird nur von Eltern an ihre Nachkommen weitergegeben. Kulturelle Information kann gezielt an viele Menschen, die gleichzeitig oder später leben, weitergereicht werden.

Sprache hat sich möglicherweise seit Jahrmillionen entwickelt. Der aufrechte Gang und ein tief sitzender Kehlkopf waren Voraussetzung für die Entwicklung der Sprache, wie wir sie heute kennen. An der Innenseite fossiler Schädel sind Abdrücke des Gehirns sichtbar, darunter das Broca-Zentrum, das Wernicke-Areal und andere Bereiche, die den Jetztmenschen sprechen lassen.

Kunst und Musik

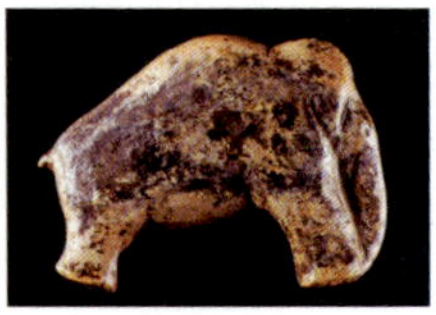

Abb. 234: Mammutfigur aus der Vogelherdhöhle

Der technologische Siegeszug des Menschen begann vor etwas über 40 000 Jahren, als er sich über Asien und Europa ausbreitete. Entlang der Donau zogen moderne Menschen in Mitteleuropa ein. Damals blühten Werkzeugtechnik und Waffentechnik auf, Kunstwerke und Musikinstrumente wurden hergestellt. Basis der Wirtschaft war neben dem Sammeln die Jagd auf Großwild. Mit neuen Jagdwaffen wie der Speerschleuder konnten Tiere aus großer Entfernung getroffen werden, die Jagd wurde erfolgreicher und sicherer.

Auf der Schwäbischen Alb wurden **Kunstwerke** entdeckt, die zu den ersten der Menschheit zählen: Karsthöhlen boten den Steinzeitmenschen Schutz und wurden als Zufluchtstätten und Wohnstätten genutzt. Während die Menschen in den meisten Höhlen vor allem Werkzeuge und Waffen hinterließen, blieben in vier kleinen Höhlen der Alb plastische Figuren aus Elfenbein erhalten. In der Vogelherdhöhle im Lonetal wurden zierliche Darstellungen von **Mammuts**, Raubkatzen, einem Nashorn und des berühmten **Wildpferdchens** ausgegraben (Abb. 234). Die **Venus vom Hohlefels**, eine etwa sechs Zentimeter hohe, aus Mammut-Elfenbein geschnitzte Figurine, ist mit 35 000 bis 40 000 Jahren wohl die älteste Darstellung eines Menschen. Die Geißenklösterle-Höhle bewahrte die ältesten bekannten Musikinstrumente auf: Flöten aus Schwanenknochen und Geierknochen und eine aus Mammutelfenbein (Abb. 235).

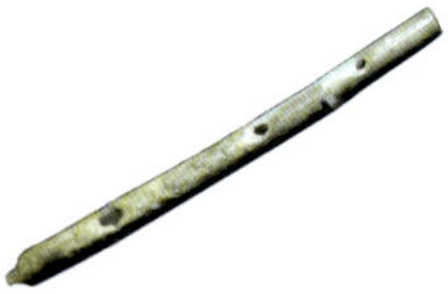

Abb. 235: Die Flöte aus der Speiche eines Singschwans ist das älteste bekannte Musikinstrument.

Star der Eiszeitkunst ist der **Löwenmensch** aus dem Hohlenstein-Stadel, ein Mischwesen aus Tier und Mensch. Die meisterhaft geschnitzte Statuette – sie wurde aus 200 Bruchstücken wieder zusammengesetzt – ist 31 cm hoch. Ihr Alter wurde durch die ^{14}C-Datierung von Begleitfunden auf 41 000 bis 35 000 Jahre angesetzt.

Diese Höhlenfundstellen legen ein einzigartiges Zeugnis aus der Zeit vor 40 000 Jahren und belegen eine Phase der Innovation in der Zeit, in der die ersten modernen Menschen nach Süddeutschland kamen. Etwa gleich alt wie die Plastiken der Alb sind die Höhlenmalereien der Cueva del Castillo, jünger sind die wunderbaren Höhlengemälde der Grotte Chauvet, von Altamira und Lascaux.

Stammesgeschichte

Evolution ist die einmalige und unwiederholbare **Geschichte des Lebens**, wie sie auf der Erde während der letzten dreieinhalb Milliarden Jahre geschah. Sie vollzieht sich in Zeiträumen, die aus dem Blickwinkel der menschlichen Lebensspanne unvorstellbar lang sind.

Die Vorgänge zur **Entstehung des Lebens** liegen weitgehend im Dunkel. Wahrscheinlicher Ort der Entstehung sind heiße Quellen der Tiefsee.

Die Evolution der Lebewesen war sowohl Folge als auch Ursache großer **Umwälzungen**, die sich auf der Erde ereigneten. Eine der größten dieser Umwälzungen war das Auftreten von molekularem Sauerstoff in der Atmosphäre, der von fotosynthetisch aktiven Cyanobakterien hergestellt wurde.

In der Erdgeschichte gab es immer wieder Ereignisse, die große Teile der Lebewesen auslöschten und damit **Raum schufen für die Entfaltung** neuer Gruppen.

Im Erdaltertum gingen erste **Lebewesen an Land**, erst Pilze und Pflanzen, später Tiere. Fische und Landtiere sind durch viele Mosaikformen miteinander verknüpft.

Die Menschheit ist ein sehr junger Zweig am Stammbaum der Wirbeltiere. Der Schlüssel zum Verständnis der Ursprünge des Menschen liegt in der **Evolution der Primaten**. Viele Präadaptionen des Menschen entstanden als Anpassungen an das Leben in Bäumen.

Vor rund 8 bis 7 Millionen Jahren trennte sich der Weg der Menschen von dem der Schimpansen. Die „**Menschwerdung**" ist ein langer Vorgang, der durch Fossilien dokumentiert wird. In den letzten Jahren nahm das Wissen um unsere Vorgeschichte enorm zu.

Während der letzten sieben Millionen Jahre lebten meist mehrere Arten von Vormenschen und Menschen gleichzeitig. **Die ersten Menschen** erschienen vor etwa 2,5 Millionen Jahren. Sie zeichneten sich vor allem durch ein größeres Gehirn als ihre Vorgänger und die Fähigkeit, Werkzeuge herzustellen, aus.

Alle bisher bekannten Vormenschen lebten in **Afrika**. Dort liegt auch die Wiege der Menschheit und der Ursprung des Homo sapiens (Out of Africa-Hypothese).

Die Vergrößerung des menschlichen **Gehirns** ermöglichte zusammen mit einer Reihe anatomischer Anpassungen die Entstehung von Sprache und Kultur.

Vor rund 40 000 Jahren begannen Menschen, **Kunstwerke und Musikinstrumente** herzustellen. Zu den ersten Kunstgegenständen der Menschheit gehören die Elfenbein-Figurinen aus den Karsthöhlen der Schwäbischen Alb. Dort wurden auch die ältesten Musikinstrumente gefunden.

AUF EINEN BLICK

Licht, Wasser, Temperatur, Boden und andere **natürliche Faktoren** beeinflussen die Lebewesen.

Toleranzkurven beschreiben die Abhängigkeit von abiotischen Faktoren quantitativ.

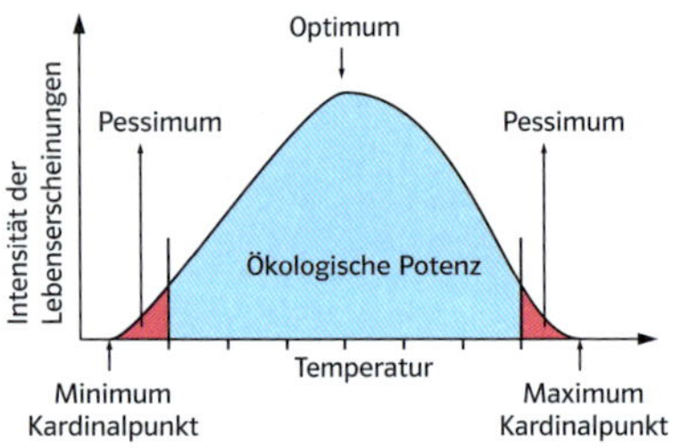

Die ökologische Nische ist die Einheit zwischen einer Art und ihrer Umwelt.

Arten, welche die gleiche ökologische Nische bilden, können nicht koexistieren: **Konkurrenzausschluss**.

Die Arten eines Ökosystems lassen sich in Nahrungsketten und Nahrungsnetzen anordnen.

Umweltfaktoren

ökologische Nische

Nahrungsketten und -pyramiden

Lebewesen sind von ihren **Mitlebewesen** abhängig, von Artgenossen, Feinden und Nahrungsorganismen, Parasiten und Symbionten.

Symbiose ist das Zusammenleben von Organismen verschiedener Arten, das die Fitness beider Partner erhöht.

Beim Parasitismus ist der Vorteil einseitig: Der Parasit erhöht seine Fitness, die des Wirts sinkt.

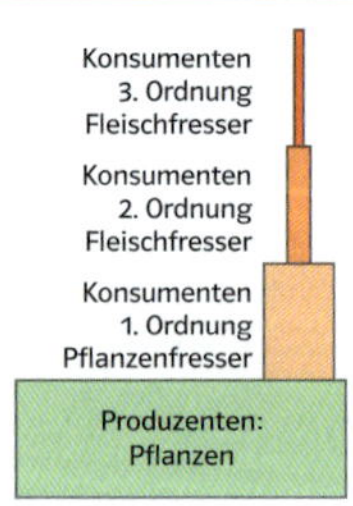

Quantitative Verhältnisse einer Nahrungskette kann man als Pyramiden darstellen: Biomassepyramiden oder Produktionspyramiden.

9 Ökologie

In Bezug auf **Stoffe** sind Ökosysteme weitgehend **geschlossene Systeme**. Viele Stoffe fließen in geschlossenen Kreisläufen.

Seen sind **Modellökosysteme** – durch ihre überschaubare Größe, klare Umgrenzung und beschränkte Lebensdauer.

Die Populationsökologie beschäftigt sich mit dem **Wachstum** und der **Regulation** von Populationen.

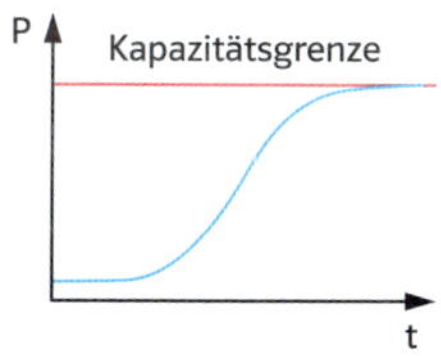

Lebensgemeinschaften entstehen und vergehen. Oft folgen Gemeinschaften regelmäßig aufeinander: Sukzession ist die **zeitliche Abfolge** von Lebensgemeinschaften in einem Lebensraum. Endstufe der Sukzession ist die Klimaxgemeinschaft.

Stoffkreislauf und Energiefluss

Populationsdynamik

Ökosystem See

Sukzession

In Bezug auf **Energie** sind Ökosysteme **offene Systeme**: Fast alle erhalten ihre Energie von der Sonne.

Ökosysteme können sich in einem gewissen Rahmen selbst regulieren, sie halten die Dichte ihrer Populationen über längere Zeit weitgehend konstant.

Verlandende Seen werden zu Mooren.

Pflanzennährstoffe wie Phosphat und Nitrat lassen Seen **eutrophieren**.

9 Ökologie

- Ökologie ist die Lehre vom Haushalt der Natur. Gegenstand der ökologischen Forschung sind die Beziehungen der Lebewesen untereinander und die Wechselwirkungen zwischen den Lebewesen und ihrer Umwelt.
- Faktoren aus der unbelebten und der belebten Umgebung beeinflussen jedes Lebewesen, dabei gibt es mehr oder weniger anpassungsfähige – euryöke und stenöke – Lebewesen.
- Tiergeographische Regeln beschreiben Anpassungen der Tiere an den Klimafaktor Temperatur.
- Symbiosen erhöhen die Fitness aller beteiligten Partner.
- Parasitismus ist die erfolgreichste Variante, sich zu ernähren.
- Die ökologische Nische beschreibt die Gesamtheit der Wechselbeziehungen zwischen einer Art und ihrer Umwelt.
- Vielfältige Wechselbeziehungen verknüpfen die Arten einer Lebensgemeinschaft.
- Stoffe und Energie werden in Nahrungsketten weitergegeben.
  Stoffe kreisen im Ökosystem, Energie muss laufend neu zugeführt werden.
- Die Länge von Nahrungsketten ist begrenzt.
- Das Prinzip der Rückführung ermöglicht Nachhaltigkeit.
- Der ökologische Energiefluss hat seinen Ursprung in der Sonne. Pflanzen machen ihn durch die Fotosynthese für die Lebensgemeinschaft nutzbar.
- Der Umweltwiderstand begrenzt das Wachstum von Populationen.
- Wasser hat ungewöhnliche Eigenschaften wie Dichteanomalie, hohe spezifische Wärme, hohe Schmelzwärme und hohe Verdampfungswärme.
- Seen sind Ökosysteme mit begrenzter Größe und Lebensdauer und daher für Untersuchungen besonders geeignet.
- Das Wasser der Seen ist im Sommer und Winter geschichtet, kann im Frühling und Herbst zirkulieren.
- Seen eutrophieren mit dem Alter und bei Eintrag von Nährstoffen. Eutrophe Seen leiden unter Sauerstoffmangel.
- Flüsse haben eine hohe Selbstreinigungskraft.
- Mikroorganismen reinigen das Abwasser, wenn Sauerstoff zur Verfügung steht.
- Seen verlanden: Sukzession ist die zeitliche Aufeinanderfolge verschiedener Lebensgemeinschaften am gleichen Ort.

KURZINFO

Ökologie

Der deutsche Zoologe Ernst Haeckel prägte den Begriff „Öcologie“. Das Wort kommt vom griechischen *oikos*, es bedeutet Haushalt, Heim oder Wohnplatz.
So handelt die Ökologie von den Wohnstätten der Lebewesen, dazu gehören die Mitbewohner genauso wie die Räume und deren Ausstattung, Versorgung mit Energie, Wasser und Nahrung und die Beseitigung von Abwasser und Abfall: kurz, der gesamte Haushalt. Haeckel definierte 1870 die Ökologie als die **Lehre vom Haushalt der Natur**.

Die Leitgedanke der Ökologie heißt: Jedes Lebewesen ist von seiner Umgebung und von vielen Mitlebewesen abhängig. Die Natur wird als Einheit betrachtet.
Ein **Netzwerk von Wechselbeziehungen zwischen den Lebewesen und ihrer Umwelt** gewährleistet den Fortbestand des Lebens auf der Erde.

9.1 Umweltfaktoren

Abiotische und biotische Faktoren

Das Leben jedes Lebewesens ist nur im komplexen Beziehungsgefüge seiner Umwelt erfassbar. Um diese beschreiben und gegebenenfalls auch messen zu können, gliedert man sie in einzelne Umweltfaktoren oder ökologische Faktoren: **Umweltfaktoren sind alle Gegenstände und Erscheinungen in der Umgebung eines Lebewesens, die dieses direkt oder indirekt beeinflussen.**

Als Umwelt bezeichnet man die Umgebung eines Lebewesens, die auf dieses einwirkt und seine Lebensumstände beeinflusst.

Faktoren der unbelebten Umwelt, die auf Organismen einwirken, bezeichnet man als **abiotische Umweltfaktoren**. Dazu zählen

- Klimafaktoren wie Strahlung, Temperatur, Licht und Feuchtigkeit,
- chemische Umweltfaktoren wie Luft, Wasser, Nährstoffe und Schadstoffe,
- mechanische Umweltfaktoren wie Feuer oder Wind,
- geographische Umweltfaktoren wie Boden, Geländeform und Ausstattung des Wohnraums.

Biotische Umweltfaktoren gehen von Lebewesen der Umgebung aus, dazu gehören

- Nahrungsorganismen,
- Konkurrenten und Symbionten,
- Feinde, Parasiten und Krankheitserreger.
- die Einflüsse durch Menschen.

Umweltfaktoren sind Komponenten der Außenwelt, die direkt oder indirekt auf Organismen einwirken, sie können biotischer oder abiotischer Natur sein.

Toleranzbereich und Kardinalpunkte

Ein Lebensraum ist charakterisiert durch eine bestimmte Kombination von Umweltfaktoren, die sich wechselseitig beeinflussen. Eine Pflanze, ein Tier kann nur dort existieren, wo alle Komponenten, die sie für ihr Überleben brauchen, in ausreichendem Maße vorhanden sind. Die Fähigkeit eines Lebewesens,

Schwankungen von Umweltverhältnissen zu ertragen, zu gedeihen und sich fortzupflanzen, wird als deren **ökologische Potenz** bezeichnet.

Zur quantitativen Beschreibung der Toleranz wird die Reaktion eines Organismus auf einen Umweltfaktor als **Toleranzkurve** in einem Koordinatensystem dargestellt. Die Toleranzkurve (Abb. 236) wird durch einen Tiefstwert – das **Minimum** – und einen Höchstwert – das **Maximum** – begrenzt. Diese beiden Werte werden als **Kardinalpunkte des Lebens** bezeichnet. Liegt die Intensität eines Umweltfaktors unterhalb des Minimums oder oberhalb des Maximums, so ist der Organismus unter diesen Umständen nicht lebensfähig.

Die Werte eines Umweltfaktors, bei denen die Art überlebt, werden als Kardinalpunkte bezeichnet.

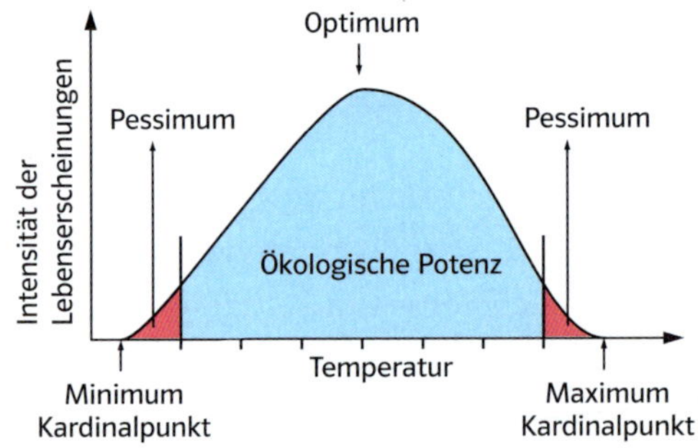

Abb. 236: Toleranzkurve: Der Toleranzbereich einer Art gegenüber einem Umweltfaktor kann durch die Größen Optimum, Minimum und Maximum charakterisiert werden.

Zwischen den beiden Kardinalpunkten liegt der Toleranzbereich einer Art. Beim **Optimum** gedeiht die Art am besten, hier erreicht sie ihre höchste Fortpflanzungsrate und meist auch die höchste Populationsdichte. Das Pessimum ist ein Zwischenstadium: Der Organismus kann in diesem Bereich überleben, aber weder Fortpflanzung noch effektives Gedeihen sind möglich: Leben auf Sparflamme.

Die ökologische Potenz ist der Bereich, in dem die Art eine hohe Vitalität zeigt. Hier können Fortpflanzung, Bewegungsaktivitäten und Entwicklung stattfinden. Sie umfasst den Toleranzbereich abzüglich des Pessimums.

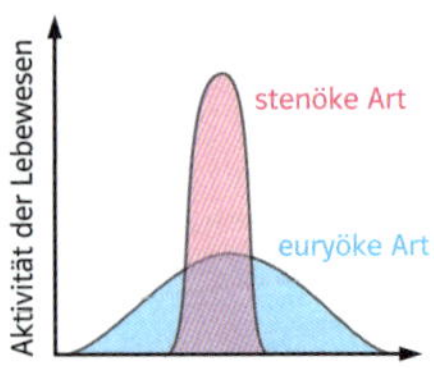

Abb. 237: Toleranzkurven: Euryöke Arten weisen gegenüber lebenswichtigen Umweltfaktoren hohe Toleranz auf, stenöke Arten haben eine geringe Toleranz.

Ökologische Potenz und limitierende Faktoren

Stenopotente oder **stenöke Arten** ertragen nur geringe Schwankungen eines oder mehrerer Umweltfaktoren, als Spezialisten haben sie eine enge ökologische Potenz und verfügen über eng begrenzte Verbreitungsgebiete. Diese Arten werden in der Ökologie oft als Zeigerarten (Indikatororganismen → S. 265) genutzt.

Stenök hinsichtlich der Temperatur (stenotherm) ist die Forelle: Sie kann nur bei sommerlichen Wassertemperaturen von 10 °C bis 18 °C existieren. In Bezug auf die Nahrung ist der Große Panda stenök (stenophag): Er ernährt sich nur von Bambus, lebt also nur in Gebieten, in denen genügend Bambus wächst.

Eurypotente oder **euryöke Arten** sind Generalisten. Sie haben eine weite ökologische Potenz; ertragen größere Schwankungen von Umweltfaktoren ohne wesentliche Beeinträchtigung. In der Regel haben sie eine große Verbreitung.

Ein euryökes Tier unserer Landschaft ist das Reh.
Eine euryöke Pflanze ist der Löwenzahn, das Schwein ist euryphag – es ist Allesfresser.

Eine Art kann gegenüber einem Umweltfaktor stenök sein, gegenüber einem anderen Faktor aber euryök sein, entsprechend spricht man von stenothermen Arten, die nur in einem engen Temperaturbereich leben können oder von stenohalinen Arten, die einen engen Toleranzbereich für den Salzgehalt haben.

stenos (griech.): eng
eurys (griech.): breit, weit
oikos (griech.): Haus
potens (lat.): stark.

Das Wirkungsgesetz der Umweltfaktoren besagt, dass für das Überleben einer Art der **limitierende Faktor** ausschlaggebend ist: Für den Feldhasen kann das die verfügbare Nahrung sein; der Gewöhnliche Baumbart ist eine Flechte, die nur in Gebieten mit sehr hoher Luftqualität überlebt. Auch wenn sich alle anderen Umweltfaktoren im Toleranzbereich bewegen, so genügt nur ein Faktor, der außerhalb liegt, um die Existenz einer Art zu verhindern. **Das Gedeihen einer Art wird von dem Faktor bestimmt, der am weitesten vom Optimum entfernt ist** (Justus von Liebig 1855).

Gesetz des Minimums: Die knappste Ressource begrenzt das Vorkommen eines Organismus.

Abb. 238: Feldhasen sind selten geworden. Limitierender Faktor ist geeigneter Lebensraum.

Anpassungen an Wärme und Kälte

Alle Lebensvorgänge sind von der Temperatur abhängig. Biochemische und physikalische Prozesse gehorchen annähernd der **RGT-Regel** (Reaktionsgeschwindigkeit-Temperatur-Regel), nach der die Reaktionsgeschwindigkeit mit der Temperatur steigt. Eine Temperaturerhöhung von 10 °C beschleunigt chemische Reaktionen um den Faktor zwei bis drei. Zwischen 20 °C und 38 °C arbeiten die meisten Enzyme gut, ihre Lebensdauer ist groß. Es ist daher nicht verwunderlich, dass die meisten Lebewesen bei solchen Temperaturen nicht nur am besten gedeihen, sondern sie auch aktiv aufsuchen:
In Bezug auf die Temperatur sind die beiden Kardinalpunkte der tödliche **Kältepunkt** (Temperaturminimum) und der tödliche **Hitzepunkt** (Temperaturmaximum). Setzt man bewegliche Tiere einem Temperaturgradienten aus, so stellt man fest, dass sie sich bevorzugt in einem bestimmten, von Art zu Art verschiedenen Bereich aufhalten. Dieser Vorzugsbereich, das **Präferendum**, liegt immer innerhalb des Toleranzbereichs; er ist oft, aber nicht immer mit dem Optimum identisch.

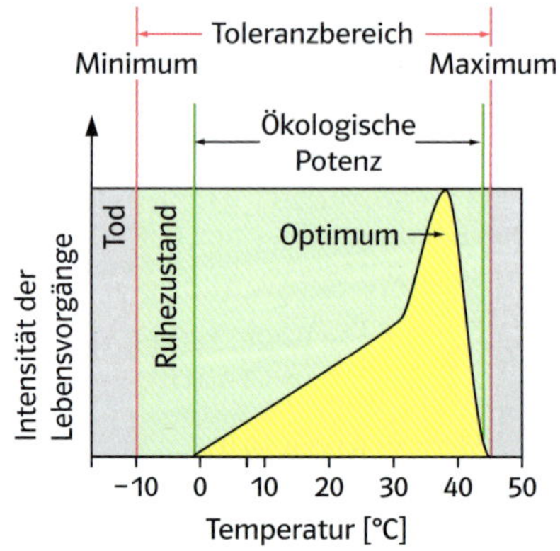

Abb. 239: Intensität der Lebensvorgänge bei einem poikilothermen Tier in Abhängigkeit von der Umgebungstemperatur

Die Körpertemperatur poikilothermer oder wechselwarmer Tiere entspricht etwa der Temperatur der Umgebung.

Besondere Anpassungen ermöglichen einigen Arten, den Herausforderungen niedriger Temperaturen zu begegnen: Die Körpertemperatur der meisten Tierarten ändert sich mit der Umgebungstemperatur (Abb. 239), sie sind bei Kälte weniger aktiv als bei Wärme. Diese Tiere sind **wechselwarm** (poikilotherm), sie erzeugen in ihrem Stoffwechsel nur wenig Wärme, diese geben sie schnell an ihre Umgebung ab. Größere wechselwarme Tiere sind in kalten Lebensräumen wie der Tundra selten, da Pflanzennahrung bei niedriger Temperatur kaum verdaut werden kann. Zweiflügler – Fliegen und Mücken – sind die häufigsten Arten der Tundra; sie sind nur während des kurzen Sommers aktiv. Der tödliche Kältepunkt liegt für die meisten Arten sehr tief: Ein Laufkäfer aus Alaska überlebt noch bei −87 °C.

thermos (griech.): warm
homoios (griech.): gleich
poikilos (griech.): wechselnd

Homoiotherme Tiere halten ihre Körpertemperatur weitgehend konstant.

Die Körpertemperatur von Vögeln und Säugetieren ist von der Umgebung weitgehend unabhängig. Sie erzeugen durch ihren Stoffwechsel so viel Wärme und isolieren ihre Körper, dass sie ihre Temperatur in engem Rahmen konstant halten können. **Eigenwarme** (gleichwarme oder homöotherme) Tiere können auch im Winter aktiv sein. Ihr Stoffwechsel bleibt weitgehend konstant. Ihr Problem ist, immer genügend Energie zur Aufrechterhaltung ihrer Körpertemperatur zu haben. Sinkt diese unter 15 °C bis 20 °C, so tritt der Kältetod ein.

Eigenwarme Tiere haben drei Möglichkeiten, den kalten Temperaturen der Tundra zu trotzen:

- Sie schützen sich durch Isolation z. B. durch ein Fell oder durch eine Speckschicht gegen Wärmeverluste.
- Sie erhöhen ihre Wärmeproduktion.
- Sie weichen der kalten Jahreszeit durch Wanderung oder Hibernation aus.

Manche Säugetiere überdauern den Winter durch **Hibernation** (Winterschlaf). Sie suchen vor Frost geschützte Stellen auf und verbringen dort die kalte Jahreszeit in einem Ruhezustand, während dessen die Körpertemperatur absinkt. Bei starkem Frost wachen sie auf. Körpertemperaturen unter dem Gefrierpunkt sind tödlich.

Die Hibernation (Winterschlaf) ist ein Ruhezustand eigenwarmer Tiere, bei dem alle Lebensfunktionen auf ein Minimum herabgesetzt sind.

Zugvögel wandern zwischen Brutplätzen und Winterquartieren. Der **Vogelzug** beruht vor allem auf den jahreszeitlichen Unterschieden im Nahrungsangebot der kalten Klimazonen, bei Wasservögeln auch darauf, dass die Gewässer während der kalten Jahreszeit zugefroren sind.

Tiergeografische Regeln

Typische Tiere der Tundra sind große Pflanzenfresser wie Ren und Moschusochse. In kalter Umgebung ist es vorteilhaft, groß zu sein: Große Tiere haben im Verhältnis zum Volumen eine kleinere Oberfläche, der Wärmeverlust ist pro Einheit des Körpergewichts geringer als bei kleinen Tieren. Eigenwarme Tiere der Tundra sind im allgemeinen größer als ihre Artgenossen in wärmeren Klimaten. So sind Rehe in Spanien kleiner als in Sibirien. Diese Beobachtungen werden in der **Bergmann'schen Regel** (Größenregel) zusammengefasst: **Vögel und Säugetiere kalter Gebiete sind vergleichsweise groß.**

Die Bergmann'sche Regel gilt für Populationen oder Unterarten einer Art, z. B. für Wildschweine, Braunbären oder Tiger. Oft wird die Tiergruppe der Pinguine als Beispiel für die Bergmann'sche Regel angeführt. Dabei wird unterschlagen, dass in der Antarktis neben dem großen Kaiserpinguin auch der mittelgroße Adeliepinguin brütet, und dass der Königspinguin zusammen mit kleinen Arten im Packeisgürtel lebt.

Bei Tieren kalter Zonen sind meist Ohren, Füße und Schwanz kürzer als bei Arten der gleichen Gattung in wärmeren Gebieten. Sind die Körperanhänge kurz, abgerundet und mit dichtem Fell geschützt, so sinken die Wärmeverluste. So hat der Schneehase kürzere Ohren als der Feldhase (Abb. 238):

Säugetiere kalter Klimate haben relativ kurze Körperanhänge (Allen'sche Regel; Proportionsregel).
Die Reihe Polarfuchs, Rotfuchs und Wüstenfuchs (Fennek) illustriert die Allen'sche Regel. Auch sind die Körperanhänge schwächer durchblutet als andere Organe und geben wenig Wärme ab (Abb. rechts). Das Fell ist im Winter sehr dicht. Beim Eisfuchs sind sogar die Fußsohlen von Fell bedeckt. Ein weiterer Kälteschutz ist die Fettschicht unter der Haut. Auch besondere Verhaltensweisen helfen Wärmeverluste zu verringern: Kleine Tiere wie Lemminge halten sich oft im gut gepolsterten Nest auf; Wölfe kugeln sich ab.

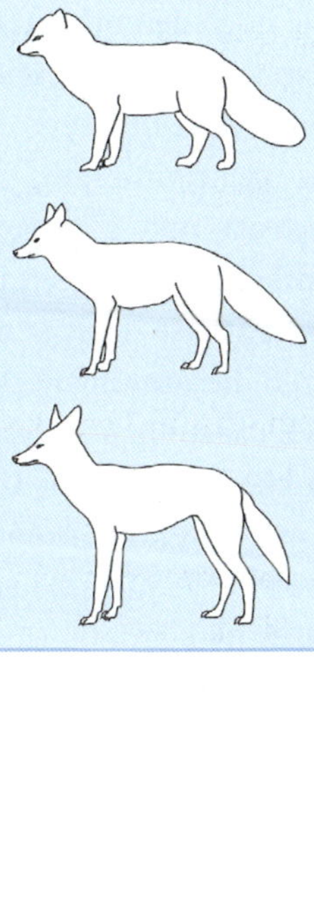

Pflanze und Licht

Licht ist die Energiequelle der Fotosynthese.

Die Fotosynthese (→ S. 55 ff.) ist der wichtigste Produktionsprozess der Erde. Eine Pflanze kann nur dort leben, wo eine minimale Lichteinstrahlung gegeben ist. Wo zu wenig Licht vorhanden ist, wird das **Licht zum begrenzenden Faktor**. Auch ein Zuviel an Licht kann das Vorkommen einer Art limitieren: Sauerklee geht zugrunde, wenn die Beschattung durch Pflanzen der Umgebung wegfällt.

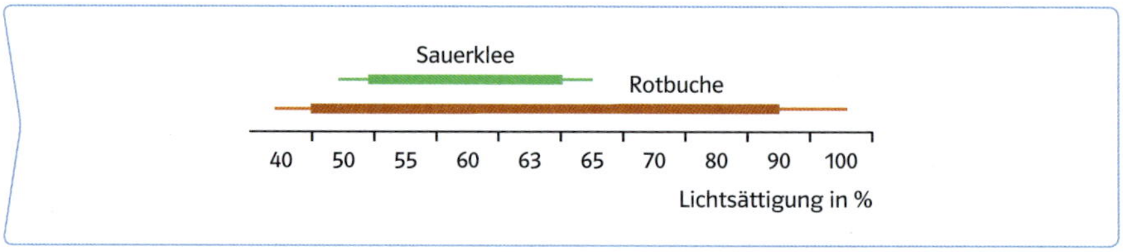

Abb. 240: Toleranzbereiche von Sauerklee und Rotbuche gegenüber unterschiedlicher Lichtintensität

Lichtsättigung ist die Beleuchtungsstärke, über der keine Steigerung der Fotosynthese erfolgt.

Jede Art hat gegenüber dem Ökofaktor Licht einen bestimmten Toleranzbereich. Die Fotosyntheseaktivität steigt mit zunehmender Lichtstärke linear an, bis ein Sättigungswert erreicht wird: die **Lichtsättigung** (Abb. 241). Ab diesem Wert bleibt die Fotosyntheseaktivität konstant.

Eine Pflanze kann nur dann existieren, wenn die CO_2-Fixierung durch Fotosynthese mindestens gleich hoch ist wie die CO_2-Abgabe bei der Atmung. Die Lichtintensität, die gerade noch den minimalen Energiebedarf der Pflanze abdeckt, bezeichnet man als **Lichtkompensationswert**.

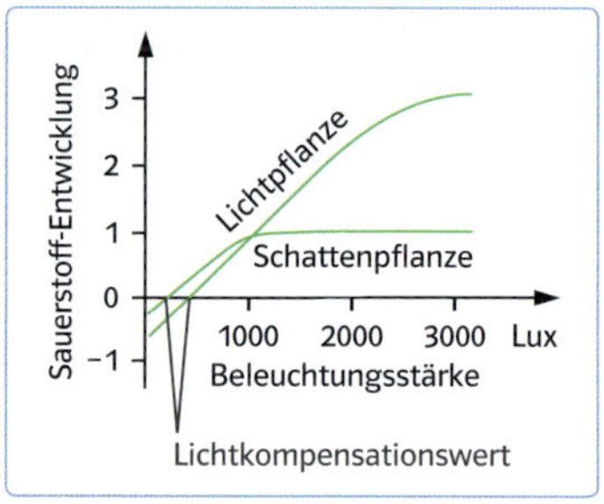

Abb. 241: Der Lichtkompensationswert liegt bei Schattenpflanzen niedriger als bei Lichtpflanzen.

Das Lichtminimum, an dem die Pflanze wachsen und sich vermehren kann, liegt deutlich über dem Kompensationspunkt. Die Fotosynthese muss ja nicht nur die Verluste durch die Atmung decken, die Pflanze muss auch Baustoffe und Reservestoffe bilden.

Die charakteristische Lebensform der Wälder sind die **Bäume**. Der Baumwuchs ist aus dem Konkurrenzkampf um das Sonnenlicht zu verstehen: Je höher sich eine Pflanze über die anderen erhebt, umso günstiger ist sie hinsichtlich ihrer Belichtung gestellt. Überall, wo Feuchtigkeit und Wärme ihr Wachstum zulassen, sind Bäume die vorherrschende Lebensform; Wälder bedecken etwa zwei Drittel der Festländer der Erde.

Physiologisches und ökologisches Optimum

Rotbuche und Eiche haben in Europa überlappende Verbreitungsgebiete, besiedeln aber verschiedene Standorte. In den Wäldern Mitteleuropas dominiert unter natürlichen Bedingungen die Buche. Eichenwälder wachsen vor allem an trockenen Standorten. Daraus könnte man folgern, dass die Eiche Trockenheit liebt. Versuche ergaben jedoch, dass Eiche wie Buche in mittelfeuchten Böden höchste Wuchsleistungen zeigen. Die **physiologischen Optima** zeigen nur geringe Unterschiede (Abb. 242).

Physiologisches Verhalten ist das Verhalten einer Art in Abhängigkeit von abiotischen Umweltfaktoren, jedoch ohne Konkurrenz.

Unter Konkurrenzbedingungen dagegen wachsen auf den von beiden Arten bevorzugten Böden überwiegend Buchenwälder (Abb. 242). Die Buche hat bei mittlerer Bodenfeuchtigkeit eine hohe ökologische Potenz. Eichenwälder findet man dort, wo die Buche nicht gedeiht. Buche und Eiche haben eine unterschiedliche ökologische Potenz und verschiedene ökologische Optima. Gleiches gilt für Kiefern, Birken und Fichten: Nur wo die Buche als Konkurrent ausfällt, können sie als Leitarten die Wälder aufbauen.

Ökologisches Verhalten ist das Verhalten einer Art unter Wettbewerbsbedingungen.

Der Ökofaktor, der die Buche zur beherrschenden Baumart Mitteleuropas werden lässt, ist das Licht. Die Kronen der Buchen erzeugen so viel Schatten, dass in den tieferen Schichten das Licht zum begrenzenden Umweltfaktor für viele Arten wird. Die Eiche kann im Schatten des Buchenwalds nicht gedeihen.

Die Buche kann bei Lichtintensitäten wachsen, bei denen andere Bäume verkümmern. Dadurch ist sie im Wettbewerb um das Licht überlegen: Physiologisches und ökologisches Optimum fallen weitgehend zusammen. Wo häufig Trockenheit herrscht, wachsen Kiefer, Eiche und Hainbuche schneller als die Buche. Ihre Toleranz gegenüber Trockenheit ist größer als die der Buche.

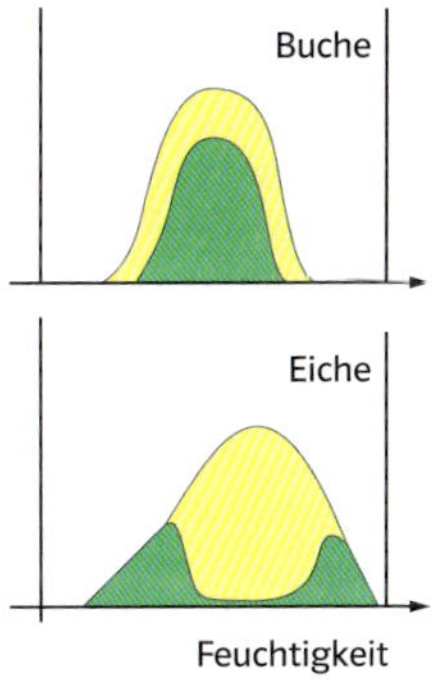

Abb. 242: Toleranzbereich von Rotbuche und Stieleiche in Bezug aus die Bodenfeuchtigkeit ohne Konkurrenz (physiologisches Verhalten gelb) und mit Konkurrenz (ökologisches Verhalten grün)

Die ökologische Potenz ist die Fähigkeit der Organismen einer Lebensgemeinschaft, Schwankungen von Umweltfaktoren bei Konkurrenz durch andere Organismen innerhalb des Toleranzbereiches zu ertragen.

Zeigerpflanzen

Aufgrund der unterschiedlichen Standortansprüche kann man einige Pflanzen als **Zeigerpflanzen** (Bioindikatoren) nutzen. Indikatororganismen haben eine geringe ökologische Potenz. Aus dem gehäuften Auftreten einer Art bzw. einer Pflanzengemeinschaft schließt man auf den Bodenzustand oder die Klimabedingungen: So zeigt das Vorkommen von Hundskamille, Minze oder Sauerampfer kalkarme Böden an, Blutweiderich und Scharbockskraut gedeihen auf feuchten Böden, Breitwegerich und Gänsefingerkraut sind auf verdichteten Böden besonders konkurrenzfähig; die Große Brennnessel zeigt Stickstoffreichtum an.

9.2 Die ökologische Nische

Das Konzept der ökologischen Nische

Die ökologische Nische beschreibt die Gesamtheit der Wechselbeziehungen zwischen einer Art und ihrer Umwelt.

Es gibt verschiedene Möglichkeiten, einen Lebensraum zu nutzen. Jede Pflanzenart hat etwas andere Ansprüche an den Boden, die Belichtung oder die Wasserversorgung. Jede Tierart hat ihr eigenes Wirkungsfeld; sie braucht andere Nahrung als die anderen Arten, hat andere Feinde und Parasiten, andere Aufenthaltsorte und Nistplätze. Diesen Tatbestand drückt das Konzept der ökologischen Nische aus: **Die ökologische Nische ist die Einheit aus einer Art und ihrer spezifischen Umwelt, wie sie sich in der Evolution durch Einnischung herausgebildet hat** (→ S. 229 f.). Zur Nische gehören sowohl die Ansprüche der Art an ihre Umwelt als auch die Angebote und Anforderungen dieser Umwelt an diese Art und die Art und Weise, wie diese Angebote genutzt werden. Auch nahe verwandte Arten, die zur gleichen Gemeinschaft gehören, unterscheiden sich in einigen Faktoren, die für ihre Existenz wesentlich sind.

Kohlmeise und Blaumeise ernähren sich im Sommer überwiegend von Insekten, im Winter von Sämereien. Die Blaumeise hält sich vorwiegend in den Baumkronen auf und bevorzugt Birkensamen. Ihre Beutetiere sind meist kleiner als 2 mm. Sie brütet in kleineren Nisthöhlen in etwa 15 m Höhe. Die Kohlmeise sucht ihre Nahrung oft auf dem Boden. Ihre Jungen füttert sie mit Raupen, die meist länger als 6 mm sind. Sie bevorzugt Samen von Ahorn und Hasel. Ihr Nest baut sie in größerer Höhe.

Waldkauz und Sperber jagen zu verschiedenen Tageszeiten. Habicht und Sperber erbeuten Tiere unterschiedlicher Größe.

Vereinfacht kann man den Lebensraum eines Tieres mit der Adresse, die Nische mit dem Beruf eines Menschen vergleichen: Der Beruf kennzeichnet in erster Linie seine Tätigkeit und seinen Broterwerb; er bestimmt aber auch den Ort, an dem er sich bevorzugt aufhält und die Leistung, die er für die Gemeinschaft vollbringt. Treffend ist dieser Vergleich in Bezug auf die **Konkurrenzvermeidung**: Verschiedene Berufe nutzen unterschiedliche Angebote und vollbringen unterschiedliche Leistungen. Sie können daher auch bei begrenzten Ressourcen koexistieren. Weil jede Art andere Nischen nutzt, können in einer Gemeinschaft viele Arten miteinander leben.

Nischen im Wattenmeer

Das Watt ist der Streifen an der Meeresküste, der bei Niedrigwasser trocken fällt und während der Flut mit Wasser bedeckt wird. Dabei ändert sich der Lebensraum grundlegend. Trotzdem ist das Watt ein sehr dicht besiedelter, artenreicher Lebensraum. Die Lebewesen verfügen über besondere Anpassungen, um diesen krassen Wechsel zu überleben. Im Schlickwatt kann man besonders gut beobachten, wie durch Bildung ganz unterschiedlicher Nischen sehr viele verschiedene Tierarten einen Lebensraum aufteilen und nutzen.

Abb. 243: Wohnröhre des Wattwurms von der Wattoberfläche aus gesehen

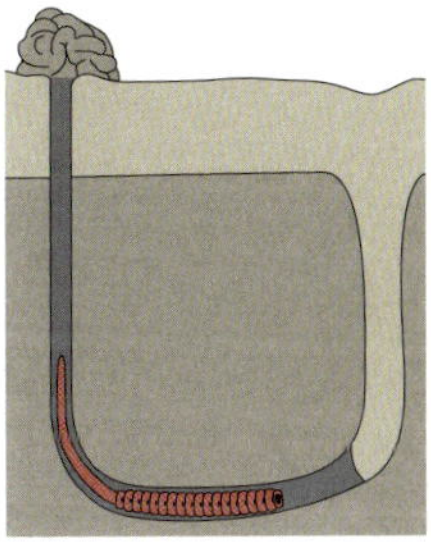

Abb. 244: Wohnröhre des Wattwurms im Schnitt

- **Filtrierer** oder Strudler bewegen nährstoffreiches Wasser heran und filtern Plankton und Detritus heraus.

> Milliarden von Geißeln bewegen Wasser durch die Kiemen der Muscheln.
> Im Schleim der Kiemen bleiben Nahrungsteilchen hängen. Der mit Nahrung beladene Schleim wird zum Mund transportiert.

- Die **Substratfresser** des Watts nehmen Sand oder Schlamm auf, dem sie im Darm die organischen Stoffe entziehen.

> Der Köderwurm baut eine U-förmige Wohnröhre, die am vorderen Ende in einem Trichter ausmündet (Abb. 243 und Abb. 244). Der Wurm hält sich gewöhnlich im unteren Teil der Röhre auf. Verdickungswellen laufen über den Körper und pumpen Atmungswasser durch die Röhre. Über seinem Vorderende entsteht eine Grube, durch die nahrungsreicher Schlick von der Wattoberfläche hineinrutscht. Unverdauliche Bestandteile werden als Kothäufchen abgesetzt.

- **Weidegänger** kriechen über die Oberfläche des Watts, um dort Nahrung zu suchen. Wattschnecke, Wattringelwurm und Krebse gehören dazu.
- **Jäger** verfolgen und ergreifen bewegliche Beute. Dazu gehören neben Seeringelwurm und Strandkrabbe auch viele Wattvögel.

> Möwen sind euryöke Küstenvögel mit breiter Nahrungsnische.
> Die meisten Vögel sind stenök, sie haben sich auf enge Nischen spezialisiert.
> Die Vielfalt der Nischen kommt in den unterschiedlichen Formen und Längen der Schnäbel und Füße zum Ausdruck:
> Regenpfeifer suchen mit kurzem, kräftigem Schnabel Würmer und Krebse an der Wattoberfläche.
> Der Austernfischer bricht mit seinem langen, seitlich zusammengedrückten Schnabel die Schalen von Muscheln auf.
> Der Säbelschnäbler steht mit langen Beinen tief im Wasser und mäht mit der flachen Spitze seines Schnabels durch den weichen Boden, um Würmer oder Krebse aufzuspüren.

Symbiose

Symbiose (griech.) bedeutet „zusammen leben".

Symbiose ist eine Vergesellschaftung von Individuen unterschiedlicher Arten, die für beide Partner vorteilhaft ist.

Das Leben auf der Erde ist in großem Maße durch Kooperation bestimmt: Am Anfang der Entwicklung komplexer Lebewesen stand die Symbiose von Archaeen und Bakterien, aus denen sich Zellen mit Zellkernen (Eucyten) bildeten (→ S. 18).

Symbiose ist ein enges Zusammenleben artverschiedener Organismen zum gegenseitigen Vorteil.

Abb. 245: Kuhreiher und Flusspferd leben in einer lockeren Symbiose: Die Reiher ernähren sich von Parasiten in der Haut der Flusspferde.

Die Mehrzahl der Symbiosen hängt mit der Ernährung, dem Schutz vor Feinden oder der Fortpflanzung zusammen. Bei Symbiosen zwischen Lebewesen, die sich in ihrer Körpergröße stark unterscheiden, bezeichnet man den größeren Partner als Wirt, den kleineren als Symbiont.

Zunächst unterscheidet man Symbiosen nach ihrer räumlichen Beziehung:

- Bei der **Ektosymbiose** leben die Symbionten körperlich getrennt.
- Bei einer **Endosymbiose** lebt der Symbiont im Körper des Wirts.

Auch der erzielte Nutzen für die Beteiligten kann unterschiedlich sein:

- Eine Fortpflanzungssymbiose ist die Symbiose zwischen Bienen und Blütenpflanzen.

Andere Symbiosen dienen einem der Symbionten zum Schutz vor Feinden: Ein Beispiel für diese Symbiose ist die Beziehung von Ameisen zu Blattläusen. Die Ameisen geben den Blattläusen Schutz vor Feinden, im Gegenzug lassen sich diese von den Ameisen „melken", sie sondern eine Zuckerlösung ab, welche die Ameisen zu sich nehmen.

Symbiosen können auch nach dem **Grad ihrer gegenseitigen Abhängigkeit** klassifiziert werden:

- Bei einer **Allianz** haben beide Arten einen Vorteil von gelegentlicher Kooperation, sie sind allerdings nicht aufeinander angewiesen und können auch allein überleben. Ein Beispiel ist die Symbiose zwischen Kuhreihern und Flusspferden (Abb. 245).
- **Mutualismus** ist eine regelmäßige Symbiose, die die Fitness beider Partner deutlich erhöht, aber für keine der beiden überlebensnotwendig ist (z.B. Symbiose zwischen Ameise und Blattlaus).
- Die **Eusymbiose** oder **obligatorische Symbiose** ist eine feste Lebensgemeinschaft, bei der die Partner allein nicht lebensfähig sind, sie sind vielmehr zwingend aufeinander angewiesen:

Flechten sind Symbiosen aus Pilz und Alge oder aus Pilz und Cyanobakterium.

In der Stammesgeschichte sind Flechten mehrmals unabhängig voneinander entstanden. In der Symbiose übernimmt der Pilz die Versorgung mit Wasser und Nährsalzen, er schützt die Algen vor Austrocknung und Strahlung. Algen oder Cyanobakterien versorgen den Organismus mit Nährstoffen. Die Symbiose führt zu einer neuen Organisationsform. Gestalt und Leistung der Flechten sind mehr als die Summe der Partner: Flechten stellen Stoffe her, die weder Pilz noch Alge allein synthetisieren können. Sie erschließen extreme Lebensräume: Als Pionierorganismen leben sie auf Felsen im trocken-heißen Wüstenklima wie in Kältewüsten des ewigen Eises.

Abb. 246: Flechten sind Doppelorganismen aus Pilz und Alge bzw. aus Pilz und Cyanobakterium.

Knöllchenbakterien, das sind Bakterien der Gattung *Rhizobium*, dringen in die Wurzeln der Leguminosen (Hülsenfrüchtler wie Klee, Lupinen, Bohnen) ein und leben mit diesen in Symbiose. Sie ernähren sich von den Assimilaten der Pflanze und leben in Wurzelknöllchen, die von den Pflanzen gebildet werden.

Im Tausch liefern sie der Wirtspflanze Stickstoff, den sie aus der Luft aufnehmen, reduzieren und in Form von Ammonium-Ionen (NH_4^+) abgeben. In der Landwirtschaft wird die Symbiose zur Anreicherung des Bodens mit Stickstoff genutzt.

Fast alle Waldbäume leben in Symbiose mit Pilzen. Junge Baumwurzeln sind lückenlos von Pilzmänteln umhüllt. Diese Symbiose, die **Mykorrhiza**, ist für beide Partner unentbehrlich. Die Symbiose bietet beiden Partnern Vorteile: Der Baum versorgt den Pilz mit Kohlenhydraten. Der Pilz nimmt Mineralstoffe und Wasser aus dem Boden auf und leitet sie an den Baum weiter. Außerdem schützt er die Wurzeln vor dem Eindringen pathogener Pilze.

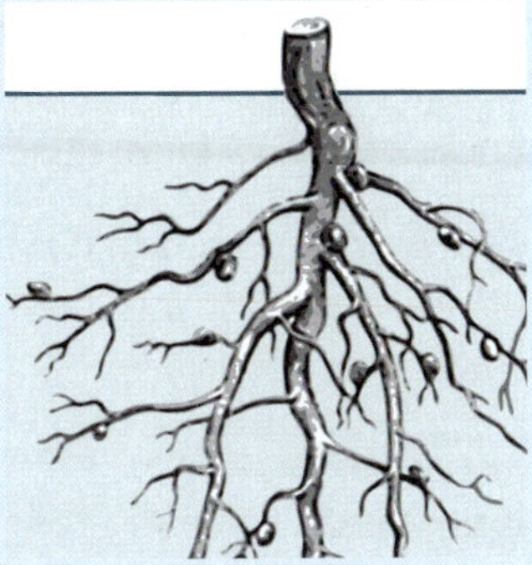

Abb. 247: Knöllchenbakterien leben in Symbiose mit Leguminosen.

Korallenriffe entstehen und bestehen durch das Zusammenleben von Korallen und Algen.

Durch diese Symbiose haben **Korallen und Algen** neue Lebensräume für sich und die reichste Lebensgemeinschaft der Erde erschlossen. Im Gewebe der Korallen leben einzellige Algen, die **Zooxanthellen**. Nur in Symbiose mit diesen einzelligen Algen können die Korallen hinreichend Nährstoffe und Sauerstoff gewinnen und die unterseeischen Kalkgebirge bilden. Die Korallen geben den Algen Schutz und Wohnraum.

Der Kreislauf der Stoffe ist innerhalb der Riffkorallen teilweise geschlossen:
Die Algen produzieren mittels Fotosynthese Sauerstoff und organische Stoffe.
Im Stoffwechsel der Korallen fallen Kohlenstoffdioxid, Ammonium und Phosphat an, die den Algen zur Verfügung stehen.

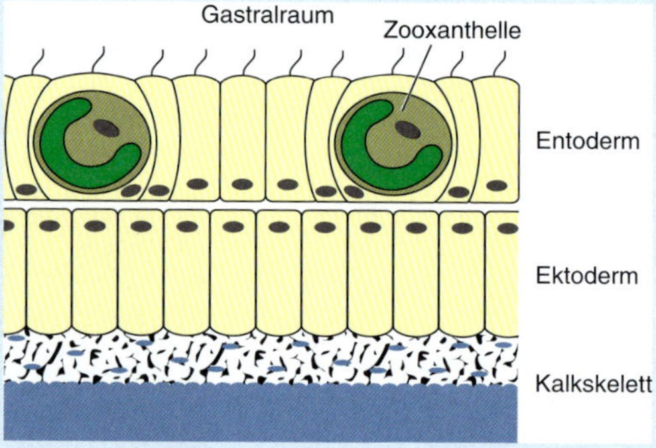

Abb. 248: Schematischer Schnitt durch eine Steinkoralle, die in Symbiose mit Zooxanthellen lebt

Zum Bau ihres Kalkskeletts entnehmen die Korallen dem Wasser gelöste Kalzium- und Hydrogenkarbonat-Ionen. Daraus stellen sie Kalziumkarbonat (Kalk) her.
Bei dieser Reaktion fällt Kohlenstoffdioxid an:

$$Ca^{2+} + 2\ HCO_3^- \longrightarrow CaCO_3 + CO_2 + H_2O.$$

Die Algen verbrauchen das Kohlenstoffdioxid bei der Fotosynthese und verschieben so das Gleichgewicht der Reaktion zugunsten der Kalkbildung.

Symbiosen entstehen durch **Koevolution** verschiedener Arten (→ S. 233). Die beiden Organismen passen sich wechselseitig aneinander an. Schrittweise entsteht aus einer lockeren Allianz eine mutualistische Symbiose und schließlich eine Eusymbiose.

Parasitismus

Parasitismus ist – zumindest für den Parasiten – eine besonders erfolgreiche Lebensform: Die überwiegende Zahl aller Tierarten lebt parasitisch. Wegen dieser Häufigkeit ist Parasitismus ein Faktor, mit dem sich alle Lebewesen auseinandersetzen müssen. Nicht selten findet man auf bzw. in einem einzelnen Lebewesen Dutzende verschiedener Parasiten.

Parasiten (Schmarotzer) ernähren sich von anderen lebenden Organismen und fügen diesen Schaden zu.

Parasiten erwerben ihre Nahrung aus anderen Organismen; im Unterschied zu Räubern töten Parasiten ihre Opfer nicht oder erst zu einem späten Zeitpunkt. Auch wo ein Parasit das Leben seines Wirts nicht unmittelbar bedroht, wirkt er sich durch Nahrungsentzug und seine Stoffwechselprodukte nachteilig auf dessen Wohlbefinden und Wachstum, Krankheitsanfälligkeit oder Lebensdauer aus.

Parasitismus ist mit einer Steigerung der Fitness des Parasiten auf Kosten der Fitness des Wirtes verbunden.

Parasiten sind hoch spezialisierte Lebewesen. Ihr Habitat ist in der Regel auf einige wenige Wirtsarten, oft auf eine einzige Art, beschränkt. Sie sind an ihre Lebensweise durch besondere Strukturen angepasst: Viele Parasiten halten sich mit Haft- oder Klammerorgane an ihrem Wirt fest. Organe, die für parasitische Lebensweise nicht notwendig sind, werden rückgebildet (Wegfall der stabilisierenden Selektion → S. 233): So haben Flöhe keine Flügel, parasitische Würmer keine Augen. Viele Nachkommen und komplizierte Entwicklungszyklen sichern die Fortpflanzung und das Auffinden eines Wirts. Manche Parasiten leben während ihrer Entwicklung in verschiedenen Wirten. Man unterscheidet Zwischenwirte und den Endwirt. Sexuelle Fortpflanzung findet im Endwirt statt.

Abb. 249: Der Holzbock *Ixodes ricinus* ist eine Zecke, die sich an der Haut warmblütiger Tiere festkrallt und sich von deren Blut ernährt.

Man unterscheidet zwischen **Ektoparasiten** und **Endoparasiten**, je nachdem, ob sich der Parasit an oder in seinem Wirt aufhält.

> Zecken (Abb. 249) übertragen Krankheitserreger zwischen verschiedenen Wirten, ohne selbst zu erkranken. Der Holzbock ist u. a. Überträger der Lyme-Borreliose und der FSME (Frühsommer-Meningo-Enzephalitis).

Parasiten haben eine wichtige Funktion in der Natur: Sie können Populationsgrößen besonders wirkungsvoll regulieren.

Die Grenze zwischen Symbiose und Parasitismus ist fließend.

Parasiten haben eine wichtige regulatorische Bedeutung in Ökosystemen: Sie kontrollieren die Vermehrung ihrer Wirte und fördern die Mannigfaltigkeit.

Beim **Kommensalismus** ist das Zusammenleben nur für einen der beiden Partner – den Kommensalen – vorteilhaft, für den anderen ist sie neutral. Dazu gehören Aasfresser der Savanne, die den Jägern folgen.

9.3 Trophie-Ebenen und Nahrungsketten

Trophische Ebenen

Huftierherden des Graslandes ernähren Scharen von Raubtieren. Außerdem produzieren sie ungeheure Kotmengen, die sich, wenn sie nicht beseitigt würden, anhäufen und die Pflanzen ersticken würden. Gräser, Weidetiere, Raubtiere und Dungkäfer unterscheiden sich grundsätzlich in ihrer Ernährungsweise; sie gehören verschiedenen Ernährungsbereichen oder trophischen Ebenen an:

- Gräser sind – wie alle grünen Pflanzen – autotroph (→ S. 45): Sie können alles, was sie zum Leben brauchen, aus mineralischen Bausteinen herstellen. Sie sind die **Produzenten** organischen Materials.
- Die Weidetiere sind in ihrer Ernährung unmittelbar von den Pflanzen abhängig. Pflanzenfresser (Herbivore) bezeichnet man als **Konsumenten erster Ordnung** oder Primärkonsumenten.
- Raubtiere (Karnivore) ernähren sich überwiegend von Pflanzenfressern, sie sind Sekundärkonsumenten oder **Konsumenten zweiter Ordnung**.
- Tiere am Ende der Nahrungskette bezeichnet man als **Spitzenkonsumenten**.
- Aasfresser und Dungkäfer, Bakterien und Pilze sind **Destruenten** oder Zersetzer. Sie ernähren sich von toter organischer Substanz, die sie in Mineralstoffe zurückführen.

Abb. 250: Trophische Ebenen und Nahrungskette der Savanne

Nahrungsketten und Nahrungsnetze

In einer Nahrungskette lebt jeweils das folgende Lebewesen vom Verzehr des vorhergehenden.

- Weidenahrungsketten gehen von Pflanzen aus und verlaufen über Pflanzenfresser zu Fleischfressern. Am Anfang der Kette stehen **Produzenten**. Auf diese folgen **Konsumenten** in ein bis etwa fünf Stufen. Am Ende stehen die Endkonsumenten, Tierarten, die von keinem anderen Tier gejagt werden. Die Nahrungskette {Gras – Zebra – Löwe} ist kurz. Wo kleinere Tiere als Primärkonsumenten auftreten, sind die Nahrungsketten länger: {Gras(samen) – Maus – Schlange – Greifvogel}.
- Oft sind Parasiten (➔ S. 271) Glieder einer Nahrungskette: {Gras – Gnu – Zecke – Madenhacker – Sperber}. Totes organisches Material steht am Anfang von Detritus-Nahrungsketten: Termiten verzehren Pilze, die auf totem Holz leben, die Termiten werden vom Erdferkel und dieses vom Leoparden gefressen.

Das Konzept der Nahrungskette beschreibt Stoffflüsse im Ökosystem in vereinfachter und idealisierter Darstellung.

Besondere Bedeutung hat das Konzept der Nahrungskette im Zusammenhang mit der **Anreicherung von Schadstoffen**. Vor allem fettlösliche und schwer oder nicht abbaubare Stoffe (z. B. Schwermetall-Ionen und Chlorkohlenwasserstoffe) reichern sich in aufeinander folgenden Trophie-Ebenen an. Man spricht in diesem Zusammenhang von Biomagnifikation. Auch der Mensch als Endkonsument unterliegt der Schadstoffanreicherung in der Nahrungskette, besonders durch die Muttermilch.

Schadstoffe reichern sich im Verlauf der Nahrungskette an.

Die Anordnung von Lebewesen in lineare Ketten (Abb. 250) ist die drastische Vereinfachung eines komplizierten Gefüges. Nahrungsbeziehungen sind meist verzweigt; kaum ein Lebewesen gehört nur einer Nahrungskette an. Dutzende von Tierarten nutzen das Gras der Savanne. Löwen jagen neben dem Zebra viele andere Tiere. Die Nahrungsbeziehungen einer Lebensgemeinschaft gleichen eher einem Netz mit vielen Knoten. Sie können als **Nahrungsnetz** dargestellt werden, allerdings sind grafische Darstellungen von Nahrungsnetzen entweder extrem kompliziert oder aber sehr unvollständig.

Nahrungsketten einer Lebensgemeinschaft sind zu Nahrungsnetzen verflochten.

Die **quantitativen Verhältnisse** einer Nahrungskette kann man in **Biomassepyramiden** darstellen. Die Biomassepyramide vergleicht die Masse der Organismen aufeinander folgender trophischer Bereiche.
Die Biomasse nimmt mit steigender Trophieebene ab: Als Faustregel nimmt man an, dass die Primärkonsumenten 1/10, die Sekundärkonsumenten 1/100 der Masse der Produzenten besitzen. Von 1000 kg Gras können also etwa 100 kg Zebras und von diesen etwa 10 kg Löwen leben. In der Natur sind diese Zahlen meist viel kleiner, weil andere limitierende Faktoren hinzukommen (Abb. 251).

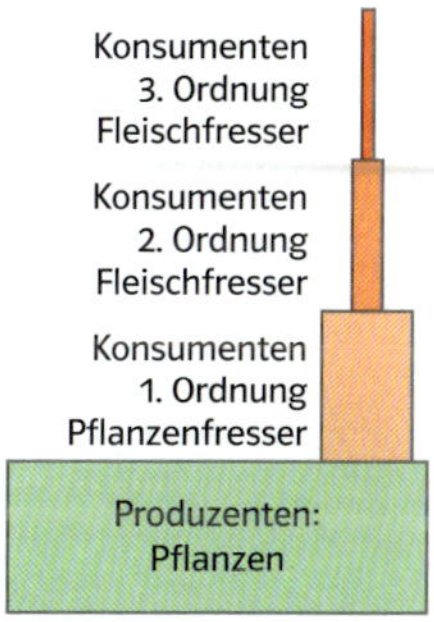

Abb. 251: Biomassepyramide eines Graslandes

9.4 Stoffkreislauf und Energiefluss

Eine bedeutende Wechselwirkung zwischen Lebewesen und Umwelt ist der Stoffaustausch. Jedes Lebewesen nimmt Stoffe aus seiner Umwelt auf und gibt andere Stoffe an die Umwelt ab.

Der Kreislauf des Sauerstoffs

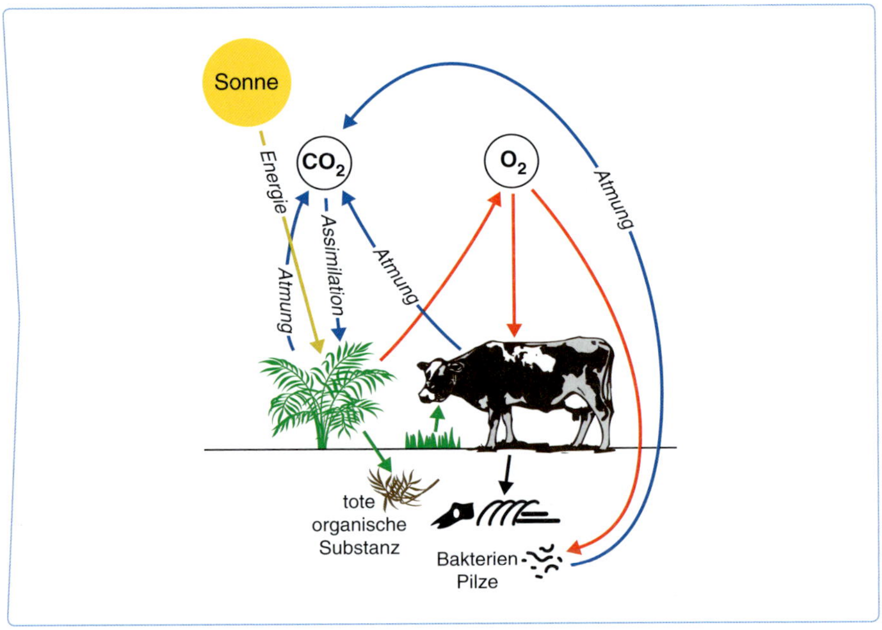

Abb. 252: Kreislauf der Atemgase Sauerstoff und Kohlenstoffdioxid

Im ersten Schritt der Fotosynthese (→ S. 55 f.), der Lichtreaktion, wird mit Hilfe von Lichtenergie Wasser in Sauerstoff und Wasserstoff gespalten. Den Wasserstoff brauchen die Pflanzen, um in der Dunkelreaktion Zucker aufzubauen. Der Sauerstoff wird an die Atmosphäre abgegeben.
Tiere, Mikroorganismen und unbelichtete Pflanzenorgane gewinnen ihre Energie vor allem durch die **Atmung** (→ S. 46 ff.). Bei der Atmung werden Zucker und andere organische Stoffe zunächst zu Kohlenstoffdioxid und Wasser oxidiert. Der Sauerstoff, der für diese Oxidation benötigt wird, stammt aus der Atmosphäre. Weil Produktion und Verbrauch von Sauerstoff in der Biosphäre ausgewogen sind, bleibt der Sauerstoffgehalt der Atmosphäre über große Zeiträume unverändert (Abb. 252).

Der Kohlenstoffkreislauf

Atmung und Fotosynthese sind die zentralen Reaktionen des Kohlenstoffkreislaufs (Abb. 253). Bäume filtern mit ihren Blättern Kohlendioxid aus der Atmosphäre und bauen daraus in der Dunkelreaktion der Fotosynthese (→ S. 58 f.) Kohlenhydrate auf:

$$6\ CO_2 + 6\ H_2O \longrightarrow C_6H_{12}O_6 + 6\ O_2.$$

Aus Kohlenhydraten stellen die Pflanzen ihre Baustoffe und Wirkstoffe her.

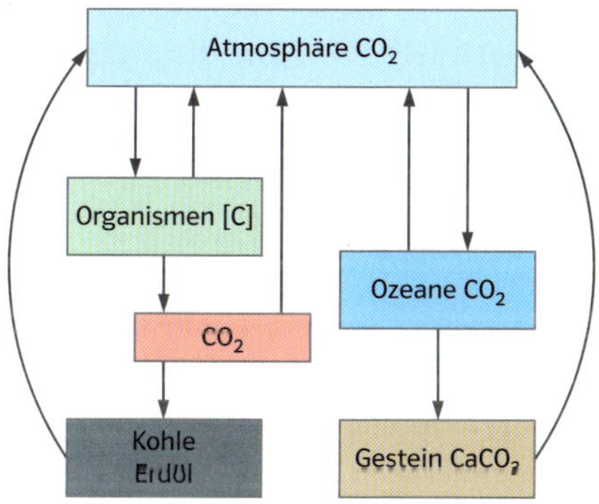

Abb. 253: Biogeochemischer Kreislauf des Kohlenstoffs

Der biogeochemische Kreislauf des Kohlenstoffs umfasst neben dem Kreislauf der Atemgase auch Umwege über Sedimente wie Kohle und Karbonate.

Die **Rückführung des Kohlenstoffs in die Atmosphäre** geht über verschiedene Wege, die wenige Minuten oder Jahrmillionen dauern:

- Ein Teil der Kohlenhydrate wird von den **Pflanzen** durch die Atmung wieder abgebaut. So deckt die Pflanze ihren Energiebedarf während der Nacht und in unbelichteten Organen. Kohlenstoff wird in Form von Kohlenstoffdioxid freigesetzt.
- Ein anderer Teil der pflanzlichen Substanz wird von **Tieren** konsumiert. Die Konsumenten stellen durch die Atmung Kohlendioxid her und geben es ab.
- Der größte Teil der von Pflanzen produzierten Stoffe wird von den **Destruenten** durch Zellatmung zu Kohlendioxid oxidiert.
- Wälder der Steinkohlenzeit wurden unter Sedimenten begraben und unter hohem Druck und großer Hitze zu **Kohle** verwandelt. Millionen Jahre später wird die Kohle aus den Lagerstätten geholt und verbrannt.
- Meeresorganismen nehmen Kohlenstoff auf, um daraus ihre Schalen aufzubauen, die meist aus **Kalziumkarbonat** ($CaCO_3$) bestehen. Die Schalen sinken nach dem Tod der Tiere auf den Grund und werden zu Kalkstein verfestigt, der ganze Gebirge aufbauen kann. Wenn er verwittert, wird Kohlenstoffdioxid freigesetzt:

  $$CaCO_3 \longrightarrow CaO + CO_2.$$

  Man spricht von „biogeochemischen Zyklen".

Autotrophie und Heterotrophie sind die beiden elementaren Ernährungsformen von Lebewesen.

Nach ihrer Position im Kreislauf des Kohlenstoffs teilt man die Lebewesen in zwei große ökologische Kategorien ein:

- Durch ihre Befähigung zur Fotosynthese sind die grünen Pflanzen die Nahrungsproduzenten. Sie sind **autotroph**, sich „selbst ernährend". Autotroph sind auch die zur Chemosynthese (→ S. 44) befähigten Bakterien. Den Kohlenstoff, aus dem sie ihre Zellen aufbauen, entnehmen auch sie dem Kohlendioxid der Luft.
- **Heterotrophe Ernährung** ist für Tiere charakteristisch. Sie nehmen andere Lebewesen in sich auf, bauen deren Substanz durch Verdauung zu einfachen Molekülen ab, die sie zur Energiegewinnung weiter abbauen oder in ihre eigenen Körper einbauen. Auch Pilze und die meisten Bakterien sind heterotroph: Saprophyten (Fäulnisbewohner) ernähren sich von totem organischem Material, wie abgestorbenem Holz, Laub oder Humus, Parasiten beziehen ihre Nahrung von lebenden Organismen.

Kreislauf der Mineralstoffe

Um Proteine, Nukleinsäuren und andere Stoffe herzustellen, benötigen die Pflanzen neben Kohlenstoffdioxid und Wasser eine Reihe anorganischer Ionen, z. B. Nitrat, Phosphat, Sulfat, Kalium und Kalzium. Diese Mineralstoffe bezeichnet man als **Pflanzennährstoffe**.

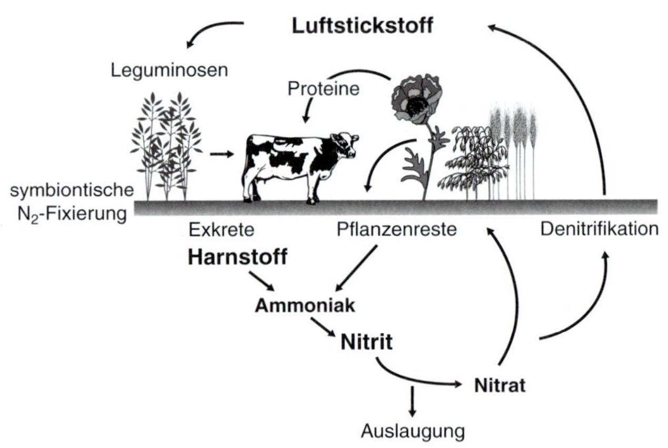

Abb. 254: Kreislauf des Stickstoffs in terrestrischen Ökosystemen

Mineralsalze, die von den Pflanzen dem Boden entnommen werden, müssen diesem wieder zugeführt werden (Abb. 254). Diese Aufgabe übernehmen die Destruenten, vor allem Bodenorganismen. Durch die **Mineralisation** kehren die Mineralsalze in den Boden zurück. **Auf die Biosphäre bezogen sind die Mineralstoffkreisläufe geschlossen.**

In vielen Ökosystemen ist Stickstoff der limitierende Umweltfaktor für das Wachstum der Pflanzen. Ein großer Teil des Stickstoffbedarfs in Ökosystemen wird durch interne **Stickstoffkreisläufe** gedeckt: Säugetiere scheiden Harnstoff im Urin aus. Destruenten mineralisieren den organisch gebundenen Stickstoff zunächst zu Ammonium: Ammonifikation. Andere Mikroben oxidieren Ammonium zu Nitrit und weiter zu Nitrat: Nitrifikation. Pflanzen nehmen Nitrat auf und bauen den Stickstoff in ihre Biomasse ein. Durch die Nahrungskette gelangt der Stickstoff in die Konsumenten. Knöllchenbakterien (→ S. 269), die in Symbiose mit den Leguminosen leben, können Luftstickstoff assimilieren und damit Verluste, die durch Denitrifikation entstehen, wieder ausgleichen.

Das Stickstoffangebot im Boden ist für viele Pflanzen limitierender Faktor.

Vorratsspeicher

Für jeden Stoff, der im Ökosystem kreist, gibt es Vorräte, so genannte „Pools", aus denen die Lebewesen Stoffe entnehmen und an die sie Stoffe abgeben.

Atmosphäre, Ozeane, Böden und Lebewesen sind Vorratsspeicher für biogene Stoffe.

- Die **Atmosphäre** birgt Vorräte an Sauerstoff und Kohlendioxid. Änderungen die durch Zerstörung einzelner Ökosysteme ausgelöst werden, sind weltweit spürbar. Lange Zeit war die Zusammensetzung der Atmosphäre konstant. Durch die Verbrennung fossiler Brennstoffe und gleichzeitige Zerstörung der Vegetation ist dieses Gleichgewicht ins Wanken geraten.
- Die **Ozeane** enthalten etwa sechzig Mal so viel Kohlenstoffdioxid wie die Atmosphäre. Jährlich tauschen sie etwa 10^{11} Tonnen CO_2 mit der Atmosphäre aus.
- Speicher für Pflanzennährstoffe wie Phosphor, Schwefel, Kalium, Kalzium und Magnesium ist der **Boden**. Humus und Ton adsorbieren Ionen und geben sie langsam an Pflanzenwurzeln ab.
- **Lebewesen** speichern Stoffe in großem Umfang. Wichtigster Kohlenstoffspeicher im Wald sind die lebenden Bäume. Aufgrund ihrer Fähigkeit, Kohlenstoffdioxid zu binden, werden Wälder als wichtige Klimafaktoren gesehen. Im Tropenwald ist die lebende Substanz auch der größte Speicher für Mineralstoffe.

Nachhaltigkeit und das Prinzip der Rückführung

In der Industriegesellschaft werden Rohstoffe knapp, Müll häuft sich an. In Ökosystemen entstanden dagegen im Laufe der Evolution weitgehend geschlossene Kreisläufe (Abb. 252, Abb. 254). Durch ständige **Rückführung** („recycling") gibt es in natürlichen Ökosystemen weder Rohstoffmangel noch Müllprobleme. Der „Abfall" des einen Lebewesens wird zum „Rohstoff" für das andere. Das Prinzip der Rückführung ist allen Ökosystemen gemeinsam.

Nachhaltiges Wirtschaften nutzt ein System so, dass es erhalten bleibt oder sich regenerieren kann.

Das Konzept der Nachhaltigkeit beschreibt die Nutzung eines Systems in

Rückführung oder Recycling bedeutet, dass Abfall zu Rohstoff wird.

„Entwicklung zukunftsfähig zu machen, heißt, dass die gegenwärtige Generation ihre Bedürfnisse befriedigt, ohne die Fähigkeit der zukünftigen Generation zu gefährden, ihre eigenen Bedürfnisse befriedigen zu können."
Brundtland-Bericht

einer Weise, dass dieses System in seinen wesentlichen Eigenschaften erhalten bleibt und sein Bestand auf natürliche Weise nachwachsen kann. Aus einem nachhaltig bewirtschafteten Wald wird nicht mehr Holz entfernt, als im gleichen Zeitraum nachwächst. Das Prinzip der Nachhaltigkeit sorgt für fortdauernde, gleich bleibende Erträge und ist damit vorbildlich für landwirtschaftliche und industrielle Produktionsweisen, bei denen oft die Grundlage der Produktion zerstört wird.
Ökologische Nachhaltigkeit hat das Ziel, Natur und Umwelt für nachfolgende Generationen zu erhalten. Dazu gehören ein schonender Umgang mit den Ressourcen der Natur, der Erhalt der Artenvielfalt, der Schutz des Klimas und die Pflege von Landschaftsräumen.

Energiefluss

Im Hinblick auf ihren Energiehaushalt sind Ökosysteme offene Systeme.

Während sich die Stoffe in ständigem Kreislauf befinden, sind **Ökosysteme in Bezug auf die Energie offene Systeme**: Die Sonne ist die Energiequelle fast aller Ökosysteme. Produzenten wandeln die Lichtenergie in chemische Energie um. Die in den organischen Stoffen gebundene Energie wird von Stufe zu Stufe der Nahrungskette geringer, weil ein großer Teil an Energie in Form von Wärme an die Umwelt abgegeben wird.

Der Energiefluss im Ökosystem bezeichnet den Energietransfer und die Energieumwandlung der eingestrahlten Sonnenenergie über die Biomasse der Produzenten und die anschließende Nahrungskette über die Konsumenten bis zu den Destruenten. Wenn man in der Ökologie von „Energieaufnahme" oder „Energieweitergabe" spricht, so meint man damit meist die Aufnahme oder Weitergabe von energiereichen Stoffen.

Energie kann weder erzeugt noch vernichtet, sondern nur in andere Energieformen umgewandelt werden (**Erster Hauptsatz** der Thermodynamik). Bei jeder Umformung geht nutzbare Energie verloren (**Zweiter Hauptsatz** der Thermodynamik).

Alle Lebensvorgänge sind von Energieumwandlungen begleitet. Ohne Energieumwandlungen ist Leben nicht möglich. Bei allen diesen Umwandlungen gilt der erste Hauptsatz der Thermodynamik: **Energie kann von einer Form in eine andere überführt werden; sie entsteht nicht neu und geht nicht verloren.** Für jeden dieser Prozesse gilt aber auch der zweite Hauptsatz der Thermodynamik: **Wird Energie von einer Form in eine andere umgewandelt, so wird ein Teil davon in Wärme überführt.** Wärme ist eine Energieform, die im Ökosystem nicht wieder in andere Energieformen zurückgeführt werden kann. Sie geht als nicht nutzbare Energie verloren. So wird beim Durchlaufen der Nahrungskette die gesamte Energie schließlich in Wärme umgewandelt. Wegen der Ineffizienz der Energieumwandlung bleiben Ökosysteme nur bei dauernder Energiezufuhr lebensfähig.
Physikalisch entspricht der Energiefluss einer Leistung, d. h. Energie pro Zeiteinheit. Er hat folgende physikalischen Dimensionen: J/s = Joule pro Sekunde = Watt oder $kJ \cdot s^{-1}$ = Kilojoule pro Sekunde = Kilowatt.

Energiefluss durch die Nahrungskette

Der ökologische Energiefluss hat seinen Ursprung in der Sonne.

Der größte Teil des Sonnenlichts, das die Pflanze trifft, wird als Licht reflektiert oder in Wärmeenergie verwandelt.

Ein kleiner Teil der Lichtenergie (etwa 0,5 bis 1%) wird durch die Fotosynthese in chemische Energie umgewandelt und zum Aufbau organischer Moleküle verwendet: Sie wird als **Bruttoprimärproduktion** bezeichnet.

Einen Teil der gespeicherten Energie verbrauchen die Pflanzen als **Betriebsenergie** für ihre eigenen Lebensvorgänge. Er wird bei der Atmung (R = Respiration) der Pflanze in Wärme überführt. Für das Ökosystem bedeutsam ist die **Nettoprimärproduktion**, das ist der Teil der Sonnenenergie, der in Pflanzensubstanz gespeichert wird.

Ein anderer, kleinerer Teil wird von den Konsumenten aufgenommen und in **Nahrungsketten** (N) eingeschleust. Weidetiere der Savanne verzehren etwa 20 – 30 % der Pflanzenmasse. Jedes Tier kann nur einen Teil seiner Nahrung zum Aufbau eigener Körpersubstanz, zur **Sekundärproduktion**, verwerten. Nur der in der Sekundärproduktion festgelegte Teil der Energie steht maximal den Konsumenten der nächst höheren Trophiestufe zur Verfügung. Der größere Teil der aufgenommenen Energie wird als Betriebsenergie in Wärme überführt (R).

Ein Teil der Nettoproduktion verbrennt oder fällt nach dem Tod der Pflanze oder dem Absterben einzelner Organe an die Zersetzer und wird in **Detritus-Nahrungsketten** (D) genutzt.

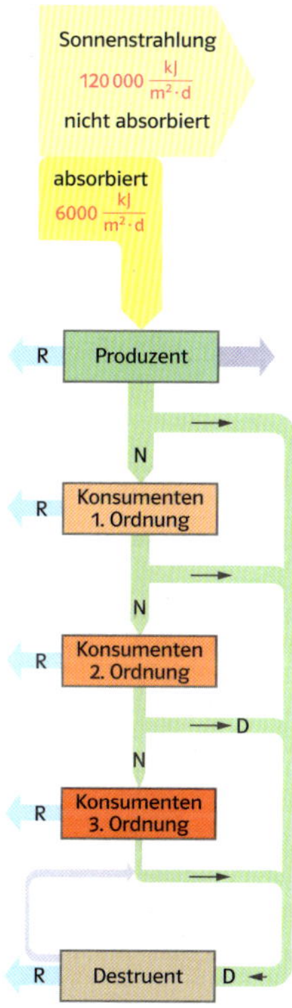

Abb. 255: Energiefluss durch die Nahrungskette

Produktionspyramiden und ökologische Effizienz

Die Energieweitergabe in der Nahrungskette ist ineffizient.

Energieumwandlung und Energieweitergabe in der Nahrungskette sind ineffizient. Nahrungsketten sind mit erheblichen Energieverlusten verbunden. Je weiter eine Population in der Nahrungskette von den Produzenten entfernt ist, desto knapper wird ihre Energiebasis. Deshalb haben Nahrungsketten in der Regel maximal drei bis fünf Glieder.

Produktionspyramiden (Abb. 255, Abb. 257) geben ein anschauliches Bild vom Energiefluss durch die Nahrungskette: Sie zeigen an, welche Biomasse in einer Zeiteinheit von den einzelnen trophischen Stufen produziert wird. In jeder trophischen Ebene wird die Biomasse eingetragen, die in einer bestimmten Zeiteinheit dazu kommt, also die Nettoproduktion pro Zeiteinheit. Wegen der Ineffizienz der Energieweitergabe werden Produktionspyramiden nach oben schmaler.

Interessant ist der Vergleich von Biomassepyramiden und Produktionspyramiden verschiedener Ökosysteme. Die Biomasse der Gräser eines Graslandes ist viel kleiner als die der Bäume des Waldes; ihre Produktion dagegen ist um ein Mehrfaches höher: Bäume bestehen nur zu einem kleinen Teil aus fotosynthetisch aktivem Gewebe; der größte Teil hat Stütz- und Speicherfunktion. Gras dagegen besteht fast nur aus grünen Organen. Zwischen Biomasse und Produktion eines Ökosystems besteht also kein unmittelbarer Zusammenhang.

Ernährungsstufe	Trockengewicht / ha·Jahr
Produzenten: Bruttoproduktion Nettoproduktion	 24 t 12 t
Konsumenten 1. Ordnung	20 kg
Konsumenten 2. Ordnung	2 kg
Destruenten	800 kg

Tab. 8: Produktion in einem Eichen-Hainbuchenwald Mitteleuropas

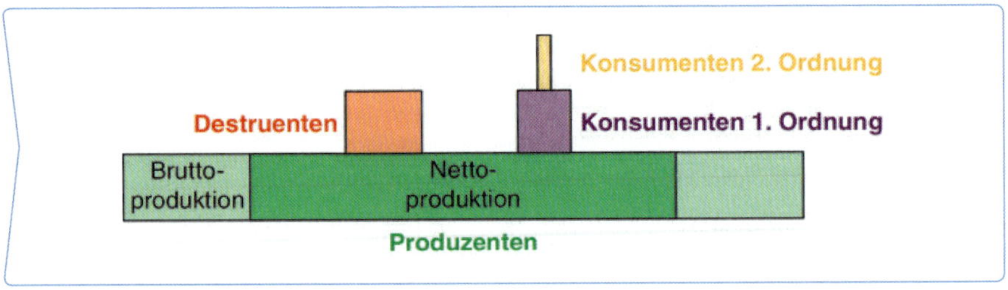

Abb. 256: Grafische, nicht maßstabsgetreue Darstellung der Produktion in einem Wald Mitteleuropas

Termiten	2 – 9 %
Heuschrecke	6 – 8 %
Antilope	2,4 %
Hausrind	2,3 %
Elefant	0,5 %
Regenwurm	0,6 %

Tab. 9: Ökologische Effizienz verschiedener Tierarten

Der Anteil der Energie, der von einer trophischen Ebene zur nächsten weitergegeben wird, ist die **ökologische Effizienz der Energieweitergabe**. Ökologen gehen von einer durchschnittlichen Effizienz von 10 % aus. Im Wald ist sie deutlich kleiner. Je weiter eine Population in der Nahrungskette von den Produzenten entfernt ist, desto knapper wird seine Energiebasis. Die Individuenzahl wird kleiner, die Reviere müssen größer werden. Die nach oben schmaler werdende Form von Produktions- und Biomassepyramiden findet durch die Ineffizienz der Energieübertragung in Nahrungsketten ihre Erklärung:

In jedem Ökosystem ist die Zahl der trophischen Bereiche (die Länge der Nahrungskette) durch die Ineffizienz der Energieweitergabe begrenzt. Innerhalb jeder Trophiestufe begrenzt die zur Verfügung stehende Energie die Zahl der Organismen und deren Biomasse.

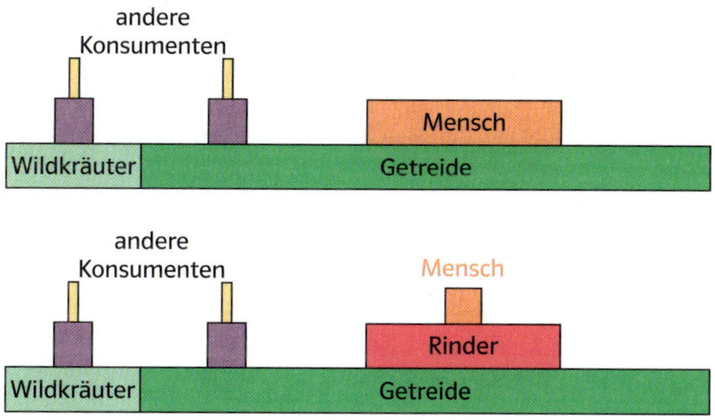

Abb. 257: Nahrungspyramiden menschlicher Populationen, die sich vegetarisch (oben) bzw. von Rindfleisch ernähren bei gleicher Primärproduktion

Die Ineffizienz bei der Energieweitergabe in Nahrungsketten hat auch Folgen für die Ernährungsstrategien der Menschheit. In den reichen Industrieländern des Nordens wird ein großer Teil der pflanzlichen Produktion an Schlachttiere verfüttert. 70–90 % der in den Pflanzen gespeicherten Energie gehen bei der Umwandlung verloren. Auch Regenwälder sterben für den Fleischkonsum. Würden sich die Menschen verstärkt von pflanzlichen Produkten ernähren, so könnten – bei geringerer Belastung der Biosphäre – mehr Menschen ausreichend mit Nahrung versorgt werden.

9.5 Wachstum und Regulation von Populationen

Exponentielles Wachstum

Populationsdynamik ist die Veränderung der Größe und der räumlichen Verbreitung von Populationen (➔ S. 218). Die Dynamik einer Population wird bestimmt durch vielerlei Wechselwirkungen innerhalb der Population und mit ihrer Umwelt. Unter günstigsten Bedingungen – ohne Feinde und mit unbegrenzten Nahrungsvorräten – wächst eine Population exponentiell an.

Zu einer Population gehören die artgleichen Individuen, die in einem zusammenhängenden Gebiet zu einer Zeit leben.

Lemminge wurden durch ihre alle paar Jahre einsetzende Massenvermehrung bekannt. Ihre Geburtenrate ist sehr hoch. Sie haben bis zu 14 Würfe im Jahr, zu jedem Wurf gehören 2 bis 11 Junge. Zu Beginn der Massenvermehrung gibt es genügend Raum und Nahrung und wenige Feinde. Die Altersstruktur der Population ist günstig: Wenigen alten stehen sehr viele junge Tiere gegenüber. Die Sterberate ist klein.
In Lemmingjahren wächst die Population exponentiell: Alle paar Wochen verdoppelt sich die Zahl der Tiere. Damit verdoppelt sich auch die Zahl der Geburten, die Basis für die nächste Verdoppelung der Population.

Exponentielles Wachstum ist durch konstante Verdoppelungszeiten gekennzeichnet. Stellt man exponentielles Wachstum grafisch dar, so erhält man eine

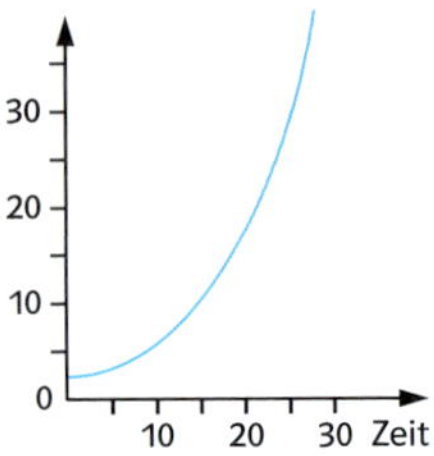

Abb. 258: Exponentielles Wachstum ist definiert durch konstante Verdoppelungszeiten.

Kurve, die immer steiler steigt (Exponentialkurve oder J-förmige Wachstumskurve, Abb. 258). Mathematisch wird exponentielles Wachstum mit folgender Gleichung beschrieben:

$\frac{dN}{dt} = k \cdot N$ $\frac{dN}{dt}$ = Wachstumsrate der Population je Zeiteinheit
N = Individuenzahl; k = Zuwachsrate

Das Wachstum beschleunigt sich ständig, die Population wächst – theoretisch – ins Unendliche. Alles der Kontrolle entzogene Wachstum folgt dieser Kurve.

Logistisches Wachstum

Jeder Population steht **begrenzter Raum** und ein **begrenztes Nahrungsangebot** zur Verfügung. Eine maximale Bestandsgröße kann nicht überschritten werden. Räuber und Krankheitserreger dezimieren die Populationen sehr wirkungsvoll. Auch Dichtestress kann eine Population zusammenbrechen lassen: Überbevölkerung führt zur Vergrößerung der Nebennieren. Der veränderte Hormonhaushalt reduziert die Fruchtbarkeit und die Widerstandsfähigkeit gegen Krankheiten. Durch die Annäherung an die Kapazitätsgrenze wächst die Population immer langsamer, bis die Grenze asymptotisch erreicht wird. Logistisches Wachstum wird durch eine Sigmoid-Kurve (Abb. 259) und folgende Gleichung beschrieben:

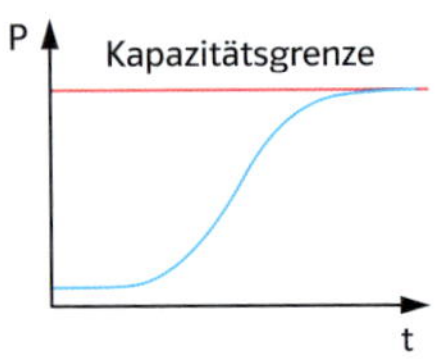

Abb. 259: Bei logistischem Wachstum nähert sich die Kurve einer Kapazitätsgrenze an.

$\frac{dN}{dt} = rN\left(1-\frac{N}{K}\right)$ K = Umweltkapazität (maximale Populationsgröße)

Die Kapazität ist die höchstmögliche Individuenzahl einer Population in einem Lebensraum. Sie ist abhängig von der Umwelt und der Fähigkeit der Lebewesen, diese auszunutzen. Eine kurzfristige Übernutzung des Lebensraumes, zum Beispiel durch zu starke Beweidung, kann dessen Kapazität langfristig herabsetzen (Abb. 260).

Umweltfaktoren wie Nahrungsmangel, Gedrängefaktor oder Feinddruck, die Populationen dezimieren, wirken dichteabhängig: Sie treffen große Populationen stark, kleine verschonen sie weitgehend und wirken damit als Regulatoren der Populationsgröße. Man kann ihre Wirkung in Regelkreisen mit negativer Rückkoppelung veranschaulichen: Je dichter die Population ist, umso schneller sinken die Nahrungsvorräte. Je weniger Nahrung vorhanden ist, umso kleiner wird die Population.

Dichteabhängige Faktoren lassen dichte Populationen kleiner, weniger dichte dagegen größer werden.

Neben den dichteabhängigen Regulatoren wirken auch Faktoren, deren Größe von der Dichte der Population unabhängig ist (Tab. 10). Dichteunabhängig wirken Klimafaktoren wie starker Frost, verheerende Niederschläge und Orkane.

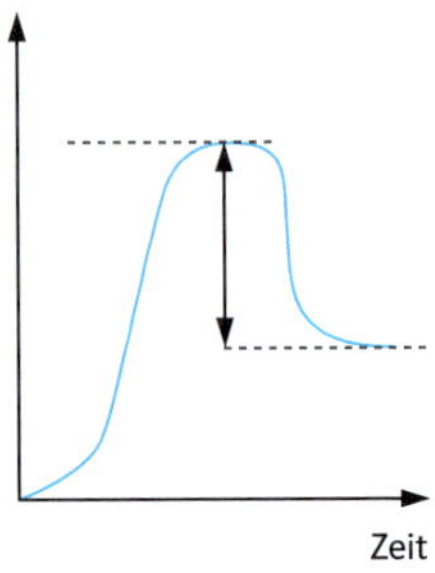

Abb. 260: Wachstum einer Population, die durch Übernutzung des Lebensraumes dessen Kapazität herabsetzt.

Dichteabhängige Faktoren	Dichteunabhängige Faktoren
• innerartliche (intraspezifische) Konkurrenz um Nahrung, Reviere, Verstecke • Gedrängefaktor (sozialer Stress) • artspezifische Feinde: Räuber und Parasiten • Infektionskrankheiten	• abiotische Umweltfaktoren wie Licht, Temperatur, Boden • Naturkatastrophen wie Unwetter, Überschwemmungen, Vulkanausbrüche • unspezifische Feinde und Krankheiten

Tab. 10: Faktoren, die das Wachstum einer Population begrenzen

Die Gesamtheit aller Faktoren, die das Wachstum begrenzen, bezeichnet man als **Umweltwiderstand**.

Fortpflanzungsstrategien

Fortpflanzungsstrategien beschreiben verschiedene Wege der Lebewesen bei der Fortpflanzung (➔ S. 194). Man unterscheidet zwischen den beiden Extremen r-Strategie und K-Strategie:

- Die **r-Strategie** orientiert sich an der Reproduktionsrate **r** einer Population, die sich aus der Differenz von Geburtenrate (Natalität) und Sterberate (Mortalität) ergibt, das Populationswachstum ist im Idealfall exponentiell. Typische r-Strategen haben eine hohe Reproduktionsrate, keine oder wenig Brutpflege und eine frühe Geschlechtsreife. r-Strategen sind Mikroorganismen, die meisten Parasiten, viele kleine Pflanzen und Tiere (Kleinkrebse, Blattläuse, Mäuse). Sie sind gut an Lebensräume mit schnell wechselnden Bedingungen angepasst.
- Die **K-Strategie** orientiert sich an der Obergrenze der Populationsdichte in einem Lebensraum – der Kapazität **K**. Typische K-Strategen zeichnen sich durch späte Geschlechtsreife, geringe Nachkommenzahl und intensive Brutpflege aus. Die Anzahl der Individuen bleibt über längere Zeit nahezu konstant, der Schwerpunkt wird bei den Nachkommen auf eine bessere Qualität gesetzt. Extreme K-Strategen sind Wale und die großen Menschenaffen.

Räuber-Beute-Systeme

Die Wirkung der dichteabhängigen Regulation kann modellhaft an Räuber-Beute-Systemen beschrieben werden (Abb. 261). Die Mathematiker Alfred James Lotka und Vito Volterra haben unabhängig voneinander Populationsschwankungen in idealisierten Systemen, in denen sich in einem abgeschlossenen System ein Räuber von einem Beutetier ernährt, mathematisch analysiert und in den Lotka-Volterra-Regeln – auch Volterra'sche Regeln genannt – ausgedrückt.

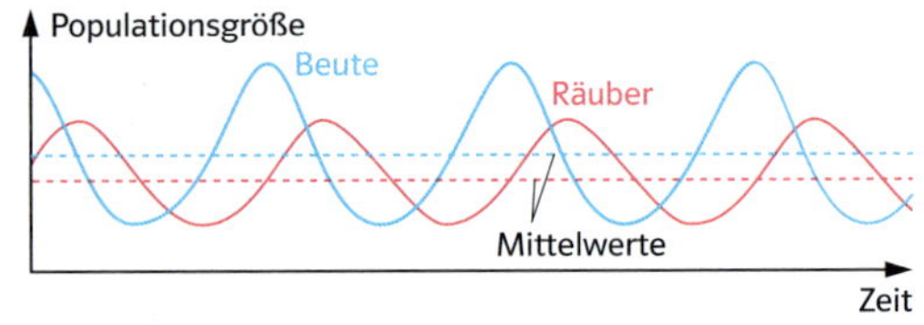

Abb. 261: Idealisierte Darstellung der Schwankungen von Räuber- und Beutepopulationen

1. Regel: Periodische Populationsschwankungen von Räuber und Beute

2. Regel: Konstanz der Mittelwerte

- **Erste Volterra-Regel**:
  Die Populationsgrößen von Räuber und Beute schwanken periodisch. Die Schwankungen der Räuberpopulation folgen zeitlich versetzt denen der Beutepopulation.
- **Zweite Volterra-Regel**:
  Die Größe der Räuberpopulationen und der Beutepopulationen schwankt jeweils um einen Mittelwert. Die Größe der Mittelwerte hängt von den Wachstumsraten und den Schrumpfungsraten der Populationen, nicht aber von den Anfangsbedingungen ab.

Die Regeln gelten nur unter der Voraussetzung, dass zwischen den beiden betrachteten Arten lediglich eine Räuber-Beute-Beziehung besteht und sonstige Umweltfaktoren zu vernachlässigen sind. Obwohl diese Voraussetzungen selten zutreffen, sind die Regeln in der Ökologie von großer Bedeutung, weil sie auch bei komplexeren Nahrungsbeziehungen und schwankenden Umweltfaktoren brauchbare Abschätzungen ermöglichen.

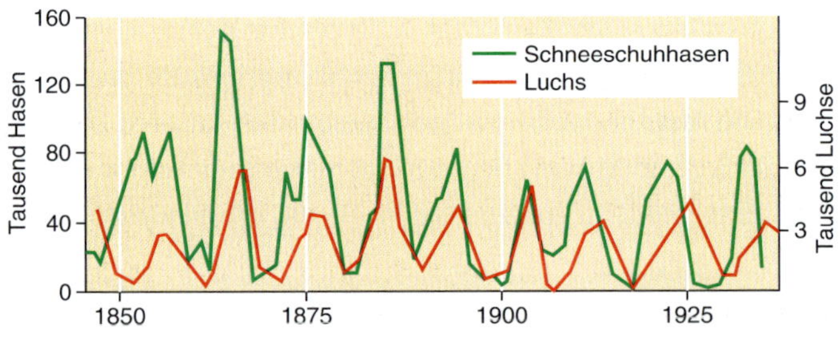

Abb. 262: Regelhafte Schwankungen von Tierpopulationen der Tundra, belegt durch Akten der Hudson's Bay Company über die abgelieferten Pelze.

Störung von Räuber-Beute-Systemen

Die dritte Lotka-Volterra-Regel beschreibt die Antwort eines Räuber-Beute-Systems auf eine Störung:

3. Regel: Störung der Mittelwerte

Dritte Volterra-Regel:
Werden Räuberpopulation und Beutepopulation gleichermaßen dezimiert, so erholt sich die Beutepopulation schneller als die Räuberpopulation.

Anders als bei periodischen Schwankungen werden beide Populationen gleichzeitig dezimiert. Die verbleibende Beutepopulation kann sich ohne Feinde sehr schnell erholen und wächst rasch. Bis sich die Räuberpopulation erholt, dauert es deutlich länger, denn der Räuber wird direkt und indirekt durch Nahrungsmangel geschädigt. Meist ist auch die Generationendauer von Räubern länger als die ihrer Beutetiere (Abb. 263).

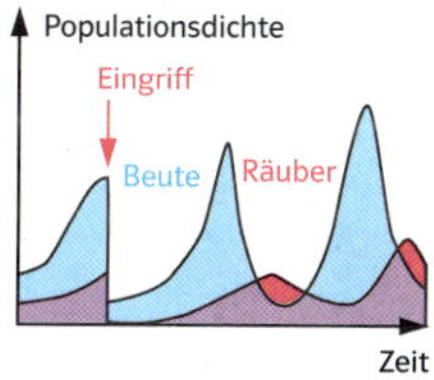

Abb. 263: Nach einem Eingriff erholt sich die Beutepopulation schneller als die des Räubers.

Die dritte Volterra-Regel muss bei der **Bekämpfung von Schädlingen** beachtet werden: Jede Bekämpfungsmaßnahme führt zu einer Störung des biologischen Gleichgewichts und verhindert die Kontrolle durch die natürlichen Fressfeinde. Die meisten Gifte schalten nicht nur Schadorganismen, sondern auch deren Parasiten und Fressfeinde aus. Diese werden sogar doppelt getroffen: Diejenigen, die nicht dem Gift zum Opfer fallen, leiden Hunger. Ihre Zahl nimmt weiter ab. Überlebende oder zugewanderte Schädlinge dagegen haben keine Feinde und vermehren sich schnell. So kann selbst ein durchdachter Gifteinsatz zu einer Übervermehrung der Schadorganismen führen.
Ein selbst regulierendes Räuber-Beute-System kann durch Eingriffe des Menschen zusammenbrechen; negative Rückkopplung kann in positive Rückkopplung umschlagen.

Ein Beispiel, bei dem der Zusammenbruch ersichtlich ist, stellt der kommerzielle Walfang dar. Durch den Einsatz technischer Hilfsmittel wurde der Walfang so stark erhöht, dass sich die Populationen nicht wieder regenerieren können. Die Nachfrage ist aber weiterhin hoch. Je weniger Wale es gibt, desto höher steigt der Marktpreis. Je höher aber der Preis, umso mehr Anstrengungen werden unternommen, noch die letzten Wale aufzuspüren. Die Walpopulation wird weiter dezimiert. Im Gegensatz zu einem natürlichen Räuber-Beute-System gleicht sich das Missverhältnis beim Rückgang der Beutepopulation nicht aus, weil der Mensch nicht von der Beute abhängig ist.

9.6 Ökosystem See

Lebensgemeinschaften im See

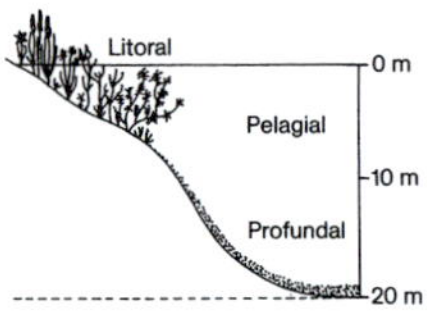

Abb. 264: Litoral, Pelagial und Profundal sind die Lebensbereiche im See.

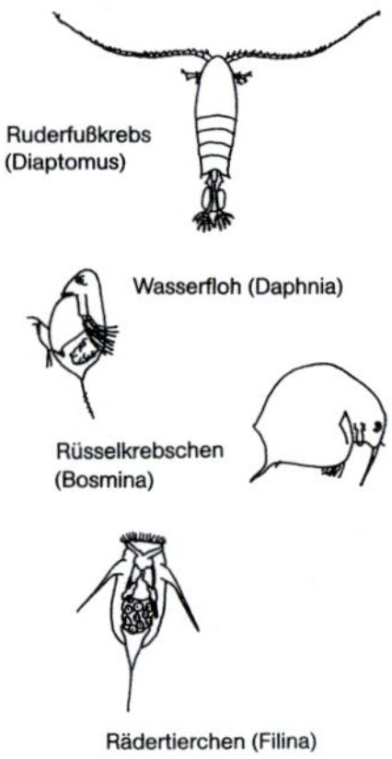

Abb. 265: Zooplankton

Teiche und Seen sind Modellsysteme für ökologische Untersuchungen. Die Seen Mitteleuropas sind alle recht jung: Sie entstanden erst vor 10 000 bis 20 000 Jahren, nach der letzten großen Eiszeit. Im Gegensatz zu den meisten anderen Lebensräumen haben sie eine überschaubare Größe, klare Abgrenzung, und eine relativ kurze Lebensdauer.
Die Wissenschaft, die sich mit der Ökologie der Binnengewässer beschäftigt, ist die Limnologie.

Seen werden von verschiedenen Gemeinschaften besiedelt. Seen kann man in drei Teil-Lebensräume unterteilen:

- Die Freiwasserzone, das **Pelagial**, ist durch die Lebensformen Plankton und Nekton charakterisiert. Plankton schwebt im Wasser ohne oder mit geringer Eigenbeweglichkeit. Zum beweglichen Nekton gehören die Fische und viele Krebstiere.
- In der Uferzone, dem **Litoral**, leben höhere Pflanzen, die am Grund wurzeln. An und zwischen den Pflanzen lebt eine reiche Tierwelt.
- Die Tiefenzone, das **Profundal**, ist der lichtlose tiefe Wasserbereich und der Seeboden. Würmer und Insektenlarven, vor allem aber Bakterien und Pilze leben von der Nahrung, die aus Litoral und Pelagial hierher gelangen. Organismen, die am Boden oder in den Bodensedimenten leben, bezeichnet man als **Benthos**.

Eigenschaften des Wassers

Wasser zeigt im Vergleich zu anderen Flüssigkeiten einige besondere Eigenschaften, die von ökologischer Bedeutung sind:

- Die **Dichteanomalie**:
  Wasser hat seine größte Dichte bei +4 °C. Oberhalb und unterhalb dieser Temperatur dehnt es sich aus und wird leichter. In Seen sinkt immer 4 °C warmes Wasser in die Tiefe. Tiefenwasser wird damit nie kälter als +4 °C. Eis ist leichter als Wasser. Ein See friert also von oben her zu. Pflanzen und Tiere können unter einer Eisdecke überwintern.
- Die **hohe spezifische Wärmekapazität c_W**:
  Um die Wassertemperatur zu erhöhen, braucht man eine hohe Wärmemenge. Die Wassertemperatur verändert sich daher langsamer als die Lufttemperatur. Wasser kann große Wärmemengen speichern. Eine Wasserfläche wirkt ausgleichend auf die Temperatur der Umgebung.

$$c_W = 4{,}186 \frac{\text{kJ}}{\text{kg} \cdot \text{K}} = 1 \frac{\text{cal}}{\text{g} \cdot °\text{C}}$$

- Die **hohe latente Schmelzwärme**:
  Um ein Gramm Eis in Wasser zu verwandeln sind 335 J (80 cal) erforderlich.

Ein Gewässer friert daher erst nach langen Kälteperioden zu und taut nur langsam wieder auf.

- Die **hohe Verdampfungswärme**:
  2,26 kJ (563 cal) werden für die Verdunstung von 1 Gramm Wasser absorbiert.

Schichtung und Zirkulation

Weil die Dichte des Wassers von der Temperatur abhängig ist, sind Seen aus Schichten unterschiedlich warmen und damit unterschiedlich dichten Wassers aufgebaut. Diese **Wärmeschichtung** ändert sich in Seen mittlerer Breiten im Laufe der Jahreszeiten (Abb. 266).
Im Sommer bilden sich drei Schichten: In der Nähe der Oberfläche erwärmt sich das Wasser. Tiefere Schichten bleiben kühl. Der Übergang zwischen dem warmen Oberflächenwasser (**Epilimnion**) und dem kalten Tiefenwasser (**Hypolimnion**) erfolgt sprunghaft, innerhalb einer nur wenige Meter mächtigen Sprungschicht (**Metalimnion**). Die Wasserschichtung ist während des Sommers stabil: **Sommerstagnation**. Der Dichteunterschied zwischen den Schichten erzeugt eine Barriere, die eine Durchmischung verhindert. Auch Stürme wälzen nur die obere Schicht um. Auch im Winter ist der See stabil geschichtet: Winterstagnation. Auf dem 4 °C warmen Tiefenwasser liegt eine leichtere Schicht von Eis oder kaltem Wasser.
Im Frühjahr und im Herbst, wenn der gesamte Wasserkörper etwa 4 °C warm ist, wird die Schichtung labil. Nun können Stürme den See umwälzen und durchmischen: **Frühjahrs- und Herbstzirkulation**.
Die Wärmeschichtung der Seen beeinflusst auch die **Verteilung der Nährstoffe**. Verwesende Organismen sinken auf den Grund und werden dort mineralisiert. Solange die Wasserschichtung stabil ist, bleiben die freigesetzten Mineralstoffe am Grund des Sees. Sie stehen den Pflanzen nicht zur Verfügung. Erst die Zirkulation bringt sie an die Oberfläche. Die Höhepunkte des Algenwachstums liegen daher im Frühling und Herbst.

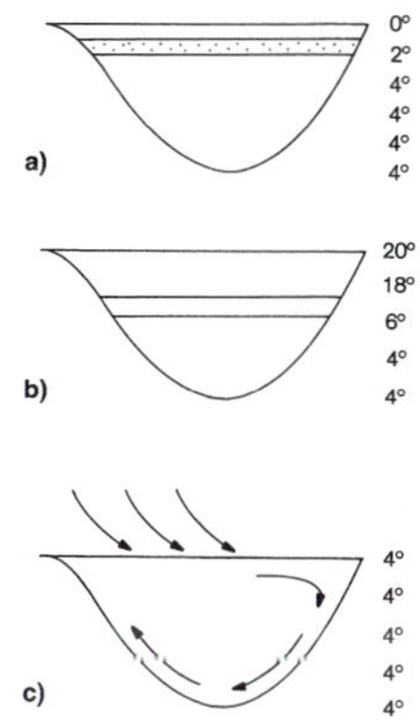

Abb. 266: Schichtung und Zirkulation eines mittelgroßen Sees im Jahresverlauf: Winterstagnation (a), Sommerstagnation (b) und Herbstzirkulation (c)

Eutrophierung

Gewässer werden nach dem Nährstoffangebot bestimmten **Trophiestufen** zugeordnet. Man bezeichnet sie als **oligotroph** (nährstoffarm), mesotroph (mittleres Nährstoffangebot), eutroph (nährstoffreich) oder hypertroph (extrem nährstoffreich). Die Produktivität eines Sees hängt ab von seinem Alter, seiner Tiefe und der aus dem Einzugsgebiet eingebrachten Nährstoffmenge.
Tiefe Bergseen sind ursprünglich oligotroph. Ihr Ufer ist schmal und kaum bewachsen. Plankton gibt es nur wenig. Das Wasser ist klar und arm an Mineralstoffen. Phosphat-Ionen fehlen weitgehend. Phosphatmangel begrenzt das

oligotroph: nährstoffarm
eutroph: nährstoffreich

Für die Lebensgemeinschaft oligotropher Seen ist das Angebot an gelöstem Phosphat der limitierende Ökofaktor.

Wachstum der Pflanzen; Nahrungsmangel limitiert die Zahl der Tiere. Der Sauerstoffverbrauch ist gering. Der See ist reich an gelöstem Sauerstoff.

Eutrophierung ist eine starke Zunahme der Organismen aufgrund eines Überangebots von Nährstoffen.

Eutrophe Seen sind eher flach. Das Wasser ist reich an Nährstoffen. Plankton entwickelt sich üppig. Schwimmpflanzen, Algen und Cyanobakterien („Blaualgen“ → S. 16) verringern die Eindringtiefe des Lichts; am Grund des Sees wachsen keine Pflanzen.

Mit zunehmender Eutrophierung werden die Lebensgemeinschaften oligotropher Gewässer, zu denen eher seltene Tier- und Pflanzenarten gehören, von anderen, häufigeren Arten verdrängt.

Abb. 267: Ein eutropher Tümpel ist von Wasserlinsen bedeckt.

Folgen der Eutrophierung:
- erhöhtes Wachstum;
- Sauerstoffarmut in der Tiefe;
- Veränderung der Lebensgemeinschaft;
- Umkippen des Gewässers.

Durch Einleitung von **Abwässern** aus Industrie, Landwirtschaft und Haushalten gelangen viele Pflanzennährstoffe in die Seen. Vor allem Phosphat, Bestandteil von Mineraldüngern sowie vieler Waschmittel, und Nitrat, Bestandteil vieler Düngemittel, reichern sich an. Zunächst verbessern sich die Lebensbedingungen für die meisten Tiere und Pflanzen. Die Überdüngung lässt vor allem Algen und Cyanobakterien gut gedeihen. Die Ufervegetation wird dichter und höher. Plankton kann sich stark vermehren. Die Fischbestände nehmen zu. Licht gelangt nicht mehr in größere Tiefen. Für viele Fischarten bedeutet das Verschwinden der Unterwasservegetation den Verlust ihrer Laichplätze, sie können sich nicht mehr fortpflanzen.

Ein Beispiel für eine Massenvermehrung sind die sogenannten Algenblüten. Kolonien von Cyanobakterien vermehren sich stark. Wenn sie absterben, treiben sie zur Oberfläche, wo sie sich zersetzen.

Ein See kippt um

Massenentwicklungen von Cyanobakterien und Algen im Oberflächenwasser führen zur Sauerstoffübersättigung, Sauerstoff entweicht in die Atmosphäre. Im Herbst sterben die Cyanobakterien ab und sinken auf den Grund, wo sie sich zersetzen. Während der Stagnation gelangt kein sauerstoffreiches Wasser in die Tiefe. Der Abbau des zu Boden sinkenden organischen Materials zehrt am Sauerstoffvorrat des Wassers. Die sauerstoffliebende Bodenfauna wird ausgelöscht.

Solange an der Sedimentoberfläche genügend Sauerstoff vorhanden ist, herrschen dort oxidierende Verhältnisse: Eisen liegt in Form von Fe^{3+}-Ionen vor, die sich mit Phosphat-Ionen zu schwerlöslichem Eisen-III-phosphat ($FePO_4$) verbinden: Phosphatfalle. Das Phosphat wird dem See entzogen und wird zum Minimumfaktor des Pflanzenwachstums.

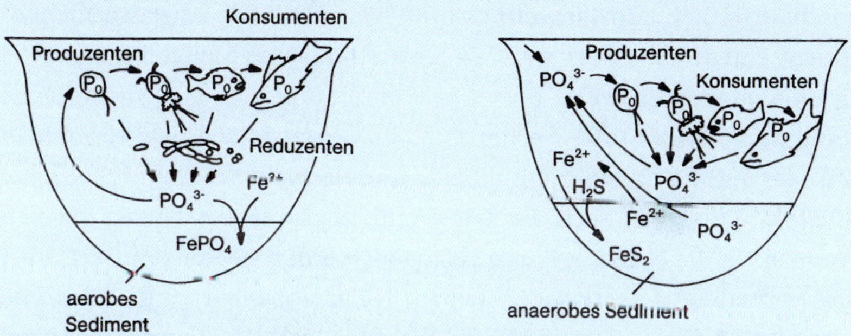

Abb. 268: Eisen und Phosphat im oligotrophen (oben) und eutrophen Gewässer

Bei Sauerstoffmangel beginnt ein positiver Rückkoppelungsprozess: Die Sedimentoberfläche erhält reduzierende Eigenschaften. Eisenionen liegen überwiegend als Fe^{2+} vor. Eisenphosphat geht in Lösung, der Phosphatgehalt des Sees steigt. Bei der nächsten Vollzirkulation gelangt das Phosphat in die Nährschicht und führt zu starker Vermehrung des Planktons. Die Eutrophierung beschleunigt sich, am Grund des Sees bildet sich eine Schicht aus organischen Sedimenten. Unter reduzierenden Bedingungen bilden sich beim Abbau von Proteinen Methan, Schwefelwasserstoff und Ammoniak, die giftig wirken. Viele Arten verschwinden, der See „kippt um".

Belastung und Selbstreinigung von Fließgewässern

Gewässer werden belastet durch
- Bakterien,
- Pflanzennährstoffe, abbaubare organische Stoffe,
- nicht abbaubare Substanzen.

Vom Gesichtspunkt der Ökologie gibt es verschiedene Arten der Gewässerverschmutzung:

- **Bakterien** sind teilweise Krankheitserreger. Die Dichte des Darmbakteriums *Escherichia coli* (der „Coli-Titer") ist ein Index für die Belastung des Wassers mit Fäkalien. Coli-Bakterien sind zwar harmlos, sie werden aber oft von infektiösen Keimen begleitet.
- Anorganische **Pflanzennährstoffe** wie Phosphate führen zu Eutrophierung.
- Biologisch abbaubare **organische Stoffe** werden durch die Lebensgemeinschaft der Flüsse entfernt, sofern ihre Konzentrationen die **Selbstreinigungskraft** des Gewässers nicht überschreiten. Flüsse haben eine große

Selbstreinigungskraft, weil ihr Wasser durch Turbulenzen laufend mit Sauerstoff angereichert wird. Flussabwärts nach einer Abwassereinleitung wird der Fluss zunehmend sauber. Wo genügend Sauerstoff vorhanden ist, leben Bakterien, die organische Stoffe mineralisieren. Es entstehen Mineralstoffe wie Ammonium, Nitrate und Phosphate. Pflanzen nehmen die anfallenden Pflanzennährstoffe auf und binden sie. Der Abbau von 1 g organischer Substanz erfordert durchschnittlich 1,4 g Sauerstoff. Die Menge an Sauerstoff, die von Mikroorganismen benötigt wird, kann man als Maß für die Belastung eines Gewässers mit biologisch abbaubaren Stoffen verwenden. Meist wird der Wert BSB_5 angegeben; das ist die Sauerstoffmenge, die in einem Liter Abwasser im Verlauf von 5 Tagen bei 20 °C im Dunkeln verbraucht wird. Die durchschnittlich pro Einwohner und Tag anfallende Abwassermenge entspricht einem BSB_5-Wert von 72 g Sauerstoff. Diese Menge bezeichnet man als Einwohnergleichwert.

- **Nicht abbaubare Stoffe** reichern sich im Gewässer an und werden in einen See oder ins Meer gespült. Insektizide und Herbizide können Lebensgemeinschaften und damit auch die Selbstreinigungskraft des Flusses vernichten. Wenn sie in die Nahrungskette gelangen, werden sie konzentriert und können verheerende Wirkungen haben. Nicht abbaubar sind Schwermetallsalze (Quecksilber-, Cadmium- und Bleisalze) und langkettige phenolhaltige Chemikalien.

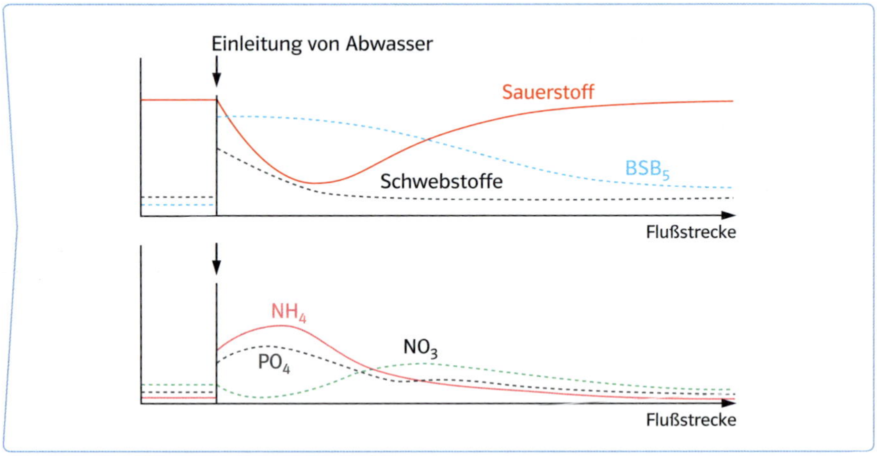

Abb. 269: Selbstregulationsprozesse auf der Selbstreinigungsstrecke eines Flusses unterhalb der Einleitung organischen Abwassers

Wassergüteklassen und Indikatoren

Die Lebensgemeinschaft eines Flusses ist ein Spiegelbild seiner Belastung mit Abwasser. Traditionell gibt man vier Wassergüteklassen an, die sich im Sauerstoffgehalt, im Gehalt an abbaubaren Stoffen und in ihrer Lebensgemeinschaft unterscheiden.

Die Eignung einer Art als Indikator ist umso besser, je enger sie an spezielle Umweltverhältnisse gebunden ist. Stenöke Lebewesen (→ S. 261 f.) eignen sich als Bioindikatoren oder Zeigerorganismen. Durch Bestimmen und Zählen dieser Organismen kann man die Belastung eines Flussabschnitts charakterisieren.

Nach dem Grad der Verschmutzung mit abbaubaren Stoffen teilt man Flussabschnitte in vier Güteklassen ein.

Güteklassen von Fließgewässern

- **Wassergüteklasse I**: Das Wasser von Gebirgsbächen ist klar, sauerstoffreich und nährstoffarm. Hier leben wenige Arten und Individuen sauerstoffbedürftiger **oligosaprober** Organismen wie Larven von Eintagsfliegen, Strudelwürmer, Wasserflöhe und Bachforellen.
- **Wassergüteklasse II**: Das Wasser ist mäßig verunreinigt und sauerstoffreich, die Ufer sind oft verkrautet, das Plankton ist artenreich: Kieselalgen, Grünalgen, Dinoflagellaten, Rädertierchen und Kleinkrebse. Die Leitorganismen der **β-mesosaproben** Zone sind empfindlich gegen Fäulnisstoffe und geringen Sauerstoffgehalt.
- **Wassergüteklasse III**: Das Wasser ist stark verunreinigt, es enthält noch Sauerstoff, doch ist die Sauerstoffzehrung sehr groß. **α-mesosaprobe** Lebewesen wie Kieselalgen, Grünalgen, Geißel- und Wimpertierchen, Aal, Schleie und Karpfen beleben das Wasser.
- **Wassergüteklasse IV**: Besonders stark verschmutztes Wasser ist sauerstofffrei oder äußerst sauerstoffarm und übelriechend. Faulschlamm setzt sich ab. **Polysaprobe** Organismen kommen in großer Zahl, aber wenigen Arten vor. Es finden sich massenhaft Bakterien, darunter Fäulnisbakterien wie der „Abwasserpilz" *Sphaerotilus*. Fische fehlen.

Gewässergüteklassen erfassen nur die Verschmutzung mit abbaubaren Stoffen. Verglichen mit chemischen Stichproben bietet das biologische Indikatorsystem den Vorteil größerer Trägheit: Die Indikator-Organismen sind auch dann noch zu finden, wenn die Einleitung des Schmutzes vorübergehend unterbleibt.

Abwasserreinigung

Wo die Selbstreinigungskraft der Flüsse nicht ausreicht, ist die Errichtung von Kläranlagen nötig, in denen das Wasser durch mechanische, biologische und chemische Vorgänge gereinigt wird (Abb. 270).

Abwasser wird in drei Stufen gereinigt:
- mechanisch,
- biologisch,
- chemisch.

- In der ersten Klärstufe, der **mechanischen Reinigung**, werden ungelöste Stoffe abgeschieden. Rechen halten grobe Fremdkörper zurück. Kleinere Teilchen setzen sich im Sandfang ab. Im Vorklärbecken sinken feine unge-

Abb. 270: Im Belebtschlammbecken wird das Abwasser umgewälzt und belüftet. Die Mikroorganismen (Bakterien, Cyanobakterien, Geißeltierchen und Wimpertierchen) ballen sich mit den Schwebstoffen zu Flocken zusammen und mineralisieren einen Teil der organischen Stoffe.

löste Partikel nach unten. Fettabscheider fischen Schmutzstoffe von der Oberfläche ab.

- In der zweiten Stufe wird das vorgeklärte Abwasser durch Mikroorganismen weiter gereinigt. Die **biologische Abwasserreinigung** hat zwei Ziele: Die Mineralisierung der organischen Stoffe und die Bildung neuer Zellsubstanz. Dadurch werden die gelösten Inhaltsstoffe in eine absetzbare Form überführt und können sich absetzen. Dieser Vorgang wird durch die Zufuhr von Sauerstoff unterstützt. Im Nachklärbecken setzt sich der Klärschlamm ab. Er kann zum Faulen gebracht werden, so dass zur Energieversorgung nutzbares Methangas entsteht, er kann als Dünger verwendet werden (problematisch wegen Schadstoffbelastung) oder er wird auf einer Deponie entsorgt.
- Mineralstoffe, die in der zweiten Stufe nicht entfernt oder dort gebildet wurden, sind Pflanzennährstoffe. Sie lassen die Gewässer eutrophieren. In der dritten Stufe der Kläranlage werden Phosphate durch Zusatz von Eisen- oder Aluminiumsalzen ausgefällt, andere Substanzen werden durch Aktivkohlefilterung entfernt: **Chemische Abwasserbehandlung**. Das chemisch gereinigte Wasser kann in Gewässer eingeleitet werden.

9.7 Sukzession stehender Gewässer

Abb. 271: Beginnende Verlandung am Federsee

Sukzession ist die zeitliche Abfolge von Lebensgemeinschaften an einem Ort:

- Pioniergesellschaft,
- Folgegesellschaften,
- Klimaxgesellschaft.

Teiche und Seen sind keine stabilen Lebensräume; sie verändern sich stetig. In seiner Jugend ist der typische See der gemäßigten Klimazone oligotroph. Durch die Zuflüsse gelangen Nährstoffe in den See und erhöhen die Produktion. Die Lebensgemeinschaft wird arten- und individuenreicher. Bei wachsender Zufuhr von Nährstoffen wird der See eutroph. Die Pflanzen- und Tierpopulationen wachsen. Die in oligotrophen Seen auf dem Grund lebenden Eintagsfliegenlarven werden durch Mücken ersetzt, die weniger Sauerstoff brauchen. Fischarten, die kaltes, sauberes Wasser bevorzugen, machen anderen Arten Platz. Forellen und Weißfische werden von Barschen und Welsen verdrängt.

Im Verlauf des Alterungsprozesses lösen verschiedene Lebensgemeinschaften einander ab: Sukzession. Die Aufeinanderfolge der Sukzessionsstadien ist dabei nicht zufällig; eine Lebensgemeinschaft dient vielmehr der folgenden als Wegbereiter. Klimaxgesellschaft der Sukzession in Talmooren ist ein Bruchwald.

Sukzession ist die zeitliche Abfolge von Lebensgemeinschaften in einem Lebensraum.

Sukzession bei der Verlandung eines Sees

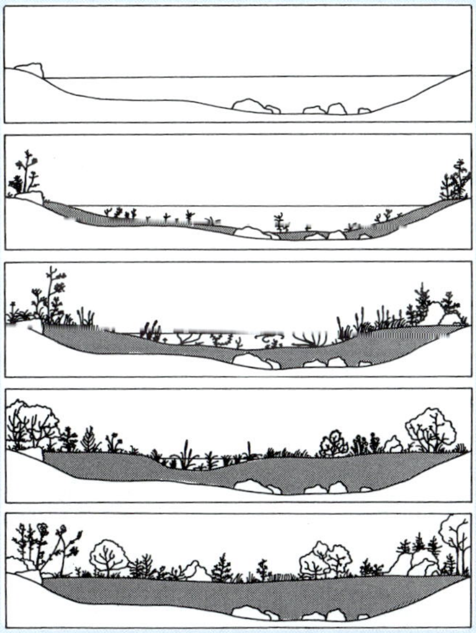

Abb. 272: Sukzessionsstadien bei der Verlandung

Seen sind kurzlebige Gebilde, sie werden unaufhaltsam aufgefüllt. Bei der Verlandung setzt sich die mit der Eutrophierung begonnene Sukzession fort.

Durch Einschwemmung und Einwehung erhöht sich der Seegrund allmählich. Im Litoral sammeln sich Reste abgestorbener Pflanzen an. Die Uferbank wird breiter. Mit abnehmender Tiefe schlagen immer mehr Pflanzen auf dem Grund Wurzeln, die Bewohner des freien Wassers werden verdrängt. Aus dem Teich wird ein Moor.

Zunächst entsteht ein Flachmoor. Auf den schlecht durchlüfteten Böden wachsen Seggen, Rohrkolben und Schilf. Abgestorbene Pflanzenteile werden nicht vollständig abgebaut, abgestorbene Pflanzenmassen häufen sich an.

Langsam wächst die Oberfläche des Moores nach oben. Weiden, Kiefern und Birken siedeln sich an. Aus dem Moor entsteht ein Bruchwald. Allmählich nähert sich das Ökosystem einem Zustand an, dessen Bedingungen und Lebensgemeinschaft lange Zeit stabil bleiben. Das Reifestadium einer Sukzessionsfolge wird als Klimaxstadium bezeichnet.

Primäre Sukzession umfasst die Lebensgemeinschaften nach der Erstbesiedlung eines neuen Lebensraumes, z. B. nach Rückzug eines Gletschers oder der Bildung eines Gewässers. Zunächst tritt eine Pioniergesellschaft, dann Folgegesellschaften und schließlich die Klimaxgesellschaft auf.
Sekundäre Sukzession bezeichnet die Phasen der Regeneration einer Lebensgemeinschaft nach einem starken Eingriff oder nach ihrer Zerstörung.

Im sommergrünen Laubwald verläuft die typische Sukzession in drei Phasen:

- In der Jugendphase tritt eine **Pioniergesellschaft** auf mit Kräutern, Sträuchern und Baumsämlingen. Der Artenreichtum ist groß.
- In der Folgephase schließt sich das Kronendach, die Krautschicht wird durch zunehmende Beschattung reduziert, die Diversität nimmt ab.
- **Klimaxgesellschaft** ist der Hochwald mit der charakteristischen Schichtung.
- Sukzession findet auch bei der Besiedlung von Kot oder Kadavern durch Destruenten statt, letztere liefert oft wichtige Indizien bei der Aufklärung von Kriminalfällen.

Hochmoor

Abb. 273: Hochmoor mit Torfmoos und Sonnentau

In Gegenden mit kühlem und feuchtem Klima können sich im Bruchwald Torfmoose (*Sphagnum-Arten*) ansiedeln. Torfmoos saugt Wasser auf wie ein Schwamm, bis zum Zwanzigfachen seines Trockengewichts. Der Wasserüberschuss schafft anaerobe Bedingungen, die den mikrobiellen Abbau der abgestorbenen Pflanzenreste hemmen und den Inkohlungsprozess einleiten, der zur Torfbildung führt.
Am unteren Ende sterben die Moosstämmchen ab und vertorfen, am oberen Ende wachsen sie weiter. Fast alle anderen Pflanzen werden verdrängt. Langsam wächst die Torfmoosdecke über den Flachmoortorf. Die Oberfläche der Hochmoore ist meist uhrglasförmig gewölbt, weil die Ränder eher austrocknen als die Mitte und damit im Höhenwachstum zurückbleiben.
Hochmoore sind unabhängig vom Grundwasser, sie leben allein vom Niederschlagswasser. Der Wasserspiegel liegt über dem Grundwasserspiegel der Umgebung.

Ökologie

Leben darf nicht allein auf der Ebene einzelner Lebewesen betrachtet werden, erst in Beziehungsgefügen auf den Organisationsebenen von **Populationen, Lebensgemeinschaften und Ökosystemen** wird es erfassbar.

Organismen und Populationen sind von vielen **Faktoren ihrer belebten und unbelebten Umwelt** abhängig, so von Klimafaktoren, dem Untergrund, Nahrung, Feinden und Konkurrenten. Diese Abhängigkeit kann durch Toleranzkurven und Kardinalpunkte quantitativ beschrieben werden.

Die Wechselbeziehungen zwischen einer Art und den für diese Art relevanten Umweltfaktoren werden durch das Konzept der **ökologischen Nische** beschrieben. Die ökologische Nische ist ein Beziehungsgefüge, das sich im Verlauf der Evolution herausgebildet hat; dazu gehören die Ressourcen, die eine Art beansprucht und die Art und Weise, wie diese Ressourcen genutzt werden.

Symbiose, **Parasitismus** und Kommensalismus sind besonders enge Formen des Zusammenlebens. Symbiotisch lebende Organismen machen den größten Teil der Biomasse auf der Erde aus: Bäume mit Mykorrhizen, Korallen mit Zooxanthellen, Tiere mit Bakterien, Flechten. Parasitismus ist eine sehr weit verbreitete Lebensform, mehr als die Hälfte der Tierarten lebt parasitisch.

Ökosysteme können sich in einem gewissen Rahmen selbst regulieren, sie halten die Zusammensetzung der Lebensgemeinschaft und die Dichte ihrer Populationen über längere Zeit weitgehend konstant. Ein **ökologisches Gleichgewicht** liegt vor, wenn sich trotz ständiger Schwankungen der Umweltfaktoren ein ausgeglichenes Verhältnis der Populationen einstellt und ungestörte Stoffkreisläufe und Energieflüsse möglich sind.

Ökosysteme sind in ihrer Zusammensetzung und ihrer Funktion sehr kompliziert, sie können nur in stark vereinfachten **Modellen** beschrieben und verstanden werden. Solche Modelle sind Nahrungsketten und Nahrungsnetze, Stoffkreisläufe und Energieflüsse, Wachstum und Regulation von Populationen.

Das ökologische Gleichgewicht ist **verletzlich**. Die Ressourcen der Natur sind begrenzt, auf begrenztem Raum kann es kein unbegrenztes Wachstum geben. Die brisantesten Probleme unserer Zeit Bevölkerungsexplosion, Nahrungsmangel, Wassermangel und Umweltzerstörung sind zu einem großen Teil ökologische Probleme.

Seen entstehen und vergehen – geologisch gesehen – in einem Augenblick. Sie ermöglichen das Studium der zeitlichen und räumlichen Dimension eines Ökosystems – der **Sukzession**. Auch das Nutzungsverhalten des Menschen kann hier exemplarisch untersucht werden.

Die Ökologie ermöglicht es, die **Auswirkungen menschlicher Eingriffe** auf Ökosysteme abzuschätzen. Sie kann Entscheidungshilfen für umweltverträgliches Handeln und eine nachhaltige Nutzung natürlicher Ressourcen geben.

Abbildungsverzeichnis

Illustrationen: Dr. Martin Lay, Breisach a. Rh.; Jörg Maier, München, Klett-Archiv, Stuttgart, PONS Archiv, Stuttgart

akg-images, Berlin: 250 (Bildarchiv Steffens)

dpa Picture-Alliance, Frankfurt/M.: 237.6 (dpa-Report), **254.2** (dpa-Report), 255 (Norbert Försterling)

Dr. Jürgen Christner, Tübingen: 197.3, 231, 257.6, 257.7, 267.1, 272.3, 272.6, 288, 294

Fotolia, New York: 172.2 (mzphoto11), **172.3** (gabe9000c), **173.3** (renatehenkel), **176.1** (iredding01), **182** (mzphoto11), **187** (byrdyak), **188** (renatehenkel), **193** (Bianka Bös), **197.4** (Bernd Wolter), **229.1** (Melissa Schalke), **229.2** (Martina Berg), 236 (Ralf Geithe), **257.2** (sergofan2015), **257.4** (vulcanus), **257.5** (Roger), **292.1** (view7)

iStockphoto, Calgary, Alberta: 211 (traveler1116), **214** (Grafissimo), **220** (hsvrs), **226.2** (swaite)

okapia, Frankfurt/Main: 12.3 (NAS/Bill Longcore), **13.3** (NAS/Bill Longcore), **15.2** (NAS/Biophoto Associates)

Science Photo Library, München: 12.1 (Thomas Deerinck, NCMIR/SCIENCE PHOTO LIBRARY), **13.1** (Southampton General Hospital), **13.5** SPL, **19.1** (Fawcett, Don W.) **237.4** (John Reader/SPL/Photo Researchers) **237.1** (SPL/ John Reader) **247.1** (John Reader/SPL/Photo Researchers), **247.2** (SPL/John Reader)

Shutterstock, New York: 149.2 (Oguz Aral), **149.5** (Dima Sobko), **173.1** (Bildagentur Zoonar GmbH), **173.5** (Cheryl E. Davis), **196.2** (YuRi Photolife), **197.1** (Serge Vero), **222.1** (Renamarie), **237.2** (Wlad74), **237.3** (ARCHITECTEUR), 244 (Edwin Butter), 256.2 (Gary Stone), **256.4** (Kjetil Kolbjornsrud), **261.2** (Soru Epotok), **269** (Anatoly Platonov), 272.2 (Martin Prochazkacz), **272.4** (Jill Richardson King), **272.5** (sirtravelalot)

Thinkstock, München: 173.2 (Eileen Kumpf), **173.4** (Viesinsh), **192.2** (Eileen Kumpf), **222.2** (cicloco), **223** (BruceBlock), **225** (viktorkunz), **226.1** (jamroen), **256.5** (yosmanor), **268** (yosmanor), **271** (ironman100), **272.1** (ajsn)

Wikimedia Commons, San Francisco: 9.5 LadyofHats, translation Muffco, gemeinfrei, **20.3** LadyofHats, translation Muffco, gemeinfrei, **236** (Von Zina Deretsky, National Science Foundation, Gemeinfrei), **241** (Von Zina Deretsky, National Science Foundation, gemeinfrei), **292.2** (Effi Schweizer)